교주 사산비명
校註 四山碑銘

교주 사산비명

校註 四山碑銘

최치원 撰
최영성 校註

이른아침

고운孤雲 최치원崔致遠

1 23
4

1 사산비명을 찬撰한 고운孤雲 최치원崔致遠의 영정
2 경주 독서당 앞의 문창후최선생독서유허비文昌侯崔先生讀書遺墟碑
3 부산 해운대 동백섬의 최치원 동상
4 신라 말기 고운 최치원이 머물며 글을 읽고 수학하던 독서당

文昌侯崔先生讀書堂遺墟碑

숭엄산성주사대낭혜화상백월보광탑비
崇嚴山聖住寺大朗慧和尚白月葆光塔碑

1 2
3

1 보령의 성주사 터

2 낭혜화상 백월보광탑비 비각

3 낭혜화상 백월보광탑비의 비문

지리산쌍계사진감선사대공령탑비
智異山雙溪寺眞鑑禪師大空靈塔碑

1 2
3

1 하동 쌍계사 전경

2 최치원이 지팡이로 썼다는 쌍계사 입구의 쌍계雙磎 석문

3 지리산 쌍계사 진감선사대공령탑비

雙磎

초월산대숭복사비
初月山大崇福寺碑

1
2 3

1 경주의 숭복사 터

2 대숭복사비의 비편

3 대숭복사비의 받침돌과 이수 일부(국립경주박물관)

唐
神
城中
和乙

희양산봉암사지증대사적조탑비
曦陽山鳳巖寺智證大師寂照塔碑

1 2
3 4

1 문경 봉암사 전경

2 봉암사 지증대사적조탑과 비

3 봉암사 지증대사적조탑비

4 봉암사 지증대사적조탑

小引

최치원의 『사산비명』을 접한 지 30년가량 된다. 『사산비명』을 수없이 읽었지만 읽을 때마다 모습을 달리한다. 참 어려우면서도 신비한 글이다. 문학적이면서도 철학적 사유를 흠뻑 느끼게 하는 글이다. 이런 유수有數한 문자가 '실없이 난해한 글'이라고 비판을 받고 버림을 당한 시기도 있었다. '문자의 수난'이란 이를 두고 말함인가?

『사산비명』은 팔색조八色鳥의 매력을 지녔다. 금석문이지만 예사 금석문이 아니다. 우리나라 한문학사·금석학사·불교사 연구에서 빼놓을 수 없는 글이다. 무엇보다도 한국사상의 원형을 탐구하는 데 필수불가결한 자료다. 최치원이 「난랑비서鸞郎碑序」를 통해 밝힌 풍류사상風流思想의 실체를 보다 구체적으로 살필 수 있는 글이기에 중요하다.

『사산비명』은 4백년이 넘는 주석註釋의 역사를 자랑한다. 경사류經史類가 아닌 글이 이처럼 오랜 세월을 두고 지속적으로 읽혀온 경우는 흔치 않다. 글을 읽을 때마다 신령한 기운이 느껴진다. 무슨 비결秘訣이 담긴 글처럼 인식되었던 것도 무리는 아닌성싶다.

'어려운 글'이라는 인식에 변화가 생긴 것은 대개 1990년대부터다. 이후로 나온 제가諸家의 역주가 다섯 손가락으로 꼽을 만하다. 사전류·색인류 서적과 인터넷 검색프로그램이 진화를 거듭한 데 힘입은 바 컸다. 그럼에도 내가 다시 펴내는 것은 와오訛誤를 최대한 바로잡겠다는 신념 때문이다. 나는 『사산비명』 역주의 선편先鞭을 친 사람이다. 4백년 주석사에서 내 나름의 중요한 구실을 했다고 생각한다.

지난 30년 동안 수없이 읽고 묵은 원고에 주묵朱墨을 댔다. 아직도 시원하게 뚫리지 않는 대목이 있음이 안타깝다. '넘을 수 없는 산'인가? 눈 밝은 이를 기다릴 뿐이다. 아울러 '대고待考'로 남겨둔 문제들이 고고학적 발굴을 통해 해결되기를 기대한다.

갑오년 봄, 개학을 앞두고

인후장주인麟厚莊主人 최영성

序

아마 1990년 어느 날로 기억한다. 전주의 대형서점에 들렀다가 거기에서 우연히 최치원의 『사산비명』을 주해한 책을 보았다. 그 많은 책 가운데 굳이 『사산비명』이 눈에 든 이유는 한문과 서예를 전공하는 필자의 눈과 귀에 익었기 때문이다. 실은 모 출판사 도서목록에서 이미 서명을 본 적이 있었는데 이날 처음으로 책을 수중에 넣은 것이다. 반가운 마음에 책장을 넘기는 순간, 나는 어리둥절하였다. 마치 『사서대전四書大全』을 대하는 듯 비명의 구절마다 치밀하게 한문 주를 달아놓은 것을 보고, 내심 고운의 후손 최씨가 『사산비명』을 주해한 것이라 생각하였다. 그런 성급한 판단에는 두 가지 이유가 있었다. 하나는 저자와 주해자가 동일한 최씨라는 점이었고, 다른 하나는 애써 선조를 선양할 목적이 아니라면 현실적으로 이처럼 어려운 원문주해 작업을 굳이 행할 이유가 없다고 여겼기 때문이다. 이것이 선생과의 첫 인연이다.

그로부터 몇 년 후, 성균관대 한국철학과 석사과정에 입학한 친구(이형성)로부터 선생의 풍문을 다시 접할 수 있었다. 그리고는 잠시 기억을 더듬어 해를 거슬러 헤아려보고 귀를 의심하였다. 내가 처음 접했던 『사산비명』 주해서가 선생의 나이 27세에 출간한 것이라 하니 어찌 놀라지 않겠는가. 그러나 그것은 엄연한 사실이었다. 그때부터 나는 선생의 저서를 애독하게 되었고, 그 인연을 계기로 지금은 선생이 재직하고 계시는 대학에서 함께 강의를 하고 있으니, 벌써 20여 년 전의 일이다. 본서의 학술적 가치에 대해서는 이미 정평이 나 있기 때문에 여기서 새삼 강조할 필요는 없을 것이다. 다만 본서와의 특별한 인연을 계기로 삼아 평소의 감회를 서술하고자 한다.

최치원의 『사산비명』은 우리 문화사와 각별하다. 우선, 16년간 당나라에 유학한 최치원이 고국에 돌아와 왕명을 받들어 지은 비문이라는 점에서 재당시의 저술인 『계원필경집』과 대비된다. 또 「난랑비서鸞郎碑序」와 더불어 삼교三教를 통섭한 고운사상의 일단을 엿볼 수 있는 귀중한 문편이기도 하다. 이런 연유로 『사산비명』은 불교사를 넘어 문·사·철의 세계에서 공히 주목을 받았다. 입장을 달리하여 『사산비명』은 신라 하대의 대표적 금석문으로 한국서예사와 한국금석학사 연구에서도 큰 지표가 된다. 오늘, 불교나 한국철학에 문외한인 필자가 선생의 역주서에 외람되이 서문을 덧붙이게 된 것 역시 『사산비명』이 지니고 있는 포괄적인 학술적 가치 때문일 것이다.

본서는 난해한 비문의 해독을 위해 치밀한 원전 고증과 문리文理를 따져 합리적 해석을 도출하고, 선학들이 미처 밝혀내지 못한 부분들까지도 명료하게 밝혀내고 있다. 그 주는 정밀하고 자상하며 해설은 이치에 따라 순조로워 주해서의 전범을 보여준다. 평소 선생께서 『한국유학통사』를 일컬어 '평생의 정력이 이 책에 있다'고 한 것에 비추어보면, 『사산비명』은 '청년기의 정력이 여기에 있다'고 말해도 좋을 것이다. 이 책으로 인하여 선생의 학문이 세상에 널리 알려지게 되었음은 물론이다. 이로 미루어 짐작하건대, 최치원이 진감선사의 비문을 찬하면서 "명예를 가까이 하지 않았는데도 이름이 알려진 것은 대개 선정禪定으로 키운 법력法力의 여보餘報이니, 저 재[灰]처럼 사라지고 번개같이 끊어지기보다는 할 만한 일을 할 수 있을 때 해서 명성이 대천세계에 떨치도록 하는 것이 낫지 않겠는가"라고 한 대목이 곧 선생에게 큰 영향을 미친 듯하다. 이렇듯 주해에 공력을 기울인 본서가 문세問世한 지 이미 오래인데, 독자의 요구에 부응하여 또다시 판을 거듭한다 하니 참으로 기꺼운 일이 아닐 수 없다.

곁에서 본 선생은 불가에 귀의하지는 않았지만 인연을 매우 소중히 여긴다. 선생의 학문이 『사산비명』으로 첫걸음을 내딛고, 필자 또한 『사산비명』으로 비로소 선생과 학문을 논하게 되었으니, 이 또한 일대사 인연이 아닐 수 없다. 그런데 며칠 전, 담론 중에 선생은 뜻밖에도 독자에 불과한 필자에게 서문을 부탁하였다. 그 즉시 나로서는 감당할 수 없는 일임을 밝혔으나 그것 또한 공부라며 오히려 권면하였다. 이에 더 이상 사양치 못하고 인연이 깊음을 되새기며 거친 말로 서문을 대신할 따름이다.

2013. 10. 28

부여 浩然齋에서 李銀赫

차 례

일러두기

1. 대낭혜화상비 · 진감선사비 · 지증대사비는 탑본과 복각본覆刻本을 제1차 저본으로 하였고, 대숭복사비는 전라북도 순창군 복흥면 봉덕리 구암사龜巖寺에 소장된 필사본을 저본으로 하였다.
2. 주해본의 선구인 「해운비명주海雲碑銘註」의 예에 따라 대낭혜화상비 · 진감선사비 · 대숭복사비 · 지증대사비 순으로 실었다.
3. 원문에 대한 철저한 검토가 선행되어야 한다는 의미에서 원문을 먼저 실었다.
4. 원문의 교감校勘에는 비碑와 비편碑片에 대한 조사를 우선으로 했다.
5. 원비原碑에는 결획缺劃을 하거나, 고자古字 및 속자俗字를 사용한 예가 많으나, 활자의 불비不備 때문에 대부분 따르지 못하였다. 임금 또는 왕실과 관련된 제두提頭는 처음부터 문제 삼지 않았다.
6. 찬자撰者의 자주自註는 원문과 함께 싣고, '원주原註'라고 표시하였다.
7. 원비에는 문장의 단락이 없으나, 역주의 편의를 위해 적절하게 분단分段하였다.
8. 주석은 주해註解 위주의 특성을 최대한 살리면서 내용을 정확하게 이해하는 데 역점을 두었다. 일차적으로 원문 주석에서는 교감과 관련된 내용, 인용된 전고典故의 고색攷索, 난자난구難字難句에 대한 해석을 주된 대상으로 하였다. 이를 토대로 번역을 하고, 번역문에서도 원문 주석과 겹치지 않는 범위 안에서 충실하게 주석을 붙였다.
9. 결락된 글자는 '◯'로 표시하였다.
10. 네 비문의 내용과 관련된 자료를 모아 '부록'에 실었다.

제Ⅰ부 해제

한국 금석문의 白眉 四山碑銘

Ⅰ. 머리말

Ⅱ. 四山碑銘의 由來와 註解

Ⅲ. 사산비명의 체재와 내용

Ⅳ. 사산비명의 가치

Ⅴ. 남는 말

Ⅰ. 머리말

신라 말의 홍유鴻儒 고운孤雲 최치원崔致遠(857~?)은 한국한문학사, 한국유학사에서 서장序章을 장식하는 인물이다. 현재 전하는 최치원의 저술 가운데 『계원필경집桂苑筆耕集』은 우리나라 한문학사에서 최고最古의 문집이다. 『사산비명』은 우리나라 금석문의 신기원을 여는 것이자 백미白眉라고 할 수 있다. 재당시의 작품을 모은 것이 『계원필경집』이라면 『사산비명』은 귀국한 이후에 지은 득의작得意作이라 하겠다. 「대낭혜화상비문」을 보면 "만약 중국을 사모하는[西笑] 사람이 혹 비문을 소매 속에 넣어 가지고 들어가, 중국 사람들의 비웃음에서 벗어나게 된다면 매우 다행일까 한다"고 했던 무염국사 상족제자上足弟子의 말을 인용하고 있다. 이것은 최치원 자신의 생각을 간접적으로 드러낸 것으로 보아도 좋을 듯하다. 최치원이 이 '사산비명'을 비롯한 자신의 문장에 얼마나 자신감을 가지고 있었는지 짐작할 만하다.

『사산비명』은 우리나라 한문학사와 금석학사에서 중요한 위치를 차지한다. 불교사 연구에서도 빠뜨릴 수 없는 중요한 자료다. 이런 자료적 가치 때문에 일찍부터 한 권의 책으로 묶여져 내려왔다. 탁본은 오늘날까지 금석학 교재, 서예 교본으로 활용되고 있다. 한편, 17세기 초부터 주해본이 만들어지기 시작하여

20세기 말엽까지 내려왔다. 주석의 역사가 4백년이다. 주석은 주로 호남지방에서 이루어졌다. 서산대사 휴정休靜의 문인 중관中觀 해안海眼이 지리산 화엄사에서 최치원의 『사산비명』을 세상에 알린 뒤 이 책은 호남지방의 유수한 사찰에서 강원講院의 과외독본課外讀本으로 내려왔다. 불교사 연구와 함께 고운사상에 대한 연구도 이어졌다. 이런 분위기 속에서 전라도 관찰사로 부임해온 서유구徐有榘가 순조 34년(1834) 『교인 계원필경집』 20권을 취진자聚珍字(活字本)로 박아냄으로써 최치원 숭모의 열기를 고조시켰다.

호남지방은 고운사상 전승에서 중요한 위치에 있다. 오늘날 최치원 연구가 크게 진척된 데에는 4백년에 달하는 『사산비명』 주석사가 크게 기여하였다. 이 점은 뒤에 다시 논하는 사람들이 있을 것이다. 이제 한국금석학사에서 우뚝한 위치를 차지하는 『사산비명』에 대해 자세히 살피기로 한다.

Ⅱ. 四山碑銘의 由來와 註解

1. '사산비명'의 유래

『사산비명』은 최치원이 찬술한 비문 가운데 신라의 불교사를 비롯하여 여러 면으로 가치가 높은 네 편을 뽑아 한 책으로 만든 것이다. 네 편의 비문이란, 곧 ①崇嚴山聖住寺大朗慧和尙白月葆光塔碑銘(并序) ②智異山雙溪寺眞鑑禪師碑銘(并序) ③初月山大崇福寺碑銘(并序) ④曦陽山鳳巖寺智證大師寂照塔碑銘(并序)을 말한다. 위의 네 군데 산사山寺 이름을 취하여 일반적으로 '사산비명'이라 일컫는다. 네 비문은 모두 왕명에 의해 찬술되었다. 최치원이 귀국한 뒤부터 은거하기 이전에 걸쳐 찬술된 것이다. 『고운선생문집』과 『해운비명주海雲碑銘註』에서는 위의 순서대로 싣고 있으나 찬술된 순서에 따른 것은 아니다. 주해본에 따라 싣는 순서는 다르다.

몽암당蒙庵堂 기영箕穎의 『해운비명주』 서문에 의하면, 만력萬曆 연간에 철면노인鐵面老人[1]이 『고운집』 10권 속에서 이 네 비문

---

1 조선 선조 때의 승려인 海眼(호 : 中觀, 1567~ ?)의 별호. 그의 저술 『中觀集』을 보면 「大隱庵說」 등에서 '雲居鐵面中觀禪子' 또는 '鐵面中觀子' '鐵面玉井'이라 하여 海眼의 호가 中觀 또는 鐵面이었음을 밝히고 있다. 해안은 속성이 吳氏로 전라도 務安 사람이다. 서산대사 휴정의 문인이다.

을 초출抄出하고 난해한 대목들을 골라 주석한 뒤 후진들에게 습송習誦토록 했다 한다. 여기서 '만력'이란 명나라 신종神宗의 연호다. 서기 1573년부터 1619년까지 사용되었으니, 조선의 선조 6년으로부터 광해군 11년까지의 기간에 해당한다. 철면노인이 이를 불교학인들에게 습송토록 하면서 경여經餘의 과외독본課外讀本이 되다시피 했다. 그 뒤 몽암당 등의 주해가 있어 일반인 사이에도 퍼졌다. 또 순조·헌종 연간에 거사居士 홍경모洪景謨가 주해의 내용과 체재를 일신하여 더욱 넓어졌다.[2]

『사산비명』의 원문은 원비原碑 또는 탑본搨本을 통해 접할 수 있다.[3] 대숭복사비의 비문은 비가 인멸되기 전에 베껴놓아 오늘에 전한다. 모두 『고운집』에 실렸다. 판각본板刻本 및 수사본手寫本에 따른 글자의 이동異同은 적은 편이다. 다만 대숭복사비의 경우, 인멸 이전 문집 등에 전재轉載한 것이나 필사본 등에 전적으로 의지할 수밖에 없다. 다른 세 비 역시 마손磨損, 결락缺落 등으로 판독이 불가능한 부분은 온전할 때 복각覆刻한 것에 의지할 수밖에 없다.[4] 보다 정확한 주해를 위해 일차로 판본·필

평생토록 臨濟宗의 正脈을 전파하는 데 힘썼다. 임진왜란 때에는 영남에서 僧兵을 일으켜 왜적과 싸우기도 했다. 저술로 『中觀集』·『竹迷記』·『東國禪燈壇』 등이 있다. 「金剛山乾鳳寺四溟大師碑銘」에도 그의 행적이 일부 기술되어 있다.

2 朴漢永, 「精校四山碑銘注解緣起」, 『石顚詩艸』 참조.

3 朗慧碑 木版覆刻本(1帖 52張)이 규장각도서에, 眞鑑碑 木版覆刻本(1帖 16張)이 쌍계사에 소장되어 전한다.

4 현재 대숭복사비를 제외한 세 碑의 탑본과 飜刻本 등이 온전하게 전한다. 한 예로 현재 상황에서 진감선사비의 건립 연대는 비문의 일부 缺落으로 인해 알 수 없으나, 조선 영조 원년(1725) 木版에 移刻한 비문에 의하면 "光啓三年七月 日建"이라고 되어 있어 신라 정강왕 2년(887)에 건립

사본에 대한 조사와 교감校勘이 필요하다.

2. '사산비명'의 주해본

『사산비명』에 대한 제가諸家의 주해는 상당수에 달한다. 현재 몇 종이나 되는지 정확히 파악하기 어렵다. 『사산비명』이 승속僧俗을 불문하고 얼마나 관심 있게 받아들여졌는지 짐작할 수 있다. 다만, 주해본 대다수가 주해자를 알 수 없고, 또 알 수 있다 하더라도 순전한 자기류自己流의 주해라고 할 수 없는 것이 많다. 전배前輩들의 주해에서 잘못되었거나 미진한 것만을 제한적으로 고치고 보탠 것이 태반이다. 어디까지가 누구의 주해인지를 분별하기가 어렵다.

현재 수집되거나 학계에 알려진 범위 안에서 여러 주해본을 소개하면 다음과 같다.[5]

○ **海雲碑銘註**(필사본, 不分卷 1책)

정조 7년(癸卯, 1783) 가을에 쓴 주해자 몽암蒙庵의 주서註序가 있다. 편차는 낭혜-진감-숭복-지증 순이다. 국립중앙도서관 소장본(55장), 성균관대학교도서관 소장본(82장), 연세대학교도서관 소장본(76장) 등이 있다. 성균관대 소장본에는 서문 다음에

된 것임을 알 수 있다.

5 김지견, 『사산비명 집주를 위한 연구』(한국정신문화연구원, 1994)에 소개된 것을 다수 인용하였다.

'고운행적孤雲行蹟'을, 권말에 부賦 '영효詠曉'를 실었다. 초기의 주해에 속하는 것으로서, 비교적 자세한 주해에다 구결口訣까지 붙여 독자에게 편의를 제공한다. 상당수 난해한 부분에서는 '미상未詳' 또는 '당사후고當俟後攷'라고 하는 등 조심성을 보이고 있다. 이후에 나온 주해에 많은 도움을 주었다. 다만 원문의 오사誤寫가 적지 않으며, 주해에서도 잘못되거나 미진한 곳이 꽤 많은 편이다. 이밖에도 제첨題簽은 다르지만 내용이 같은 것으로, 『고운집』(필사본, 1책, 동국대학교도서관 소장)과 『해운집海雲集』(필사본, 1책, 75장, 徐首生博士 소장) 등이 확인된다.

○ **四山碑銘**(필사본, 4권 1책, 65장)

주해자 및 연기年紀 미상. 표지에는 '사산비록四山碑錄'이라고 되어 있다. 또 '연당蓮塘'이라는 명기名記가 있다. 주석은 협주夾註가 아닌 말주末註 형식이다. 편차는 낭혜-진감-숭복-지증 순이다. 권두에 박옹朴邕이 지은 '헌강대왕송귀무염국사시집인獻康大王送歸無染國師詩集引'과 '고운행적孤雲行蹟'을 실었으며, 권말에 '乙未肇夏釋迦齋日曹溪佛日庵 謹書'라는 필사자의 주기註記가 있다. 근세 고종 32년(1895)에 불일암佛日庵[6]에서 필사되었음을 짐작하게 한다. 또 권말에 '신라국왕열대新羅國王列代 사비입석선후도四碑立石先後圖'를 실어 네 비가 왕명으로 세워진 시기와 비문이 찬술된 시기, 세 선사의 출가出家·청법請法·천화遷化·증시贈諡의 시기 등을 도표를 통해 일람하도록 되어 있다. 동국대학교도서관 소장.

---

6 하동 쌍계사의 부속 암자로 추정된다.

○ **新羅國四山碑銘**(필사본, 불분권 1책, 55장)

주해자 및 연기 미상. 편차는 진감-낭혜-지증-숭복 순이다. 서울대학교 규장각 소장.

○ **洪居士註**

순조·헌종 연간의 거사 홍경모가 주해한 것이다. 이능화李能和의 『조선불교통사』에 네 비문을 전재하면서 '용홍거사주用洪居士註'라고 하여 주해를 제한적으로 소개하였으나, 그 전모를 살피기는 어렵다.[7]

○ **四山碑**(필사본, 불분권 1책, 48장)

주해자 및 연기 미상. '신라국고사비新羅國故寺碑'라는 부제가 있다. 편차는 낭혜-숭복-진감-지증 순이다. 주해가 간략하다. 권말에 '신라국역년도新羅國歷年圖'를 부록으로 실었다. 고려대학교도서관 소장.

○ **四碣**(필사본, 불분권 1책, 50장)

주해자 및 연기 미상. 편차는 낭혜-지증-진감-숭복 순이다. 주석은 간략한 편이다. 다른 주해본과 대비할 수 있는 것도 상당수에 달한다. 고려대학교도서관 소장.

---

7 이능화뿐만 아니라 석전 박한영도 홍거사 주해본을 입수했던 것 같다. 현재는 전하지 않은 듯하다.

○ **四山碑銘**(필사본, 불분권 1책, 62장)

권두에 '두륜사문각안주頭輪沙門覺岸註'라고 되어 있고, 권중卷中에 '光緖十八年壬辰夏 書于眞佛庵拈花室中'이라는 필서주기畢書註記가 있다. 『동사열전東師列傳』의 찬자 범해梵海 각안覺岸(1820~1896)이 고종 29년(1892)에 완성했음을 알게 한다. 편차는 낭혜-진감-숭복-지증 순이다. 주해는 기존 주해 가운데 번쇄한 것들을 깎아 버리고 간결하게 처리했다. 중관 해안의 『죽미기竹迷記』, 다산 정약용의 『대둔사지大芚寺誌』 등을 인용하여 독특한 주해를 상당수 냈다. 원문을 전사轉寫하는 과정에서 오사誤寫한 곳이 꽤 있고 현토懸吐와 주해에도 정확하지 못한 곳이 적지 않다. 내용이 같은 주해본으로 지곡서당芝谷書堂 소장본인 『사산비명』(필사본, 불분권 1책, 76장)이 있다.[8]

○ **四山碑銘**(필사본, 불분권 1책, 51장)

주해자 및 연기 미상. 전 경성제국대학 교수 금서룡今西龍(1875~1932)이 1930년 목포의 고물점에서 사본을 구입하여 재사再寫한 것이다. 편차는 낭혜-지증-숭복-진감 순이다. 주해가 소략하고 오류가 많다. 백화사계白花寺系에 속한 것으로 보인다. 일본 텐리대학도서관天理大學圖書館 소장.

○ **桂苑遺香**(필사본, 불분권 1책, 77장)

권두에 '석옹石翁'이라는 기명記名이 있다. '석옹'은 근세 선암사仙巖寺의 고승 경운원기擎雲元奇(1852~1936)의 아호다. 종래

8 '頭輪沙門 覺岸註'라는 名記가 뚜렷하다.

에는 '석전옹石顚翁'의 줄임말로 보아 박한영으로 추측하였다. 어느 쪽이 옳은지는 자세하지 않다. 다만 내용상으로 보면 『계원유향』은 석전石顚 박한영朴漢永(1870~1948)의 『정교사산비명주해精校四山碑銘注解』(또는 『精註四山碑銘』)와 거의 같다.[9] 편차는 지증 - 숭복 - 진감 - 낭혜 순이다. 종래의 주해를 두루 참고한 듯 주해가 상세하고 오사誤寫가 비교적 적다. 『문창집文昌集』과 함께 정주본精註本 · 정교본精校本에 속한다. 최완수崔完秀(간송미술관) 소장본을 1972년 서울대 문리대 국사연구실에서 '한국사료선총韓國史料選叢 제10권'으로 영인한 바 있다.

○ 文昌集(필사본, 불분권 1책, 95장)

주해자[10] 및 연기 미상. 편차는 숭복 - 진감 - 낭혜 - 지증 순이다. 원문 필사가 정확하고 주해가 상세한 편이다. 번쇄한 느낌이 없지는 않다. 전체적으로 『계원유향』과 대동소이하다. 간혹 한글 주석이 보이는 것도 특징이다. 서울대학교 규장각 소장.

○ 精註四山碑銘(필사본, 불분권 1책, 89장)[11]

---

9 '石翁'이라는 서명은 후인의 가필인 듯하다. 1987년 김지견 교수가 일본에서 박한영 친필본 『精註四山碑銘』(일본에 유학 중인 慧南 스님 소장본)의 소재를 알아내 이를 학계에 소개하였다. 양자를 대조하면 『계원유향』이 박한영이 주해한 것인지, 아니면 그의 스승 경운이 주해한 것인지 짐작할 수 있을 것이다.

10 仙巖寺의 擎雲이 주해한 것으로 알려져 있다. 『계원유향』과 대동소이한 것으로 미루어 보면 경운 → 박한영으로 내려오는 주해본인 것 같기도 하다.

11 김지견 교수는 일본 東京 泉岳寺의 소장자로부터 입수하였다고 밝힌 바

석전 박한영이 주해한 것이다. 편차는 권두에 사산비명주해연기四山碑銘注解緣起가 있고, 이어 진감－낭혜－지증－숭복 순으로 싣고 있다. '연기緣起'의 말미에 "불기佛紀 2958년 신미辛未 오월梧月 일 석전정호石顚鼎鎬 근지謹識"라고 되어 있어 1931년 음력 7월에 기필起筆한 것임을 알 수 있다.[12] 부록(7장)으로 연천淵泉 홍석주洪奭周(1776~1852)의 「교인계원필경집 서校印桂苑筆耕集序」와 서유구의 「교인계원필경집 원서原序」, 「최문창후본전崔文昌侯本傳」, 「지증비중 매금주 증정智證碑中寐錦註證正」, 「사산비 교락열성지도四山碑交絡列聖之圖」, 「대낭혜전大朗慧傳」, 「지증전智證傳」, 「혜소전慧昭傳」 등을 싣고 있다.[13] 사산비 주해에서 정주본精註本에 속한다. 「진감선사비명」 첫머리에 나오는 '조선 풍산 홍경모 집주朝鮮豐山洪景謨集註'라는 명기를 인용한 것을 보면, 속소위俗所謂 '홍거사주洪居士註'를 중점적으로 검토했음을 짐작할 수 있다.

○ **孤雲先生文集 所載 四山碑銘**(목판, 3권 1책)

가장 널리 알려진 주해다. 1926년 후손 최국술崔國述(崔坤述) 등에 의하여 간행되고, 1972년 성균관대학교 대동문화연구원에서 『최문창후전집崔文昌侯全集』을 영인 간행할 때 실렸다. 제2권과

있다. 그러나 근자에 釋慧南에 따르면, 石顚이 그 제자 雲起에게 주고 운기가 다시 혜남에게 준 것이라고 한다. 《불교신문》 제2550호 2009년 8월 19일자 참조.

12 이것은 『石顚文鈔』(서울 : 法寶院, 1962)에 실린 「精校四山碑銘注解緣起」의 끝부분에서 '辛未七月 日'이라고 한 것과 일치한다. 주해가 완성된 것은 1935년(乙亥)으로 起筆한 지 5년만이다.

13 부록에서 「大朗慧傳」·「智證傳」·「慧昭傳」은 이덕무의 『刊本 雅亭遺稿』 권3에 실린 것을 인용하였다.

제3권이 '사산비명'이다. 편차는 낭혜-진감-숭복-지증 순이다. 주해는 대부분 『해운비명주』에서 옮겨 실은 듯 별 차이가 없다. 다만 찬자 최치원을 영불지인佞佛之人이라고 비판하던 조선시대의 분위기를 반영이라도 하듯, 비문의 일부 대목을 고의적으로 개찬改竄함으로써 최치원이 유학자의 본령에서 벗어나지 않았음을 보이려 한 흔적이 있다.

○ **稗藪**(필사본, 불분권 1책)

주해자 및 연기 미상. 사산비 이외의 다른 유명한 비갈문자碑碣文字까지 포함, 모두 7개의 비명을 실었다. 고미술 연구가 김호연金鎬然 소장.

○ **碑銘並註**(사본, 불분권 1책)

주해자 및 연기 미상. 원문은 싣지 않고 난해한 어구語句에 주해를 달았다. 우리나라 사찰 강원講院에서 볼 수 있는 전통적 사기私記 형식을 갖추었다. 대흥사大興寺 내 암자 소장.

○ **海雲集**(필사본, 불분권 1책, 37장)

주해자 및 연기 미상. 진감선사비명과 대낭혜화상비명 원문을 싣고 상세한 주석을 달았다. 권말에 삼국의 왕명王名을 약간의 설명과 함께 부록으로 실었다. 연세대학교도서관 소장.

○ **孤雲先生文集逸稿**(石印本, 불분권 1책, 47장)

네 비의 원문만 실었다. 한국학중앙연구원 소장.

3. '사산비명' 역주본

한글로 번역되거나 역주譯註된 것들이 적지 않다. 이를 연대순으로 살피기로 한다. 『사산비명』에 대한 최초의 국역國譯은 1972년에 원로 한학자 월당月堂 홍진표洪震杓에 의해 이루어졌다.[14] 번역의 대본은 『최문창후전집』에 실린 문집본이었다. 홍진표는 문집본의 주석을 바탕으로 번역에 충실을 기하면서 문의가 쉽게 전달되도록 하는 데 힘썼다. 난해하기로 정평 있는 이 비문을 처음으로 번역하다 보니 여러 곳에서 적지 않은 오역이 나왔다. 그러나 이러한 한계성에도 불구, 초역初譯이 갖는 의의와 공헌은 크다고 하겠다.

홍진표를 이어 나온 번역은 1973년 『고운선생문집』을 국역하면서 이루어졌다.[15] 「대낭혜화상비문」은 홍진표, 「진감선사비문」은 성락훈成樂熏, 「대숭복사비문」은 변각성邊覺性, 「지증대사비문」은 최병헌崔柄憲이 각각 역주하였다. 홍진표가 초역했던 것을 기초로 하면서, 오류와 미진한 부분을 보완하여 상당한 진척을 보였다. 이로써 고운 최치원 연구의 새로운 장章을 열게 되었다. 다만 번역 중심인 까닭에 연구자들에게 아쉬움을 남겼다.

1987년에 최영성崔英成의 『주해 사산비명』이 나왔다. 사산비가 본격적으로 연구 대상이 되어 학계의 주목을 받게 된 것이다. 이 책은 사산비에 대한 종래의 주해를 기본으로 하면서도 신주新註를 시도하였다. 주해와 함께 쉬운 말로 풀어낸 번역을 곁들

---

14 『韓國의 思想大全集』 제3권, 동화출판공사, 1972 所收.

15 최준옥(편), 『국역 고운선생문집』 하권, 1973, 145~371쪽 참조.

였다. 그러나 상당수의 오역과 주해의 부실이 발견되어 1990년에 『최치원의 사상 연구』 부록으로 실린 '집주사산비명集註四山碑銘'(漢文本)을 통해 시정한 바 있다.

그 뒤 1992년 한국고대사회연구소에서 한국고대금석문을 3권으로 역주하면서, 제2권에 사산비를 실었다.[16] 「진감선사비문」을 김남윤金南允이, 「대낭혜화상비문」을 최연식崔鉛植이, 「지증대사비문」을 남동신南東信이, 「대숭복사비문」을 정병삼鄭炳三이 각각 역주하였다. 최영성의 『주해 사산비명』을 주요 참고자료로 하면서 약간을 손질하는 정도에 그쳤다.

같은 해인 1992년에 문경 봉암사 스님 석정광釋淨光이 『지증대사비명소고智證大師碑銘小考』(經書院)를 펴냈다. 대체로 종래의 주해를 집대성하는 데 중점을 두었다. 선행 역주 작업의 성과를 참조[17]한 데다가 자신의 신주新註를 더하였다.[18] 서명書名과는 달리 지증대사비뿐만 아니라 나머지 세 비까지도 모두 역주하였다. 비문 역주에 필요한 자료들을 최대한 동원하여 번역, 해설을 가하였고, 참고 자료까지도 번역하여 실었다. 다만 원문과 주석, 해설, 참고자료의 경계가 뚜렷하지 않아 고람考覽에 불편하고 번다한 느낌을 준다.

이어서 1993년에 이지관李智冠이 '한국불교금석문 교감역주校

16 한국고대사회연구소(편), 『역주 한국고대금석문』 제3권, 가락국사적개발연구원, 1992 참조.

17 인용 출처를 전혀 밝히지 않아 학술적 가치를 떨어뜨린 점이 아쉽다.

18 한 예로, 진감선사의 법휘가 慧明이며, 민애왕이 자신의 이름인 '明' 자를 피해 慧昭로 고쳐 法號로 삼도록 했다는 주석이 독특하다. 『지증대사비명소고』, 243~244쪽 참조.

勘譯註' 시리즈를 여러 권으로 펴내면서 제1권 『교감역주 역대고승비문-신라편』에 사산비를 실었다. 외관상으로 정제整齊되고, 또 몇몇 부분에서 전인前人이 미처 밝히지 못한 전고典故-특히 불교관계-를 해결하거나 새로운 주석을 시도하였다. 유감스럽게도 공에 못지않게 과실이 적지 않다. 교감부터 문제다. 결락缺落과 오자투성이인 『해동금석원海東金石苑』과 『한국금석전문韓國金石全文』, 특히 후자를 저본底本[19]과 같은 위치에 놓은 것은 잘못이 적지 않다. 비의 실물에다 탁본, 복각본까지 있는 대낭혜화상비와 진감선사비는 교감에 어려움이 별로 없겠지만, 대숭복사비와 지증대사비는 정확한 교감을 필요로 한다. 그럼에도 오자와 탈자, 무리하게 추정해 넣은 글자 등이 많기로 알려진 『한국금석전문』을 저본인 양 사용한 것은 이해하기 어렵다.[20]

번역 역시 이미 나온 것들에 못 미치는 형편없는 대목이 적지 않다. 지증대사비와 대낭혜화상비의 경우 그 정도가 더하다. 또한 원문의 구두句讀가 부실하고, 종래의 잘못된 주석에 매여 사실과 다르게 엉뚱한 주석을 낸 경우도 꽤 있다. 전반적으로 역주자의 성명盛名에 누累가 되는 것도 사실이다.

이후 1995년에 이우성李佑成이 교역校譯한 『신라사산비명新羅四山碑銘』이 나왔다. 수년에 걸쳐 문하 제자들의 도움을 받아 이룩한 이 책은 종래의 여러 주해본을 비교 검토하여 원문을 철저히 교감하고 종합적인 집주본集註本을 만드는 데 초점을 둔 것이다.

---

19 이 책에서는 어느 것을 저본으로 했는지 명확하게 밝히지 않았다.

20 『금석전문』은 이미 1919년에 조선총독부에서 펴낸 『조선금석총람』보다 그 정확도에서 훨씬 뒤져, 사정을 아는 사람은 이용하기를 꺼려하는 터였다.

사산비에 대한 원문의 교감에서는 지금까지 나온 것 가운데 가장 정확성을 기하였다. 제가諸家의 주해를 한 눈에 볼 수 있도록 한 것은 큰 장점이다. 그러나 번역문만 있고 한글로 풀어쓴 주해가 없어서 연구자와 학생들이 고람考覽하기에 불편하다. 또 한문주漢文註에서도 잘못이 분명한 주석까지도 상당수 싣고 있어 번거로운 느낌이다. 집주에 중점을 두어 종래의 주해를 모은 것이 대부분이라, 참신성을 인정하기 어려운 것이 사실이다. 교역자 나름의 신주新註가 극히 신중하게 제한적으로 이루어진 것은 선인들의 업적을 존중하려는 의지의 소산이라 하겠지만, 한학漢學에 밝은 구안지사具眼之士를 보기 어려운 현실에 비추어 아쉬움이라 할 것이다. 원문에 대한 주해와 번역에서 서로 상충되거나 모순되는 곳도 더러 있다.

이후 '사산비명'의 번역은 10년 이상 공백기에 들었다. 2009년 한학자 이상현李相鉉이 『고운집』을 번역하면서 문집 안에 들어 있는 '사산비명'을 약 130쪽 분량으로 완역하였다.[21] 종래의 연구 성과를 종합적으로 반영하여 비교적 품격 있고 매끄럽게 번역한 것으로 평가할 수 있다. 다만 한국고전번역원에서 간행한 한국문집총간 제1집 소재 『고운집』을 대본으로 한 까닭에 원문에 대한 교감이 없는 것이 가장 큰 흠이다. 또한 약 450여 개 되는 주석은 인용된 고사를 충실하게 풀이하는 것으로 일관했을 뿐 학술적 주석과는 거리가 멀다. 기존의 연구 성과를 반영하면서도 출처를 제대로 표시하지 않아 문제가 되는 대목도 적지 않

---

21 이상현 옮김, 『고운집』, 한국고전번역원, 2009.

은 것 같다.[22]

한편, 2012년에는 재미학자 양기선梁基善(KEY S. RYANG)이 사산비명을 영문으로 역주하였다. 제목은 'Ch'oe Ch'i-won(b.857) and Sasan pimyong 崔致遠 四山碑銘'이다. 이우성의 『신라사산비명』을 저본으로 하였고, 그것을 권말에 영인하여 실었다. 사산비명이 영문으로 번역되어 세계에 알려진다는 것은 고무적인 일이다. 연구사에 특기할 만한 일이라 하겠다.

이밖에 사산비 전체를 역주한 것은 아니지만, 관심 있는 학자들에 의해 몇 가지 번역과 주석이 나왔다. 1986년에 최병헌이 『사료로 본 한국문화사』 고대편(일지사)을 펴내면서, 「지증대사비문」(357~371쪽 所收)과 「대숭복사비문」(379~391쪽 所收)을 번역하여 실은 바 있다. 이듬해에는 허흥식許興植이 「봉암사 지증대사비 주해」[23]를 냈다. 모두 322개에 달하는 이 주해는 종래에 흔히 보아 왔던 한문주漢文註 형식이 아닌, 한글 주해라는 데 의미가 있다. 다만 주해자의 무성의와 교정의 불철저로 그 가치를 인정하기 어려울 정도다. 1990년에는 보령 출신 향토사학자 강웅길康雄吉(1939~)이 「대낭혜화상비문 역주」[24]를 냈다. 주로 최영성의 『주해 사산비명』에 실린 내용을 토대로 하면서 자신의 독특한 주해도 가하였다. 보령의 대가람이었던 성주사와 대낭혜화상에 관련된 여러 사실을 고로故老들의 전문傳聞까지 인용하여 소개한

22 한 예로 대숭복사비에 나오는, '崛忧遮' 고사는 필자가 수년을 두고 고심 끝에 찾아낸 것인데, 인용 출처 표시가 없다. 과연 선행 연구의 도움 없이 스스로 찾은 것인지 의문이다.

23 한국정신문화연구원(편), 『한국학 기초자료 선집』, 1987, 535~554쪽 참조.

24 保寧郡山水洞 信川康氏門中(편), 『방솔나무』 제3호, 1990, 96~171쪽 所收.

점이 독특하다.

2010년에는 조선불교통사역주편찬위원회에서 이능화의 『조선불교통사』를 완역하면서, 그 책에 실린 사산비명을 역주하였다. 대낭혜화상비명, 진감선사비명, 지증대사비명은 완역이고 대숭복사비명는 부분 번역이다.[25] 이지관·최영성의 역주를 주로 참고하여 대동소이하다. 큰 공을 들인 것으로 평가하기는 어려울 듯하다.

25 이능화 편, 『역주 조선불교통사』 제1권 328~340쪽(진감선사비명), 371~389쪽(지증대사비문), 400~424쪽(대낭혜화상비문); 『역주 조선불교통사』 제5권 520~522쪽(대숭복사비명) 참조.

Ⅲ. 사산비명의 체재와 내용

1. 大朗慧和尙白月葆光塔碑銘 幷序

나대羅代의 비석으로는 최대다. 현재 충청남도 보령시 성주면 성주사 터에 남아 있다. 국보 제8호이다. 세워진 연대는 분명하지 않으나 진성여왕 4년(890) 이후로 추정된다. 성주사가 있는 남포藍浦의 오석烏石은 석질이 좋기로 유명하여 예부터 지금까지 그 명성이 여전하다. 재료가 남포 오석인 이 탑비는 1천여 년의 갖은 풍상風霜을 몸으로 겪어 낸 채 남아 있어, 사정을 잘 모르는 이는 세월의 거리를 가늠하기 어려울 정도다. 성주사의 전신인 백제 '오합사烏合寺(烏會寺)' 절 이름 역시 이 남포 오석과 무관하지 않을 것이다.

이 비에는 오천언[26]의 긴 비문이 새겨졌다. 최치원이 왕명을 받아 글을 짓고 당시 '삼최三崔'의 한 사람이었던 최인연崔仁渷(無染國師의 從弟)이 왕명을 받아 글씨를 썼다. 글씨는 신라 말에 크게 유행하였던 당해唐楷, 즉 구양순체歐陽詢體다. 찬자撰者와 서자書者가 다른 탓인지 오자와 탈자가 더러 있다.

이 비문에서는 대낭혜화상 무염국사의 입적 사실부터 시작하

---

26 본문 5,022자, 註 98자, 합계 5,120자.

여, 그에게 '대낭혜화상'이라는 시호와 '백월보광白月葆光'이라는 탑명塔銘이 내려진 것, 그리고 탑비명을 짓게 된 동기를 서술하였다. 이어 국사의 생애 및 뚜렷한 발자취에 대하여 자세하게 서술하였다. 최치원은 일찍이 여러 형식의 글들을 찬하면서, 전기는 되도록 자세하게 하고 비문은 간략하게 서술한다는 '전광비략傳廣碑略'의 서술 기조를 밝힌 바 있다. 한 비문의 분량이 5천언이라는 것은 드문 일이다. 또 오언으로 된 명銘 앞에 '논論'을 둔 것이 특색이다. 무염국사와 그의 선조인 태종 무열왕의 업적을 함께 논하면서 『춘추春秋』에 나오는 '공후지자손公侯之子孫, 필복기시必復其始'란 말과 결부시켜 입증하고자 한 의도가 주목된다.

대낭혜화상의 법호는 무염無染이다. 속성은 김씨이며 무열왕이 그의 8대조다. 신라 애장왕 원년(庚辰, 800)에 태어나 진성여왕 2년(戊申, 888)에 89세(夏臘 65세)로 입적했다. 13세에 출가하여 설악산 오색석사五色石寺의 법성선사法性禪師에게 배운 뒤, 부석사의 석등대덕釋燈大德에게 나아가 화엄경을 공부했다. 헌덕왕 13~14년(821~822) 무렵에 당나라로 건너가, 종남산終南山 지상사至相寺에서 다시 화엄을 배웠으나 곧 교학敎學의 한계성을 깨닫고 마곡사麻谷寺의 보철화상寶徹和尙에게 나아가 선禪을 묻고 인가印可를 받았다. 보철선사가 입적한 뒤 사방의 고적과 고승대덕高僧大德을 찾아보고 오랫동안 고행을 닦았다. 그 이름이 널리 알려져 '동방대보살東方大菩薩'이라고 일컬어졌다.

문성왕 7년(845)에 귀국하여 원임대신原任大臣 김흔金昕의 청으로 웅천주熊川州의 오합사에 주석駐錫하니, 법익法益을 청하는 사람들이 모여들어 선도禪道가 크게 일어났다. 이에 문성왕은 절 이름을 '성주사'라 개칭하고 국사로 삼았다. 그 뒤 헌강왕 역시 국사로 받들고 예우를 다하였다. 성주산문을 일으켜 선풍을 크게 진작시킨 그는 유학에도 조예가 있었다. 문장 또한 능했다. 문도門徒가 성하기로 유명하였다. 승량僧亮·보신普愼·순예詢乂·심광心光 같은 명승名僧을 비롯하여 2천여 명이 배출되었다고 한다. 「법경대사자등탑비문法鏡大師慈燈塔碑文」에서는 '성주천하무쌍聖住天下無雙'[27]이라 하여, 신라 최대의 선문도량이었음을 밝혔다.

찬자 최치원이 무염국사의 행적을 서술하면서 참고한 것으로는, 문제자門弟子들이 찬한 행장을 비롯하여 한림랑翰林郎 김입지金立之가 찬한 성주사비문과 헌강왕의 어찬御撰인 심묘사비문深妙寺碑文 등이 있다. 이 자료들은 오늘에 전하지 않는다. 찬자는 비문에서 "무염국사의 뚜렷한 발자취가 별처럼 많으나, 후학에게 일깨움이 되지 않는 것은 서술하지 않는다"고 하여, 상당히 요약했음을 밝혔다. 그런데도 오천언이나 되는 긴 분량이다. 여러 주해본을 보면 『무염국사 연보』를 인용한 것이 눈에 띈다. 비문에 담긴 행적 이외의 다른 것이 상당수 실려 있을 것으로 추측된다.

이제 이 비문에서 중요하다고 생각되는 몇 가지를 추리면 다음과 같다.

먼저, 무염국사의 부친 범청範淸이 진골眞骨에서 한 등급 내려깎여 육두품이 되었다는 사실을 서술하면서, 골품에 대하여 자

---

27 『조선금석총람』 상권, 152쪽.

주自註를 달고 있어 제도사 내지 정치사 연구에 크게 도움이 된다. '족강일등族降一等'이란 말을 분석해 보면, 족적族的 구분을 중시했던 신라 사회에서도 귀족의 증가에 따르는 문제점은 해소할 길이 없어, 지배 계급 자체 내에서 도태를 하지 않을 수 없었던 것 같다. 이 '족강일등'에 관한 사실은 본 비문에서 처음으로 분명하게 언급한 것이다. 당시에 육두품을 '득난得難'이라고 불렀음도 알 수 있다. 여기에 찬자가 특별히 주석을 붙여 설명하였다.

다음, 무염국사가 인연 따라 상문桑門에 든 뒤, 처음 능가선楞伽禪을 배우다가 곧 화엄학을 익혔고, 중국에 건너가 다시 화엄을 공부하다가 마침내 선禪으로 돌아섰다고 서술하였다. 당시까지 풍미風靡했던 화엄종 등 교종의 세력이 어떻게 선종으로 전이轉移되었는지 그 과정을 미루어 짐작할 수 있다. 또 선종사상사에서 특기할 만한 구참사상鉤讖思想, 구체적으로 '대법동류지설大法東流之說'이 신라인들에게 어떻게 받아들여졌는지, 이에 대한 이해를 통해 신라 선불교의 위상을 가늠할 수 있다.

다음, 헌강왕의 이른바 "삼외三畏는 삼귀三歸에 비할 만하고 오상五常은 오계五戒와 다를 게 없다. 능히 왕도를 실천함이 곧 불심佛心과 합치되는 것이다"고 한 말을 통해 유·불 양교兩教의 강한 융합 양상을 엿볼 수 있다. 이는 헌강왕 자신의 생각일 뿐 아니라, 당시 식자들이 위진남북조魏晉南北朝 이래 성행하였던 격의불교格義佛教의 영향을 강하게 받아, 일반의 유불관儒佛觀이 대체로 그러하였음을 짐작하게 한다.

다음, 무염국사가 임금에게 진언하면서, 『예기』에 실린 주풍周

豊의 말이라든지 『서경書經』에 나오는 '능관인能官人'이란 말을 인용한 것은 그냥 보아 넘길 수 없다. 국사는 젊어서 유가서儒家書를 많이 읽고 소양을 쌓았다. 당시의 골품 체제의 모순점을 자각하고 유교적 관료 체제를 이상적인 것으로 여겨 동경했던 것 같다. 이는 당시 육두품 계열에 속한 지식인들의 거의 공통된 경향이기도 했다.

헌강왕을 비롯한 식자층이 화려한 문장과 훌륭한 운어韻語를 풍부하게 구사했다는 사실은, 「대숭복사비문」에서 당나라 사신 호귀후胡歸厚가 반명返命할 때 토로한 말과 함께 당시의 문학적 수준을 짐작하게 하는 좋은 단서다.

그밖에 벼슬 이름이나 계보 등을 알 수 있는 자료라든지, 고어古語가 들어 있어 자료적 가치가 높다. 제약 많은 변려문 안에서도 우리말을 짐짓 드러낸 것은, 당시의 언어 연구에 도움을 주는 데 그치지 않는다. 최치원이 『제왕연대력帝王年代曆』을 편찬하면서 거서간·차차웅 등의 명칭을 "비야鄙野한 것으로 여겨 쓰지 않고 모두 '왕'이라 일컬었을 것이다"고 한 김부식金富軾의 말을 다시 생각할 수 있도록 실마리를 제공한다.

2. 智異山雙溪寺眞鑑禪師碑銘 幷序

진감선사비는 현 경상남도 하동군 화개면 운수리雲樹里 쌍계사 경내에 있다. 국보 제47호다. 6·25 한국전쟁 때 비신碑身에 손상을 입어 균열이 상당한 편이다. 일부는 결락缺落되기도 했다.[28] 진감비는 네 비 중에서 분량이 가장 짧아 2,500여 자에 불과하지만 맨 먼저 이루어졌다. 최치원이 중국에서 귀국한 직후 착수하여 정강왕 2년(887)에는 비가 세워지기에 이르렀다. 글씨도 최치원이 썼다. 이른바 구양순歐陽詢의 골骨에 안진경顔眞卿의 육肉을 붙여 특색을 나타낸 것이다.[29]

비문은 크게 서序 세 단락과 명銘 한 단락으로 짜여졌다. '서'의 첫 부분에서는 유·불·도 삼교사상三敎思想이 그 근본을 파고들면 서로 다를 것이 없다고 주장하였다. 이어 진감선사의 생애와 경행景行을 간명하게 서술했다. 끝부분에서는 비문을 짓게 된 경위와 찬자 자신의 심경을 적었다. '도불원인道不遠人 인무이국人無異國'으로 시작되는 '서'의 첫 부분은 최치원의 삼교사상에 대한 결론이라고 할 만하다. '명'은 40구 5장으로 짤막한 편이다. 운韻을 어김이 없고 문의文義가 쉬우면서도 절실하다.

진감선사의 법휘法諱(法號)는 혜소慧昭이고 속성은 최씨다. 전주全州 금마金馬 사람이다. 신라 혜공왕 10년(774, 甲寅)에 태어나 문성왕 12년(850, 庚午)에 77세(法臘 41세)로 입적했다. 일찍 부모를

---

28 조선 영조 때 탁본한 것을 복각한 목판본이 전해온다. 비의 전문을 고스란히 판독할 수 있다.

29 최남선, 『조선상식문답』 속편; 『육당 최남선 전집』, 현암사, 1973, 135쪽.

여의고 구법求法의 뜻이 간절하던 차에 애장왕 5년(804) 세공사歲貢使의 배에 편승便乘, 당나라에 들어가 창주滄州의 신감선사神鑑禪師에게 득도得度했다. 얼굴이 검다 하여 '흑두타黑頭陀'라 불렸다. 도를 닦던 중, 당나라에 먼저 왔던 도의道義를 만나 도우로서 함께 각지를 편력遍歷했다. 도의가 신라로 귀국한 뒤에는 종남산終南山에 들어가 3년 동안 지관止觀을 닦았다. 또 길거리에서 3년 동안 짚신을 삼아 오가는 사람들에게 보시하였다. 흥덕왕 5년(830)에 귀국하여 상주尙州 노악산露岳山 장백사長栢寺에 머물렀다. 곧 지리산 화개곡花開谷으로 가서 삼법화상三法和尙이 세웠던 옛 절터에 선당禪堂을 다시 지었다. 민애왕 1년(838)에 왕이 만나기를 청하였으나 응하지 않았다. 재차 왕이 사자使者를 보내 '혜소'라는 호를 내리고 왕도王都로 나와줄 것을 청했지만 끝내 응하지 않았다. 뒤에 지리산의 남령南嶺에다 옥천사玉泉寺와 육조영당六祖影堂을 세웠다. 입적한 뒤 헌강왕은 '진감眞鑑'이라는 시호와 '대공령大空靈'이라는 탑호를 내렸다. 정강왕은 옥천사의 이름을 '쌍계'로 개칭했다.

진감선사 혜소의 법맥은 구산선문九山禪門과 같은 독자적인 선문으로 발전하지는 못하였다. 그러나 우리나라에 전래된 이후 기성 교파敎派에 의해 배척을 받아 오던 선종의 세력을 크게 부식扶植시킨 이가 혜소다. 그는 우리나라 선도禪道의 한 중흥조中興祖다. 그의 선풍禪風을 흠모하고, 독자적인 산문山門이 형성되지 못한 것을 아쉬워한 백암화상伯巖和尙 긍양兢讓(878~956)이 자신의 법계를 혜소에 잇대어 그의 증손제자曾孫弟子가 된 것[30]은 우연이 아니라고 본다.

진감선사비문의 특성은 철학적 색채가 강하다는 점이다. 최치원은 비문 첫머리에서 "대저 도는 사람에게서 멀리 있지 않고 사람은 나라에 따라 차이가 없다. 이런 까닭에 우리나라 사람들이 불교를 하고 유교를 하는 것은 필연적이다"고 하였다. 진리의 관점에서 보면 중국인·인도인·신라인의 차별이 있을 수 없으며, 출신국에 따라 진리와 거리가 있을 수 없다는 말이다. 진리의 보편성과 인간 본질에 대한 확고한 신념을 엿보게 한다. 국경을 넘어선 인간의 보편성, 진리의 보편성에 대한 자각, 그리고 진리를 향한 신라인의 향학열과 진취성이 선명하게 잘 드러나 있다. 이어서 구도求道하는 학인들의 열정과 고학상苦學狀이 서술되어 있다. 최치원 자신이 입당유학을 하지 않았다면 그와 같이 절실하고 호소력 있는 서술은 어려웠을지도 모른다.

최치원은 혜원慧遠·심약沈約 등의 말을 이끌어 유교와 불교의 특색을 비교한 뒤, 유교와 불교가 가는 길은 다르지만 궁극적으로 도착하는 곳은 같다고 하면서 '이로동귀異路同歸'를 주장하였다. 유교와 불교가 서로 겸수兼受하지 못하는 것은 자교自敎에 국집局執되었기 때문이라고 하면서 종교와 이데올로기에서 오는 도그마를 경계하였다. 이 비문은 신라 하대 사상계의 경향뿐만 아니라 최치원 삼교회통론의 사상적 배경 내지 종교관을 엿볼

30 竸讓은 智證大師 道憲의 孫弟子다. 최치원이 撰한 「智證大師塔碑銘」에 따르면 그의 法系는 道信 → 法朗 → 信行 → 遵範 → 慧隱 → 道憲 → 楊孚 → 竸讓으로 이어진다. 그러나 李夢遊가 撰한 「靜眞國師塔碑銘」에서는 이와는 다르게 慧能 → 懷讓 → 道一 → 神鑑 → 慧昭 → 道憲 → 楊孚 → 竸讓으로 이어진다고 하였다. 긍양에 의해 법계가 고쳐진 연유와 그 의의에 대해서는 김영태, 「희양산 선맥의 성립과 그 법계에 대하여」(『한국불교학』 제4집, 1979)를 참조할 것.

수 있게 한다.

쌍계사의 유래 및 불교음악인 범패梵唄가 언제 이 땅에 들어와 어떻게 발전했는지를 짐작게 하는 대목이 있어, 사찰사寺刹史와 국악사國樂史 연구에 도움이 된다. 또 삼법화상三法和尙과 육조신앙六祖信仰에 대한 연구에 단서가 될 만한 사실도 들어 있어 주목된다. 이밖에 피휘避諱에 관한 내용도 흥미롭다. 민애왕이 선사에게 법호를 내렸는데, 선대 임금의 휘를 피해 '혜소慧昭'라고 했다는 대목이 그것이다. 이것을 보면 선사의 법휘는 '혜소'가 아니었을 가능성이 높다. 법휘가 혜소라면 또다시 '혜소'라는 법호를 내릴 리가 없기 때문이다. 이와 관련하여 봉암사 경내에 있는 정진국사원오탑비靜眞國師圓悟塔碑에 의하면 선사의 법휘가 혜명慧明이었음을 밝히고 있다. '明' 자는 신문왕의 휘 정명政明에 저촉된다. 민애왕 자신도 휘가 '明'이었기 때문에, 이것마저 고려하여 사호賜號하였을 가능성이 높다. 종래 '昭' 자가 소성왕의 묘호이므로 '혜조慧照'로 고쳐서 호를 내렸다고 한 주석은 잘못이다. '소성왕'은 묘호이지 묘휘가 아니기 때문이다.

3. 初月山大崇福寺碑銘 幷序

대숭복사는 소문왕후昭文王后(경문왕의 母后)의 외숙이며 숙정왕후肅貞王后(경문왕의 妃)의 조부인 파진찬 김원량金元良이 세운 절이다. 화엄종 계통의 사찰이다. 절의 건립 연대는 헌덕왕 이전으로 추정된다. 절 터가 경상북도 경주시 외동면 말방리末方里에 있다. 절 뒤에 고니 모양의 바위가 있어 처음 '곡사鵠寺'라고 이름하였다가 나중에 '대숭복사'라고 개칭하였다 한다. 원성왕을 추복追福하기 위해 세운 왕실의 원찰이다.

원성왕의 인산因山을 당하여 곡사 자리가 풍수지리설에 의한 길지吉地로 채택되었다. 절은 다른 곳으로 옮겨가고 본래 절터는 임금의 유택幽宅으로 바뀌었다. 『삼국유사』에 의하면,

> 원성왕의 능은 곡사에 있다. 지금의 숭복사다. 최치원이 지은 비가 있다.
>
> 元聖王, 陵在鵠寺, 今崇福寺也. 有崔致遠所撰碑. (「王曆」)

> 왕의 능은 토함산 서쪽 골짜기 곡사(지금의 숭복사)에 있다. 최치원이 지은 비가 있다.
>
> 王之陵在吐含岳西洞鵠寺(今崇福寺), 有崔致遠撰碑. (「元聖大王」)

라고 기술되어 있다. 곡사의 옛터이며 원성왕의 능소陵所이기도 한 그곳은 지금의 어디일까. 단정하기는 어렵지만, 다음과 같은 점에서 종래 문무왕릉이라고 알려졌던 괘릉掛陵일 것으로 추정된다. 대숭복사비문을 보면, 곡사를 옮겨 짓는 광경을 두고

> 인연 있는 사부대중이 서로 (사람을) 거느리고 왔으며, 옷소매가 이어져 바람이 일지 않고, 송곳 꽂을 땅도 없을 정도여서, 무시霧市가 오리五里에 급히 내닫는 듯했고, 설산雪山까지 이어진 사람들이 일시一時에 잘 어울려 만나는 것 같았다.

有緣之衆, 相率而來, 張袂不風, 植錐無地, 霧市奔趨於五里, 雪山和會於一時.

운운하는 대목이 있다. 여기서 장해張楷의 '오리무五里霧' 고사는 별 의미 없이 인용된 것이 아니다. 곡사의 구기舊基, 즉 원성왕릉이 조성된 곳으로부터 이건移建되는 곡사와의 거리가 '5리'임을 간접적으로 나타낸 것이다. 실제로 현재 알려진 대숭복사 터에서 괘릉까지의 거리는 2km 정도다. 괘릉이 원성왕릉일 가능성은 매우 높다.

이건된 곡사는 절다운 형태를 갖추지도 못한 데다, 헌덕왕이 시해 당한 뒤로 몇 대에 걸쳐 계속되는 왕위쟁탈전과 각지에서 일어나는 반란 등으로 인하여, 1주갑이 훨씬 넘도록 버려져 퇴락하였다. 그러다가 경문왕이 즉위하고 나서 원성왕의 몽감夢感을 얻었다 하여, 곡사에서 강회講會를 열게 하고, 절을 중창重刱하여 원성왕의 명복을 빌도록 했다. 이어 헌강왕 11년(885)에 왕이 절의 이름을 '대숭복사'로 고치고, 당나라에서 갓 돌아온 최치원에게 절의 비명을 짓도록 하였다. 사비명寺碑銘은 『문선文選』에 실린 왕건王巾의 '두타사비명頭陀寺碑銘'에서 그 선례를 찾을 수 있지만, 우리나라에서는 전례가 없었던 것으로 보인다. 비문은 진성여왕 때에 가서야 완성되었다. 헌강왕과 정강왕이 2년 사이에 잇달아 세상을 떠남으로써 지연된 것이다.

대숭복사가 없어진 지 오래된 지금 비의 본래 모습은 확인할 수 없다. 대숭복사가 언제 인멸되었는지 확실히 알기 어렵다. 『삼국유사』에서 그 실재를 확인할 수 있을 뿐, 이후로는 『동국여지승람』 같은 지리서에도 절의 이름이 보이지 않는다. 전하는 바에 의하면 대숭복사는 임진왜란 때 전소全燒되었다고 한다. 비 역시 이때 파괴된 것으로 보인다.

1931년부터 대숭복사의 옛 터에서 비편碑片이 여러 편 수습收拾되었다. 비문의 내용뿐만 아니라 찬자撰者 최치원이 직접 쓴 글씨까지도 그 일모一貌를 대할 수 있다. 약 3,200자에 가까운 대숭복사 비문은 비가 없어지기 이전에 베껴 놓은 것이다. 탑본은 따로 전하지 않는 듯하다. 선사본善寫本으로는 전라북도 순창군 구암사龜巖寺[31]에 소장된 것이 꼽힌다. 이는 『조선금석총람』에 전재되기도 하였다. 이것을 비롯한 여러 필사본과 문집 등에 옮겨 실은 것을 서로 대조해 보면, 글자의 출입과 이동異同이 거의 없다. 어느 필사본 하나를 대본으로 하여 필사본들이 이어졌기 때문이다. 이 필사본들과 지금까지 발견된 비편 10여 개를 대조해 보면, 찬자의 자주自註가 있었음을 알 수 있다. 필사본과 차이가 나는 글자도 몇 개 발견된다.

이 비는 선승들의 탑비인 다른 세 비와는 달리, 신라 왕실에서 세운 원찰願刹의 내력을 담은 것이 특징이다. 이 비의 내용은 그 당시 왕실이나 중앙 귀족들의 불교신앙을 파악하는 데 좋은

31 구암사는 현 순창군 복흥면 鳳德里 靈龜山 산 94번지에 위치한다. 이 절은 조선 후기의 高僧으로 '湖南의 禪伯'이라고 불렸던 白坡 亘璇(1767~1852)이 禪旨를 폈던 곳이다. 亘璇과 交誼가 깊었던 추사 김정희가 자주 들렸던 곳이기도 하다. 근세에는 석전 박한영이 오래 駐錫하기도 했다. 6·25 한국전쟁 당시 全燒되었다가 뒤에 일부 건물이 다시 세워졌다. 구암사에 따르면, 본래 이 절에 귀중한 서적이 많이 보관되어 내려 왔는데, 6·25 당시 국군의 疏開作戰으로 절이 전소되는 통에 지금은 남아 있는 서적이 거의 없다고 한다(1986. 12. 13). 대숭복사비문을 담은 필사본 역시 소실된 것으로 보인다.

자료로 활용되어 왔다. 게다가 풍수지리설에 관한 내용을 싣고 있어서, 도선道詵 이전의 풍수지리설 전래 초기의 역사적 고찰을 가능하게 한다.

풍수지리설은 선禪사상과 함께 신라 말기에 널리 유행되었다. 이는 유학儒學뿐만 아니라 노장사상과도 연결을 가지면서 발전해 왔다. 인문지리적인 인식과 예언적 도참신앙圖讖信仰이 결부된 것이다. 도선道詵에 의해 집대성되었다. 신라 중대 이전에는 교종과 연결을 가지면서, 주로 왕도王都 주위의 왕실이나 중앙 귀족들에게 알려진 정도였으나, 하대에 가서는 선승들에 의해 지방의 호족들에게까지 전파되었다. 각지에 할거割據하는 호족들은 풍수지리설에 입각, 저마다 자기네의 근거지를 길지라 선전하였다. 호족으로서의 자신들의 존재를 정당화하여, 호족들의 분열을 합리화시켰다. 마침내 신라 정부의 권위는 크게 약화되었고, 고려가 삼국을 통일하는 데 유리하게 작용하였다.

이 비문에는, 신라에 왔던 당사唐使 호귀후胡歸厚가 시문에 능한 경문왕에게 제대로 화답하지 못하고, 귀국한 뒤 당시의 재상들에게 “저로부터 이전의 무부武夫들을 신라에 사신으로 보내서는 안 될 것입니다”라고 당부했다는 말이 나온다. 이는 경문왕 때를 전후한 시기의 문운文運이 어느 정도 창성했는가를 미루어 짐작하게 한다. 신라시대의 왕토사상王土思想 및 공전公田과 사전私田의 관계를 살필 수 있는 내용도 들어 있어, 「지증대사비」에 나오는 것과 함께 신라의 토지제도 등 사원경제寺院經濟를 연구하는 데 중요한 자료로 꼽힌다.

4. 鳳巖寺智證大師寂照塔碑銘 幷序

지증대사 탑비는 현재 경상북도 문경시 가은면加恩面 원북리院北里 봉암사(일명 陽山寺) 경내에 있다. 국보 제315호로 지정되었다.[32] 이 비는 마모가 심한 편이다. 또 석질石質이 나빠 판독할 수 없는 글자가 상당수에 달한다.[33] 온전할 때 베껴 놓았을 것으로 짐작되는 필사본 등에 의거, 대부분 판독하거나 보충할 수 있다.

3,800여 자에 달하는 이 비의 글은 최치원이 짓고 글씨는 비를 세울 당시 83세였던 분황사芬皇寺 승려 혜강慧江이 썼다. 서자書者가 높은 나이에 글씨를 쓴 탓인지, 문장이 빠진 부분, 그리고 오자와 탈자 등이 적지 않다. 다른 비문에서 좀처럼 보기 드문 예다.

원 본	교 정
五常分位 配動方者曰仁心 三教立名顯淨域者曰佛	五常分位 配動方者曰仁 三教立名顯淨域者曰佛
若甘泉金之祀	若甘泉金**人**之祀
智始語玄契者	始語玄契者
罷思東海東, 終遁北山	罷思東海東 終遁北山**北**
乎黙于楊孚令子	**授**黙于楊孚令子

32 2009년, 보물 제138호에서 국보 제315호로 승격되었다.

33 이 탑비의 빗돌은 南海產이라고 한다. 석질이 좋지 않다. 요철이 있거나 석질이 나쁜 부분은 일부러 비우고 차례대로 글자를 내려서 새겼다. 일부러 비운 부분의 앞 뒤 문맥을 살피면, 빈칸과 관계없이 글 뜻이 잘 통한다. 많은 필사본에서는 이를 잘 看破하였으나, 『해동금석원』이나 『조선금석총람』 등에서는 이를 해독할 수 없는 글자로 처리하였다.

有山甿爲野冠者	有山甿爲野**寇**者
信而假殯于賢溪 其日而遂窆于曦野	信而假殯于賢溪 **朞**而遂窆于曦野
國重佛 家藏僧史	國重佛**書** 家藏僧史
曾無魯史新意 或用同公舊章	曾無魯史新意 或用**周**公舊章

비는 경명왕景明王 8년(924)에 세워졌다. 최치원이 비문을 완성한 진성여왕 7년(893) 무렵으로부터 비가 세워지기까지 약 30년이 걸렸다. 신라 말기의 어수선한 정세 때문이라고 하겠다.

비문의 형식은 서序와 명銘, 음기陰記로 되어 있다. 여타 세 비와 다르다. 비문의 전체 내용으로 보아, 음기 부분이 '서' 안에 들어가야 될 터인데도, 부기附記처럼 처리되었다. 그 까닭을 분명히 알 수는 없다. 다만 최치원이 처음부터 음기 형식을 염두에 두고 비문을 작성했으리라고는 보지 않는다. 다른 세 비의 경우, 왕명을 받아 비문을 짓게 된 경위와 저간의 심정을 반드시 적었는데, 그것을 「지증대사탑비문」에서만 빼놓았을 리 없다. 실제 음기의 내용이 바로 그 줄거리다. 그렇다면 비를 세울 당시 타의에 의해 그처럼 어색한 형식이 취해졌다고 볼 수밖에 없다. 아마도 비문의 분량에 비해 비신碑身이 작아 앞면에 모두 새길 수 없게 되자, 비문의 얼굴격인 '명'을 앞면에 넣으려고 '서'의 일부를 뒷면으로 넘긴 듯하다.

비서碑序의 첫 부분에서는 신라의 불교사를 3기로 약술하였다. 그 가운데 제3기, 즉 도의道義가 귀국하는 헌덕왕대 이후부터 진성여왕대까지는 선종禪宗의 수용, 발전 과정이다. 이 부분은 간결하게 서술한 신라 선종사라고 할 수 있다. 다소 장황하다는 느낌이 들 정도로 선종사 서술에 할애한 것은, 그것을 통해 도당유학渡唐留學을 거치지 않고도 남선南禪·북선을 종합하여 독자적인 선맥禪脈을 형성한 지증대사의 위치가 자연스럽게 드러나도록 하려는 의도에서였다. 이어서 지증대사의 생애를 서술하였다. 평생 발자취를 '육시六是'와 '육이六異'로 나누어 서술한 것이 돋보인다. 이는 저 유명한 왕발王勃의 「익주부자묘비문益州夫子廟碑文」과 「여래성도기如來成道記」의 법식法式을 잘 체득한 것이라 하겠다. 이러한 서술 방식은 여느 선승들의 탑비문에서 흔히 보기 어려운 것이다.[34] 이어서 칠언으로 된 '명' 또한 보기 드문 백량체栢梁體다. 백량체는 칠언 매구每句마다 압운押韻을 하는 이른바 '칠언연구七言聯句'다. 여간한 재주가 아니면 능숙하게 지을 수 없는 어려운 문체다. 더욱이 '명'의 운자韻字가 '직운職韻(入聲)'의 험운險韻이다. 최치원의 문재文才와 문장에 대한 자부심이 은근히 드러나 있다.

이 비문의 가장 큰 특징이라면 역사 서술적 성격이 짙다는 점이다. 제한된 형식과 내용 속에서도 찬자撰者 최치원의 사가적史家的 안목을 엿보게 한다. 여기에 걸맞게 많은 인명·지명·관직명·제도·풍속 등이 풍부하게 실려 있다. 다른 금석문에 비할 바 아니다. 이 가운데는 당시의 왕토사상王土思想과 토지제도, 사원에 전지田地를 기진寄進할 때의 형식적 절차 등을 알려주는, 사원 경제와 관련된 중요한 대목이 몇 가지 있다. 단월檀越 심충沈忠이 시사施捨한 산에 봉암사를 지을 때 풍수지리의 중요한 기능 가운데 하나인 '비보사탑裨補寺塔'의 사고가 고려되고 있어 신라

34 최치원이 「法藏和尙傳」에서 賢首法藏의 생애를 십과목(十因緣)으로 나누어 서술한 것도 같은 맥락에서 이해할 수 있다.

말 풍수지리설의 연구에도 도움을 준다. 이밖에 관제官制의 변천을 시사하는 내용도 들어 있다. 신라 말기의 지방 호족들이 독립하여 '대장군' 또는 '장군'이라고 자칭한 것을 보면, 그들이 많은 사병私兵을 거느리고 있었으며, 또 조정의 명령에 복종하지 않는 경우가 잦아 상명하달上命下達이 제대로 이루어지지 못했음을 짐작할 수 있다.

한편, 비명 첫머리에 "계림의 지경은 금오산 곁에 있으니 예부터 선仙과 유儒에 기특한 이가 많았네"[雞林地在鰲山側, 仙儒自古多奇特]라고 한 말이 나온다. 대승복사비 명문에는 "가비라위迦毗羅衛 부처님은 해 돋는 곳의 태양이시라. 서토西土에 나타나시되 동방에서 돋으셨구나"[迦衛慈王, 嵎夷太陽, 顯于西土, 出自東方]라고 한 대목이 있다. 이 두 명문을 연결시켜 보면, 최치원이 「난랑비서鸞郎碑序」에서 우리 민족 고유의 종교이자 사상인 풍류風流가 유·불·선 삼교의 핵심적 요소를 본래부터 지니고 있다고 한 '포함삼교설包含三教說'의 부연 설명이라는 점을 알 수 있다. 풍류의 포함삼교설이 단순한 문자치레가 아니라는 점을 확실하게 못을 박은 내용이다.

지증대사의 자는 지선智詵이고 호는 도헌道憲이다. 속성은 김씨이며 경주 사람이다. 헌덕왕 16년(824, 甲辰)에 태어나 헌강왕 8년(882, 壬寅)에 59세(법랍 43세)를 일기로 입적했다. 9세에 부친을 여의고 부석사浮石寺에 들어가, 17세 때 경의율사瓊儀律師에게 구족계具足戒를 받았다. 이어 혜은선사慧隱禪師에게 선법禪法을 전해 받아 쌍봉사조雙峯四祖(道信)의 내손제자來孫弟子가 되었다. 경문왕 4년(882)에 왕이 사자使者를 보내 초빙하였으나 나아가지 않았으며, 동 6년(864)에 원주에 있는 현계산賢溪山 안락사安樂寺의 주지住持가 되었다. 입적하기 한 해 전인 헌강왕 7년(881)에 심충이란 불자佛子의 간청으로 희양산 중턱에 봉암사를 창건하였다. 임금이 사자를 보내 주위의 땅을 정하여 절에 붙여 주고 '봉암'이라는 절이름을 내렸다. 또 헌강왕이 궁중으로 맞아들여 왕사王師로 삼았으나, 사양하고 돌아온 지 얼마 안 되어 입적했다. 구산선문의 하나인 희양산파曦陽山派의 개조開祖다. 다른 선문의 초조初祖들과는 달리 당나라에 유학하지 않았다. 또 여타의 선문이 남종 계통의 선맥南禪을 계승한 데 비해, 그는 남선에 앞서 전래된 북종 계통의 선풍北禪을 이어 받고, 거기에 남선까지 수용함으로써 남·북선을 아우른 성격의 선문을 개창하였다. 시호는 지증智證, 탑호는 적조寂照다.

Ⅳ. 사산비명의 가치

『사산비명』의 자료적 가치는 크게 나누어 역사·문학, 그리고 사상 및 철학의 세 측면에서 논할 수 있겠다. 먼저 사료로서의 가치다. 본디 역사의 연구 대상이 호한浩瀚한 만큼, 『사산비명』의 역사학적 가치에 대해서는 굳이 어떤 것을 지적하여 설명할 필요가 없을 것이다. 현재까지 밝혀지지 않은 새로운 사실을 캐내는 것을 비롯하여, 여타의 사료에 미비된 것이라든지 대고待考할 문제로 남은 것을 보완 또는 확정하는 과정에서 내용 하나하나가 자료로 채택될 수 있다. 우리나라 고대사 관련 자료가 부족한 형편임을 생각할 때, 신라 하대의 역사적 사실을 생생하게 담고 있는 제1차 자료인 『사산비명』의 가치는 매우 높다고 할 것이다. 특히 신라의 불교사, 특히 선종사를 연구하는 데 필수불가결한 자료라 하겠다. 이덕무李德懋·정약용·성해응成海應 같은 저명한 실학자들이 『사산비명』을 신라시대의 귀중한 사료로 여겨 다수 인용하고 있음을 눈여겨 볼 필요가 있다. 네 비는 한국서예사 연구, 금석학 연구에서도 제1급 자료로 꼽힌다.

다음, 한문학적 가치다. 『사산비명』은 독특한 변려문체騈儷文體로 되어 있다. 변려문의 특성에 익숙해야만 그 묘미와 심지深旨를 제대로 이해할 수 있다. 변려문은 대우對偶에 의한 형식미形

式美가 묘妙를 이루는 것으로서 세련된 기교가 요구된다. 글자 수와 대우, 그리고 성조聲調에 따른 억양抑揚과 절주節奏를 중시하며, 사륙구四六句를 반복해서 엮어 나가므로 시각적으로 전달되는 효과가 높다. 또 전고典故를 사용함으로써 짧은 글귀로도 많은 내용을 전달할 수 있다. 함축성의 측면에서는 '시'와 맞먹을 정도다.

그러나 기교에 치우치다보면, 개인의 사상이나 감정을 자연스럽게 표현하는 데 힘쓰지 않고, 일자일구의 묘를 다투거나 일언반구一言半句의 경중을 따짐으로써, 형식적인 여구麗句와 감각적인 미사美辭만을 나열하는 폐단이 생긴다. 실제로 이런 폐단이 많았던 나머지, 변려문의 제약과 폐단에서 탈피하여 개인의 사상과 감정을 보다 효과적으로 전달할 수 있게 선진시대先秦時代의 소박하고 자연스러운 문체로 돌아가자고 하는 움직임이 일기도 하였다. 9세기 초엽 당나라 한유韓愈 등이 주창한 '고문운동古文運動'이 그것이다.

『사산비명』의 찬자인 최치원은 시기적으로 만당晩唐 무렵에 활동하였다. 그가 지은 글은 변려문 일색이다. 시대와 문체 사이에 어떠한 관련이 있는 것일까. 중국문학사를 통관通觀할 때, 성당·중당 시기의 문풍은 형식적 분식紛飾을 떠나 내용과 함축미를 존상尊尙하였다. 고문운동이 일어나 상당한 성과를 거둔 것도 이 시기의 일이다. 만당 시기에 가서는 내용보다 조사措辭에 치중하는 육조시대六朝時代의 문풍으로 다시 바뀌었다. 변려문체가 만연된 문학 사조의 거대한 흐름 속에서 최치원 자신도 초탈하기가 매우 어려웠을 것이다. 이런 점에서 홍석주가 「교인

계원필경집 서」에서

> 세상에서 간혹 이르기를 "공의 문장은 모두가 사륙변려문이다. 도무지 옛날의 작품과 같지 않다"고 한다. 공이 중국에 들어간 시점은 당나라 의종懿宗 · 희종僖宗 무렵이다. 당시 중국의 문장은 바야흐로 사륙변려만을 일삼았다. 그 시대의 흐름은 실로 면할 길이 없었을 것이다.
>
> 世或謂:「公文皆騈儷四六, 殊不類古作者」, 公之入中國, 在唐懿僖之際, 中國之文, 方專事騈儷, 風會所趨, 固有不得而免者.

고 한 것은 개절凱切한 지적이다.

변려문체인 『사산비명』은 당시 국제적인 필독서로 읽혔던 『문선文選』에서 힘입은 바 지대하다. 불가의 게송偈頌에서도 영향을 받았으리라고 생각된다. 또 재당 시절 문장을 수련하는 과정에서 중국의 유명한 문인 · 학자들이 찬한 금석문자金石文字 등을 다수 섭렵하고, 그것을 궤범軌範으로 삼아 열심히 수련하였음도 빼놓을 수 없다. 변려문체인 사산비명에는 육조풍六朝風의 기어綺語와 묘구妙句가 많고, 변려문에 구사되는 각종 수사修辭 기법과 기교가 유감없이 활용되었다. 그러면서도 기교에만 흐르거나 감각적인 서술로 장식되지는 않았다. 보다 입체적이고 생동감 있게 서술된 것이 특색이다. 문의文意가 창달, 원만하고 고사故事의 사용이 적절하며 일자일구에 내력 없는 것이 없다는 평이 있다. 실로 적실適實하다.[35] 마치 한 편의 율시律詩를 보듯 글자마다 음조가 잘 맞는다는 평도 있다.[36] 이를 볼 때, 최치원의 글을 '화려함이 다분하지만 부박浮薄하지 않다'[37]고 한 홍석주의 평이야말로 뛰어난 감식안에서 나온 것이라 하겠다. 『문선』 가운데 넣어 두더라도 중국의 유명한 변려문과 구별하기가 쉽지 않을 정도라고 하는 평 역시 지나친 것은 아니라고 본다.

최치원의 문장은 뒷날 고려 중기 이후로 고문古文이 점차 성행함에 따라, 중국의 문체를 답습하기만 한 몰개성적인 것으로 비판을 받고, 폄하되기에 이른다. 변려문 역시 후대로 내려오면서, 어려운 전고와 기교적인 대우를 피해 평이한 쪽으로 변화하였다. 『동문선』을 찬집纂輯할 때 총재관總裁官이었던 사가정四佳亭 서거정徐居正(1420~1488)과 용재慵齋 성현成俔(1439~1504)은 최치원의 문장을 각각 다음과 같이 비판하였다.

> 지금 『계원필경』에는 알 수 없는 곳이 많다. 아마도 당시의 기습氣習이 이와 같아 간혹 동방의 문체가 옛날과 같지 않은 것이다.[38]

> 지금 지은 글을 가지고 보면, 비록 시구에 능했지만 뜻이 정밀하지 않았고, 비록 사륙문을 잘 했지만 말이 정리되지 않았다.[39]

---

35 蓮潭有一, 『林下錄』 권2, 「四山碑銘序」 "今此四碑, 撰銘大浮屠行業, 內典外書, 雜糅成文, 而對偶甚妙, 引事甚廣, 無一字無來歷." ; 李能和, 『朝鮮佛敎通史』 "四山碑銘, 其文皆六朝伉儷之體, 而無一字不來歷, 詞達而意圓, 實爲海東碑文之祖, 而亦爲禪宗之史也."

36 정약용, 『牧民心書』, 〈禮典, 課藝〉 "新羅時, 崔致遠作黃巢檄及諸寺碑文, …… 皆調叶."

37 홍석주, 「桂苑筆耕集 序」 "多華而不浮."

38 서거정, 『筆苑雜記』, 권1 "今桂苑筆耕, 多有不解處. 恐當時氣習如此, 或東方文體未能如古也."

39 성현, 『慵齋叢話』, 권1 "今以所著觀之, 雖能詩句而意不精, 雖工四六而語不整."

양현의 평이 적절한지는 보는 사람이 판단할 나름일 것이다. 다만 '알 수 없는 곳이 많다'고 하거나 '말이 정밀하지 않다'고 한 것을 보면 최치원의 문장이 난삽하다는 지적인 듯하다. 이처럼 일부 후학들의 좋지 않은 평판評判 때문인지 '우리나라 비갈문자碑碣文字'의 효시요 신라 한문학의 중요 유산인 『사산비명』이 『동문선』에서 제외되기에 이르렀다.

고려 중기까지만 하더라도 최치원이 찬술한 비문들은 비갈문자의 전범典範이 되었다. 최치원 이후에 나온 비문들 중에는 심한 경우 최치원의 문장을 표절하다시피 한 것들이 없지 않았다. 최언위崔彦撝가 찬한 여러 비문이라든지 이몽유李夢遊가 찬한 「정진대사원오탑비문靜眞大師圓悟塔碑文」 같은 것은 『사산비명』의 아류亞流로 꼽을 수 있는 대표적인 예다. 이후로 여러 사람들의 폄론貶論이 있었지만, 최치원의 저술은 후세 사대부 계층의 독서자讀書子들에게 암암리에 많이 읽혔다. 『사산비명』의 경우, 불교 학인들에 못지 않게 문유文儒들에게도 중시되었다. 우리나라 사륙변려문의 백미인 『사산비명』의 문체를 참고, 응용하기 위함이었다. 과문科文이 사륙변려체였고, 각종 외교문서 및 표表·전箋·장狀·계啓 등이, 그리고 비문이나 서독書牘까지도 그런 형식을 빌어 썼기 때문에 참고서로 애용된 것이다.

한문을 전용하는 사람이 없는 오늘날엔, 한문으로 된 원전을 자료로 이용하면서 문체는 도외시하고 내용만 중시하는 경향이 많다. 일면 불가피한 측면이 있다. 그러나 한문의 경우 국문國文과는 달리 독특한 문체들이 많다. 내용만으로는 한 개인이나 한 시대의 문학, 문학적 경향 등을 논하기는 어렵다. 물론 내용이 중요하지만 문체적 특성을 고려하지 않을 수는 없다.

비명은 찬자의 감정을 아무 제한 없이 나타낼 수 있는 성질의 것이 아니다. 일반 시문詩文과는 성격이 다르다. 최치원이 찬술한 비문 역시 서술상의 제약이 많았을 것이다. 문체가 사륙변려문인 데다가 왕명을 받아 지은 글이기 때문에 더욱 그러했을 것이다.[40] 또 왕명을 받들어 글을 짓는다는 것이 문장가로서의 영광은 될지언정, 순수 문학의 관점에서는 다행이라 하기 어렵다. 그러나 『사산비명』은 명銘을 비롯하여, 도처에 문학으로 접근할 수 있는 단서가 많다. '명'만으로도 문학적 가치를 논하기에 충분하다. 또한 그 문체적 특성에서도 문학적 가치를 찾을 수 있다고 본다. 문학에서 미적 가치를 빠뜨릴 수 없는데, 그 미적 요소에는 문체의 작용이 포함되는 것이다. 비문이라는 제약된 형식 때문에 문학적 가치를 충분히 추출하기 어렵다 할지라도, 그 주어진 형식에 대한 충분한 이해나 고려 없이 약점만 찾으려 해서는 안 될 것이다. 그 문체적 특성 역시 신라 당시의 문학적 경향 등을 연구하는데 중요한 요소다.

다음, 사상 및 철학적 측면에서의 가치다. 우선 대숭복사비를 제외한 나머지 세 비가 선승의 행적을 담고 있기 때문에, 선종 사상에 관한 편린을 다수 엿볼 수 있음은 더 말할 것이 없다. 경문왕이 '반야의 절경絕境'을 물었을 때, 무염국사가 "경계가 이미 초절超絕한 상태라면 조리條理 또한 없을 것이다. 심인心印은 말

---

40 돌이켜 볼 때, 당나라 때 이미 名儒碩學이 高僧大德의 비문을 짓는 것이 허다하여 거의 관례가 되었다. 게다가 '奉敎撰' 형식을 취한 것이 대부분이었다. 당시 신라에서도 이러한 전례를 그대로 따랐다.

없이 행해야 할 뿐이다"고 대답한 것이라든지, 헌강왕이 지증대사에게 '심心'에 대해 물었을 때, 지증대사가 못에 비친 달을 보고 "이것[水月]이 이것[心]이니 그 나머지는 할 말이 없다"고 말한 것, 또 최치원이 도의道義와 홍척洪陟 두 선사의 종취宗趣를 요약하여 "닦은 데다 닦은 듯하나 닦음이 없고[修乎修沒修], 증득한 데다 증득하였으나 증득함이 없다"[證乎證沒證]고 한 것 등은 좋은 본보기다. 아울러 대숭복사비에 보이는 풍수지리설 역시 빼놓을 수 없다. 이른바 '능묘陵墓'에 대해 "아래로는 지맥地脈을 재고 위로는 천심天心에 맞추어, 반드시 사상四象을 포괄함으로써, 천백 대에 걸쳐 그 남은 복[餘慶]을 보전하는 것이다"고 한 말은 능묘에만 해당되는 것이 아니다. 사찰·도관道觀·궁궐·성곽 등을 조성하는 데서도 일반적으로 통하는 것이라 하겠다.

이 네 비문은 글의 성격이나 형식상 찬자의 사상과 철학을 체계적으로 서술할 성질의 것이 아니다. 그러나 여느 비문과는 달리 찬자의 사상적·철학적 편린들을 많이 담고 있다는 평이다. 비문에 보이는 일관된 흐름을 캐내다 보면, 마침내 찬자의 철학사상에 대한 추론까지도 가능할 것으로 생각한다.

『사산비명』에서는 신라 하대의 학인들이 유·불·도 삼교사상을 어떻게 관련지어 파악했으며, 또 찬자 최치원의 삼교관과 그 특질이 어떠한지에 대해서도 미루어 짐작할 수 있게 한다. 최치원은 「진감선사비서眞鑑禪師碑序」의 첫머리에서

> 대저 도는 사람에게서 멀리 있지 않고, 사람에게는 출신국에 따른 차이가 없다. 이런 까닭에 우리나라 사람들이 불교를 하고 유학을 하는

것은 필연적이다.

夫道不遠人, 人無異國. 是以, 東人之子, 爲釋爲儒, 必也.

라고 하여, 유교와 불교가 신라에서 공존하는 것은 필연적인 일이라고 했다. 또 같은 비문에서

공자가 문하 제자에게 일러 말하기를 "내 말하지 않으련다. 하늘이 무슨 말을 하더냐"고 하였다. 저 유마거사維摩居士가 침묵으로 문수보살文殊菩薩을 대한 것이라든지, 석가가 가섭존자迦葉尊者에게 은밀히 전한 것은, 혀끝도 움직이지 않고 능히 마음을 전하는 데 들어맞은 것이다.

且尼父謂門弟子曰: 「予欲無言. 天何言哉?」, 則彼淨名之黙對文殊, 善逝之密傳迦葉, 不勞鼓舌, 能叶印心.

고 하여, 비유를 통해 유교와 불교의 기본 취지가 근본적으로 다른 것이 아니라고 주장했다. 네 비문 여러 곳에서는 선종과 노장사상에서 사용하는 용어들을 구별하지 않고 섞어 썼다.[41] 이것은 단순히 문장의 수식만을 위한 것은 아니다. 궁극적으로 삼교회통사상과 관련이 있다. 이러한 사실들은 최치원이 유·불·도 삼교사상을 종합적, 상호보완적으로 파악하였음을 드러내는 것이다. 아울러 당시 신라 지식인 계층의 사상적 경향까지도 시사하는 것이다.

---

41 당나라 말기에 가서는 선종과 노장사상을 본질적으로 구별하는 것이 어렵게 되었다. 선종을 '불교의 老莊的 變轉'이라고 할 만하였다.

『사산비명』은 찬자 최치원의 사상적 편린을 통해 그의 철학까지 추론할 수 있는 중요한 자료다. 나아가 신라 하대의 일반적인 사상 경향까지도 엿볼 수 있는 단서를 지닌 자료다.

Ⅴ. 남는 말

이 네 비문에는 사대모화적事大慕華的 표현이 없지 않다. 또 불교문자라는 점이 문제가 되어 '부처에게 아첨한 사람'[佞佛之人]이라는 비평도 있었다. 이 두 가지 문제는 최치원을 부정적으로 인식하는 데 크게 작용하였다. 그러나 전후 사정을 도외시한 단선적인 인식은 곤란하다고 본다. 당시 신라가 당나라에 사대事大의 예를 취하는 처지에 있었고, 또 최치원이 당나라에 유학한 뒤 그 선진문화에 경도된 일면이 있었을 것임을 헤아린다면, 일부 사대모화적인 표현들에 다른 이유가 없었음을 짐작할 수 있다.

최치원은 중국에서 귀국한 뒤 『사산비명』을 찬술하면서, '동방의 위대한 군자의 나라 신라'를 강조하였다. 동방사상과 군자국에 대한 남다른 애착과 관심으로 미루어 보면, 귀국한 뒤에 그는 자기의 밑뿌리를 확인하려고 애썼음이 분명하다. 네 비문에서는 신라인으로서의 자부심을 한껏 부각시켰다. 우리는 이러한 주체의식을 '동인의식東人意識'이라고 일컫는다. 최치원을 당인화唐人化한 인물이라든지, 민족적 자긍심이나 자주성이 전혀 없는 인물로 매도罵倒하는 것은 온당하지 못하다. 동인의식은 최치원의 철학사상과 역사관 등을 살피는 데 빼놓을 수 없는 중요한 것이다. 이에 관해 자료적 기초를 풍부하게 제공하는 것이 바로 『사산비명』이다.

이 네 비문은 고승高僧과 명찰名刹을 위해 지어진 불교문자다. 그런 만큼 찬자 최치원이 불교적 지식을 총동원하여 지었을 것임은 더 말할 나위가 없다. 또한 불교에 대하여 찬사를 많이 했을 것임도 상식적인 일이다. 찬자는 이 네 비문뿐만 아니라 다른 글에서도 자신이 유자儒者임을 누누이 강조하였다. 그가 삼교의 사상적 본령을 융섭融涉하고 상호 일체적 보완적으로 파악하였지만 주체는 유교였다. 그러나 당시는 삼교의 사상을 겸섭하는 것이 시대의 풍조였다. 최치원 역시 시대를 초탈하여 어느 하나만을 고집하기 어려웠을 것이다. 사정이 이와 같은데도 그를 '영불지인佞佛之人'으로 몰아붙이는 것은, 학문적 순수성만을 고집했던 조선조 유자들의 편협한 기습氣習에서 비롯된 것이다. 이런 선입견은 불식되어야 할 것이다.

제Ⅱ부 교주 사산비명

校註 四山碑銘

四山碑銘序

聖住寺 大朗慧和尙碑

雙谿寺 眞鑒禪師碑

初月山 大崇福寺碑

鳳巖寺 智證大師碑

四山碑銘跋

【원문】

四山碑銘序

天以雲漢星斗爲文, 地以山川草木爲文, 而人之文, 六經禮樂是也。大而性理氣數之說, 小而萬物纖悉之事, 無不由文而通。故云, 文者貫道之器也。昔者, 三聖人竝作於姬周之世, 雖設教各異, 而同歸乎大道則一也。三教後學類, 皆各安所習, 阿其所好, 指馬之爭, 玄黃之戰, 窮塵不已。余未嘗不仰屋而嘆, 洎乎讀孤雲先生所爲文, 稽首颺言曰:『天生我先生, 統貫三教, 大哉! 蔑以加矣。已傳有之,「金鐸振武, 木鐸振文」, 先生其三教之木鐸與!』

然先生旣冠儒冠, 服儒服, 則必以儒教爲前茅, 由其文于以憲章孔孟也。自高麗從祀文廟, 良以此也。而我朝退陶先生曰:『近看東文選, 崔孤雲以全身佞佛之人, 濫厠祀例[1]』, 蓋局於守一也。新羅以前, 未聞有爲文爲道者, 而先生挺生羅季, 十二入唐, 尋師力學, 十八登第, 歷職淸要。高駢討黃巢, 辟爲從事, 其表狀書啓, 皆出其手, 巢見檄書, 不覺下床, 由是名振天下。

---

1 例 : '禮'의 잘못.

憲康王時, 奉詔東還, 欲展西學之所蘊, 而爲時輩所忌, 未果; 眞聖女主時, 疏陳時務, 主嘉納之。噫! 先生爲東國文章之首倡, 則未必不能性理之學; 而遇非其時, 依寶而未售, 可勝惜哉。蓋先生之意, 欲仕唐也, 則宦寺擅于內, 藩鎭橫于外, 朱梁簒代之兆已萌。欲仕本國也, 則昏主委政匪人, 女后淫瀆亂紀, 靑松黃葉之運已迫; 固不可容吾身, 而況望其行吾道乎? 遂乃尋深山而友麋鹿, 扳[2]薜蘿而弄明月, 是豈公之本心也哉?
自三國以後, 文章才士, 代不乏人。而惟公之名, 光前絶後, 膾炙人口, 以至樵夫竈婦, 皆知誦公之姓名, 稱公之文章, 其所得於一身者, 必有不可得而名言矣。如其遭淸時, 遇明君, 得用其文, 得行其志, 則其匡君救世之術, 何曾偭背於周孔之道乎? 東文選余亦曾見, 其所載先生之文, 不過贊佛事與浮屠也。退陶夫子, 執此一段而刺之也。先生之文集有三十卷, 桂苑筆耕有二十卷。其中豈無治國安民之術, 心性理氣之論乎? 黃巢下床之檄, 女主嘉納之疏, 可窺一班[3]也。配享文廟, 何濫之有?
秖緣先生辭榮居山, 博涉大藏, 入海算沙。以明敏之才, 超詣之見, 一覽便知天下無二道, 聖人無兩心, 不滯方隅, 不袒左右, 故各隨其敎而弘贊也。昔

---

2 扳(반) : 오르려고 잡아당김. '攀'과 통함.

3 班 : '斑'의 잘못인 듯.

王子安撰益州夫子廟碑，盡聖人之十條，述如來成道記，窮釋迦之八相。先生之文，亦類是矣。今此四碑，撰銘大浮屠行業，內典外書，雜糅成文，而對偶甚妙，引事甚廣，無一字無來歷。其賸膏殘馥[4]，沾丐後人多矣，宜乎桑門之徒，藏弆而雋永[5]也。或以專尙騈儷，體格卑弱，無韓柳之雄渾，詭奇少之。余曰:『韓柳之文，優於先生固是，先生之此格，韓柳不若也!』
今益上人，傳寫一卷，謁余文，題其卷首，余何敢以不潔汚佛頭[6]? 而但退陶公彈駁之後，無一人扶起者，余故特敷演而申明之。使千載之下，知先生之志之所在也，其庶幾乎所謂朝暮遇之者歟! (『林下錄』, 卷2)

4 賸膏殘馥 : '殘膏賸馥'과 같음. 남은 기름과 향기.
5 雋永 : 살지고 맛있는 고기. 의미심장하여 깊은 뜻이 있는 글을 이르는 말.
6 不潔吾佛頭 : '佛頭著糞'이라는 말에서 왔다.

【번역문】

사산비명 서

하늘은 은하銀河와 성신星辰으로 문文을 삼고 땅은 산천과 초목으로 '문'을 삼는다. 인간의 '문'은 육경六經과 예악禮樂인 것이다. 크게는 성리性理·기수氣數의 설과, 작게는 만물의 매우 작은 일에까지 '문'으로 말미암아 통하지 않는 것이 없다. 그러므로 "'문文'이라 하는 것은 도道를 실어 길이 꿰뚫는 그릇이다"고 말하는 것이다.

옛적에 세 성인聖人께서 희씨姬氏의 주周나라 시대에 같이 일어나셨다. 비록 가르침을 베푼 것은 각기 달랐지만 대도大道에 돌아가는 것은 한 가지였다. 그런데, 삼교三敎의 후학들은 대개 모두가 각자의 익힌 것만을 편안히 여기고, 자기가 좋아하는 것에만 의지하여, 말을 보고 사슴이라고 우기는 따위의 언쟁[指馬之爭]과 피 튀기는 세력 다툼[玄黃之戰]이 세상 다하도록 그치지 않을 지경이다. 내 일찍이 지붕만 쳐다보며 탄식하지 않는 바 아니나, 고운孤雲 선생이 지은 글을 읽고는, 머리를 조아리고 소리 높여 "하늘이 우리 선생을 내시어 삼교를 통관統貫하게 하셨으니, 위대하여 더 말할 것이 없도다. 이미 옛말에 있거니와 '금탁金鐸은 무武를 떨치고, 목탁木鐸은 문文을 떨친다'고 하였으니, 아마도 선생께서는 그 삼교의 목탁이시리라"고 말하였다.

그러나 선생께서는 이미 유관儒冠을 쓰시고 유복儒服을 입으셨으니, 반드시 유교로 전모前茅를 삼고, 글을 통해 공孔·맹孟을 본받아 밝혔을 것이다. 고려 때부터 문묘文廟에 종사從祀된 것이 진실로 이런 까닭이다. 그런데 아조我朝의 퇴도退陶(李滉) 선생은 "요사이 『동문선東文選』을 보니, 최고운은 온 몸으로 부처에게 아첨하던 사람이던데, 외람되게도 사전祀典에 섞여 들었다"고 말했으니, 대개 하나를 지키는 데 국한되었기 때문이다.

신라 이전에 글을 하고 도를 한 사람이 있었다고 듣지 못했는데, 선생께서 신라 말기에 태어나 열두 살에 당나라에 들어가고, 스승을 찾아 힘써 배운 끝에 열여덟 살에 급제하여 청환淸宦과 요직을 역임하시었다. 고병高騈이 황소黃巢를 토벌할 적에 불러서 종사관從事官을 삼으니, 표表·장狀·서書·계啓가 모두 그의 손에서 나왔다. 황소黃巢가 자기도 모르게 평상에서 내려앉았다고 한다. 이 일로 말미암아 이름이 천하에 떨치게 된 것이다.

헌강왕 때 황제의 조서詔書를 받들고 고국에 돌아와, 유학遊學에서 온축蘊蓄한 바를 펼치고자 했으나, 당시 사람들의 시기를 받아 결과를 보지 못하였다. 다만 진성여왕 때 상소上疏하여 시무時務를 개진開陳했던 바, 임금이 흔쾌히 받아들였다. 아아! 선생께서는 동국 문장東國文章의 수창首倡이시니, 반드시 성리학에도 능치 못함은 아닐 터인데, 때를 만나지 못해 보배를 품고도 팔지 못했으니, 애석함을 이길 수 있으랴.

대개 선생의 뜻은, 당나라에서 벼슬하자니 환관들이 안에서 천권擅權하고 번진藩鎭은 밖에서 횡포橫暴하여, 주씨朱氏의 후량後梁이 천하를 빼앗을 징조가 이미 싹트고, 본국에서 벼슬하자니

혼주昏主가 몹쓸 사람에게 정사政事를 맡기고 여후女后가 음란으로 강기綱紀를 어지럽혀 청송황엽靑松黃葉의 운수가 이미 임박하였으므로, '진실로 내 몸도 용납될 수 없는데, 하물며 우리 도[吾道]를 행하기를 바라겠는가'하는 것이었으리라. 드디어 깊은 산을 찾아가 사슴으로 벗을 삼고, 덩굴 뻗은 풀을 더위잡고 올라 밝은 달을 희롱하였다. 그러나 이것이 어찌 선생의 본마음이었겠는가.

삼국 이후부터 문장재사文章才士가 대대로 모자라지 않았지만, 오직 공公의 이름이 전대前代에 빛나서 후세에 견줄 만한 사람이 없다. 사람들의 입에 오르내려, 나무꾼이나 부엌에서 일하는 아낙네들까지도 공의 성명姓名을 외우고 공의 문장을 칭송할 줄 아니, 그 한 몸에 명예를 얻은 까닭은 반드시 뭐라고 말할 수 없을 것이다. 만약 태평한 세상에 밝은 임금을 만나, 그 문장을 쓰고 그 뜻을 행할 수 있었다면, 임금을 바르게 보필輔弼하고 세상을 구제하는 방법이 어찌 주공周公·공자孔子의 도에 배치될 것인가.

『동문선』은 나도 일찍이 보았다. 거기에 실린 선생의 글은 불사佛事와 부도浮屠[1]를 찬양한 것에 불과하다. 그런데도 퇴도부자退陶夫子는 이 일단一段을 가지고 공격한 것이다. 선생의 문집 30권이 있었고, 『계원필경집桂苑筆耕集』 20권이 있는데, 그 가운데 어찌 치국안민治國安民의 방법과 심성리기心性理氣에 대한 의론議論이 없겠는가. 황소가 평상에서 내려앉았다는 격서檄書와, 여왕

---

1 浮屠 : 승려를 이름. 佛塔 또는 불교를 이르기도 한다.

이 흔쾌히 받아들였다는 상소만으로도 일단一端을 엿볼 수 있는 일이거늘, 문묘종향文廟從享에 무슨 외람됨이 있겠는가.

다만 선생께서 영화榮華를 뒤로하고 산 속에 은거하였기 때문에, 대장경大藏經을 널리 섭렵하였고 학문의 바다에 들어 항하사恒河沙처럼 많은 금언金言을 셀 수 있었다. 명민明敏한 재주와 뛰어난 식견으로, 한 번 봄에 문득 천하에 두 진리가 없고, 성인에게 두 마음이 없음을 알아, 한 모퉁이에 구애됨이 없이 좌우 어느 쪽에도 어깨를 드러내지 않고, 각각 그 가르침에 따라 크게 찬양했던 것이다. 옛적 왕자안王子安[2]이 「익주부자묘비문益州夫子廟碑文」[3]을 찬술할 때 성인의 십조十條를 다하였고, 「여래성도기如來成道記」[4]를 찬술할 때 석가釋迦의 팔상八相을 다하였으니, 선생의 글도 이와 같은 것이다.

이 네 비문은 대덕大德의 행업行業을 명銘으로 찬술하였다. 내전內典과 외서外書를 뒤섞어 문장을 이루었다. 짝을 맞추어 지은 것이 몹시 묘하고 인용한 것이 매우 넓다. 한 글자도 내력 없는 것이 없어, 그 남아 있는 기름과 향기가 후인을 적셔 줌이 많을 것이다. 불문佛門의 승도僧徒가 간직해야 마땅할 준영雋永이다.

---

2 王子安 : 唐代의 詩人(647~675). 이름은 勃, 자는 子安. 初唐四傑의 한 사람으로서 詞藻가 매우 奇麗하였으며, 특히 '滕王閣序'가 유명하다.

3 益州夫子廟碑文 : 당나라 王勃 지음. 공자의 일대기를 大業·至象·降跡·成務·救時·立教·贊易·觀化·應化·遺風의 열 가지로 나누어 서술하였다. 『王子安集』에 나온다. 李善慶, 「王勃撰 '益州夫子廟碑' 譯解」, 『莊峯金知見博士華甲紀念師友錄－東과 西의 思惟世界』(民族社, 1991, 1041~1055쪽) 참조.

4 如來成道記 : 왕발 지음. 金天鶴, 「唐太原 王勃撰 '釋迦如來成道記' 譯解」, 『東과 西의 思惟世界』(민족사, 1991, 917~937쪽) 참조.

혹자는 (최치원이) 변려騈儷만을 숭상한 나머지 문체와 격조가 비천하고 연약하며, 한유韓愈나 유종원柳宗元의 글처럼 웅혼雄渾함이 없고, 궤기詭奇할 뿐이라 하여 적게 여기기도 하지만, 나는 다음과 같이 말하겠다. "한韓·유柳의 글이 선생보다 뛰어남은 진실로 시인하겠으나, 선생의 이러한 격조는 한·유도 따르지 못할 것이다"고.

지금 익益[5] 스님이 한 권을 베껴 가지고 와서, 나더러 책머리에 서문을 써 달라고 청한다. 내가 어떻게 감히 불두佛頭에 똥칠을 하듯 하겠는가. 그러나, 다만 퇴도공退陶公께서 탄핵한 뒤로 한 사람도 붙들어 일으키는 이가 없기에, 내가 짐짓 특별히 부연敷演하고 거듭 밝히는 바, 천 년 뒤에 선생의 뜻이 어디에 있는가를 안다면, 이것이야말로 '아침 저녁으로 선생과 만나는' 사람에 가까울 것이다.

호남승湖南僧 연담 유일蓮潭有一[6]은 서序한다.

---

5 연담 유일의 문인 定月戒益으로 알려진다.

6 有一 : 조선 영조·정조 때의 高僧(1720~1799). 자는 無二, 호는 蓮潭. 속성은 千. 전라도 和順 출신이다. 18세에 法泉寺에서 중이 되었고, 安貧에게 具足戒를 받았다. 해인사의 虎巖體淨에게 禪旨를 얻고 衣鉢을 傳受했으며, 이후 講席을 열어 30여 년 동안 禪風을 떨쳤다. 장흥 寶林寺에서 示寂하였다. 저술로 『楞嚴私記』·『諸經會要』 등이 있다.

제Ⅱ부 교주 사산비명

聖住寺 大朗慧和尙碑

【원문】

有唐新羅國故兩朝國師教諡 大朗慧和尚白月葆光之塔碑銘 并序

淮南入本國送[1]國信詔書等使 前東面都統巡官承務郎侍御史內供奉賜紫金魚袋 臣崔致遠奉教撰

帝唐, 揃亂以武功, 易元以文德之年, 暢月月缺之七日[2], 日蘸咸池時, 海東兩朝國師禪和尚, 盥浴已, 趺坐示滅[3]。國中人如喪左右目, 矧門下諸弟子乎?
嗚呼! 應東身[4]者八十九春, 服西戒[5]者六十五夏。去世三日, 倚繩座儼然, 面如生。門人詢乂等號奉遺體, 假肂[6]禪室中。上聞之震悼, 使駛[7]弔以書, 賻以穀, 所以資淨供而贍玄福。越二年, 攻石封層冢, 聲

---

1 送 : 바침. 『儀禮』, 「聘禮」 "賓再拜稽首送弊."

2 月缺之七日 : 달이 기우는 16일부터 7일 뒤인 22일이라는 설과, 달이 기울기 시작한 뒤 바로 오는 17일(『海雲碑銘註』 所引 『大朗慧和尚年譜』), 또는 27일로 보는 설(『祖堂集』 권17, 聖住無染國師條) 등이 있으나, 여기서는 衆論에 따라 22일로 보기로 한다.

3 示滅 : 佛家語. 스님의 죽음을 말함. '示寂'이라고도 한다.

4 應東身 : 東國에 몸을 나타냄. '應身'이란 三身의 하나로, 중생을 교화하려는 부처가 중생과 같은 몸으로 나타나는 것을 이른다.

5 西戒 : 불교[西教]의 계율.

6 假肂(가사) : 임시로 靈柩를 모셔둠. 肂는 '殯'의 뜻.

7 駛(사) : 파발꾼.

聞玉京[8]。

菩薩戒弟子武州都督蘇判鎰, 執事侍郞寬柔, 貝江都護咸雄, 全州別駕英雄, 皆王孫也。維城[9]輔君德, 險道賴師恩, 何必出家然後入室? 遂與門人昭玄大德釋[10]通賢, 四天王寺上座釋愼符, 議曰: 『師云亡, 君爲慟。奈何吾儕忍灰心木舌[11]缺緣飾在參之義[12]乎?』 迺白黑[13]相應, 請贈謚暨銘塔, 敎曰可, 旋命王孫夏官二卿[14]禹珪, 召桂苑[15]行人[16]侍御史崔致遠。

---

8 玉京 : 道家에서 전설상으로 내려오는 天上의 仙闕로 三十二帝의 도읍. 여기서는 신라의 서울 慶州를 가리킨다. 일부 寫本에서는 '王京'으로 고쳐 보기도 하나, 탑본에는 분명히 '玉京'으로 되어 있다.

9 維城 : 죽 잇달아 있는 城처럼 호위함. 太子 또는 왕족의 비유. 『詩經』, 大雅, 「板」 "宗子維城."

10 釋 : 부처님의 姓. 釋迦의 약칭. 중국에 불교가 들어온 뒤 초기에는 승려들이 대개 '竺' 또는 師僧의 姓을 따랐는데, 東晉 때 道安이 "불제자들은 모두 석가의 성을 따라야 된다"고 한 뒤부터 승려의 성으로 사용하여 왔다. 『梁高僧傳』 권5, 「釋道安傳」 참조.

11 木舌 : 입다물고 말이 없음을 비유한 말. 木鐸. 『後漢書』 권61, 「黃瓊傳」 "忠臣懼死而杜口, 萬夫怖禍而木舌."

12 在參之義 : 君·師·父를 극진히 섬기고 그 은혜를 갚는 것. 在三之節.

13 白黑 : 白衣와 緇衣, 즉 俗人과 僧侶를 이른다.

14 夏官二卿 : 夏官은 周禮 六官 가운데 하나로 軍政·兵馬를 관장하였으며, 大司馬가 그 長이었다. 二卿(亞卿)은 卿 다음가는 벼슬로 오늘날의 次官을 이른다. 신라의 경우 兵部侍郞에 해당된다.

15 桂苑 : 달나라에 있는 계수나무 동산. 芳香이 진동한다고 하여, 대개 학자나 문인이 모인 곳을 이르며, '文苑'이라고도 한다. 여기서는 중국 조정을 지칭하고 있다. 『文選』 권13, 謝莊, 「月賦」 "洒淸蘭路, 肅桂苑."; 崔致遠, 『桂苑筆耕集』 권19, 「謝周繁秀才以小山集見示書」 "鴻儔鵠侶, 鳳翥鸞翔, 集桂苑之名都, 占蓮池之雅望."

16 行人 : 使者의 통칭.

至蓬萊宮，因得竝[17]琪樹[18]上瑤墀，跽竢命珠箔外。上曰：『故聖住大師，眞一佛出世。昔文考[19]康王咸師事，福國家爲日久。余始克纘承，願繼餘先志，而天不憖遺[20]，益用悼厥心。余以有大行者授大名，故追謚曰大朗慧，塔曰白月葆光。乃[21]嘗西宦，絲染錦歸[22]。顧文考選國子[23]命學之，康王視國士禮待之，若[24]宜銘國師以報之!』 謝曰：『主臣[25]! 殿下恕粟饒浮秕[26]，念[27]桂飽餘馨[28]，俾報德以文，固多[29]天幸。第大

17 竝(방) : 의지함.

18 琪樹 : 옥같이 아름다운 나무. 轉하여 재능이 뛰어난 사람의 비유. 『文選』 권11, 孫綽, 「遊天台山賦」 "建木滅景於千尋, 琪樹璀璨而垂珠."

19 文考 : 周文王이 세상을 떠난 뒤 무왕이 先考를 일컫던 말. 轉하여 亡父의 존칭으로 사용된다.

20 憖遺(은유) : 억지로 남겨둠. 『詩經』, 小雅, 「十月之交」 "不憖遺一老."

21 乃 : 너[汝].

22 絲染錦歸 : 벼슬에 오르거나 성공하여 영광스럽게 귀향하는 것을 이르는 말. '錦歸晝繡'라고도 한다. '絲染'은 織物 위에 화려하게 그린 그림(晝繡)을 말한다. 『書言故事』, 「問歸類」 "榮貴還鄕曰, 錦歸晝繡." ; 『晉書』 권91, 「虞喜傳」 "往雖徵命而不降屈, 豈來絲難染, 而搜引禮簡乎."

23 國子 : 公卿大夫의 子弟. 『周禮』, 地官, 「師氏」 "以三德敎國子." ; 同注 "國子, 公卿大夫之子弟."
【참고】 丁若鏞, 『雅言覺非』 권1, 國子條에서는 國子를 太學으로 보는 것은 잘못이라고 주장한 바 있다.

24 若 : 너[汝].

25 主臣 : 신하가 임금에게 아뢸 때 쓰는 發語辭로 '황공하다'는 뜻. 『史記』 권56, 「陳丞相世家」 "平謝曰, 主臣! 陛下不知其駑下, 使待罪宰相, ……"

26 粟饒浮秕(속요부비) : 곡식에 빈 쭉정이가 많음. 실속이 없음의 비유.

27 念 : 탑본에 없는 글자다. 앞의 '恕粟饒浮秕'와 대귀를 이루려면 '○桂飽餘馨'이 되어야 할 것이다. 『최문창후전집』에 실린 「무염국사비명」에서는 이 '念'자를 덧붙이고 있다. 이에 따른다.

28 桂飽餘馨 : 계수나무에 餘香이 풍부하다는 말. 文辭가 화려함의 비유.

師於有爲澆世, 演無爲秘宗, 小臣以有限麼才, 紀無限景行, 弱轅載重, 短綆汲深[30]。其或石有異言[31], 龜無善顧[32]; 決叵使山輝川媚[33], 反嬴[34]得林慙澗愧[35]。請筆路斯避』 上曰: 『好讓也, 盖吾國風; 善則善已。然苟不能是, 惡用黃金牓[36]爲? 爾勉之!』 遽出書一編, 大如椽者, 俾中涓[37]授受, 乃門弟子所獻狀也。

---

29 多 : 마침. 우연히.

30 短綆汲深 : 짧은 두레박 줄로 깊은 우물의 물을 긷는다는 말. 재주가 적어 큰 일을 감당해 내기 어려움의 비유. 『莊子』, 「至樂」 "褚小者不可以懷大, 短綆者不可以汲深."

31 石有異言 : 춘추시대에 晉侯가 농사철에 宮室을 화려하게 지으려 하자, 돌이 魏楡에게 民弊를 짓지 말라는 내용의 말을 했다는 故事. 『春秋左氏傳』 昭公 8년조 참조.

32 龜顧 : 晉나라 때 孔愉라는 사람이 길을 가다가 바구니에 담겨 있는 거북을 보고, 이를 사서 물에 놓아주었는데, 그 뒤 공유가 餘不亭侯에 봉해졌을 때 侯印에 새긴 거북이 좌로 돌아보며 前恩에 깊이 감사하였다는 '印龜左顧'의 故事. 『晉書』 권78, 「孔愉傳」 참조.

33 山輝川媚 : 돌이 옥을 감추고 있으면 산이 빛나고, 물이 구슬을 품고 있으면 시내가 아름답다는 말. 轉하여 학덕을 갖춘 이는 저절로 밖에 드러나 문장을 이룬다는 의미. 『文選』 권17, 陸機, 「文賦」 "石韞玉而山暉, 水懷珠而川媚."

34 嬴(영) : 받음. 『春秋左氏傳』, 襄公 31년 "我實不德, 而以隸人之垣, 以嬴諸侯." ; 同注 "嬴, 受也."

35 林慙澗愧 : 節操가 없는 사람이 隱士로 위장하고 산속에 있으면, 숲이나 시내가 모두 수치로 여긴다는 말. 여기서는 재주가 없는 사람이 있는 척 가장하면 숲이나 澗水도 부끄러워한다는 뜻으로 쓰였다. 『文選』 권43, 孔稚珪, 「北山移文」 "其林慙無盡, 澗愧不歇."

36 黃金牓 : 과거에 급제한 사람의 이름을 기록하여 내거는 牌. 金榜.

37 中涓 : 書謁과 王命의 出納을 맡은 侍從職. 『史記』 권103, 「萬石君傳」 "高祖召其姊爲美人, 以奮爲中涓, 受書謁." ; 同注 "如淳云, 中涓, 主通書謁出入命也."

復惟之, 西學也, 彼此俱爲之, 而爲師者何人, 爲役者何人? 豈心學者高, 口學者勞耶? 故古之君子愼所學。抑心學者立德[38], 口學者立言; 則彼德也或憑言而可稱, 是言也或倚悳而不朽; 可稱則心能遠示乎來者, 不朽則口亦無慙乎昔人。爲可爲於可爲之時[39], 復焉敢膠讓乎篆刻[40]?

始繹如椽狀, 則見大師西遊東返之歲年, 稟戒悟禪之因緣, 公卿守宰之歸仰, 像殿影堂之開刱, 故翰林郎金立之所撰聖住寺碑, 叙之詳矣。爲佛爲孫之德化, 爲君爲師之聲價, 鎭俗降魔之威力, 鵬顯[41]鶴歸[42]之動息[43], 贈太傅獻康大王親製深妙寺碑, 錄之備矣。顧[44]腐儒之今作也, 止宜標我師就般涅槃[45]之期, 與吾君崇窣堵婆[46]之號而已。

---

38 立德 : 후세에 무궁하게 은덕을 끼치는 것. 三不朽 가운데 最上. 『春秋左氏傳』 襄公 24년 “大上立德, 其次立功, 其次立言, 雖久不廢, 此之謂不朽.”

39 爲可爲於可爲之時 : 할 만한 일을 할 수 있을 때 한다는 뜻. 『漢書』 권57(下), 「揚雄傳」 “爲可爲於可爲之時則從, 爲不可爲於不可爲時則凶.”

40 篆刻 : 篆字를 새김. 轉하여 文句의 겉치레에만 힘쓰고 실질이 없는 문장을 이른다. 雕蟲篆刻.

41 鵬顯 : 『莊子』, 「逍遙遊」에 나오는 붕새와 같이 海路 수천리를 훨훨 날아 西國에 몸을 나타냈다는 말.

42 鶴歸 : 중국 漢나라 때 丁令威가 靈虛山에서 仙術을 배우고 鶴으로 化하여 遼東으로 돌아왔다는 ‘丁令威化鶴’ 또는 ‘鶴歸遼海’의 故事. 『搜神後記』 참조.

43 動息 : 出處, 進退를 이르는 말.

44 顧 : 그러므로[故].

45 般涅槃 : 범어 ‘Parnirvana’의 音譯. 生死를 초월한 涅槃의 경지에 드는 것.

46 窣堵婆(솔도파) : 범어 ‘Stupa’의 音譯. 塔을 말한다. 塔婆. 浮圖. 卒都婆.

口將手議役[47], 將自適其適[48]; 這有上足苾芻[49], 來趣[50]虀臼[51], 語及斯意; 則曰: 『立之碑, 立之久矣。尙闕數十年遺美, 太傅王神筆所紀, 蓋顯示殊遇云爾。吾子口嚼古賢書, 面飮今君命, 耳飫國師行, 目醉門生狀。[52]宜廣記而備言之, 殆[53]貽厥可畏。俾原始要終[54]。脫[55]西笑[56]者, 或袖之, 脫西人[57]笑則幸甚, 吾敢求益? 子無憚煩!』狂奴[58]態餘, 率爾應曰: 『僕

---

47 口將手議役 : 梵海 覺岸은 『四山碑註』에서 이 부분을 "釋曰 입이 장차 손과 역을 의논하야"라고 하였다. 한글 주해가 독특하다.

48 將自適其適 : 梵海 覺岸은 『四山碑註』에서 이 부분을 "釋曰 장차 제가 그 마땅한 말로 나아가더니"라고 하였다.

49 苾芻 : 범어 'Bhiksu'의 音譯. 比丘를 말한다. 본래 서역의 풀 이름이다. 柔軟하여 바람이 부는대로 나부끼므로, 출가하여 아무 일에도 구애받지 않는 比丘를 비유하여 일컫는다.

50 趣(촉) : 재촉함.

51 虀臼(제구) : '辭'의 破字. 글을 말한다. 『世說新語』 권4, 「捷悟」 "虀臼受辛也, 于字爲辭."

52 宜廣記而備言之 ~ 俾原始要終: 杜預가 한 말. 『文選』 권45, 杜預, 「春秋左氏傳序」 "身爲國史, 躬覽載籍, 必廣記而備言之, 其文緩, 其旨遠, 將令學者, 原始要終."

53 殆 : 반드시. 『呂氏春秋』, 「自知」 "座殆尙在於門." ; 同注 "殆, 猶必也."

54 原始要終 : 어떠한 일의 시초를 캐내고 다시 그 일의 종말을 살핀다는 뜻. 『周易』 「繫辭(上)」에 나오는 말. 「계사(하)」에는 '原始反終'이란 말도 보인다.

55 脫 : 만약[若].

56 西笑 : 중국 關東 지방의 속담. 사모하는 것을 이른다. 『桓譚新論』, 「祛蔽」 "人聞長安樂, 則出門向西而笑."

57 西人 : 西國(중국) 사람.

58 狂奴 : 중국 後漢 때의 逸士인 嚴光을 가리키는 말로, '狂奴故態'의 故事에서 비롯되었다. 여기서 撰者 최치원은 嚴光의 '買采求益'의 故事를 인용하는 가운데 자신의 글쓰는 스타일을 엄광에게 비유하였다. 『後漢書』 권83, 「嚴光傳」 참조.

編苫者, 師買采[59]乎?』 遂絆猿心[60], 强搖兎翰[61], 憶得西漢書留侯傳。 尻云: 『良所與上, 從容言天下事甚衆, 非天下所以存亡, 故不著』[62] 則大師時順[63]間事蹟, 犖犖者星繁, 非所以警後學, 亦不書。 自許窺一班[64]於班史然, 於是乎管述[65]曰:

光盛且實, 而有暉八紘之質者, 莫均乎曉日; 氣和且融, 而有孚[66]萬物之功者, 莫溥乎春風。 惟俊風[67]與旭日, 俱東方自出也, 則天鍾斯二餘慶, 嶽降[68]于一靈性[69], 俾挺生君子國, 特立梵王家者, 我大師其人也。

---

59 買采 : 買采求益에서 나온 말. 多寡를 計較하는 것에 대한 비유. 皇甫謐, 『高士傳』 "嚴光字子陵, 少有高名. 司徒(侯)覇與光素舊. …… 覇使西曹屬侯子道奉書, 光不起. …… 子道求報, 光曰 : 「我手不能書」, 乃口授之. 使者嫌少, 可更足. 光曰 : 「買采乎? 求益也?」"

60 猿心 : 散亂하여 갈팡질팡한 마음을 원숭이의 마음에 비유한 말.

61 兎翰 : 붓[筆]을 달리 이르는 말. 兎毫.

62 良所與上 ~ : 『漢書』 권40, 「張陳王周傳」에 나오는 말. 여기서 '著'는 역사에 기록되는 것을 뜻한다(顔注).

63 時順 : 제때에 태어나서 天分대로 살다가 죽음. 『莊子』, 「養生主」 "適來, 夫子時也, 適去, 夫子順也."

64 一班 : 一斑(하나의 얼룩점)과 같은 말. 전체가 아닌 작은 일부분.

65 管述 : 管見으로 서술한다는 말.

66 孚 : 기름[育].

67 俊風 : 큰 바람[南風]. 『大戴禮』, 「夏小正」 "時有俊風." ; 同注 "俊者, 大也. 大風, 南風也."

68 嶽降 : 높고 존귀한 산이 神靈和氣를 내려 훌륭한 사람이 탄생하게 되었다는 뜻. 대개 賢輔重臣을 칭송하는 데 쓰이지만, 여기서는 훌륭한 이의 탄생을 축하하는 의미로 쓰였다. 『詩經』, 大雅, 「崧高」 "崧高維嶽, 駿極於天, 維嶽降神, 生甫及申."

69 靈性 : 신령스럽고 지혜로운 품성, 또는 그러한 품성을 지닌 사람.

法號無染, 於圓覺祖師爲十世孫。俗姓金氏, 以武烈大王爲八代祖。大父周川, 品眞骨, 位韓粲; 高曾出入[70], 皆將相戶知之。父範淸, 族降眞骨一等曰得難(原註: 國有五品, 曰聖而, 曰眞骨, 曰得難, 言貴姓之難得。文賦云, 「或求易而得難」[71], 從言六頭品, 數多爲貴, 猶一命至九, 其四五品不足言)。晩節追蹤趙文業[72]。母華氏魂交[73]覩脩臂天[74]垂授轂花[75], 因有娠, 幾踰時申夢, 胡道人自稱法藏, 授十護[76], 充胎教, 過朞[77]而誕。

大師阿孩(原註: 方言謂兒, 與華无異)時, 行坐必掌合趺[78]對; 至與群兒戲, 畫墁[79]聚沙[80], 必模樣像塔, 而不忍一日

---

70 出入 : 內外의 관직을 출입하여 將帥와 宰相을 지냈다는 말. 出將入相. 『祖堂集』 권17, 「聖住無染國師」 “高曾皆爲將爲相.”

71 或求易而得難 : ‘혹 쉬운 것에서 구하여 문득 어렵게 여기는 것을 얻게 된다’는 뜻. 『文選』 권17, 陸機, 「文賦」 ; 同注에서는 “或求之於易, 而便得難之.”라 했다.

72 趙文業 : 趙나라 文王이 칼쓰기를 좋아했다는 故事에서 나온 말로, 劍術을 지칭. 『莊子』, 「說劍」 “趙文王喜劍, 劍士夾門而客三千餘人.”

73 魂交 : 잠을 잔다는 뜻. 잠을 잘 때에는 혼이 交合하고 깨었을 적에는 五官이 열린다고 한 데서 나왔다. 『莊子』, 「齊物論」 “其寐也魂交, 其覺也形開.”

74 脩臂天 : 三頭와 六臂를 가진 護法天. ‘脩臂天人’이라 되어 있는 곳도 있다. 『祖堂集』 권17, 「聖住無染國師」 “脩臂天人, 垂授藕花.”

75 轂花 : 연꽃. ‘轂’는 ‘藕’의 古字인 듯.

76 十護 : 十戒. 菩薩十戒.

77 過朞 : 만 1년(12개월)을 넘김. 곧 13개월째를 이른다.

78 合趺 : 合掌趺坐의 준말. 두 손을 모으고 책상다리를 함.

79 畫墁(획만) : 벽에 금을 그음. 『孟子』, 「滕文公(下)」 “有人於此, 毁瓦畫墁.” ; 集註 “墁, 牆壁之飾也. 毁瓦畫墁, 言無功而有害也.”

80 聚沙 : 모래쌓기 놀이. 佛家에서는 兒童時期를 ‘聚沙之年’이라고 한다. 『法華經』, 「方便品」 “乃至童子戲, 聚沙爲佛塔, 如是諸人等, 皆以成佛道.”

違膝下。九歲始鼓篋[81], 目所覽口必誦, 人稱曰:「海東神童」
跨一星終[82], 有隘九流, 意入道, 先白母, 母念已前夢, 泣曰諤[83]!(原註: 方言許諾) 後謁父, 父悔已晩悟, 喜曰善! 遂零染[84]雪山五色石寺, 口精嘗藥[85], 力銳補天[86]。有法性禪師, 嘗扣駿伽門[87]于中夏者。大師師事數年, 撢索無孑遺[88], 性歎曰:『迅足駸駸[89], 後發前至, 吾於子驗之, 吾悏[90]矣。無餘勇可賈[91]於子矣, 如

---

81 鼓篋(고협) : 就學을 말함. 옛날에 학과를 시작할 때 북을 쳐서 학생들을 모이게 한 뒤, 책을 꺼내 공부하도록 한 데서 연유한다.『禮記』,「學記」"入學鼓篋, 孫其業." ; 同注 "鼓篋, 擊鼓警衆, 乃發篋出所治經業也."

82 一星終 : 12년을 이름. 歲星(木星)이 한 차례 公轉을 끝내는 것을 '一終'이라 하며, 12년이 걸린다고 한다(木星의 정확한 公轉週期는 11.861년).『春秋左氏傳』襄公 9년 "十二年矣, 是謂一終, 一星終也."

83 諤(예) : 대답하는 말.

84 零染 : 零髮染衣의 준말. 머리를 깎고 잿빛 물을 들인 옷을 입음.

85 嘗藥 : 약을 맛봄. 여기서는 經義를 해석하는 것의 비유로 쓰였음.

86 補天 : 하늘의 이지러진 곳을 보충함. 옛날 女媧氏(여와씨)가 五色의 돌을 달구어 蒼天을 보충하였다는 '女媧補天'(또는 鍊石補天)의 故事. 여기서는 천연의 조화가 부족한 부분을 인위적으로 보충하는 것으로 世運을 挽回하는 것을 이른다.『淮南子』,「覽冥訓」"於是女媧鍊五色石, 以補蒼天."

87 駿伽門(종가문) : 棱(楞)伽門을 이름.『祖堂集』권17,「聖住無染國師」에서도 '有法性禪師嘗扣楞伽門于中夏'라 하였고, 또 天頙의『禪門寶藏錄』第25則에 인용된『海東七代錄』에서도 "故聖住和尙, 常(嘗?)扣棱伽經, 知非祖宗, 捨了, 却入唐傳心"이라 하여 '棱伽經'과의 관련성을 말한 바 있다(이능화,『조선불교통사』상권, 104쪽 참조).

88 無孑遺 : 조금도 남겨둠이 없음.『詩經』, 大雅,「雲漢」"周餘黎民, 靡有孑遺."

89 駸駸 : 달리는 모양.『詩經』, 小雅,「四牡」"載驟駸駸."

90 悏 : 만족함. '愜'과 仝字.

91 餘勇可賈(여용가고) : 남은 용기를 남에게 팔만함.『春秋左氏傳』, 成公 2년 "齊高固曰, 欲勇者, 賈余餘勇." ; 同注 "賈, 賣也. 言己勇有餘, 欲賣之."

子者宜西也』大師曰惟[92]!

夜繩易惑[93], 空縷難分[94]。魚非緣木可求[95], 兎非守株可待[96]。故師所敎, 已所悟, 互有所長。苟珠火[97]斯來, 則蚌燧可棄。凡志於道者, 何常師[98]之有?

尋邃去, 問驃訶健拏[99]于浮石山釋燈大德, 日敵三十

92 惟 : 唯와 仝字. '예'하고 대답하는 말. '諾'보다는 공손한 말이다. 『禮記』, 「曲禮(上)」"父召無諾, 先生召無諾, 唯而起."

93 夜繩易惑 : 밤중에 새끼줄은 뱀으로 속기 쉽다는 말. 夜繩은 小乘法을 비유한 것.

94 空縷難分 : 허공에 뜬 베올[布縷]은 분간하기 어렵다는 말. 空縷는 大乘法을 비유한 것. 『梁高僧傳』 권2, 「鳩摩羅什傳」"什之師盤頭達多, 師謂什曰 : 「汝於大乘, 見何異相而欲尙之?」 什曰 : 「大乘深淨明, 有法皆空, 小乘偏局, 多滯名相」 師曰 : 「汝說一切皆空, 甚可畏也. 安捨有法, 而愛空乎? 如昔狂人令績師, 績綿極令細好, 績師加意, 細若微塵. 狂人猶恨其麤, 績師大怒, 乃指空示曰 : '此是細縷', 狂人曰 : '何以不見?' 師曰 : '此縷極細, 我之良匠, 猶且不見, 況他人耶?' 狂人大喜. 汝之空法, 亦由此也」"

95 魚非緣木可求 : 물고기는 나무에 올라가 잡을 수 있는 것이 아님. 緣木은 '緣木求魚'의 故事에서 나온 말. 『孟子』, 「梁惠王(上)」"以若所爲, 求若所欲, 猶緣木而求魚也."

96 兎非守株而可待 : 토끼는 그루터기만 지킨다고 해서 기대되는 것이 아님. 守株는 '守株待兎'의 故事에서 나온 것으로, 成規만을 墨守하여 權變을 모르거나, 혹은 요행을 바라는 것을 비유한 말이다. 『韓非子』 권19, 「五蠹」 참조.

97 珠火 : 조개[蚌]에서 나오는 구슬과 부싯돌[燧]에서 나오는 불. 師資關係를 비유한 말.

98 常師 : 일정한 스승. 『論語』, 「子張」"夫子焉不學, 而亦何常師之有."

99 驃訶健拏(표하건나) : 梵語로 '華嚴'을 의미하는 말. 驃訶(Vyuha)는 '嚴飾', 健拏(Ganda)는 '雜華'의 뜻이다. 여러 가지 雜華로 꾸며 장엄하다는 의미다. 여기서 꽃은 깨달음의 요인이 되는 수행을 비유한 것이며, 장엄은 그 결과로서 이루어진 부처님을 아름다운 여러 꽃으로 장식한다는 말이다.

夫[100], 藍茜沮本色[101]。顧坳盃之譬[102], 曰:『東面而望, 不見西墻。彼岸不遙, 何必懷土?』 遽出山竝[103]海, 覗西泛之緣。會國使歸瑞節[104]象魏[105]下, 侂足而西, 及大洋中, 風濤欻顚怒, 巨艑壞, 人不可復振。大師與心友道亮, 跨隻板, 恣[106]業風。通星[107]半月餘, 飄至劒山島。膝行之碕上[108], 悵然甚久曰:『魚腹中幸得脫身, 龍頷下[109]庶幾攙手。我心匪石[110], 其退轉乎?』

---

100 日敵三十夫 : 하루에 서른 사람의 몫을 해냈다는 佛陀跋陀羅(覺賢, 359~429)의 故事. 『梁高僧傳』 권2, 「佛陀跋陀羅傳」 "覺賢, 本姓釋氏, 迦維羅衛人甘露飯王之苗裔也. …… 度爲沙彌. 至年十七, 與同學數人, 俱以習誦爲業. 衆皆一月, 賢一日誦畢. 其師歎曰, 賢一日敵三十夫也."

101 藍茜沮本色 : 쪽빛과 꼭두서니빛이 제 빛깔을 잃음. 곧 제자가 스승보다 뛰어난 것의 비유. 『荀子』, 「勸學」 "靑取之於藍, 而靑於藍." ; 『文心雕龍』, 「通變」 "夫靑生於藍, 絳生於蒨, 雖踰本色, 不能復化."

102 坳盃之譬 : 坳堂과 盃水의 비유. 『莊子』에서 "잔의 물을 堂 가운데 우묵 패인 곳에 부으면 겨자는 배가 되어 뜨지만, 거기에 잔을 놓으면 땅에 닿고 마니, 그것은 곧 배는 큰데 물이 얕기 때문이다"고 하였다. 『莊子』, 「逍遙遊」 참조.

103 竝(방) : 의지함.

104 瑞節 : 천자가 제후를 봉할 때 信標로 주는 符節.

105 象魏 : 옛날에 임금의 명령(敎令)을 象魏(闕門)에 걸어 보였던 데서, 敎令 또는 闕門을 의미함. 여기서는 '궐문'의 뜻.

106 恣 : 내맡기다. 『戰國策』, 「趙策」 "恣君之所使之."

107 通星 : 徹夜, 通宵와 같은 말.

108 碕上(기상) : 굽이진 해안. 『集韻』 "碕, 曲岸, 或作埼."

109 龍頷下 : 용의 턱 밑에 있다고 하는 구슬을 가리킴. 곧 求法을 비유한 말. 『莊子』, 「列御寇」 "千金之珠, 必在九重之淵, 而驪龍頷下, 子能得珠者, 必遭其睡也, 使驪龍而寤之, 子尙奚微之有哉."

110 我心匪石 : 내 마음은 구르는 돌과 같지 않다는 말. 곧 지조나 결심이 굳은 것을 이른다. 『詩經』 邶風, 「柏舟」 "我心匪石, 不可轉也."

洎長慶初, 朝正[111]王子昕, 艤舟[112]唐恩浦。請寓載, 許焉。旣達之罘山麓, 顧先難後易, 土揖海若[113]曰: 『珍重[114]鯨波, 好戰風魔!』
行至大興城南山至相寺, 遇說雜花者, 猶在浮石時。有一瑿顔[115]耆年, 言提之[116]曰: 『遠欲取諸物[117], 孰與[118]認而[119]佛』大師舌底[120]大悟。自是置翰墨遊歷, 佛光寺問道如滿。滿佩江西[121]印, 爲香山白尙書樂天空門友者, 而應對有慙色, 曰: 『吾閱人多矣, 罕有如是新羅子。他日中國失禪, 將問之東夷耶!』
去謁麻谷寶澈[122]和尙。服勤[123]無所擇, 人所難己必易, 衆目曰: 『禪門庾異行[124]』 澈公賢苦節, 嘗一日告之

---

111 朝正 : 제후가 임금을 알현하고 政敎를 받는 것을 이른다. 事大外交的인 표현이다.
112 艤舟 : 배 떠날 준비를 차리고 배를 언덕에 갖다 댐. 『廣韻』 "艤, 整舟向岸."
113 海若 : 海神. 그냥 '若'이라고도 함. 『莊子』, 「秋水」 "河伯向若曰, ……" ; 『楚辭』, 「遠遊」 "使湘靈鼓瑟兮, 今海若舞馮夷."
114 珍重 : 헤어질 때 하는 인사말. '잘 있거라!', '안녕히 계십시오'와 같은 말.
115 瑿顔(예안) : 검은 색의 美石과 같은 얼굴.
116 言提之 : 귀를 잡아당겨 말함. 곧 지혜를 깨우쳐 줌을 이름. 『詩經』, 大雅, 「抑」 "匪面命之, 言提其耳."
117 遠取諸物 : 『周易』 「繫辭(下)」에서는 "近取諸身, 遠取諸物, 於是始作八卦, 以通神明之德, 以類萬物之情"이라 하였다. '諸'는 '之於'의 줄임말.
118 孰與 : 의문사. '어떻겠느냐(何如)'의 뜻. '孰若'과 같다.
119 而 : 너(汝). 『爾雅』 「廣詁」 "而, 汝也."
120 舌底 : 말이 그치자마자. 言下. 『爾雅』, 「釋詁」 "底, 止也."
121 江西 : 江西 馬祖(道一, 709~846)의 별칭.
122 寶澈 : 원 법명은 寶徹이지만 '寶澈'이라 쓰기도 한다.
123 服勤 : 힘든 일에 부지런히 종사함. 『禮記』, 「檀弓(上)」 "服勤至死."
124 庾異行 : 중국 南朝 때 효자로 유명했던 庾黔婁의 異行을 말함.

曰:『昔吾師馬和尙, 訣我曰:「春蘤繁, 秋實寡, 攀道樹者所悲吒[125]。今授若印, 異日徒中有奇功, 可封者封之, 無使刓[126]!」復云:「東流之說[127], 盖出鉤讖[128], 則彼日出處善男子, 根殆熟矣。若若[129]得東人可目語[130]者, 畎道[131]之! 俾惠水[132]丕冒於海隅, 爲德非淺」, 師言在耳, 吾喜若徠[133]。今印焉, 俾冠禪侯于東土; 往欽哉[134], 則我當年作江西大兒, 後世爲海東大父, 其無慙先師矣乎』

居無何[135], 師化去, 墨巾離首[136], 乃曰:『筏旣捨矣, 舟何繫焉[137]?』自爾, 浪遊飄飄然, 勢不可遏, 志不可

---

125 悲吒(비차) : 슬피 탄식함.

126 刓 : 끊음[斷].

127 東流之說 : 부처님의 敎法이 동쪽으로 흐른다는 말. 佛家에서는 예로부터 이 말이 전해오고 있었다.『飜譯名義集』"大法東流, 爲日諒久, 雖風移政變, 而弘之不易."

128 鉤讖 : 豫言. 갈고리[鉤]는 앞으로 끌어 당기는 것이므로, 대개 앞으로 생길 일을 미리 이끌어서 말하는 것을 비유한 말.

129 若 : 너[汝].

130 目語 : 佛家에서 이른바 '以心傳心' 또는 '目擊道存' 등과 같은 말.

131 畎道 : 밭도랑으로 인도함. 畎流의 준말. 밭도랑이란 밭 가운데 물이 잘 흐르도록 만들어 놓은 排水路이다. 앞에서 大法의 東流를 물의 흐름에 비유했기 때문에 '畎流'의 뜻으로 말한 것이다.『易緯』,「乾鑿度」"聖人鑿開虛無, 畎流大道, 萬彙滋溢, 陰陽成數."

132 惠水 : 지혜를 물에 비유한 말. 지혜가 길게 흘러 번뇌의 때를 씻겨준다는 뜻에서 나왔다.

133 若徠 : 若은 '汝'의 뜻이고 徠는 '來'와 仝字.

134 往欽哉 : 가서 조심하라는 뜻.『書經』, 虞書,「堯典」"帝拜曰兪, 往欽哉."

135 居無何 : 시간적으로 얼마되지 않아서. '居無幾何'의 준말.

136 離首 : 머리에 씀.『周易』,「離卦」"離, 麗也."; 同注 "麗, 猶著也."

137 舟何繫焉 : 航海 중의 배가 어찌 매이겠느냐는 말. 自然에 順任하거나 漂

奪。於[138]渡汾水, 登崞山; 跡之古必尋, 僧之眞必詣。凡所止舍遠人煙, 大要在安其危, 甘其苦; 役四體爲奴虜, 奉一心爲君主。就是中, 顓[139]以視篤癃恤孤獨[140]爲己任。至祁寒酷暑, 且煩暍或皸瘃侵, 曾無倦容, 耳名者不覺遙禮。囂作東方大菩薩, 其三十餘年行事也, 其[141]如是。

會昌五年來歸, 帝命也。國人相慶, 曰:『連城璧[142]復還, 天實爲之, 地有幸也』自是, 請益者, 所至稻麻[143]矣。

入王城, 省母社[144]; 大歡喜, 曰:『顧吾疇昔夢, 乃非優曇之一顯[145]耶? 願度來世, 吾不復撓倚門之念[146]

泊不定한 것을 비유한 말. 不繫之舟. 『莊子』, 「列禦寇」 "汎若不繫之舟, 虛而遨遊者也."

138 於 : 대부분의 註解本에서는 '於是'의 잘못으로 보고 있으나, 본 역주자는 탑본을 그대로 따라 "~함에 있어서"라고 번역한다.

139 顓 : 오로지. '專'과 仝字.

140 孤獨 : 어려서 부모가 없는 사람을 孤, 老境에 자식이 없는 사람을 獨이라 함. 『孟子』, 「梁惠王(下)」 "幼而無父曰孤, 老而無子曰獨."

141 其 : 앞 구절에서 '其三十餘年~'이라 하여 '其'자가 나왔는데, 뒤의 구절에서 '其如是'라 하는 것은 적절하지 못하다. 아마도 '蓋如是'의 잘못인 듯하다. 대부분의 註解本에서는 이 '其'를 衍字로 보고 '其如是'를 '如是'로 고쳤으나, 이럴 경우 문장의 리듬이 어색하다.

142 連城璧 : 천하에 으뜸가는 보배 또는 인재를 이름. 중국 전국시대에 秦나라 昭王이 趙나라 惠文王에게 열다섯 개의 城과 바꾸자고 했던 '和氏璧'의 故事에서 나왔다. 『史記』 권81, 「廉頗藺相如傳」 참조.

143 稻麻 : 稻麻竹葦의 준말. 논의 볏대, 밭의 삼대, 대밭의 대나무, 풀밭의 갈대와 같이 그 수가 많음을 이르는 말. 『維摩經』, 「法供養品」 "甘蔗竹葦, 稻麻叢林."

144 母社 : 어머니를 이름. 중국의 江淮 일대에서는 어머니를 '社'라 함. 『淮南子』, 「說山訓」 "社何愛速死, 吾必悲哭社."; 同注 "江淮一帶, 謂母爲社."

也已矣』
迺北行, 擬目選終焉之所。會王子昕懸車[147], 爲山中宰相[148], 邂逅適願[149]。謂曰: 『師與吾俱祖龍樹乙粲, 則師內外爲龍樹令孫, 眞瞠若不可及[150]者。而[151]滄海外蹋蕭[152]湘故事, 則親舊緣固不淺。有一寺在熊川州坤隅, 是吾祖臨海公(原註: 祖諱仁問, 唐酬伐獩貊功, 封爲臨海郡公)受封之所。間刦盡[153]流菑[154], 金田半灰; 匪慈哲, 孰能興滅繼絶[155]? 可强爲朽夫住持乎?』大師答

---

145 優曇之一顯 : 『法華文句』 권4(上)에 보이는 말이다. 優曇은 優曇華 · 優曇跋(鉢)羅華의 준말.

146 倚門之念 : 어머니가 문에 기대어 아들이 돌아오기를 기다림. 『戰國策』 권13, 「齊策(二)」 "王孫賈之母, 謂賈曰 : 女朝出而晩來, 則吾倚門而望, 女暮出而不還, 則吾倚閭而望."

147 懸車(현거) : 벼슬에서 물러남[致仕]을 이름. 漢나라 薛廣德이 벼슬에서 물러난 뒤 沛로 돌아가 황제가 내려준 安車를 걸어 놓고 자손에게 전하여 幸榮을 보였다는 故事에서 나왔다. 『漢書』 권71, 「薛廣德傳」 참조.

148 山中宰相 : 중국 梁나라 때 隱士 陶弘景의 故事. 『南史』 권75, 「陶弘景傳」 "...... 國家每有吉凶征討大事, 無不前以諮詢, 月中常有數信, 時謂爲山中宰相."

149 邂逅適願 : 우연히 만나 바라는 바가 합치됨. 『詩經』, 鄭風, 「野有蔓草」 "邂逅相遇, 適我願兮."

150 瞠若不可及 : 놀라서 눈을 부릅뜨고 따라가려 하나 뒤따를 수 없음.

151 滄海外蹋蕭湘故事 : 푸른 바다 밖에서 瀟湘의 故事를 행함. 즉 중국에서 서로 만났음을 이르는 말. 당나라 때 시인 柳惲의 「江南曲」에 "洞庭有歸客, 瀟湘逢故人"이란 句가 있는데, 이를 두고 이르는 말이다. 이후 '아름다운 만남'을 묘사할 때 이 '瀟湘逢故人'의 故事가 많이 인용되었다.

152 蕭 : '瀟'자를 줄여서 쓴 듯.

153 刦盡 : 刦盡火의 준말.

154 流菑(유재) : 流災. 저절로 일어난 재앙. 여기서는 天火를 말한다.

155 興滅繼絶 : 없어진 것을 다시 일으키고 끊어진 것을 다시 이음. 『論語』, 「堯曰」 "周武王興滅國, 繼絶世, 擧逸民, 天下之民歸心焉."

曰:『有緣則住』

大中初, 始就居, 且肹飾[156]之, 俄而道大行, 寺大成。繇是四遠問津[157]輩, 視千里猶跬步, 其麗不億[158], 寔繁有徒[159]。大師猶鍾待扣[160], 而鏡忘罷[161]。至者, 靡不以慧炤導其目, 法喜娛其腹; 誘憧憧[162]之躅, 變蚩蚩[163]之俗。

文聖大王, 聆其運爲, 莫非裨王化, 甚㗎[164]之。飛手敎優勞, 且多[165]大師答山相之四言, 易寺牓爲聖住, 仍編錄大興輪寺。大師酬使者曰:『寺以聖住爲名, 招提[166]固所爲榮, 至寵庸僧, 濫吹[167]高藉[168]。寔避

---

156 肹飾(힐식) : 모두다 말끔히 整齊하고 꾸밈. 『漢書』 권22, 「禮樂志」 "鸞路龍鱗, 罔不肹飾."

157 問津 : 나루가 있는 곳을 물음. 轉하여 학문하는 길을 묻는 뜻으로 쓰인다. 『論語』, 「微子」 "張沮傑溺, 耦而耕, 孔子過之, 使子路問津焉."

158 其麗不億 : 그 수가 헤아릴 수 없을 만큼 많음. 『詩經』, 大雅, 「文王之什」 "商之孫子, 其麗不億." ; 集傳 "麗, 數也. 不億, 不止於億也."

159 寔繁有徒 : 무리가 많음을 이름. 『書經』, 商書, 「仲虺之誥」 "簡賢附勢, 寔繁有徒."

160 鍾待扣 : 종이 쳐주기를 기다림. 『禮記』, 「學記」 "善待問者如撞鐘, 叩之以小者小鳴, 叩之以大者大鳴."

161 鏡忘罷(피) : 거울은 아무리 비추어도 고달픔을 잊는다는 말. 罷는 '疲'와 통용된다. 『世說新語』 권1, 「言語」 "袁羊曰 : 何嘗見明鏡疲於屢照, 淸流憚於惠風."

162 憧憧 : 마음을 정하지 못하고 머뭇거리는 것. 『易經釋文』 "憧憧, 劉云, 意未定也."

163 蚩蚩(치치) : 無知한 모양. 『詩經』, 衛風, 「氓」 "氓之蚩蚩, 抱布貿絲." ; 集傳 "蚩蚩, 無知貌."

164 㗎(가) : 본받음.

165 多 : 중히 여김. 『漢書』 권81, 「馬宮傳」 "朕甚多之." ; 同注 "師古曰 : 多, 猶重也."

風[169]斯媲[170], 而隱霧[171]可慙矣』

時憲安大王, 與檀越[172]季[173]舒發韓魏昕, 爲南北相(原註: 各居其官, 猶左右相)。遙展攝齋[174]禮, 贄以茗蒒, 使無虛月, 至使名露東國; 士流不識大師門, 爲一世羞。得禮足[175]者, 退必咁曰: 『面謁倍百乎耳聞, 口未出而心已入』 抑有猴虎而冠[176]者, 亦熄其趮, 譁其虓[177],

---

166 招提 : 절을 달리 이르는 말. 범어로 '四方'을 의미한다. 본래는 '拓提'였는데, 北魏의 太武帝 始光 2년(425)에 한 伽藍을 짓고 招提라고 이름한 뒤부터 招提가 사찰의 異名이 되었다.

167 濫吹 : 재능도 없는 사람이 있는 것처럼 흉내내는 것을 이름. 南郭濫吹, 濫竽라고도 함. 『韓非子』內儲說上篇, 「七術傳三」"齊宣王使人吹竽, 必三百人. 南郭處士請爲王吹竽, 宣王說之, 廩食以數百人. 宣王死, 湣王立, 好一一聽之, 處士逃."

168 高藉(고자) : 높은 자리. 또는 높은 자리를 차지함. '高籍'으로 되어 있는 필사본이 많은데, 탑본에는 분명 '高藉'로 되어 있다.

169 避風 : '海鳥避風'의 故事. 『文選』권13, 張華, 「鷦鷯賦」"海鳥鶢鶋, 避風而至, 條枝巨雀, 踰嶺自致."

170 媲(비) : 견주다. 『爾雅』「釋詁」"媲, 妃也, 配也."

171 隱霧 : 雲霧를 피해 산에 숨어 무늬를 윤택하게 했던 玄豹의 故事. '豹隱'은 山林에 은거하는 것의 비유. 『列仙傳』권2, 「陶答子妻」"妾聞南山有玄豹, 霧雨七日, 而不下食者, 何也? 欲以澤其貌, 而成文章."

172 檀越 : 범어 'Danapati'의 音譯. 布施를 행하는 사람으로, '施主' 또는 '化主'라 번역한다.

173 季 : 말째. '아우[弟]'를 뜻하는 것으로 보거나, '追序(追贈)'를 의미하는 '序'자의 잘못으로 보는 사람도 있으나 다 근거가 부족하다.

174 攝齋 : 弟子禮를 말함. 攝齊라고도 쓴다. 걷거나 계단을 올라 갈 때 옷자락을 밟고 땅에 넘어져 체면을 손상하지 않도록 하기 위해 옷자락을 걷어올리는 것이다. 轉하여 '제자가 스승 앞에서 조심스럽게 대하는 태도'를 말한다. 『論語』, 「鄕黨」"攝齊升堂, 鞠躬如也."

175 禮足 : 佛家에서 가장 지극한 경례법의 하나. 부처의 발에 자신의 이마를 대는 것으로서, 자신의 가장 귀한 것을 상대방의 가장 천한 곳에 대는 인사법이다. 頂禮·接足禮·頭面禮라고도 한다.

176 猴虎而冠 : 원숭이나 호랑이가 관을 씀. 『史記』권7, 「項羽本紀」"楚人沐

而競犇馳善道。

暨憲王[178]嗣位，賜書乞言，大師答曰:『周豊對魯公之語[179]，有旨哉，著在禮經，請銘座側』逮贈太師先大王卽位，欽重如先朝志，而日加厚焉。宼[180]所施爲，必馳問然後擧。

咸通十二年秋，飛鵠頭書，以傳召[181]曰:『山林何親，城邑何疎?』大師謂生徒曰:『遽命伯宗，深慙遠公[182]。然道之將行也，時乎不可失；念付囑故，吾其往矣』欻爾至轂下[183]，及見；先大王冕服拜爲師。君夫人世子，旣[184]太弟相國(原註: 追奉尊諡惠成大王)，·群公子公孫，環仰如一。一如古伽藍繢壁面，寫出西方諸國長侍勃陁[185]様式。

上曰:『弟子不佞[186]，小好屬文。嘗覽劉勰文心，有語

猴而冠耳."

177 虣(포) : 사나움. '暴'와 통용.

178 憲王 : 헌안왕을 가리킴. 일명 情王. 「寶林寺石塔誌」에 "所由者, 憲王往生慶造之塔."이라고 한 대목이 보인다. 황수영, 『韓國金石遺文』, 154·253쪽 참조.

179 周豊對魯公之語 : 『禮記』「檀弓(下)」에 보인다. 종래 필사본에서는 周豊을 '周禮'라고 고쳐서 註를 달아왔으나 이것은 잘못이다.

180 宼 : '最'와 仝字. 대개[大凡].

181 傳召 : 傳驛(국가의 명령을 차례로 전하는 驛站)을 통해 부름. 『春秋左氏傳』 成公 5년 "晉侯以傳召伯宗."

182 遠公 : 중국 東晉 때의 고승인 慧遠을 이름.

183 轂下 : 임금이 타는 수레의 밑이라는 뜻으로 '서울'을 이름.

184 旣 : ~ 및[及]. '曁'와 통용. 『經傳衍釋』 "旣通曁, 及也."

185 勃陁(발타) : 梵語의 'Buddha'를 音譯한 것. '佛陀'와 같다.

186 不佞(불녕) : 재주가 없음. 轉하여 '자기'의 겸칭으로 쓰인다. '佞'은 '佞'의 俗字.

云:「滯有守無, 徒銳偏解。欲詣眞源, 其般若之絶境!」, 則境之絶者, 或可聞乎?』大師對曰:『境旣絶矣, 理無矣。斯印[187]也, 默行爾』上曰:『寡人固請少進』爰命徒中錚錚者, 更手撞擊[188], 舂容[189]盡聲; 剖滯袪煩, 若商飇[190]之劃陰靄然。於是, 上大喜, 懊見大師晩, 曰:『恭己南面[191], 司南[192]南宗; 舜何人哉, 余何人也[193]?』旣出, 卿相延迓, 與謀不暇; 士庶趍承[194], 欲去不能。自是, 國人皆認衣珠[195], 隣叟罷窺廡玉[196]焉。

---

187 印 : 心印을 이름.

188 更手撞擊 : 손을 번갈아서 종을 침.

189 舂容盡聲 : 종을 치고받으며 제소리를 다함. 舂(용)은 '치다[擊]', 容은 '받아들이다[受]'의 뜻. '從容'으로도 쓰는데, 一問一答을 비유한 말. 『禮記』, 「學記」 "善待問者如撞鐘. …… 待其從容, 然後盡其聲."

190 商飇(상표) : 가을바람. 飇는 '飆'와 仝字. 『文選』 권55, 陸機, 「演連珠」 "商飆漂山, 不興盈尺之雲." ; 同注 "良曰, 商飆, 秋風也."

191 南面 : 임금이 조정에서 신하에 대하여 남쪽으로 향해 앉는 자리. 轉하여 '임금의 지위'를 이른다. 『論語』, 「衛靈公」 "無爲而治者, 其舜也與! 夫何爲哉, 恭己正南面而已矣."

192 司南 : 指南과 같은 말. 가르쳐 이끌어준다는 뜻.

193 舜何人哉 予何人也 : 孔門十哲의 한 사람인 顔淵의 말. 사람은 그 누구나 똑같은 존재이므로, 분발하면 순임금과 같은 성인의 경지에 도달할 수 있다는 뜻이다. 『孟子』, 「滕文公(上)」 "舜何人也, 予何人也"

194 趍承 : 붙좇아 따르며 뜻을 이어받음. '趍'는 '趨'와 仝字.

195 衣珠 : 法華七喩의 하나. 佛性을 옷속의 寶珠에 비유한 것. 『法華經』, 「五百弟子授記品」 "不覺內衣裏, 有無價寶珠."

196 廡玉 : 괴석으로 의심을 받아 廡下에 버려진 徑尺玉. 자신에게 있는 佛性을 잊은 사람을 비유한 말. 『尹文子』, 「大道(上)」 "魏叟得徑尺玉, 隣人曰 : 「此怪石也」 歸置廡下, 其玉明照一室, 大怖遽, 棄于野. 隣人取獻魏王, 賜千金, 長食上大夫祿."

俄苦樊篏[197]中, 卽亡去。上知不可强, 迺降芝検[198], 以尙州深妙寺不遠京, 請禪那[199]別館。辭不獲, 往居之; 一日必葺[200], 儼若化城[201]。

乾符三年春, 先大王不豫。命近侍曰:『亟迎我大醫王來!』使至, 大師曰:『山僧足及王門, 一之謂甚[202]。知我者, 謂聖住爲無住, 不知我者, 謂无染爲有染乎。然顧與吾君, 有香火因緣[203], 忉利之行[204]有期矣, 盍就一訣』復步至王居, 設藥言, 施箴戒; 覺中愈, 擧國異之。

旣踰月, 獻康大王居翌室[205]。泣命王孫勛榮諭旨, 曰:

---

197 樊篏(번노) : 새[鳥]를 가두어 놓고 기르는 장. 자유롭지 못함의 비유.

198 芝検 : 임금의 手書를 달리 일컫는 말. 李嶠,「賀慶雲表」"芝検初開, 扶光未從."

199 禪那 : 參禪 또는 禪定과 같은 말. '靜慮(靜心思慮)'라 번역된다.

200 一日必葺 : 비록 하루를 머물더라도 반드시 집을 수리함.『春秋左氏傳』, 昭公 3년 "叔孫所館者, 雖一日, 必葺其牆屋, 去之如始至."

201 化城 : 절[寺]을 달리 이르는 말. 부처가 求道의 險路에서 지친 사람들을 위해 임시 쉬어 갈 수 있도록 신통력으로써 한 城을 열었다는 故事에서 비롯되었다.『法華經』,「化城喩品」"以方便力, 於險道中, 過三百由旬, 化作一城."

202 한 번으로도 이미 충분함을 뜻한다. 한 번 저지른 과오는 다시 되풀이하지 말라는 말.『춘추좌씨전』, 僖公 5년조 "宮之奇諫曰 : 虢虞之表也, 虢亡, 虞必從之, 晉不可啓, 寇不可翫. 一之謂甚, 其可再乎?"

203 香火因緣 : 옛사람들은 盟約을 때 향을 피우고 神佛에게 아뢰었는데, 佛家에서도 서로 맹세한 인연이 있는 것을 '香火因緣'이라고 한다. 여기서는 구체적으로 陸法和의 故事를 인용하였다.『北齊書』권32,「陸法和傳」"法和是求佛之人, 尙不希釋梵天王坐處, 豈規王位. 但於空王佛所, 與主上有香火因緣, 且主上應有報至, 故救援耳."

204 忉利之行 : 忉利天으로 가는 것. 곧 '죽음'을 이른다.

205 翌室 : 翼室과 같은 말. 본래 임금이 執務하는 正殿의 좌우 편에 딸려 있는 방을 말한다. 주로 居喪 때 사용하므로 '服喪'을 의미하기도 한다.

『孤幼遭閔凶[206], 未能知政; 致君奉佛, 誧[207]濟海人[208], 與獨善其身[209], 不同言也。幸大師無遠適, 所居唯所擇』對曰:『古之師則六籍在, 今之輔則三卿在; 老山僧何爲者, 坐蝗蠹[210]桂玉[211]哉? 就有三言, 庸可留獻, 曰能官人[212]』

翌日挈[213]山裝鳥逝; 自爾, 騎置[214]傳訊, 影綴巖溪。遽人[215]知往抵[216]聖住, 卽皆雀躍, 叢手易轡[217], 慮滯王程尺寸地[218]。由是, 騎常侍倫伍, 得急宣[219]爲輕擧[220]。

乾符帝錫命[221]之歲, 令國內舌杪有可道者[222], 貢輿利

---

206 閔凶 : 부모의 喪. 『춘추좌씨전』, 宣公 12년 "寡君少遭閔凶, 不能文."

207 誧 : 도모함. 『集韻』"誧, 謀也."

208 海人 : 많은 사람을 드넓은 바다에 비유한 말.

209 獨善其身 : 자기 한 몸만 올바르게 잘 처신함. 『孟子』, 「盡心(上)」"君子窮則獨善其身, 達則兼善天下."

210 蝗蠹(황두) : 누리와 같이 ~을 좀먹음. 누리는 벼를 해치는 벌레.

211 桂玉 : 땔나무와 식량(柴糧)을 이르는 말. 『戰國策』, 「楚策」"蘇秦曰 : 楚國之食貴于玉, 薪貴于桂; 今臣食玉炊桂, 不亦難乎."

212 能官人 : 인재를 잘 살펴서 관직에 등용할 줄 알아야 한다는 말. 『書經』, 虞書, 「皐陶謨」"知人則哲, 能官人."

213 挈(설) : 이끌다.

214 騎置 : 驛馬. 『漢書』 권54, 「李廣傳附－李陵」; 同注 "師古曰, 騎置, 謂驛騎也."

215 遽人 : 驛卒.

216 抵 : 해당되다.

217 叢手易轡(총수역비) : 손을 모아 말고삐를 고쳐 잡음.

218 尺寸地 : 얼마 안되는 것. 조그만큼. '地'는 무의미한 助辭.

219 急宣 : 임금의 급한 부름. 『文選』 권12, 木華, 「海賦」"若乃偏荒速告, 王命急宣."

220 輕擧 : 일을 쉽게 행함. 『韓非子』, 「難四」"輕擧以行計, 則人主危."

除害策, 別用蠻牋[223], 書言: 『荷天寵[224], 有所自』因垂益國之問, 大師引出何尙之獻替[225]宋文帝心聲[226]爲對。太傅王覽[227], 謂介弟南宮相[228]曰: 『三畏比三歸, 五常均五戒。能踐王道, 是符佛心。大師之言, 至矣哉, 吾與汝宜惓惓!』

中和西狩之年秋, 上謂侍人曰: 『國有大寶珠, 畢世匵而藏之, 其可耶?』曰: 『不可! 不若時一出, 俾醒萬戶眼, 醉四隣心』曰: 『我有末尼[229]上珍, 匿曜在崇嚴山。脫[230]闢秘藏, 宜照透三千界, 何十二乘[231]足之[232]道哉? 我文考懇迎, 嘗再顯矣。昔鄭侯[233]譏漢王

221 錫命 : 天子가 명령을 내림. 또는 그 명령.

222 有可道者 : 어떠한 方道라고 할 만한 것이 있는 사람.

223 蠻牋(만전) : 중국에서 우리나라의 종이를 일컫던 말. 원래는 고구려에서 생산되는 종이를 지칭하였다. 陳耀文撰, 『天中記』"唐中國紙未備, 多取于外夷. 故唐人詩中多用蠻牋字, 亦有謂也. 高麗歲貢蠻紙, 書卷多用爲襯."

224 荷天寵 : 하늘의 은총을 받음. 『詩經』商頌, 「長發」"何(荷)天之龍(寵)."

225 獻替 : 獻可替否의 준말. 신하가 임금에게 정책에 대한 견해를 제출하면, 임금은 이를 받아 可하다고 생각되는 것은 시행에 옮기고 부당하다고 생각되는 것은 버린다는 데서 나온 말.

226 心聲 : 말[言]. 『法言』권4, 「問神」"言, 心聲也. 書, 心畵也."

227 覽 : (말을) 받음. 『戰國策』, 「齊策」"大王覽其說." ; 同注 "覽, 受也."

228 南宮相 : 禮部의 長官. '南宮'은 당나라 官制로 禮部를 이르는데, 신라에서는 禮部의 長을 令이라고 하였다.

229 末尼 : 梵語 'mani'의 音譯. 摩尼.

230 脫(태) : 만약.

231 十二乘 : 중국 전국시대 魏나라 惠王(梁惠王)이 직경 1寸쯤 되는 寶珠를 가지고 있었는데, 이 珠光이 戰車 12대(乘) 前後를 두루 환하게 비추었다는 '照乘寶'의 故事에서 나온 말. 『史記』권46, 「田敬仲完世家」"尙有徑寸之珠, 照車前後各十二乘者十枚."

232 足之 : 문장 구조상 '之足'이 되어야 할 것이다.

拜大將召小兒[234], 不能致商於[235]四老人, 以此。今聞天子蒙塵, 趣[236]令奔問官守[237]; 勤王加厚, 歸佛居先。將邀大師, 必叶外議, 吾豈敢倚其一慢其二[238]哉?』乃重其使, 卑其辭, 徵之。大師云:『孤雲出岫, 寧有心哉[239]? 有緣乎大王之風, 無固乃上士[240]之道』遂來見, 見如先朝禮, 禮之加焯然。可屈指者; 面供饌, 一也。手傳香, 二也。三禮[241]者三, 三也。秉鵲尾爐, 締生生世世緣, 四也。加法稱曰廣宗, 五也。翌日命振鷺[242], 趍鳳樹[243]雁列賀[244], 六也。教國中磋

---

233 鄭侯 : 前漢의 개국공신 蕭何(?~B.C. 193)를 말함. 張良·韓信과 함께 漢나라 '三絶' 중의 한 사람이다. 鄭侯에 봉해졌다.

234 拜大將召小兒 : 漢高祖가 韓信을 대장으로 임명하면서 어린 아이 부르는 것처럼 하였다는 故事. 『史記』 권92, 「淮陰侯列傳」 "王素嫚無禮, 今拜大將, 如呼小兒耳."

235 商於 : '商山'의 誤書.

236 趣(촉) : 빨리. '促'과 통용.

237 奔問官守 : 달려가 천자의 여러 신하에게 위문함. 『春秋左氏傳』, 僖公 24년 "天子蒙塵于外, 敢不問官守." ; 同注 "官守, 王之群臣. 附註曰, 天子至尊, 不敢斥言, 故但曰奔問官守."

238 倚其一慢其二 : 임금이라는 하나의 존귀함을 믿고 年齒와 德望의 두 가지 존귀를 겸한 사람에게 무례를 저지름. 『孟子』, 「公孫丑(下)」 "天下有達尊三, 爵一齒一德一. 朝廷莫如爵, 鄕黨莫如齒, 輔世長民莫如德. 惡得有其一以慢二哉."

239 孤雲出岫 寧有心哉 : 외로운 구름이 산의 굴을 나와서 무심히 이리저리 떠도는 것처럼, 자신의 出處進退를 자연에 맡겨 허심탄회하다는 말. 『文選』 권45, 陶潛, 「歸去來辭」 "雲無心而出岫, 鳥倦飛而知還."

240 上士 : 보살의 異稱. 『釋氏要覽』, 卷上 "瑜伽論云, 有二利(自利·利他), 名上士."

241 三禮 : 몸·입·뜻(三業)으로써 敬意를 표하여 세 번 절함.

242 振鷺 : 해오라기가 떼를 지어 난다는 뜻. 원래는 고결한 賢人을 비유하는 말이나, 여기서는 朝班(百官縉紳)을 비유하는 말로 사용되었다. 『詩經』, 周

磨六義[245]者, 賦送歸之什, 在家弟子王孫蘇判嶷榮首唱, 斂成軸, 侍讀翰林才子朴邕爲引, 而贈行, 七也。申命掌次[246], 張淨室, 要[247]叙別, 八也。

臨告別, 求妙訣, 乃眴[248]從者擧眞要。有若詢乂·圓藏·虛源·玄影, 四禪[249]中得淸淨者, 緖抽[250]其慧, 表纖旨[251]; 注意無怠, 沃心有餘。上甚悅, 揖拜[252]曰:『昔文考爲捨瑟之賢[253], 今寡人忝避席之子[254]。繼

頌, 「振鷺」 "振鷺于飛, 于彼西雝." ; 『文選』 권48, 揚雄, 「劇秦美新」 "振鷺之聲充庭, 鴻鸞之黨漸階." ; 同注 "善曰, 振鷺鴻鸞, 喩賢也."

243 鳳樹 : 봉새가 머무는 나무. 오동나무가 아니면 봉새가 깃들지 않는다는 것처럼, 승려도 절이 아니면 머물지 않는 다는 뜻으로, 여기서는 대사가 留宿하고 있는 절을 이른다. 『詩經』, 大雅, 「卷阿」 "鳳凰鳴矣, 于彼高岡. 梧桐生矣, 于彼朝陽." ; 同箋 "鳳凰之性, 非梧桐不棲."

244 雁列賀 : 기러기처럼 열을 지어 하례함.

245 六義 : 시를 風·雅·頌·興·賦·比의 여섯 가지로 나눈 것. 여기서는 시의 汎稱으로 쓰였음.

246 掌次 : 임금의 행차에 관계된 일을 맡아보는 관직. 『周禮』, 天官, 「掌次」 "掌次, 掌王次之法, 以待張事."

247 要 : 구하다.

248 眴(현) : 눈짓으로 ~을 시킴.

249 四禪 : 四禪定의 약칭.

250 緖抽 : ~에서 실마리를 뽑아냄. 揚雄, 『太玄經』 "推之以刻, 參之以晷, 反覆其序, 軫轉其道, 以見不見之形, 抽不抽之緖, 與萬類相連也."

251 表纖旨 : 앞의 '緖抽其慧'와 對를 이루는 것이므로, 마땅히 '表纖其旨'라야 할 것이다.

252 揖拜(읍배) : 拱手하고 절을 함. 또는 그 절.

253 捨瑟之賢 : 타던 비파를 그쳤던 賢人. 곧 曾點을 말한다. 『論語』, 「先進」 "子路曾晳冉有公西華侍坐. 子曰 : 「以吾一日長乎爾, 毋吾以也!」 …… 「點! 爾何如?」 鼓瑟希, 鏗爾舍瑟而作, 對曰 : 「異乎三子者之撰」 ……"

254 避席之子 : 자리를 피한 아들. 곧 曾點의 아들인 曾子(이름은 參)를 지칭하니, 曾參이 弟子禮에 충실했던 것을 말한다. 『孝經』, 「開宗明義」 "仲尼閒居, 曾子侍坐, 子曰 : 「參! 先王有至德要道, 以順天下, 民用和睦, 上下無怨,

體[255]得崆峒之請[256], 服膺[257]開混沌之源; 則彼渭濱老翁[258], 眞釣名者; 圯上孺子[259], 盖履迹焉。雖爲王者師, 徒弄三寸舌[260]也; 曷若吾師語密, 傳一片心乎? 奉以周旋, 不敢失墜』太傅王雅善華言[261], 金玉音, 不患衆咻聒, 而能出口, 成儷語, 如宿構云。

大師旣退, 且往應王孫蘇判鎰。共言數返, 卽歎曰: 『昔人主有有遠體[262]而無遠神者, 而吾君備, 人臣有

汝知之乎?」曾子辟席曰:「參不敏, 何足以知之」”

255 繼體 : 임금의 자리를 이어받음. 『漢書』 권79, 「外戚傳」 “自古受命帝王, 及繼體守文之君, 非獨內德茂也, 蓋亦有外戚之助焉.”

256 崆峒之請 : 黃帝가 崆峒山에 있는 廣成子를 찾아가 至道를 물었다는 故事. 『莊子』, 「在宥」 “黃帝立爲天子十九年, 令行天下. 聞廣成子在於空同(崆峒)之上, 故往見之. 曰:「我聞吾子, 達於至道, 敢問至道之精. 吾欲取天下之精, 以佐五穀, 以養民人」”

257 服膺 : 받들어 간직함. 『中庸』, 제8장 “子曰, 回之爲人也, 擇乎中庸, 得一善, 則拳拳服膺而弗失之矣.”

258 渭濱老翁 : 渭水 가의 늙은이. 姜太公 呂尙을 이른다. 『史記』 권32, 「齊太公世家」 “西伯(文王)獵, 果遇太公於渭之陽. 與語大說曰:「自吾先君太公曰, 當有聖人適周, 周以興 ; 子眞是邪? 吾太公望子久矣」故號之曰太公望. 載與俱歸, 立爲師.”

259 圯上孺子(이상유자) : 흙다리 위의 어린 아이. 곧 漢나라 張良을 이른다. 張良이 어렸을 때, 어느 노인(黃石公)이 흙다리 밑에 신발을 떨어뜨리고 그것을 주어 오게 하자, 이내 주어다가 그에게 신도록 하고 兵書를 받았다는 故事에서 나왔다. 『史記』 권55, 「留侯世家」 참조.

260 三寸舌 : 말에 능하거나 변론을 잘하는 것의 비유. 『史記』 권55, 「留侯世家」 “留侯乃稱曰 : 家世相韓, 及韓滅, 不愛萬金之資, 爲韓報讎彊秦, 天下振動, 今以三寸舌爲帝者師, 封萬戶, 位列侯.”

261 華言 : 화려한 말, 또는 中華語(漢文)를 말한다. 여기서는 후자의 뜻. 최치원의 「謝賜詔書兩函表」에서는 ‘雅善秦言’이라 하였는데, 秦言과 華言은 같은 말이다.

262 遠體 : 몸이 오래 보전됨. 즉 長壽함을 이른다. 『梁高僧傳』 권4, 「支道林傳」 “支道林目會稽王, 有遠體而無遠神.”

有公才[263]而無公望者, 而吾[264]全。國其庶乎, 宜好德自愛!』及歸謝絶。於是, 遣輶軒[265], 標放生場界, 則鳥獸悅; 紐[266]銀鉤[267], 扎聖住寺題, 則龍蛇活。

盛事畢矣, 昌期[268]忽兮。定康大王莅阼, 兩朝寵遇, 帥[269]而行之。使緇素[270], 重使迎之, 辭以老且病。太尉大王, 流恩[271]表海[272], 仰德高山。嗣位九旬, 馳訊十返。俄聞脅腰之苦, 遽命國醫往爲之。至則請苦狀, 大師微破顔, 曰:『老病耳, 無煩治』糜飧二時, 必聞鍾後進, 其徒憂食力虧, 陰戒掌枹[273]者陽[274]密擊, 乃目牖[275]而命撤。

將化往[276], 命旁侍, 警遺訓于介衆, 曰:『已過中壽[277],

---

263 公才 : 정승이 될 만한 재능. 公望은 정승이 될 만한 人望.『世說新語』권4,「品藻」"王丞相嘗曰 : 孔愉有公才而無公望, 丁潭有公望而無公才."

264 吾 : 吾子의 잘못인 듯. 그대. 가까운 사이에 상대를 다정하게 일컫는 말.

265 輶軒 : 가벼운 수레(輕車). 周・秦時代 이래 天子가 파견한 使臣이 이 수레를 탔으므로, 轉하여 임금의 使者를 이른다.

266 紐(뉴) : 맺다[結].

267 銀鉤 : 잘 쓴 글씨(특히 草書)를 형용하는 말. '鉤'는 筆劃을 이른다.『晉書』권60,「索靖傳」"靖又作草書狀, 其辭曰 : …… 盖草書之爲狀也, 婉若銀鉤, 飄若惊鸞."

268 昌期 : 한창 성한 때. 한창 때.

269 帥(솔) : 따르다[循].

270 緇素 : 黑衣와 白衣. 곧 승려와 속인을 말하며, '道俗'이라고도 한다.

271 流恩 : 恩澤을 베풂. 流澤.『說苑』권6,「復恩」"恩流群生, 潤澤草木."

272 表海 : 東海(신라를 지칭)의 表式(師表)이 됨.『春秋左氏傳』襄公 29년 "表東海者, 其太公乎! 國未可量."; 同注 "太公封齊, 爲東海之表式."

273 枹(부) : 종채.

274 陽 : 거짓으로.

275 目牖(목유) : 들창으로 바라보다.

276 化往 : 스님의 죽음을 이름. 다른 세계를 교화하러 간다는 뜻.

難逃大期[278]。我儂[279]遠遊, 爾曹好住[280]! 講若畫一, 守而勿失! 古之吏尙如是, 今之禪宜勉旃』告訣裁[281]罷, 慹然[282]而化。

大師性恭謹, 語不傷和氣。禮所云「中退然, 言呐呐然」[283]者乎! 黌侶[284]必目以禪師, 接賓客, 未嘗殊敬乎尊卑。故滿室慈悲, 烝徒悅隨。五日爲期, 俾來求者質疑; 諭生徒則曰:『心雖是身主, 身要作心師。患不爾思, 道豈遠而[285]? 設是田舍兒, 能擺脫塵羈。我馳則必[286]馳矣, 道師敎父, 寧有種乎?』又曰:『彼

---

277 中壽 : 사람의 수명을 상·중·하로 나눌 때, 80세가 된 나이를 이른다(異說이 있다).『莊子』,「盜跖」"人上壽百歲, 中壽八十, 下壽六十."

278 大期 : 죽음을 이름.

279 我儂 : 吳나라 사람들이 '자기'를 일컫던 말.『廣韻』"儂, 我也. 吳人自稱曰我儂."

280 住 : 正法에 安住하여 散失치 않는 것.『六祖法寶壇經』,「付囑品」"汝等好住!"

281 裁 : 겨우. '才'나 '纔'와 통용됨.『說文通訓定聲』"裁, 叚借爲才, 與用纔財同."

282 慹然(집연) : 안정된 모습.『莊子』,「田子方」"孔子見老聃, 老聃新沐, 方將被髮而乾, 慹然似非人."

283 中退然 言呐呐然 : 몸은 겸손하고 유순한 듯하며, 말은 나직하고 느린 듯하다.『禮記』,「檀弓(下)」"文子其中退然, 如不勝衣. 其言呐呐然, 如不出諸其口."; 同注"中, 身也. 退然, 謙卑怯弱之貌. 呐呐, 聲低而語緩也. 如不出諸其口, 似不能言者."

284 黌侶(횡려) : 學僧.

285 道豈遠而 : 도가 어찌 너희에게서 멀리 있겠느냐는 말. '而'는 '汝'의 뜻.『中庸』제13장 "子曰, 道不遠人, 人之爲道而遠人, 不可以爲道."
金廷彦撰,「海美普願寺法印國師塔碑文」에서도 "도가 어찌 너희에게서 멀리 있겠느냐? 바르게 행하면 일상생활이 바로 道이다(道豈遠而, 行之卽是)"고 하였다.

286 必 : 탑본에는 분명 '必'자로 되어 있다. 李佑成은 必字가 心字의 잘못이

所啜, 不濟我渴, 彼所噉, 不救我餒, 盍怒[287]力自飮且食? 或謂敎禪爲無同, 吾未見其宗。語本夥頤[288], 非吾所知。大較同弗與異弗非[289]; 晏坐息機[290], 斯近縷褐被者[291]歟』 其言顯而順, 其旨奧而信。故能使尋相爲無相, 道者勤而行之[292], 不見有岐中之岐[293]。始壯及衰, 自貶爲基。食不異糧, 衣必均服。凡所營葺, 役先衆人。每言: 『祖師嘗踏泥[294], 吾豈蹔安栖?』 至捷水負薪, 或躬親。且曰: 『山爲我爲塵, 安我[295]得安身?』 其剋己勵物皆是類。大師少讀儒家

라고 하면서(『新羅四山碑銘』, 54쪽), 해당 부분을 "내가 달리면 곧 마음도 달릴 것이다"(앞의 책, 335쪽)고 번역하였다. '心'자로 번역할 경우 뒤에 오는 "道師敎父, 寧有種乎"의 句와 문맥이 이어지지 않는다. 본서에서는 탑본을 그대로 따른다.

287 怒 : 힘씀. '努'와 통용. 『廣雅』, 「釋詁(一)」 "怒, 勉也."

288 夥頤 : 많아서 驚歎하는 말. 『史記』 권48, 「陳涉世家」 "楚人謂多爲夥." ; 同注 "服虔曰, 頤者, 助聲之詞."

289 同弗與 異弗非 : 같다고 해서 편들지 않고, 다르다고 해서 비난하지 않음. 『禮記』, 「儒行」 "治世不輕, 世亂不沮; 同弗與, 異弗非也." ; 同注 "與其所可與, 不必同乎己也; 非其所可非, 不必異乎己也."

290 息機 : 機心(교사한 마음)을 끊음.

291 縷褐被者 : 누더기 옷과 이불을 입고 덮는 사람. 곧 수행하는 승려를 이른다. 『老子』, 제70장 "聖人被褐懷玉"

292 勤而行之 : 『老子』, 제41장 "上士聞道, 勤而行之, 中士聞道, 若存若亡, 下士聞道, 大笑之"에서 나온 말.

293 岐中之岐 : 갈림길 속의 갈림길. 敎宗의 言說이 많음을 가리킨다. 『列子』, 「說符」 "楊子之隣人亡羊, 旣率其黨, 又請楊子之豎追之. 楊子曰 : 「嘻! 亡一羊, 何追者衆?」 隣人曰 : 「多岐路」 旣反, 問 : 「獲羊乎?」 曰 : 「亡之矣」 曰 : 「奚亡之?」 曰 : 「岐路之中, 又有岐焉. 吾不知所之, 所以反也」"

294 踏泥 : 인도 선종의 初祖인 迦葉尊者가 祇園精舍를 짓기 위해 손수 진흙을 이겼다는 故事. 慧諶, 『禪門拈頌集』, 권3 "迦葉一日踏泥次, 有一沙彌見, 乃問 : 「尊者何得自爲?」 迦葉云 : 「我若不爲, 誰爲何爲」"

書, 餘味在脣吻, 故醻對多韻語。

門弟子名可名者, 厪二千人; 索居[296]而稱坐[297]道場者, 曰僧亮, 曰普愼, 曰詢乂, 曰心光。諸孫詵詵[298], 厥衆濟○[299]; 實可謂馬祖毓龍子, 東海掩西河焉。

論曰:

麟史[300]不云乎?『公侯之子孫, 必復其始』[301], 則昔武烈大王爲乙粲時, 爲屠獩貊乞師計, 將[302]眞德女君命, 陛覲[303]昭陵皇帝, 面陳願奉正朔易服章。天子嘉許, 庭賜華裝, 受[304]位特進。一日召諸番[305]王子宴, 大置酒, 堆寶貨, 俾恣滿所欲。王乃杯觴, 則禮以防亂, 繒綵則智以獲多。臮[306]辭出, 文皇目送[307]而歎,

---

295 安我 : 對偶로 보아 마땅히 '我安'으로 되어야 한다.

296 索居(삭거) : 무리와 떨어져서 따로 삼.

297 坐 : 거처함. 『說文 段注』"古謂坐, 爲居爲處."

298 詵詵 : 많은 모양. 『詩經』, 周南, 「螽斯」"螽斯羽詵詵兮!"

299 厥衆濟○ : 앞의 '諸孫詵詵'과 對를 이루는 句이므로, 마땅히 '厥衆濟濟'가 되어야 할 것임. '濟濟'는 많고 성한 모양. 『詩經』, 大雅, 「文王」"濟濟多士, 文王以寧."

300 麟史 : 『春秋』의 별칭. '西狩獲麟'(哀公 14년)을 끝으로 擱筆하였기 때문에 이르는 말. 麟經.

301 公侯 ~ : 『春秋左氏傳』 閔公元年條에 나옴.

302 將 : ~으로써[以].

303 陛覲 : 대궐의 섬돌 아래서 天子를 알현한다는 말. 天子는 至尊이기 때문에 직접 지칭하는 것을 피하고 섬돌 아래 선 호위병을 불러 아뢰게 했던 데서 비롯되었다. 秦始皇 이후 천자의 존칭으로 사용되어 왔던 '陛下'는 이로부터 생겨났다고 한다.

304 受 : 문맥상 '授'의 誤書인 듯.

305 番 : 藩國, 藩邦. 番은 '藩'과 통용.

306 臮(기) : 미치다[及]. '洎'와 仝字.

307 目送 : 이별할 때 떠나가는 사람이 멀리 갈 때까지 바라보며 보내는 것.

曰:『國器』 及其行也, 以御製幷書溫湯晉祠二碑, 暨御撰晉書一部賚之, 時蓬閣[308]寫是書, 裁竟[309]二本, 上一錫儲君, 一爲我賜。復命華資官, 祖道靑門外; 則寵之優, 禮之厚, 設聾盲乎智者, 亦足駭耳目。自玆吾土一變至於魯[310], 八世之後, 大師西學而東化, 加一變至於道; 則莫之與京[311], 捨我[312]誰謂? 偉矣哉! 先祖平二敵國, 俾人變外飾, 大師降六魔賊[313], 俾人修內德。故得千乘主兩朝拜起, 四方民萬里奔趍; 動必頤使之, 靜無腹非者; 庸詎非應半千[314]而顯大千者歟。復其始之說, 亦何慊乎哉?
彼文成侯爲師漢祖, 大誇封萬戶位列侯, 爲韓相子孫之極, 則仙[315]矣。假學仙有終始, 果能白日上昇

308 蓬閣 : 당나라 때 秘書監(秘監)을 달리 일컫던 말. 국가의 귀중한 문서와 도서를 보관하던 관서.

309 裁竟 : 裁册하여 마침. 金廷彦撰, 「海美普願寺法印國師寶乘塔碑文」에도, “惠宗嗣位, 寫花嚴經, 三本裁竟”이라 하여, ‘裁竟’이란 말이 보인다.

310 吾土一變至於魯 : 우리나라(신라)가 一變하여 禮敎 있는 魯나라처럼 되었다는 말. 『論語』, 「雍也」 “子曰, 齊一變, 至於魯, 魯一變, 至於道.”

311 莫之與京 : 비교될 데가 없음. 『春秋左氏傳』 莊公 22년 “八世之後, 莫之與京.” ; 同注 “京, 大也”

312 我 : 우리. 신라를 가리킴. ‘우리 대사’(무염국사)로 번역하는 경우가 있으나 취하지 않는다.

313 六魔賊 : 불교에서 이른바 사람의 心性을 더럽히는 六識의 對象界(色·聲·香·味·觸·法)를 六賊(또는 六塵)이라고 하는데, 여기서는 이 ‘六賊’보다 ‘六天魔軍’(佛道를 방해하는 모든 惡事를 비유한 말)을 가리키는 것으로 보아야 옳을 듯하다.

314 半千 : 오백년마다 賢人이 나타난다는 것을 이름. 『舊唐書』 권190, 「員半千傳」 “王義方嘗謂之曰, 五百年一賢, 足下當之矣.”

315 仙(곡) : 작고 보잘것없음.

去? 於中止得, 爲鶴背上一幻軀爾; 又焉埱[316]我大師拔俗於始, 濟衆於中, 潔己於終矣乎?
美盛德之形容, 古尙乎頌, 偈頌類也。扣寂爲銘, 其詞曰:

可道[317]爲常道
如穿草上露
即佛爲眞佛
如攬水中月
道常得佛眞
海東金上人
本枝根聖骨
瑞蓮資報身
五百年擇地
十三歲離塵
雜花引鵬路
窾木[318]浮鯨津【其一】

觀光[319]堯日下[320]

---

316 埱(축) : 동등함. 『集韻』 "埱, 等齊也."

317 可道 : '道'라고 할 만한 것. 『老子』, 제1장 "道可道, 非常道, 名可名, 非常名."

318 窾木(관목) : 속을 파낸 빈 나무. 곧 배를 뜻함.

319 觀光 : 다른 나라의 문물 제도를 두루 살펴봄. 『周易』, 「觀卦」 "觀國之光, 利用賓于王."

巨筏悉能捨
先達皆歎云
苦行無及者
沙之復汰之[321]
東流是天假
心珠瑩麻谷
目鏡燭桃野[322]【其二】

旣得鳳來儀[323]
衆翼爭追隨
試覩龍變化
凡情那測知
仁方[324]示方便
聖住强住持
松門[325]遍掛錫[326]

---

320 堯日下 : '높이 떠 빛나는 해'라는 뜻으로, 여기서는 중국의 넓은 땅을 가리킴.

321 沙之復汰之 : 필요하지 않거나 적당하지 않은 것을 줄여 없앰. 沙汰. 淘汰. 『晉書』 권56, 「孫綽傳」 "沙之汰之, 瓦礫在後."

322 桃野 : 우리나라를 지칭한 말. 東方에 桃都山이 있고, 그 산위에 '桃都'라고 하는 큰 나무가 있는데, 가지가 삼천리에 뻗었다고 한다. 이런 까닭에 우리나라를 '桃野'라고 한다. 郭璞, 『玄中記』 "東方有桃都山, 山上有一大樹, 名曰桃都. 枝相去三千里, 上有天雞, 日初出時照此木, 天雞卽鳴, 天下雞皆隨之."

323 鳳來儀 : 훌륭한 모습을 하고 오는 것의 비유. 『書經』, 虞書, 「益稷」 "簫韶九成, 鳳凰來儀."

324 仁方 : 仁은 방위상 東方에 해당되므로, 곧 東方인 신라를 이르는 말. 仁域.

巖徑難容錐【其三】

我非待三顧[327]
我非迎七步[328]
時行則且行
爲緣付囑故
二王拜[329]下風[330]
一國滋甘露[331]
鶴出洞天秋
雲歸海山暮【其四】

---

325 松門 : 소나무로 문을 삼은 집. 곧 절을 이른다.

326 掛錫 : 錫杖을 걸어두다. 스님이 어느 일정한 곳에 머무름을 이른다. ↔ 巡錫.

327 三顧 : 三顧草廬의 故事. 인재를 얻기 위하여 끈기 있게 노력하는 임금의 정성을 이른다. 諸葛亮, 「出師表」 "先帝不以臣卑鄙, 猥自枉屈, 三顧臣於草廬之中."

328 迎七步 : 옛날에 賓頭盧 尊者가 '沙門不敬王者'의 도리를 저버리고 임금을 영접하기 위해 七步를 나아갔다가 七年의 失國을 가져오게 했다는 故事. 여기서는 임금의 뜻에 영합하는 것을 이른다. 『續高僧傳』 권16, 「僧稠傳」 "(北帝文宣帝謁僧稠) 稠處小房, 宴坐都不迎送. 弟子諫曰, 皇帝降駕, 今據道不迎, 衆情或阻. 稠曰, 昔賓頭盧迎王七步, 致七年失國. 吾誠德之不逮, 未敢自欺, 形相冀獲福於帝耳."

329 拜 : 벼슬을 내리다.

330 下風 : 아랫바람. 흔히 신하를 비유할 때 쓰는 말이다. 여기서는 무염국사를 지칭한다. 『春秋左氏傳』, 僖公 15년 "晉大夫三拜稽首曰, 君履后土, 而戴皇天. 皇天后土, 實聞君之言. 群臣敢在下風."

331 甘露 : 범어 'Amrta'를 번역한 말. 忉利天에 있다는 단 靈液으로, 한 방울만 먹어도 모든 괴로움이 사라지고, 살아 있는 사람은 長壽할 수 있으며, 죽은 이는 昇天한다고 한다. 대개 부처의 敎法을 비유할 때 자주 쓰인다.

來貴乎葉龍[332]
去高乎冥鴻
渡水陜[333]巢父
入谷超朗公[334]
一從歸島外[335]
三返遊壺中[336]
群迷漫臧否
至極何異同 【其五】

是道澹無味

---

332 葉龍(섭룡) : 葉公好龍의 故事. 이름만 있고 실제가 없는 似而非를 이른다. 『新序』 권5, 「雜事五」 "君之好士也, 有似葉公子高之好龍也. 葉公子高好龍, 鉤以寫龍, 鑿以寫龍, 屋室雕文以寫龍. 於是夫龍聞而下之, 窺頭於牖, 拖尾於堂. 葉公見之, 棄而還走, 失其魂魄, 五色無主, 是葉公非好龍也"

333 陜(협) : 비루함. 또는 비루하게 여김.

334 朗公 : 중국 前秦 때의 고승인 僧朗을 지칭. 『梁高僧傳』 권5, 「竺僧朗傳」 "竺僧朗, 京兆人也. 朗常蔬食布衣, 志耽人外. 以僞秦符健皇始元年, 移卜泰山, 與隱士張忠爲林下之契. 忠後爲符堅所徵, 朗乃於金輿谷崑崙山中, 別立精舍, 猶是泰山西北之一巖也. 聞風而造者百有餘人. 朗孜孜訓誘, 勞不告倦. 秦主符堅欽其德, 素遣使徵請, 朗同辭老疾乃止. 堅後沙汰衆僧, 乃別詔曰 : 「朗法師, 戒德氷霜, 學徒淸秀, 崑崙一山, 不在搜例」 此谷中舊多虎災, 及朗居之, 猛獸歸伏, 晨行夜往, 道俗無滯. 百姓咨嗟, 稱善無極. 故奉高人至今, 猶呼金輿谷爲朗公谷也."

335 島外 : 半島(신라)의 바깥. 곧 중국을 이르는 말.

336 壺中(호중) : 神仙 壺公의 '壺中別有天地' 故事에서 나온 말로, 別世界를 이른다. 여기서는 임금이 있는 대궐을 지칭. 『後漢書』 권82(下), 「費長房傳」 "費長房者, 汝南人也. 曾爲市掾, 市中有老翁賣藥, 懸一壺於肆頭, 及市罷, 輒跳入壺中. 市人莫之見, 唯長房於樓上覩之, 異焉, 因往再拜 奉酒脯. 翁知長房之意其神也, 謂之曰: 「子明日可更來」 長房旦日復詣翁. 翁乃與俱入壺中, 唯見玉堂嚴麗, 旨酒甘肴, 盈衍其中, 共飮畢而出"

然須强飮食
他酌不吾醉
他飧不吾飽
誡衆黜心何
糠名復粃利
勸俗飭身何
甲仁復冑義 【其六】

汲引無棄遺
其實天人師
昔在世間時
擧國成瑠璃
自寂滅歸後
觸地生蒺莉[337]
泥洹[338]一何[339]早
今古所共悲 【其七】

甃石復刊石
藏形且顯跡
鵠塔點靑山

337 蒺莉(질리) : 蒺藜와 茉莉. 모두 가시 돋친 풀이다.

338 泥洹 : 涅槃과 같은 뜻. 『南史』 권75, 「顧歡傳」 "泥洹仙化, 各是一術." ; 同注 "按, 佛書以涅槃爲泥洹."

339 一何 : 어찌. '一'은 語勢를 강하게 하는 助辭. 『梁高僧傳』 권1, 「釋摩難提」 "…… 因作頌曰, 我生何以晩, 泥洹一何早."

龜碑撑翠壁
是豈向來心
徒勞文字覷
欲使後知今
猶如今示昔[340] 【其八】

君恩千載深
師化萬代欽
誰持有柯斧
誰倚無絃琴[341]
禪境雖沒守
客塵[342]寧許侵
雞峯待彌勒
將在東雞林 【其九】

從弟朝請大夫前守執事侍郞賜紫金魚袋 臣崔仁渷 奉敎書

340 欲使後知今 猶如今示昔 :『世說新語』 권4, 「規箴」 “京房稽首曰 : 將恐今之視古, 亦猶後之視今也.” ; 王羲之, 「蘭亭記」 “後之視今, 亦猶今之示昔.”

341 無絃琴 : 줄없는 거문고. 陶淵明의 故事에서 나온 말로, 비록 줄이 없어도 자기가 나타내려는 소리를 상대방의 마음속에 충분히 전달하는 것의 비유. 『宋書』 권93, 「陶潛傳」 “潛不解音聲, 而畜素琴一張無絃. 每有酒适, 輒撫弄以寄其意.”

342 客塵 : 번뇌를 이름. 『維摩經』, 「問疾品」 “菩薩斷除客塵煩惱.”

【번역문】

유당 신라국 고 양조국사 교시 대낭혜화상 백월보광지탑비명 및 서

회남淮南[1]**에서 본국**(신라)**으로 들어와 국신**國信[2] **조서**詔書 **등을 바친 사신으로, 전에 동면도통순관**東面都統巡官[3] **승무랑**承務郎[4] **시어사**侍御史[5] **내공봉**內供奉[6]**을 지냈으며, 자금어대**紫金魚袋[7]**를 하**

---

1 鎭 이름. 지금의 江蘇省과 安徽省 부근. 당나라 至德(756~758) 연간에 淮南節度使를 두었다.

2 두 나라 사이에 사신을 통할 때 징표로 삼는 符節이나 문서.

3 '都統'은 唐末 黃巢의 亂 때 叛賊을 치기 위하여 두었던 諸道行營都統을 이르고, '巡官'은 節度使・觀察使・團練使・防禦使 등의 屬官으로 서열은 判官・推官의 다음이었다. 당시 회남절도사 高駢(821~887)이 諸道行營兵馬都統에 임명되었다.

4 隋・唐時代 六部에 소속되었던 郎官의 하나로 나중에는 員外郎(候補郎官)으로 불렸다.

5 당나라 때 御史臺에 소속된 벼슬. 御史大夫・御史中丞・侍御史・殿中侍御史의 순으로 되어 있다. 최치원이 귀국할 당시 巉山의 神에게 올린 제문에서 "維年月日, 淮南入新羅兼送國信等使, 前都統巡官承務郎殿中侍御史內供奉賜緋(銀)魚袋崔致遠等"(『桂苑筆耕集』, 권20) 운운한 것을 보면 殿中侍御史를 가리킨 듯하다.

6 大殿의 道場에 물품을 조달하는 벼슬.

7 당나라 때 5품 이상 高官에게 내리던 魚袋(허리에 차던 裝飾具)의 하나. 붕어모양으로 만든 붉은 금빛의 주머니로, 3품 이상의 품계(5품 이상은 緋銀魚袋)를 가지거나 特賜를 받은 사람만이 찼으며, 그 속에는 성명을 적은 표신을 넣었다. 당시 신라에서 당나라로부터 이 魚袋制度를 받아들인 사실이 금석문 등 여러 자료에서 나타나고 있는데, 대개 경문왕 13년(873) 이후 헌강왕 10년(884) 이전에 魚袋制가 성립하였으며, 고려 光宗 11년(960) 3월 百官의 公服制가 개정될 때까지 행해졌다. 『계원필경집』 권20, 「祭巉山神文」에서, 최치원이 당나라에서 신라로 귀국할 당시에 緋銀

사받은, 신臣 최치원 왕명을 받들어 찬술함.

당나라가 무공武功으로써 (黃巢의) 반란을 평정하고 연호를 '문덕文德'으로 고치던 해(888), 11월(暢月) 22일(月缺之七日) 해가 함지咸池에 잠길 무렵, 우리나라 두 조정[8]의 국사國師 선화상禪和尙이 목욕을 마치고 가부좌跏趺坐를 한 채 세상을 떠났다. 온 나라 백성이 두 눈을 잃은 것처럼 했거늘,[9] 하물며 문하의 여러 제자들이야.

아아! 이 땅에 사신 것이 89년이요, 불계佛戒를 좇으신 것이 65년이다. 세상을 떠난 지 사흘이 되었음에도 승좌繩座[10]에 의지하여 위의威儀가 장엄하시며, 얼굴이 산 사람과 같았다. 문인 순예詢乂 등이 소리내어 울면서 유체遺體를 받들어 선실禪室 안에 임시로 모셨다. 임금(진성여왕)께서 들으시고 크게 슬퍼하시며, 파발꾼[駛]을 보내 글월로 조상弔喪하시고 곡식으로 부의賻儀하셨으니, 청정淸淨한 공양에 이바지하여 돌아가신 이의 현복玄福(冥福)이 넉넉하도록 한 것이다. 2년이 지난 뒤, 돌을 다듬어 층층의 무덤[浮屠]을 높이 쌓았는데, 소문이 옥경玉京(王京=慶州)에까지 알

魚袋를 佩用하였음을 밝히고 있는 점으로 미루면, 이 紫金魚袋는 신라 조정에서 下賜한 것으로 보인다.

8 景文王과 獻康王朝.

9 백성들이 마치 一朝에 광명을 잃고 암흑세계에 빠진 것처럼 여겼다는 말. 또는 아들을 잃고 슬퍼한 나머지 失明했던 子夏의 '喪明之痛'(『禮記』, 「檀弓 上」) 故事와 같이 몹시 슬퍼했다는 말로 볼 수도 있다.

10 승려가 앉거나 눕는 데 편리하도록 접었다 폈다 하는 牀의 하나. 의자 형태로 만들었기 때문에 交椅라고도 한다. 윗부분을 노끈으로 얽어매었다.

려질 정도였다.

보살계를 받은 불제자로서 무주도독武州都督이며 소판蘇判(迊飡)인 일鎰[11]과, 집사시랑執事侍郎인 관유寬柔, 패강도호浿江都護인 함웅咸雄, 전주별가全州別駕인 영웅英雄은 모두 왕족 자손이다. 왕족답게 임금의 덕을 보좌하면서도, 험난한 세상[險道]에서 대사의 은혜에 힘입었으니, 어찌 꼭 출가한 뒤라야 입실入室[12]할 수 있다고 하겠는가. 그들이 마침내 문인인 소현정서昭玄精署[13]의 대덕大德 석 통현釋通賢, 그리고 사천왕사四天王寺[14]의 상좌上座인 석 신부釋愼符[15]와 더불어 상의하기를 "대사께서 돌아가시자 임금께서도 섧게 여기셨거늘, 어찌하여 우리들은 풀죽은 마음으로 입을 다물고 스승에게 은혜를 갚을 일을 하지 않는단 말인가"라고 하였다. 그제야 승속僧俗이 서로 호응하여, 시호를 내려줄 것과 탑비에 (행적을) 새길 것을 청하였는데, 임금께서 이를 승낙하시고, 잠시 후 병부시랑兵部侍郎인 우규禹珪에게, 계원桂苑(중국)의 사신

---

11 金鎰의 傳記는 자세하지 않으나, 「皇龍寺九層木塔刹柱本記」에 '松岳郡太守大奈麻 臣金鎰'이라는 名記가 보이고, 또 「大朗慧和尙塔碑」에 '菩薩戒弟子武州都督 蘇判鎰'이라고 되어 있는 것으로 보아, 진골 귀족으로서, 송악군 태수와 무주도독을 역임했음을 알 수 있다.

12 禪宗에서 제자가 師僧에게 法門義를 전해 받음을 말하는 것으로 가까운 제자를 비유한 말. 開室이라고도 한다.

13 僧尼를 總管하던 官署. 持律院이라고도 한다. 중국 北魏의 昭玄寺에 그 기원을 두고 있으며, 우리나라에는 신라 때 수용되어 고려 초까지도 계속되었다. 『隋書』 권27, 「百官(中)」에 의하면, "昭玄寺는 불교를 관장한다. 大統 1인과 統 1인, 維那 3인을 임명하고, 功曹(工曹)에 主簿員 1인을 두어 모든 州와 郡縣의 沙門을 관할하게 한다"고 하였다.

14 지금의 경주시 排盤洞에 있었던 절이다. 문무왕 19년(679)에 창건되었으며, 四天王寺成典이 설치되었을 정도로 규모가 크고 위상이 높은 사찰이었다.

15 「深源寺秀澈和尙碑」에 나오는 '愼孚'와 같은 인물로 추정된다.

으로 시어사인 최치원을 불러오게 하였다. 최치원이 봉래궁蓬萊宮에 이르러 옥수玉樹 같은 사람들을 따라 옥계玉階를 오른 뒤, 주렴珠簾 밖에 꿇어앉아 명령을 기다렸다. 임금께서 말씀하시기를

> 고인이 된 성주대사聖住大師는 참으로 한 부처가 세상에 나오신 것이다. 옛날에 선고先考 경문왕과 헌강왕께서 모두 스승으로 섬겨, 오랫동안 국가에 복이 되도록 하셨도다. 나도 처음에 (왕위를) 잘 이어받아 선대의 뜻을 계승하고자 했으나, 하늘은 노성老成한 인물을 억지로라도 남겨 두지 않으시어, 더욱 나의 마음을 애석하게 한다. 나로서는 큰 행실이 있는 사람에게 큰 칭호를 주어야 한다는 이유에서, '대낭혜大朗慧(크게 밝은 지혜라는 뜻)'라는 시호를 추증追贈하고, 탑이름을 '백월보광白月葆光'[16]이라 한다. 그대는 일찍이 중국에서 벼슬하여 빛나게 귀국한 사람이다. 돌이켜 보건대, 선고 경문왕께서는 국자國子(公卿大夫의 子弟)들을 뽑아 그들에게 학문을 하도록 명하셨고, 헌강왕께서는 국사國士(나라 안에서 뛰어난 선비)들을 돌보시고 예로써 대접하셨으니, 그대는 마땅히 국사의 명銘을 지음으로써, 그 은혜에 보답하라!

고 하였다. 치원이 사양하여 말하기를

> 황공하옵니다. 전하께서 실속이 없는 이 사람을 굽어 살피시고, 글솜씨가 화려하리라 생각하시어, 글로써 은덕에 보답하라 하시니, 진실

16 白月葆光 : 밝은 달이 그 빛을 감추어 드러내지 않음. 곧 덕망과 지혜를 숨겨서 드러내지 않음을 이른다. 『莊子』, 「齊物論」 "注焉而不滿, 酌焉而不竭, 而不知其所由來, 此之謂葆光."

> 로 뜻밖의 천행天幸이옵니다. 다만 대사께서는 유위有爲의 말세[澆世]에서 무인무과無因無果의 신비한 종지[17]를 널리 펴서 알리셨는지라, 소신小臣의 한도 있는 하찮은 재주로 끝이 없는 큰 행실을 기록하려니, 약한 수레에다 무거운 짐을 싣고, 줄이 짧은 두레박으로 깊은 우물의 물을 퍼내려는 것 같나이다. 혹여 돌이 특이한 말을 한다거나, 또는 거북이 돌아다보는 신조神助가 없다면, 결코 산이 빛나고 시내가 아름답도록 할 수 없을 것이며, 도리어 숲이 부끄러워하고 간수澗水가 수치스러워 하게 될 것이오니, 글 짓는 것을 피하고자 하옵니다.

라고 하였다. 임금께서 말씀하시기를

> 사양을 좋아하는 것은 대개 우리나라의 풍도[18]라서 좋기는 하나, 진실로 비문 짓는 일을 해낼 수 없다면, 과거에 급제한 것[黃金牓]이 무슨 소용이란 말인가. 그대는 힘쓸지어다!

하시고, 갑자기 크기가 방망이만한 두루마리 한 편을 내어 주시며, 내시內侍를 시켜 주고받게 하셨다. 그것은 문제자門弟子가 올린 행장行狀이었다.

다시 생각해 보건대, 중국에 들어가 배운 것은 대사나 내가 피차 다름이 없건만, 스승으로 추앙받는 이는 누구이며, 일꾼 노

---

17 無爲法을 말한다. 無爲法은 生住離滅(四相)의 변화가 없는 진리로서 모든 법의 眞實體를 말함이다. 곧 만들어져 있지 않으면서 현상으로 나타나 있는 존재이다.

18 『山海經』, 「海外東經」 "君子國, 在其北, 衣冠帶劍, 食獸, 使二大虎在旁, 其人互讓不爭."

릇하는 사람은 누구인가. 어찌하여 심학자心學者는 높고 구학자口學者는 수고롭단 말인가. 그러므로 옛날의 군자는 학문하는 것을 삼가서 하였다. 그러나 심학자가 덕을 세웠다면 구학자는 말을 남겼을 것이니, 저 '덕'이란 것도 혹 '말'에 의지하고서야 일컬어질 것이요, 이 '말'이란 것도 혹 '덕'에 기대어야 썩지 않고 오래도록 전할 것이다. 일컬어질 수 있다면, '마음'이 능히 먼 후래자後來者에게 알려질 것이요, 썩지 않는다면 '말' 또한 옛 사람들에게 부끄러움이 없을 것이다. 할 만한 일을 할 수 있을 때 하게 되었으니, 다시금 어찌 감히 실속 없는 글이라고 굳게 사양만 하겠는가.

비로소 방망이 같은 행장을 뒤적였다. 대사께서 중국에 유학한 해와 신라로 돌아온 해, 불계佛戒를 받음과 선리禪理를 깨달은 인연, 공경公卿과 관리들이 귀의하여 앙모仰慕하였던 일, 불전佛殿과 영당影堂을 개창開創했던 일 등은 고 한림랑翰林郎[19] 김입지金立之[20]가 지은 성주사비聖住寺碑에 자세히 서술되었으며, 부처를

---

19 신라 下代 文翰機構의 하나인 翰林臺의 벼슬 이름. 한림대는 당나라 翰林院에 해당하는 기구다. 聖德大王神鐘의 銘文 등 금석문 자료에 의하면, 관원으로 郞(후일의 學士)·待詔·書生 등이 있었다. 880년경 瑞書院으로 개칭하고 學士·直學士制를 둠으로써 문한기구의 중추적인 구실을 하였다.

20 9세기 무렵에 신라 문한기구에서 활약했던 학자. 헌덕왕 17년(825) 入朝使 金昕을 따라 당나라에 들어간 宿衛學生 12명 가운데 한 사람이다. 안정복은 『동사강목』에서 그가 빈공과에 급제했을 것으로 추정하였다. 신라로 돌아온 뒤 문성왕 17년(855) 한림랑으로서 秋城郡太守를 역임하였고, 「昌林寺無垢淨塔願記」(855)와 현재 碑片이 약간 전하는 「성주사비문」을 撰한 것으로 확인되고 있다. 日人 大江維時(편), 『千載佳句』에 그의 시 6聯이 실려 있다.

위하고 불손佛孫을 위하는 덕화, 임금을 위하고 스승을 위했던 성가聲價(평판), 세속을 진정시키고 불도를 방해하는 마적魔賊을 항복시킨 위력, 붕새같이 (수천리를 날아 西國에) 몸을 나타냈다가 (丁令威가) 학이 되어 돌아 온 것과 같은 출처出處 등은 태부太傅[21]에 추증된 헌강대왕께서 손수 지으신 심묘사深妙寺[22]비에 갖추어 기록되어 있음이 나타나 있었다. 그러므로 부유腐儒가 이제 지음에, 마땅히 우리 대사께서 반열반般涅槃의 대기大期(入寂)에 드신 것과, 우리 임금께서 탑[窣堵波]의 이름을 존숭하신 것을 나타내는 데 그칠 따름이다.

입과 손이 이 일을 의논하여 나의 취향에 맞도록 하려 했는데, 그 사이 수제자인 비구比丘 스님이 와서 글[虀臼]을 재촉하였다. 나의 이러한 뜻을 말하였더니, 그가 말하기를

> 김입지가 지은 비(聖住寺碑)는 세운 지 오래 되었습니다. 그리하여 여태까지 대사께서 수십 년 동안 남기신 아름다운 행적이 빠져 있으며, 태부왕太傅王(헌강왕)께서 신묘한 필치로 기록한 것은, 대개 특별한 대우를 나타내 보여준 것일 뿐입니다. 그대의 경우, 입으로는 옛 선현의 글을 완미하였고, 면전에서는 금상今上의 명을 받았으며, 귀로는 국사의 행적을 실컷 들었고, 눈으로는 문하생들이 지은 행장을 취하

---

21 중국 周나라 때 三公(太師 · 太傅 · 太保)의 하나. 天子를 도와 德으로 인도한다는 뜻의 벼슬이름이다. 신라 후기의 임금들은 형식상 당나라 황제로부터 太師 · 太傅 · 太尉 등으로 책봉되었다.

22 지금의 충청북도 永同(신라 때는 경상도 尙州에 속함) 白華山 月留峯에 있었던 절. 『신증동국여지승람』 권16, 黃澗縣, 〈佛宇〉조에 '심묘사'가 보인다.

도록 보았을 것입니다. 마땅히 널리 기록하고 갖추어 말하여, 반드시 그것을 후생에게 남김으로써, 그들로 하여금 일의 시초를 캐내고 종말을 살피도록 해야 할 것입니다. 만약 중국을 사모[西笑]하는 사람이 혹 비문을 소매 속에 넣어 가지고 떠나, 중국 사람들의 비웃음에서 벗어나게 된다면 매우 다행일까 합니다. 내가 감히 그 이상의 것을 더 구하겠습니까? 그대는 귀찮음을 꺼리지 마옵소서.

라고 하였다. (이에) 광노狂奴[23]와 같은 태도로 얼른 대답하여 말하기를 "저는 초가지붕을 새끼로 졸라매듯이 하려는데,[24] 사師(上足苾芻)께서는 채소를 파는 사람처럼 하시렵니까?[25]"라고 하였다.

마침내 갈팡질팡한 마음[猿心]을 붙들고 억지로 붓을 움직였다. 『한서漢書』 「유후전留侯傳」이 머릿속에 떠올랐다. 그 끝부분에 "장량張良이 임금과 더불어 조용하게 천하의 일을 말한 것이 매우 많았으나, 천하의 존망에 관계되지 않은지라, 역사에 기록되지 않았다"고 되어 있었다. 대사께서 (이 세상에) 왔다가 가신 동안의 뛰어난 자취들이 별처럼 많으나, 후학들을 일깨우는 것이 아닌 사실은 역시 쓰지 않나니, 내 스스로 반사班史[26]에서 무늬

---

23 중국 後漢 때의 隱士 嚴光을 지칭한 말. 후한의 光武帝(劉秀)가 자신의 즉위 후, 성명을 바꾸고 숨어 지내던 옛 친구 엄광(자는 子陵)에게 세 번이나 使人을 보내 조정에 나오도록 청하였으나 번번이 거절당하자, 웃으면서 "미친 이의 옛모습"이라 말하고는, 그 날로 친히 엄광을 찾아가 나오게 하였다고 한다. 『후한서』 권83, 「嚴光傳」 참조.

24 글을 간결하게 짓고자 한다는 뜻.

25 채소를 파는 사람이 이익의 많고 적음을 따지듯 '글의 분량이 길고 짧음을 논하려느냐'는 뜻.

26 『漢書』의 별칭. 『漢書』가 班氏(彪·固·昭)의 所撰이므로 후세에 '班史'라고 일컬어졌다.

한 점이나마 엿보았다고 믿으면서 이에 관견管見으로 서술한다.

빛이 왕성하고 충실充實하여 온 누리[八紘]를 비출 바탕이 있는 것으로는 새벽해보다 고른 것이 없고, 기가 온화하고 무르녹아 만물을 기르는 데 공효功效가 있는 것으로는 봄바람보다 넓은 것이 없다. 생각건대 큰 바람과 아침 해는 모두 동방으로부터 나온 것인즉, 하늘이 이 두 가지 여경餘慶을 모으고, 산악이 영성靈性(신령스럽고 지혜로운 사람)을 내리어, 그로 하여금 군자국君子國(신라)에 빼어나 불가에 우뚝 서도록 하였으니, 우리 대사께서 바로 그 분이시다.

대사는 법호가 무염無染이며 원각조사圓覺祖師[27]에게 10세 법손[28]이 된다. 속성은 김씨이며 무열대왕이 8대조이다. 할아버지 주천周川은 진골 출신으로 관등이 한찬韓粲(大阿飡)이었으며, 고조와 증조는 나아가서는 장수가 되고 들어와서는 재상을 지냄으로써 다 '장상호將相戶'로 알려졌다. 아버지의 이름은 범청範淸이다. 일족一族들이 진골에서 한 등급을 내려 깎았으니[29] '득난得難'

---

27 중국 禪宗의 開祖인 達磨大師(?~528)를 말함. 본래 南天竺 香至國의 제3왕자로서, 梁武帝 때 金陵에 갔다가 뒤에 嵩山의 少林寺에서 9년 동안 面壁坐禪한 끝에 悟道하여 禪宗을 열었다. 뒤에 당나라 代宗이 '圓覺'이라는 시호를 내렸다.

28 十世 法系를 차례로 나타내면 다음과 같다. (1)達磨 (2)慧可 (3)僧璨 (4)道信 (5)黃梅弘忍 (6)六祖慧能 (7)南嶽懷讓 (8)馬祖道一 (9)馬谷寶徹 (10)聖住無染

29 골품을 무엇보다도 중시했던 신라 사회에서도 귀족 계급의 증가에 따른 문제점을 해소할 길이 없어, 부득이 지배계급 내에서 자기도태를 한 예로 보인다. 신라에 의한 統三 이후 중앙 정계를 주도했던 무열왕 계열에서도 金憲昌의 난(822)을 계기로 골품이 강등되거나 경제적 기반을 상실

이라 한다[原註: 우리나라에 5품이 있다. 성이聖而[30]・진골・득난은 귀성貴姓의 얻기 어려움을 말한다. 「문부文賦」(陸機撰)에 말하기를 "혹 쉬운 데서 구하여 마침내 어렵게 여기는 것을 얻게 된다"고 했다. 따라서 육두품이 수가 많은 것을 귀하게 여기는 것[31]은 마치 일명一命(九品)으로부터 구명九命(一品)에 이르는 것과 같다. 그 나머지 사품・오품이야 말할 것이 없다]. 만년에는 검술을 좋아했던 조趙나라 문왕文王의 옛 일을 따랐다.

어머니 화씨華氏가 꿈속에서 긴팔을 지닌 수비천인脩臂天人[32]이 연꽃을 내려주는 것을 보고 이내 임신하였다. 얼마가 지난 뒤 거듭 꿈에 호도인胡道人[33]이 나타나 '법장法藏'[34]이라고 자칭하면서 십계十戒를 주기에 태교胎敎로 행하였다. 열 석 달째 되면서 대사가 태어났다.

(대사는) 아해阿孩[原註: 방언으로 아이를 이르니 중국말과 다름이 없다] 적에 걷거나 앉을 때에는, 반드시 두 손을 합장하거나 가부좌의 자세를 취하였다. 여러 아이들과 어울려 놀면서 벽에 그림을 그리거나 모래를 쌓을 때에도, 반드시 불상을 그리거나 탑을 만들

한 세력들이 상당수 있어, 자기 도태가 적지 않았음을 엿볼 수 있다.

30 聖骨을 가리킨 듯함. 今西龍, 「新羅骨品聖而考」, 『新羅史硏究』(1970) 참조.

31 신라의 귀족은 골품제도에 따른 것이다. 일방 骨로써 구별되고 다른 일방 品(頭品)으로써 구별된다. 『新唐書』「東夷傳」〈新羅〉條에 보이는 '第一骨'과 '第二骨'은 각각 聖骨과 眞骨을 가리키는데, 骨은 品과 달리 왕족 내지 고위 귀족만이 소유할 수 있었으며, 또 귀함의 정도를 나타내는 숫자는 많은 것보다 적은 것이 귀하였다. 이에 비하여 品은 수가 많은 것이 적은 것보다 귀하였다. 이는 周代에 관작을 아홉 등급으로 나누어 최고급을 九命, 최하급을 一命이라 하였던 것과 비슷하다.

32 三頭와 六臂를 가진 護法天을 말함. 李智冠(편역), 『校勘譯註 歷代高僧碑文-新羅篇』(서울 : 伽山文庫, 1994), 179쪽.

33 서역의 외국 스님을 말함.

34 阿彌陀佛이 成佛하기 이전의 이름. 法藏菩薩.

었다. 그러면서도 차마 부모님의 슬하에서 하루도 떠나지 못하였다. 아홉 살에 비로소 취학就學하였는데, 눈으로 본 것이면 반드시 입으로 외우니, 사람들이 '해동의 신동'이라고 일컬었다.

열두 살을 넘기고 나면서(13세), 구류九流[35]를 비속하게 여겨 불도에 입문하고자 뜻을 두었다. 먼저 어머니께 말씀드렸더니, 어머니께서는 당신이 전에 꾸었던 꿈을 생각하고는, 울면서 "그렇게 해라!"[原註: '예'는 우리말로 허락함이다]고 하였으며, 나중에 아버지를 뵈었더니, 아버지께서는 자신이 늦게 깨달은 것을 뉘우치고, 웃으며 "좋다!"고 하였다.

드디어 설악산 오색석사五色石寺[36]에서 머리를 깎고 잿빛 옷을 입었으니, 입은 경의經義를 해석하는 데 정통했고, 힘은 (불교의) 세운世運을 만회하는 데 날랬다. 이 절에 법성선사法性禪師[37]라고

---

35 중국 漢代에 학술·사상을 아홉 가지로 나누어 일컫던 말. 儒家·道家·陰陽家·法家·名家·墨家·縱橫家·雜家·農家.

36 지금의 강원도 양양군 서면 오색리에 있었던 절. 寒溪嶺 너머 五色溫泉으로부터 溪流를 따라 위로 약 2km 지점에 그 遺址가 있다. 迦智山派의 開山祖인 道義禪師가 세웠다고 하며, 절 부근에 다섯 빛깔 나는 돌이 많아서 '五色石寺'라고 하였다 한다. 현존하는 유물로는 보물 제497호로 지정된 3층석탑이 있으며, 이 밖에 石獅子와 法堂階段石, 臺石, 塔材 등이 산재한다.

37 자세한 행적은 알 수 없다. 다만 李能和의 『朝鮮佛教通史』上篇, 138쪽에 인용된 「大朗慧和尙碑文」 洪居士註에 의하면, "法性於中夏黃屋山, 學看心法"이라 하여, 그의 禪의 계열에 대해 약간의 시사를 주고 있다. 또 고려 때 天頙은 『禪門寶藏錄』 第22則에서 『無染國師別集』에 실린 「無舌土論」을 轉載하였고, 또 第23則에서 「無染國師行狀」 가운데 "무염국사가 법성선사에게 敎禪이 어떻게 다르냐고 물었을 때, 그의 대답이 이(無舌土論)와 같았다"는 대목을 인용하고 있다. 이로써 볼 때 무염국사가 법성선사로부터 적지 않은 영향을 받았음을 엿볼 수 있다(李能和, 같은 책 下篇, 14쪽).

하는 스님이 있었는데, 일찍이 중국에 가서 능가선楞伽禪[38]의 문을 두드렸던 분이다. 대사께서 수년간 사사師事하되, 탐색探索함에 조금도 남김이 없으므로, 법성선사가 감탄하여 말하기를

> 빠른 발로 달린다면, 뒤에 출발하더라도 앞서 도착한다는 것을, 내가 그대에게서 경험했노라. 나는 만족하다. 그대에게 더 이상 가르쳐 줄 것이 없다. 그대와 같은 사람은 서국(중국)으로 가야 될 것이다!

고 하였다. 그러자 대사는 그렇게 하겠노라고 대답했다.

밤중에 새끼줄은 뱀으로 현혹되기 쉽고,[39] 허공의 베올[布縷]은 분간하기 어렵다.[40] 물고기는 나무에 올라가 잡을 수 있는 것이 아니고,[41] 토끼는 그루터기만 지킨다고 해서 기대되는 것이 아니다.[42] 그러므로 스승이 가르친 바와 자기가 깨달은 것에는 서

---

38 초기의 禪이 『楞伽經』을 所依로 한 데서 붙여진 이름. 『능가경』을 所依로 하여 연구와 실천을 전개한 중국 최초의 禪宗을 楞伽宗이라고 한다.

39 小乘法은 大乘法에 비하여 그 이치나 경지가 卑近하므로 비교적 이해가 빠르지만, 흔히 卑近함에 집착되어 소승법을 佛法의 전부인 양 착각하기 쉽다는 뜻. '夜繩'은 소승법을 비유한 것. 法相宗인 唯識家에서는 徧計所執性(제6식), 依他起性(제7식), 圓成實性(제8식) 중 제3인 圓成實性을 轉識得智의 과정에서 大圓鏡智인 최고 지혜를 얻는다고 하며, 識을 三界唯識이라 하여 우주의 주체로 여긴다. 그런데 性宗에서는 徧計를 삼[麻], 依他를 뱀[蛇], 圓成을 노끈[繩] 등의 각각 차별현상으로 보기 때문에, 중생은 노끈을 뱀으로 착각하듯 實相을 두루 보지 못한다고 하였다. 李智冠, 앞의 책, 255쪽.

40 大乘法은 그 이치나 경지가 高尙·深遠하여 체득하기가 어렵다는 뜻. '空縷'는 대승법의 비유이다.

41 도란 언어·문자를 통해 얻을 수 있는 것이 아니라는 말.

42 진리란 어느 한 가지 이론을 墨守하여 배움으로써 얻어지는 것이 아니라는 말이다.

로 장점이라 할 만한 것이 있는 법이다. 진실로 구슬이나 불을 얻었다면, 구슬을 머금은 조개나 불을 일으키는 부싯돌쯤이야 버릴 수 있다.[43] 무릇 도에 뜻을 둔 사람에게 어찌 정해진 스승이 있겠는가.

이윽고, 그곳을 떠나 부석산浮石山의 석등대덕釋燈大德에게 화엄華嚴을 배웠다. 하루에 서른 사람이 외울 분량을 감당해 낼 실력이었으니,[44] 쪽빛풀[藍草]과 꼭두서니풀[茜草]이 제빛깔을 저상沮喪한 것 같았다.[45] (여건이 조성되어 있지 않은 곳에서 소기所期의 목적을 이룰 수 없다는) 요당坳堂과 배수盃水의 비유를 돌이켜 보고 말하기를 "동쪽으로만 머리를 두르고 바라보다가는, 서쪽의 중국[西嚮]은 보지 못할 것이다. 바다 건너 중국[彼岸]이 멀지 않은데, 어찌 고토故土만을 생각할 것인가"라고 하였다. 마침내 대사는 선뜻 산에서 나와 바다에 의지하여 중국에 들어갈 기회를 노렸다. 때마침 국사國使가 서절瑞節[46]을 가지고 천자가 계신 궁궐로 가 뵈올 일이 있게 되자, 그 배에 발을 붙이고 중국에 들어가게 되었다. 그런데 배가 큰 바다 복판에 이르자, 갑자기 풍랑이 일어 성난 듯 뒤집히니, 큰 배가 무너지고 사람들은 어찌할 수 없게 되었

---

43 조개와 부싯돌은 스승에 비유되었으니, 곧 師弟關係를 말한다.

44 覺賢三藏인 佛陀跋陀羅의 고사에서 나온 말. 佛陀跋陀羅는 천재의 기질을 가진 스님으로, 일찍이 17세 때 동학들과 經을 習誦할 때 다른 사람이 한 달에 걸쳐 습송할 것을 하루에 다 習誦하여, 그 스승(鳩婆利)으로부터 "覺賢은 하루에 30명의 몫을 감당해 냈다"는 歎賞을 받았다고 한다. 『梁高僧傳』 권2, 「佛陀跋陀羅傳」 참조.

45 제자가 스승보다 뛰어남을 비유한 말.

46 옥으로 만든 符節. 천자가 제후를 봉할 때 信標로 주었다. 제후가 천자에게 직접 朝會하거나 사신을 통해 뵈올 적에는 지참하여야 했다.

다. 대사는 심우心友인 도량道亮과 함께 외쪽 널빤지를 걸터타고 업보의 바람[業風]에 모든 것을 맡겼다. 밤낮없이 반 달 남짓 떠돌다가 검산도劍山島[47]에 표착漂着하였다. 무릎걸음으로 굽이진 안두岸頭에 올라 한참이나 실의에 빠져 한탄하다가

> 물고기 뱃속에서 다행히 몸을 벗어났으니, 용의 턱밑에다 거의 손을 들이밀 수 있게 되었다. 내 마음은 구르는 돌과 같지 않다. 물러나 다른 것으로 옮길 수 있겠는가.

라고 하였다.

장경長慶(821~824) 초에 이르러, 조정사朝正使로 당나라에 들어가는 왕자 흔昕[48]이 당은포唐恩浦[49]에 배를 댔다. 덧붙여 타고 가기를 청했더니 허락하였다. 지부산之罘山[50] 기슭에 도착하고 나

---

47 黑山島의 별칭. 섬의 모양이 칼처럼 생겼다는 데서 연유한다고 하나 확실하지 않다.

48 신라의 정치가(803~849). 성은 金, 자는 泰. 무열왕의 9세손으로, 侍中을 지낸 波珍飡 璋如의 아들이며, 金陽(자는 魏昕)의 從兄이다. 헌덕왕 14년(822) 당나라에 사신으로 가서 宿衛하고 그 이듬해 귀국하였다. 귀국 직후 使命을 잘 수행한 공으로 南原太守가 되었고, 그 뒤 여러 번 遷任되어 康州大都督에 이르렀으며, 얼마 안 있어 伊飡에 올라 相國을 겸임하였다. 민애왕 2년(839) 金祐徵(神武王)을 추대한 金陽·張保皐의 叛軍이 達句伐에 침입하자, 대장군이 되어 군사 10만 명으로 이를 맞아 싸웠으나 패하였다. 이후 패전에 대한 자책감으로 벼슬을 버리고 小白山에 들어가 승려들과 함께 생활하다가 여생을 마쳤다.
『삼국사기』 권44, 「金陽傳附」 참조.

49 통일신라시대의 지명으로, 지금의 경기도 華城郡 南陽面에 있었던 浦口. 『삼국사기』 권35, 「地理(二)」 참조.

50 중국 山東省 福山縣 동북쪽 之罘半島에 있는 산. 芝罘山이라고도 쓴다.

서, 먼저의 어려웠던 것[51]과 나중의 수월했던 것을 생각해 보고는, 해신海神에게 토읍土揖[52]하며 말하기를 "잘 있거라, 고래 물결이여! 풍마風魔와 잘 싸웠소이다"고 하였다.

출행하여 대흥성大興城 남산南山의 지상사至相寺[53]에 이르렀는데, 화엄에 대하여 말하는 사람을 만났으니, 부석산에 있었을 때와 같았다. 얼굴이 검은 미석美石처럼 생긴 노인이 말을 걸고는 "멀리 외계外界에서 도를 취하고자 하는 것이, 어떻게 그대에게 있는 부처佛性를 체인體認하는 것에 비하겠는가?"라고 했다. 대사는 말이 끝나자마자 크게 깨쳤다.

이로부터 필묵筆墨을 버리고 여기저기 돌아다니다가 불광사佛光寺에서 여만如滿[54]에게 도를 물었다. 여만은 강서마조江西馬祖[55]

---

51 제1차로 渡唐遊學을 시도했다가 劍山島에 표류함으로써 실패로 끝났던 일을 말함.

52 경례법의 일종. 손을 앞으로 내밀되 조금 아래로 내리는 인사법이다. 신에게도 土揖을 하는 것이 보통이다. 周制에 의하면 諸侯가 임금에게 揖을 할 때, 王姓과의 同異 및 친척관계의 有無에 따라 각각 달리하는데, 同姓(同姓有親)·異姓(異姓有親)·庶姓(異姓無親)의 세 가지로 구별된다. 그러므로 揖하는 것만 보고도 제후가 왕과 同姓인지, 친척관계에 있는지 알 수 있었다.

53 중국 陝西省(섬서성) 長安의 終南山에 있는 화엄 계통의 名刹. 신라 문무왕 때 高僧 義湘大師(625~702)가 이 절에 있는 智儼大師(606~668, 華嚴宗의 第二祖)를 찾아가 그의 문하에서 화엄학을 공부하였다.

54 馬祖道一 문하의 傑僧(751~?). 洛陽의 嵩山 佛光寺에 주석했다. 그 밖의 행적과 사상 등은 자세히 알 수 없다.

55 당나라 때의 선승 馬祖 道一(709~788)을 이름. 속성은 馬. 법명은 道一. 세칭 '馬大師' 또는 '馬祖'라 하였다. 漢州 사람으로 선종의 第七祖인 南嶽懷讓에게 心印을 전해 받고, 江西에서 교화활동에 종사하여 '江西의 馬祖'라 불렸다. 헌종 때 '大寂禪師'라는 시호가 내려졌다. 중국 선종을 祖師禪으로 대성시켰으며, 선의 일상생활화에 크게 기여하였다. 『능가경』과 『화엄경』의 一心思想에 깊은 영향을 받아 '卽心卽佛'을 주장하였

에게 심인心印을 받고, 향산香山 백상서 낙천白尙書樂天[56]의 불문佛門의 벗이 된 사람인데도,[57] 응대應對할 때 부끄러운 기색을 띠면서 말하기를 "내가 사람을 많이 겪어 보았지만, 이와 같은 신라 분[子]은 드물었다. 다른 날 중국에서 선禪을 잃어버렸을 때 장차 그것을 동이東夷에게 묻게 될 것인가"라고 하였다.

그곳을 떠나 마곡사麻谷寺[58]의 보철寶徹[59]화상도 찾아뵈었다. 힘든 일에 부지런히 종사하여 가리는 바가 없었고, 남들이 어렵게 여기는 것을 자기는 반드시 쉽게 해내니, 뭇사람들이 그를 눈여겨보고 말하기를 "선문禪門에서의 유검루庾黔婁[60]와 같은 남다른 행실이다!"고 하였다. 철공徹公이 대사의 고절苦節을 어질게

는데, 이 계통의 선을 洪州宗 또는 江西宗이라고도 한다. 신라 말로부터 고려 초에 걸쳐 성립한 九山禪門 가운데 단 하나를 제외한 모든 山門이 마조 도일 계통이다. 『宋高僧傳』 권10 참조.

56 중국 中唐時代의 대표적 시인(772~846). 이름은 居易, 자는 樂天, 호는 香山居士. 벼슬은 刑部尙書에 이르렀다. 문장이 精切하고 시가 平淡하여, 元稹과 이름을 나란히 하였으므로, 세상에서 '元白'이라 일컬었다. 대표 작품으로는 長恨歌와 琵琶行 등이 있다. 시문집으로 『白氏長慶集』 50권이 전한다.

57 『白居易集』 권70, 「醉吟先生傳」에 "如嵩山僧如滿, 爲空門之友"라는 말이 보인다.

58 중국 山西省 蕭州(지금은 永濟市)에 있었던 절.

59 중국 당나라 때의 禪僧(?~?). 속성은 미상. 출가한 뒤 馬祖道一에게 배워 그의 법을 이었으며, 山西省 蕭州 麻谷寺에 머물면서 禪風을 널리 떨쳤다. 『祖堂集』 권15, 「麻谷寶徹傳」 참조.

60 중국 南朝 때 南齊와 梁나라에 출사했던 명신. 자는 子貞이며 벼슬은 散騎常侍를 지냈다. 지극한 효도로 유명하였다. "똥맛이 달면 생명이 위태롭다"는 의원의 말을 듣고 병환중인 부친의 똥맛을 보았으며, 그 맛이 달자 깊이 근심한 나머지 북두칠성에게 제 목숨과 바꿔지기를 빌었고, 부친이 세상을 떠난 뒤에도 廬墓를 하면서 過禮할 만큼 居喪하였다고 한다.

여기고는, 일찍이 하루는 대사에게 일러 말하기를

옛날 나의 스승인 마화상馬和尙(馬祖道一)께서 돌아가실[訣別] 때 말씀하시기를, "봄꽃만 번성하고 가을에 열매가 적은 것은, 보리수菩提樹(道樹)를 오르려는 사람이 슬퍼하고 탄식하는 바다. 이제 너에게 인가印可하나니, 다른 날 제자들 가운데 기이한 공로가 있어 봉封할 만한 사람이거든 봉하여 끊어지지 않도록 하라!"고 하셨다. 다시 이르기를 "대법大法이 동쪽으로 흐른다는 말[61]은 대개 구참鉤讖(예언)에서 나왔다. 저 해 뜨는 곳 선남자善男子의 근성根性이 거의 무르익었을 것이니, 네가 만약 동방 사람 가운데 눈으로 말할 만한 사람을 얻거든, 잘 이끌도록 하라! 지혜의 물[慧水]로 하여금 바다 건너 구석진 곳(신라)에서 크게 뒤덮이도록 하면, 그 공덕이 얕지는 않으리라"고 하셨다. 스승의 말씀이 귀에 쟁쟁하다. 나는 네가 온 것을 기뻐한다. 이제 심인心印을 주어 동국東國에서 선후禪侯[62]로 으뜸가게 하나니, 가거든 조심

---

61 구체적으로 六祖 慧能(638~713)의 예언을 가리킨다. 예언의 내용은 宋僧 道源이 撰한 『景德傳燈錄』「慧能傳」에 자세히 기록되어 있다. 혜능이 입적하기 전에 두 가지 예언을 남겼다. 그 하나는 자신의 死後 5, 6년을 지나 '滿'이라는 이름을 가진 사나이가 자신의 頭骨을 훔쳐 가리라는 것이고, 다른 하나는 역시 죽은 뒤 70년을 지나 東方으로부터 두 보살이 와서 자기의 法統을 계승하리라는 것이었다. 馬和尙의 이른바 '東流之說'이란 바로 두 번째 예언을 가리킨다. 이 두 가지 예언은 비록 혜능이 예언한 시기와 차이가 있기는 하지만, 우리나라 불교인이 대부분 적중하였다고 믿어 왔다. 먼저 두골을 훔쳐 가리라는 예언대로 지금의 河東 雙溪寺 六祖頂相塔에 그의 두골이 奉安되었고, 또한 동방의 두 보살로 짐작되는 스님, 즉 無染(800~888)과 梵日(810~889)이 혜능의 법통을 계승하였기 때문이다. 『六祖壇經』「付囑品」 참조.

62 중국의 禪을 禪의 황제에 비하고, 중국으로부터 신라에 전래된 禪을 '선의 제후'에 비유한 것.

하고 경건히 행동하라! 나는 지금엔 강서마조江西馬祖의 대아大兒이나 후세엔 해동의 대부大父가 될 것이니 선사先師에게 부끄러울 것은 없으리라.

고 하였다.

그로부터 얼마 안 되어 보철화상이 세상을 떠났다. 묵건墨巾(黑巾)[63]을 머리에 쓰고 이내 말하기를 "뗏목[64]도 이미 버렸거늘, 배[舟][65]가 어찌 매어 있겠는가"라고 하였다. 이로부터 유랑함이 바람에 나부끼듯 하였다. 기세를 막을 수 없었고 뜻을 빼앗을 수도 없었다. 분수汾水[66]를 건너고 곽산崞山[67]을 올랐는데, 고적古跡이라면 반드시 찾아보고, 진승眞僧이라면 반드시 만나 보았다. 대저 그가 머물러 있는 곳은 사람들이 사는 곳을 멀리하였는데, 대략은 위험함을 편안하게 여기고, 괴로움을 달게 여김에 있었으니, 사체四體를 종[奴虜]처럼 부리되, 일심一心만은 임금같이 받든다는 것이었다. 이런 가운데서도 오로지 위독한 병든 사람을 돌보며, 고아와 자식 없는 늙은이를 구휼하는 것으로 자기의 임무를 삼았다. 지독한 추위와 더위가 닥쳐, 열이 나고 가슴이 답

---

63 불가에서 居喪할 때 사용하는 巾. 평상시에는 白巾.

64 진리에 도달하기 위한 방편적 敎說을 비유한 말. 저 언덕을 향하여 괴로움의 바다를 건너준다는 뜻에서 사용되었다. 『金剛經』에서는 "그대들 비구여! 나의 說法이 뗏목의 비유와 같다고 아는 자는 法까지도 마땅히 버릴지어다. 항차 법이 아닌 것에 있어서랴(汝等比丘, 知我說法如筏喩者, 法尙應捨, 何況非法)"라고 하였다.

65 禪宗을 가리킨 듯. '筏'과 '舟'의 비교를 통해 교종에 대한 선종의 비교 우위를 엿볼 수 있다.

66 중국 山西省에서 발원하여 黃河로 들어가는 汾河를 지칭.

67 중국 山西省 崞縣의 서남쪽에 있는 산.

답하거나, 혹은 손이 트고 발에 얼음이 박히더라도, 게으른 기색을 보인 적이 없었다. 그의 이름을 들은 사람이라면 자기도 모르는 사이에 멀리서도 예경禮敬을 표하였다. 떠들썩하게 동방의 큰 보살이 되었으니, 그가 30여 년 동안 행한 일이 대개 이러했다.

회창會昌 5년(845, 문성왕 7)에 귀국하니, 당나라 황제의 명령[68]에 의한 것이었다. 나라의 사람들이 서로 기뻐하며 말하기를, "연성벽連城璧이 다시 돌아오게 된 것은 실로 하늘이 한 일이니, 이 땅의 행복이라"고 하였다. 이로부터 청익請益[69]을 하는 사람이, 이르는 곳마다 벼와 삼대가 빽빽하게 들어선 것 같았다.

왕성에 들어가 어머님을 뵈오니, 어머님께서 크게 기뻐하며 말씀하시기를

돌이켜 보면, 내가 전일에 꾼 꿈은 곧 우담바라꽃[優曇華][70]이 한 번 나

68 '會昌의 法難'을 말한다. '會昌'은 당나라 武宗의 연호(841~846)다. 武宗은 도교를 惑信한 임금이었다. 그는 측근 道士들의 선동에 의하여 중국 역사상 가장 철저하고 규모가 큰 廢佛을 단행하였다. 이 폐불사건으로 불교계가 입은 타격은 실로 엄청난 것이었다. 비록 폐불을 단행한 그 이듬해 무종이 죽고 선종이 즉위하면서 폐불이 바로 중지되기는 했지만, 이후로는 이전과 같은 불교의 번성을 다시 찾아보기 힘들게 되었다. 『舊唐書』 권18, 「武宗本紀」에 의하면, "(會昌의 破佛 당시) 파괴된 사원 등이 4,600개사, 이름 없는 사원은 4만여 곳, 환속시킨 僧尼의 숫자는 26만 5천여 명, 몰수된 전답은 수천만 頃, 그리고 사원에 소속된 노비 15만 명이 일반인의 노비로 바뀌었다"고 기록하고 있다.

69 佛家에서 師家에게 특별히 의식을 갖춘 뒤 法益을 청하는 것.

70 범어 'Udambara'. 優曇·優曇鉢華·優曇跋羅華 등으로 音譯한다. 靈瑞 또는 瑞應이란 의미다. 인도의 전설 가운데 나오는 상징적인 꽃으로 3천년만에 한 번 씩 피며, 이 꽃이 피면 轉輪聖王이 나타난다고 한다. 극히 드물고 좋은 일의 비유이다.

> 타난 것이 아닐까. 부디 내세來世를 제도濟度하기 바라며, 내 다시는 네가 돌아오기를 바라는 마음에 흔들리지 않을 것이다.

고 하였다.

이내 북쪽으로 떠나 헤아리고 눈여겨보아, 종생토록 몸 붙일 곳[終焉之所]을 골랐다. 때마침 왕자 흔昕이 벼슬을 그만두고 산중재상山中宰相[71] 처럼 지내고 있었는데, 우연히 만나 바라는 바가 합치되었다. 왕자 흔이 이르기를

> 대사와 저는 함께 용수龍樹[72] 을찬乙粲(伊湌)을 조상으로 하는데, 대사께서는 안팎으로 용수의 후손이 되시니,[73] 참으로 놀라와 저로서는 미칠 수가 없습니다. 그러나 푸른 바다 밖에서 소상瀟湘[74]의 고사를

---

71 陶弘景의 故事에서 나온 말. 중국 梁나라 때 도홍경이 久容의 句曲山에 은거하면서 自號를 '華陽隱居'라고 하였다. 조정에서 누차 禮聘하였음에도 나오지 않으므로, 梁武帝가 나라에 큰 일이 있을 때마다 그를 찾아가 자문을 구했다고 하며, 이로 인해 당시에 도홍경을 일러 '陶隱居' 또는 '산중재상'이라고 하였다 한다.

72 신라 眞智王의 아들이며, 太宗武烈王의 아버지. 일명 龍春. 伊湌을 지냈다. 진평왕 51년(629)에 대장군으로서 副將인 김유신과 함께 고구려의 娘臂城(지금의 淸州)을 공격하여 함락시킨 바 있다. 皇龍寺九層木塔을 조성할 때 監君이 되어 이 일을 주관하였다. 무열왕이 즉위한 뒤 文興大王에 추봉되었다.

73 家系로 龍樹(龍春)의 10세손인 동시에 法系로도 龍樹(Nagarjuna, B.C. ?~234)의 후손이 된다는 말이다. 대승불교를 확립한 論師인 龍樹는 『中論』·『大智度論』 등을 저술하고 中道 空思想을 확립하여 보살로 불렸으며, 선종에서는 西天 二十八祖 가운데 第十三祖로 받들어진다.

74 강 이름. 湖南省 洞庭湖 남쪽 零陵 부근의 瀟水와 湘水가 합류하는 곳. 三湘의 하나로 그 부근은 풍경이 빼어나 八景 등 명승이 있다.

행하였으니,[75] 친구親舊의 인연이 진실로 얕지는 않을 것입니다. 웅천주熊川州(公州) 서남쪽 모퉁이[坤隅][76]에 한 절이 있는데, 이는 나의 선조이신 임해공臨海公[原註: 先祖의 諱는 仁問[77]이다. 당나라에서 獩貊, 즉 고구려를 정벌한 공의 대가로 臨海郡公에 봉하였다]께서 봉지封地로 받은 곳[78]입니다. 중간에 겁진화刦盡火[79]로 인한 천재天災를 입어 절이 반쯤 재가 되어 버렸습니다. 어질고 명철한 분이 아니고는 누가 능히 없어진 것을 일으키고 끊어진 것이 이어지도록 하겠습니까. 내키지 않더라도 이 늙은이[朽夫]를 위해 머물러 주실 수 있겠는지요?

라고 하였다. 대사가 대답하기를 "인연이 있으면 머물게 되겠지요"[有緣則住]라고 하였다.

대중大中(847~859) 초에 비로소 나아가 거주하고, 또 말끔히 정

75 해외(중국)에서 소상강을 구경하면서 우연히 서로 만났었다는 말. 또 왕자 昕이 朝正使로 중국에 들어갈 때 무염국사가 같은 배편으로 入唐遊學한 것을 지칭한다고 하는 이도 있다.

76 藍浦(지금의 保寧市 聖住面)를 가리킴.

77 무열왕의 次子이며 문무왕의 母弟(629~694). 자는 仁壽. 유능한 외교가로서 羅唐 연합군의 조직을 성공시켜 백제와 고구려를 멸망시키는 데 큰 공을 세웠으며, 668년 고구려를 멸한 공으로 大琢角干에 봉해졌다. 694년 唐高宗이 문무왕의 왕위를 박탈한 뒤, 그를 鷄林州大都督開府儀同三司에 임명하고 신라왕에 봉하였으나, 고종이 곧 취소함에 따라 그대로 唐京에 머물다가 곧 병사하였다. 『삼국사기』 권44, 「金仁問傳」 참조.

78 『삼국사기』, 「金仁問傳」에 의하면, 김인문은 무열왕 3년(656) 중국으로부터 돌아와 押督州摠(摠)管이 되어 獐山城을 쌓는 등 공을 세웠으며, 그 공으로 무열왕으로부터 食邑三百戶를 하사 받았다고 한다. 또 「金仁問墓碑」에서도 "…… ○以千○之雉堞, 高墉似錦越, 夫○ …… 太宗大王, 歡美其功, 特授食邑三百戶"라고 하였다. 聖住寺 일대 역시 이때 食邑으로 받은 곳이라 생각된다.

79 인간세계를 태워 재로 만들어 버리는 큰 불. 세계가 멸망할 때에는 刦火·刦風·刦水의 三災가 일어난다고 한다.

제하여 그것을 꾸몄다. 얼마 되지 않아서 불도가 크게 행해지고, 절은 크게 이루어졌다. 이로 말미암아 사방 먼 곳에서 학문하는 길을 묻는 무리들이, 천릿길을 반걸음으로 여기고 찾아와, 그 수를 헤아릴 수 없었다. 이처럼 문도門徒가 번성하게 된 것은 대사께서 마치 종이 쳐주기를 기다리고,[80] 거울이 고달픈 줄을 모르는[81] 것처럼 하였기 때문이다. 온 사람이면 혜소慧炤로써 그들의 눈을 이끌어 주고, 법열法悅로써 그들의 배를 채워 주지 않음이 없었으며, 굳은 의지 없이 머뭇거리는 것을 깨우쳐 주고, 무지한 습속을 변화시켰다.

문성대왕께서 그가 해 나가는 것이 임금의 덕화德化에 유익하지 않음이 없다는 것을 듣고는 크게 본받으시었다. 수교手敎를 급히 보내 대사를 흠뻑 위로하였으며, 또 대사께서 산중재상[金昕]에게 대답한 네 글자[82]를 중히 여기고, 절의 이름[83]을 '성주聖住'로 바꾸어, 이에 대흥륜사大興輪寺에 편입, 등록시켰다.[84] 대사

80 훌륭한 스승이 제자들의 질문에 따라서 적절하게 가르치는 것을 비유한 말. 크게 치면 큰 소리가 나고, 작게 치면 작은 소리가 난다는 데서 이르는 말이다.

81 제자들의 질의가 있으면 스승이 반드시 이에 응하여 막힘없이 풀어 주는 것을 비유한 말. 거울은 어떠한 경우에도 형상 그대로를 비춰 주지 않음이 없다는 데서 나온 말이다.

82 '有緣則住'라고 한 말을 지칭.

83 성주사의 본래 이름은 '烏合寺'다. 백제 武王 16년(615, 乙亥)에 창건되었다. 1960년부터 '烏合寺'라고 글씨가 새겨져 있는 기와 조각이 수합되어 烏合寺가 聖住寺의 전신이었음이 확인되었다. 이 절 부근에 까마귀가 많이 모여들어 '烏合寺'라는 이름이 붙여졌다고 하는데, 문헌에 따라 烏會寺 또는 烏谷寺라고 기록되기도 한 것은 아마도 筆寫 과정에서 '合'자와 비슷한 '會'자나 '谷'자로 잘못 쓰였기 때문이라고 짐작된다. 『三國遺事』 紀異篇, 太宗春秋公條 참조.

84 신라 때의 巨刹 대흥륜사는 大皇龍寺 등과 함께 成典이 설치되었던 중

가 사자使者에게 말하기를

> 절을 '성주'라고 이름하셨으니, 절로서는 참으로 영광스러운 일일 것입니다. 용렬한 중을 지극히 총애하시니, 재능도 없으면서 있는 것처럼 흉을 내어[濫吹] 높은 자리를 차지한 느낌입니다. 이는 해조海鳥인 원거鶢鶋가 바람을 피해 뭍으로 오자, 봉황새로 잘못 안 참새가 날아들었다는 것에 비유할 만하니, 날씨가 궂을 때 산 속에 숨어 무늬를 윤택하게 한다는 표범의 고사故事에 부끄러운 일입니다.

라고 하였다.

그때 (즉위 전의) 헌안대왕[85]께서 단월檀越(施主)이며 말째[86] 서발한舒發韓[87]인 위흔魏昕[88]과 더불어 남북상南北相[原註: 각각 그 직에 있는

추적인 寺院이다. 官寺的 기능을 가지고 불교 교단을 통제하였던 것으로 보인다. 眞鑑禪師를 大皇龍寺에 編錄하였던 사실도 이와 비슷한 예라 하겠다.

85 신라 제47대 왕(재위 : 857~860). 성은 金, 이름은 誼靖(또는 友靖). 神武王의 異母弟요 문성왕의 숙부이다. 문성왕이 後嗣없이 세상을 떠나자 顧命에 따라 즉위했다. 비문의 내용으로 보아, 헌안왕이 등극하기 이전에 오랫동안 서발한의 지위에 있었음을 알 수 있으니, 魏昕과 함께 左·右相처럼 문성왕을 보필하였음이 분명하다고 하겠다.

86 서발한에 대해서 문헌에 자세히 나타나 있지는 않으나, 이 '말째'라는 말로 미루어 볼 때, 그 정원이 적어도 1명 이상이었음을 알 수 있다. 또 똑같은 제1위라 하더라도 次序가 있었음을 짐작할 수 있으니, 이것은 마치 제6위의 阿飡이 重阿飡으로부터 四重阿飡까지 次序가 있었던 것과 비슷하다(이 점은 大奈麻와 奈麻의 경우도 마찬가지임).

87 신라 17官等 가운데 제1위의 최고 직위. 眞骨만이 오를 수 있었다. 伊伐飡·角干·角粲·舒弗邯·舒發翰 등으로도 쓴다.

88 신라의 왕족·정치가인 金陽(808~857)의 字. 무열왕의 9대손으로 波珍飡 貞茹의 아들이다. 839년 민애왕을 축출하고 神武王을 추대하는 데 큰 공을 세웠으며, 그해 문성왕이 즉위하자 反正의 공로를 인정받아 蘇判으

것이 左·右相과 같다]이 되었는데, 멀리서 제자로서의 예를 펴고, 향과 차茶를 폐백으로 보내 와, 그것을 받지 않은 달이 없게 하여, (대사의) 명성이 동국에 젖도록 하는 데 이르렀다. 사류士流들은 대사의 선문禪門을 모르는 것에 대하여 일세一世의 수치로 여길 정도였다.

대사의 발아래 예를 올렸던[禮足] 사람이면, 물러 나와 반드시 감탄하면서 말하기를 "직접 찾아뵙는 것이 귀로 듣는 것보다 백배나 낫다. 입에서 말씀이 나오기도 전에 이미 마음에 와 닿았다"고 했는데, 문득 조급하고 사나운 사람들 또한 그 경솔한 버릇을 떨쳐 버리고, 그 사나움을 고치어 착한 도리로 다투어 빨리 달렸다.

헌안왕께서 왕위를 이어 받음에 이르러, (대사에게) 교서를 내려 한 말씀 해주실 것을 청하였다. 이에 대사가 대답하기를 "주풍周豊이 노공魯公에게 대답한 말[89]에 뜻이 담겼습니다. 예경禮經에 나타나 있사오니, 청컨대 좌우명으로 삼으소서!"라고 하였다.

태사太師에 추증된 선대왕[90]께서 즉위함에 미쳐, 공경하고 중

로 倉部令에 임명되고, 이어 딸이 문성왕의 妃(炤明王后)에 봉해졌다. 이후 줄곧 문성왕에게 중용되었으며, 847년 伊飡으로 侍中 겸 兵部令에 이르렀다. 죽은 뒤 舒發翰에 추증되고 태종무열왕의 陵에 陪葬되었다. 『삼국사기』 권44, 「金陽傳」 참조.

89 임금에게 禮義·忠信·誠實함이 있어야 백성이 믿고 따른다는 내용의 말. 周豊은 춘추시대 魯나라 哀公 때의 隱士. 『禮記』, 「檀弓(下)」 "魯人有周豊也者, 哀公執贄請見之, 而曰不可. 公曰 : 『我其已夫使人問焉, 曰 : 「有虞氏未施信於民而民信之, 夏后氏未施敬於民而民敬之」, 何施而得斯於民也?』 對曰 : 『墟墓之間, 未施哀於民而民哀, 社稷宗廟之中, 未施敬於民而民敬. 殷人作誓而民始畔, 周人作會而民始疑. 苟無禮義忠信誠慤之心, 以涖之, 雖固結之, 民其不解乎』"

90 경문왕을 가리킨다. 세상을 떠난 뒤 당나라 황제로부터 太師에 추증되

히 여기심이 선조先朝에서 뜻함과 같으면서도 날로 더욱 두텁게 하셨다. 대개 시행할 일이 있게 되면 반드시 사람을 급히 보내 자문을 구한 뒤에 행하였다.

함통咸通 12년(871, 경문왕 11) 가을, 대사에게 곡두서鵠頭書(교서)를 급히 보냈다. 전역傳驛[91]을 통해 부르시며 말씀하시기를 "산림山林은 어찌 가깝게 하시며, 도성都城은 왜 소원疎遠히 하십니까?"라고 하였다. 대사께서 생도들에게 일러 말씀하시되

> 갑자기 진후晉侯가 백종伯宗[92]을 부르듯 하시니, (30여 년간 여산廬山을 나오지 않았던) 원공遠公[93]에게 매우 부끄러운 노릇이다. 그러나 앞으로 도가 행해지게 하려면 좋은 때를 잃어서는 안 되나니, 불타의 부촉付囑[94]을 생각한 까닭에 나는 임금에게 갈 것이다.

었으며, 일명 '凝王'이라고도 한다(『韓國金石遺文』, 154쪽). 진성여왕 때 왕명으로 본 비문을 찬술하였기 때문에 진성왕의 선왕인 경문왕을 '선대왕'이라고 한 것이다.

91 문서를 전달하는 驛站. 宿驛 또는 驛次라고 한다.

92 중국 춘추시대 晉나라 大夫. 진나라 梁山이 무너지는 사변이 일어나자, 晉侯가 백종을 불러 사태를 수습코자 하였는데, 이에 백종이 나아가 의견을 개진하니, 晉侯가 그대로 따랐다고 한다. 『春秋左氏傳』 成公 5年條 참조.

93 東晉 때의 고승 慧遠을 이름. 『梁高僧傳』 권6, 「釋慧遠傳」에 의하면, "혜원은 廬山에 머물러 있는 30여 년 동안 그의 그림자가 산 밖을 나간 일이 없고, 그의 발자취를 세속에 들여놓은 일이 없었다. 손님을 배웅하기 위해 걸어 나올 때에도 언제나 虎溪를 넘은 일이 없었다"고 하였다.

94 석가는 설법을 끝마친 뒤 청중 가운데서 어떤 사람을 가려내어 그 법의 유통을 부탁하여 위촉하는 것이 常例였다. 이것을 付囑 또는 囑累, 累敎라고 한다. 경문 중에서 付囑과 관련된 부분을 '囑累品' 또는 '付囑段'이라 한다. 대부분 經의 말미에 있다.

고 하였다. 홀연히 일어나 서울[轂下]에 이르러 알현하시니, 선대왕께서 면복冕服[95] 차림으로 경의를 표하시며 왕사王師로 삼으셨다. 군부인君夫人[96]과 세자 및 태제太弟인 상국相國[原註: 追奉尊謚하여 惠成大王[97]이라 하였다], 그리고 여러 왕자·왕손들이 둘러싸고 우러르기를 한결같이 하였다. 옛 가람伽藍의 그림 벽에 서방의 여러 국장國長(임금)들이 불타를 모시는 것을 그려낸 형상과 같았다.

임금께서 말씀하시기를

제자가 재주는 없습니다만, 글짓기를 조금 좋아합니다. 일찍이 유협劉勰의 『문심조룡文心雕龍』[98]을 보니 "유有에만 머물거나 무無만을 지키면, 한갓 편벽된 해석에만 날카롭게 된다. 진리의 본원本源에 나아

95 冕旒冠(면류관)과 그 禮服.

96 백성들이 임금의 아내(王妃)를 일컫는 말. 『論語』, 「季氏」 "邦君之妻, 君稱之曰夫人, 夫人自稱曰小童, 邦人稱之曰君夫人."

97 경문왕의 아우인 金魏弘을 지칭. 「皇龍寺九層木塔刹柱本記」에 의하면, "今上(景文王-附註)卽位十一年(871), 咸通辛卯歲, …… 乃命親弟上宰相伊干魏弘"(황수영, 『韓國金石遺文』, 160쪽)이라고 되어 있어, 太弟가 바로 金魏弘임을 알 수 있다. 『삼국사기』에서는 진성여왕 2년(888)에 위홍이 죽자 왕이 혜성대왕에 追謚하였다고 했다. 김위홍은 경문왕대부터 진성여왕 초까지 요직을 역임하면서 정치적으로 중요한 역할을 하였으며, 나중에는 조카인 진성여왕의 情夫로서 막강한 권력을 행사하였다. 大矩和尙과 함께 『三代目』이라는 鄕歌集을 엮기도 하였다. 본 碑와 大崇福寺碑에서 김위홍의 존재를 특기한 것은 이 두 비문이 모두 진성여왕의 명에 따라 찬술되었던 것과 무관하지 않을 것이다.

98 중국 南朝 梁나라 때의 학자 劉勰(465~520)이 撰한 문학개론서. 10권 50편. 문장의 體裁와 巧拙을 논했다. 佛家語가 단 두 마디 들어 있을 뿐이다. 佛家語가 全無하다시피 한 것은 『文心雕龍』의 不可思議한 점이다.

가고자 하는 것, 그것은 곧 반야般若의 '경계境界가 끊어진 것'[99]이리라"고 한 말이 있었습니다. 그 '경계가 끊어져 있다'는 것에 대해 설명해 주실 수 있겠습니까?

라고 하니, 대사께서 대답하시기를 "경계가 이미 끊어져 있다면, 조리條理 또한 없을 것입니다.[100] 이는 심인心印이니 말없이 행할 따름입니다"고 하였다. 임금께서 말씀하시기를 "과인寡人은 진실로 조금 더 배우기를 청합니다"고 하니, 이에 문도門徒 중에서 쟁쟁한 사람에게 명하여, 여러 가지를 묻게 하되[更手撞擊], 한 가지씩 차근차근 속속들이 알 수 있도록 했는데[舂容盡聲], 막힌 것을 해결하고 번거로움을 떨쳐버리기를, 마치 가을바람이 어둠침침한 노을을 베어 없애듯 하였다. 이에 임금께서 크게 기뻐하시면서, 대사를 보게 된 것이 늦음을 한탄하며 "몸을 공손히 하고 남면南面한 사람에게 남종南宗[101]을 가르쳐 이끌어 주시니, 순舜은 어떠한 사람이며 나는 어떠한 사람일까[102]"라고 하였다.

이미 궁궐에서 나왔는데도, 경상卿相들이 늘어서서 마중하니, 사람들과 말을 나누려 해도 틈이 없었다. 사서士庶들이 붙좇아 따르며 떠받드니 떠나고자 해도 그렇게 할 수가 없었다. 이로부터 온 나라 사람들이 불성佛性을 인식하게 되었으니, 이웃의 장

---

99 眞如의 경지는 言說을 떠나 있으니, 言說이 있는 것 자체가 바로 境界라는 말.

100 말이나 글로써 설명할 수 없다는 뜻.

101 중국 禪宗의 일파. 시조 達磨가 禪思想을 전한 이후, 南北二派로 갈라졌는데, 嶺南의 慧能이 南宗의 開祖이고 嶺北의 神秀가 北宗의 개조이다.

102 순임금이나 내가 다같은 사람이므로, 분발하고 노력하면 순임금과 같은 경지에 도달할 수 있다는 뜻. 『孟子』, 「滕文公(上)」 "舜何人也, 予何人也."

로長老들도 (보주寶珠를) 엿보는 것을 그만두게 되었다.[103]

그러나 얼마 있지 않아서, 대사는 새장 안에 갇혀 지내는 것처럼 여기고 바로 도망하다시피 나왔다. 임금께서도 억지로 머물게 할 수 없음을 아시고 이에 교서를 내렸는데, 상주尙州의 심묘사가 서울로부터 멀지 않다 하여 참선하는 별관別館으로 삼을 것을 청하였다. 사양해도 임금께서 들어주지 않으므로, 할 수 없이 가서 거처하였는데, 비록 잠시 머물더라도 반드시 집을 수리하여 엄연하게 절[化城]의 모습을 갖추게 하였다.

건부乾符 3년(876, 헌강왕 2) 봄, 선대왕(경문왕)께서 옥체가 편치 않으셨다.[104] 근시近侍에게 명하되 "빨리 우리 대의왕大醫王[105]을 맞아 오라!"고 하였다. 사자使者가 이르자, 대사께서 말하기를

> 산승山僧의 발이 왕문王門에 닿는 것은 한 번이라도 심하다 할 것이다. 나를 아는 이는 '성주聖住'를 '무주無住'라고 할 것이요, 나를 모르는 이는 '무염無染'을 '유염有染'이라 할 것이다. 그러나 돌이켜 보면, 우리 임금님과는 향화香火로써 맹세한 인연이 있고, 또 (앞으로) 도리

---

103 중생들이 自性의 寶珠를 미처 알지 못했는데, 무염화상이 깨우쳐 알게 되었으므로, 이웃의 長老들이 알려 줄 필요가 없게 되었다는 말. 이지관(편역), 앞의 책, 193쪽.

104 『삼국사기』 新羅本紀에 의하면, 先大王인 경문왕이 同王 15년(乾符 2년, 875) 7월에 세상을 떠나고, 그의 世子인 헌강왕이 그 뒤를 이어 즉위했다고 한다. 이 비문에서는 건부 3년 봄, 즉 공식적으로 헌강왕 2년임에도 경문왕이 아직 在世하였다가, 그해 병으로 세상을 떠남에 따라 비로소 헌강왕이 즉위한 것으로 되어 있다. 두 자료 가운데 어느 하나는 착오가 있다.

105 佛菩薩은 有情한 마음의 병을 잘 다스리는 名醫라고 하여, 비유적으로 존칭하여 醫王이라고 함. 여기서는 무염대사를 가리킨다.

천忉利天[106]으로 갈 날이 정해져 있으니, 어찌 한 번의 작별이야 나누지 않으랴.

라 하고는, 다시 걸어서 왕궁에 이르렀다. 약언藥言과 잠계箴戒를 베풀었더니, 깨어난 가운데 환후患候가 나아 온 나라에서 이상하게 여겼다. 그러나 달을 넘기고는 헌강대왕께서 익실翼室에 거처[107]하시게 되었다. 우시면서 왕손 훈영勛榮[108]을 통해 대사에게 뜻을 알리시되

고孤[109]가 어려서 부왕의 상을 당하여 정치를 잘 알지 못합니다만, 임금께 충성을 다하고 부처를 받들어 많은 사람을 구제하고자 도모하는 것과, 자기 한 몸만 올바르게 하는 것은 같다고 말할 수 없습니다. 바라건대 대사께서는 멀리 가시지는 말고, 계실 곳은 오로지 고르신 대로 정하십시오.

라고 하였다. 대사가 대답하기를

옛 스승으로는 육경六經[110]이 있고, 오늘의 보신輔臣으로는 삼경三卿[111]

---

106 불교에서 말하는 欲界六天의 둘째 하늘. 三十三天이라는 뜻. 중앙에 帝釋天이 있고 사방에 각기 8명의 신(八天)이 있어서 모두 三十三天이 된다고 한다.

107 경문왕이 세상을 떠나 嗣子인 헌강왕이 服喪하는 것을 말함.

108 일명 勳榮. 문성왕의 從叔. 「國主慶膺造無垢淨塔願記」에 의하면, "監修造使從叔新授康州泗水縣令 金勳榮"이라고 되어 있다(黃壽永, 『韓國金石遺文』, 149쪽).

109 王侯 자신의 겸칭. 『禮記』, 「玉藻」 "凡自稱, 小國之君曰孤."

> 이 있습니다. 늙은 산승이 무얼 하는 사람이라고, 앉아서 누리[蝗蟲]처럼 땔나무와 쌀을 좀먹겠습니까. 가령 세 글자로 이에 남겨 드릴만한 말이 있다면, 바로 '능관인能官人'[112]이라고 하겠습니다.

라고 하였다.

그 이튿날, 등산 복장을 차리고 새처럼 떠나가고 말았다. 이로부터 역마驛馬가 소식을 전하느라고 산중에 그림자를 이었다. 역졸驛卒들은 가야 할 곳이 성주사에 해당된 것을 알면, 금새 모두들 뛸 듯이 기뻐하며, 손을 모아 말고삐를 고쳐 잡고 왕명을 받고 가는 길이 조그만큼이라도 지체될까 염려하였다. 이로 말미암아 기상시騎常侍[113]의 윤오倫伍[114]들은 임금님의 급한 명령을 받아도 일을 쉽게 해낼 수 있었다.

당나라 희종 건부제乾符帝가 (헌강대왕의) 즉위를 승인하던 해(878), 임금께서는 나라 안의 진언할 수 있는 모든 사람들에게 '흥리제해興利除害'의 방책을 바치도록 하는 한편, 각별히 우리나라의 종이[蠻牋][115]를 사용하여 글로써 (대사에게) 말씀하시되 "하늘

---

110 유교에서 말하는 여섯 가지 경전. 시경·서경·역경·예기·춘추·樂經.

111 중국 周代의 세 執政大臣. 곧 司徒·司馬·司空을 이름.

112 능력 있는 인재를 잘 살펴서 관직에 등용해야 한다는 말. 과거제의 실시를 통해 골품제의 사슬에서 탈피하고자 애썼던 육두품 출신 유학자들의 주장과 상통한다.

113 임금을 侍從하는 벼슬 이름. 후대의 宣傳官과 같은 직책으로, 散騎常侍·武騎常侍·郎騎常侍 등의 관명이 있었던 데서 비롯한다.

114 특정한 일을 맡은 팀.

115 우리나라의 종이는 질이 좋아 삼국시대부터 '蠻紙' 또는 '蠻牋'이라고 일컬어졌다. 특히 중국의 서화가들은 고구려에서 생산된 繭紙(견지)를 애

의 은총天寵[116]을 받은 것은 비롯되는 바가 있는 법입니다"[117]고 하였다. 나라에 보탬이 되는 질문을 내리신 데 대하여, 대사는 하상지何尙之[118]가 송宋나라 문제文帝에게 좋은 일을 권하고 나쁜 일을 하지 않도록 간했던 말[119]을 이끌어 대답하였다. 태부왕(헌강왕)께서 그 말을 들으시고 개제介弟[120]이신 남궁상南宮相(禮部令)에게 일러 말씀하시기를

> 삼외三畏[121]는 삼귀三歸[122]와 비길 만하고, 오상五常[123]은 오계五戒[124]와 알맞게 어울리느니라. 왕도를 잘 실천하는 일이야말로 불심佛心에

호하였다. 王羲之의 蘭亭序는 이 견지에 쓴 것이다. 이로 보아 晉代에 이미 중국에서 고구려산 종이를 인정했음이 증명된다(彭國棟, 『中韓詩史』 권3).

116 원문 '天寵'을 당나라 황제의 은총으로 보아도 무방할 것이다.

117 하늘은 스스로 돕는 자를 돕는다는 의미의 말.

118 중국 南朝時代 송나라 사람. 자는 彦德, 시호는 簡穆. 벼슬은 尙書令, 開府儀同三司에 올랐으며, 節操와 諫諍으로 명성이 있었다. 『宋書』 및 『南史』 권30, 「何尙之傳」 참조.

119 『文昌集』·『桂苑遺香』 등 일부 주해본에서는 『弘明集』 등을 인용하여, 何尙之가 劉宋(南朝)의 文帝에게 獻可替否했던 말을 摘示하고 있다. 사람들에게 五戒와 十善을 행하도록 하고 이것을 정치에 확대시켜 적용하면 태평성대를 이룰 수 있다고 하는 내용이다. 원문은 『弘明集』 '何令尙之答宋皇帝讚揚佛敎事'條와 『梁高僧傳』 권7, 「釋慧嚴傳」에 보인다.

120 남의 아우를 높여 부르는 말. '介'는 '大'의 뜻.

121 『論語』 「季氏」편에 나오는, 세 가지 두려워할 일. 畏天命·畏大人·畏聖人之言을 말한다.

122 三寶에 돌아가 의지한다는 '三歸依'의 준말. 歸依佛·歸依法·歸依僧을 말한다.

123 유교에서 말하는, 사람의 다섯 가지 기본 도리. 곧 仁·義·禮·智·信을 말한다.

124 불교에서 지키는 다섯 가지 계율. 一不殺生, 二不偸盜, 三不邪淫, 四不妄語, 五不飮酒를 말한다.

부합되는 것이니, 대사의 말씀이 지극하도다. 나와 네가 정성을 다해야 할 것이다.

라고 하였다.

건부제가 서방으로 순수巡狩[125]하던 해(中和元年, 881) 가을, 임금께서 시인侍人에게 일러 말씀하시기를 "나라 안에 큰 보주寶珠가 있는데, 평생토록 궤匱에다 감추어 둔다면 그것이 옳은 일인가"라고 하니, 근시가 말하기를 "옳지 않습니다. 때로 한 번씩 내어서 그 보배로운 구슬이 많은 백성의 눈을 뜨게 하고, 사방 이웃의 마음을 푹 취하게 하는 것만 못합니다"고 하였다. 그러자 임금께서 말씀하시기를

나에게 '마니摩尼'[126]라는 가장 좋은 보배가 있다. 숭엄산崇嚴山[127]에 빛을 감추고 있다. 만약 숨겨 둔 것을 열어 놓기만 한다면, 의당 삼천대천세계三千大千世界를 비추어 환하게 할 것이니, 어찌 수레 열두 대[十二乘]를 비췬 것쯤이야 말할 게 있겠는가. 나의 부왕父王께서 간곡하게 맞이하시니, 일찍이 두 번이나 그 모습을 드러냈다. 옛날에 소하蕭何는 한고조漢高祖가 대장大將을 임명하면서 어린 아이를 부르는 듯한

125 당나라 僖宗이 黃巢의 난(875~884)을 피해, 수도인 長安에서 西蜀으로 蒙塵한 것을 우회적으로 표현한 것.

126 龍王의 腦에서 나왔다고 하는 寶珠. 온갖 재액과 고난을 없애고 중생을 이롭게 한다고 한다. 如意珠. 摩尼寶珠.

127 金立之가 지은 「聖住寺碑片」에서는 '崇嚴山'이라 하였고, 崔彦撝가 지은 「菩提寺大鏡大師玄機塔碑文」에서도 '崇嚴山'이라 하였다. 「성주사사적기」 이외의 거의 모든 자료에서 '崇嚴'이라 표기하고 있다.

처사를 간하였거니와, 한고조가 상산商山의 네 노인[128]을 불러들일 수 없었던 것도 이 때문이었다. 이제 듣건대, 천자께서 몽진蒙塵[129]하셨다 하니, 달려가서 천자의 여러 신하들에게 위문[奔問][130]하도록 해야 할 것이나, 천자에게 근왕勤王을 더욱 두텁게 하는 일은 부처에게 귀의함이 우선일 것이다. 이제 대사를 맞음에 반드시 세상의 평판에 따를 것이다. 내 어찌 임금이라는 하나의 존귀함만을 믿고 연치年齒와 덕망의 두 가지 존귀를 겸한 대사에게 거만하게 대하겠느냐.

라고 하였다. 이에 사자를 정중히 하고 말씀도 겸손히 하여 부르시니, 대사가 이르기를

외로운 구름이 산의 암굴巖窟을 나오는 것이, 어찌 무슨 생각이 있어서이리요. 대왕의 풍덕風德에 인연이 있고 보면, '고집(집착)함이 없는 것'은 곧 상사上士[131]의 도리일 것이다.

---

128 商山四皓. 秦漢 교체기에 전란을 피해 商山에 은거한 네 사람의 노인. 곧 東園公·夏黃公·甪里(녹리)先生·綺里季로서, 후일 漢나라 惠帝의 師傅가 되었다. 모두 백발이어서 '四皓'로 불려졌으며, 뒷날 隱士를 비유할 때 자주 사용되는 대명사의 하나가 되었다.

129 임금의 피난을 이름. 임금이 행차할 때는 도로를 말끔히 청소한 다음에 거둥하는데, 난리통에는 그렇지 못하고 먼지를 뒤집어쓰며 간다는 말이다. 당나라 僖宗이 黃巢의 亂을 피해 西蜀으로 피난을 떠났던 것을 이른다.

130 '奔問'이란 당시 신라가 당나라에 대하여 事大外交의 형식을 취했기 때문에 대개는 시행해야 했다. 최치원이 撰한 『桂苑筆耕集』 권10에 「新羅探候使朴仁範員外」라는 서한이 있는데, 이는 唐帝가 西蜀으로 피난했을 때, 신라에서 탐후사로 온 박인범 등이 長安으로 가서 公文만 올리고 귀국하려 하자, 당시 唐에 머물고 있던 최치원이 그들에게 西蜀에 있는 唐帝를 뵙고 가라고 권하는 내용이다. 이로 미루어 당시 신라에서 사신을 보내 唐帝를 위문하였음이 분명하다.

하고는, 마침내 와서 알현하시었다. 임금께서 인견引見하심은 선조先朝(경문왕)의 예와 같았으나, 예에서 한층 빛이 났다. 손가락으로 꼽을 만한 것으로는

첫째, 임금께서 친히 공양을 올리신 것이요,

둘째, 손수 향을 전하신 것이요,

셋째, 몸·입·뜻의 삼업三業으로 세 번이나 경의를 표하신 것이요,

넷째, 작미로鵲尾爐[132]를 잡고 생생세세生生世世의 인연을 맺으신 것이요,

다섯째, 법호을 더하여 '광종廣宗'이라 하신 것이요,

여섯째, 그 이튿날 조반朝班들에게 명하여 대사께서 머무시는 절[鳳樹]에 나아가 기러기처럼 열을 지어 하례토록 하신 것이요,

일곱째, 나라 안의 시를 연마하는 사람들에게 대사의 귀산歸山을 전송하는 시를 짓게 하였는 바, 재가제자在家弟子로서 왕손인 소판蘇判 억영嶷榮이 가장 먼저 시를 지었는데, 거두어 두루말이로 만들고 시독侍讀[133]이며 한림翰林(翰林臺)의 재자才子인 박옹朴邕[134]이 인引[135]을 지어 증행贈行한 것이요,

---

131 보살을 달리 이르는 말. 자기만 해탈코자 하고 남을 해탈시키려 생각하지 않는 이를 中士, 두 가지 모두 생각이 없는 이를 下士라 하며, 自他를 함께 해탈시키고자 생각하는 보살을 上士라 한다.

132 긴 자루(손잡이)에 까치의 꼬리를 새겨서 만든 향로(柄香爐). 승려가 부처 등에게 예를 올릴 때 사용한다.

133 신라 때의 벼슬. 唐制와 마찬가지로 임금이나 세자에게 經書 등을 강의하는 직책인 듯함.

134 여러 註解本에서는, 朴의 직함을 '侍讀翰林郞 瑞書院直學士 薩飡(沙飡)'으로 적고 있다. 또 『無染國師年譜』에 의거, 朴이 撰한 '引'을 싣고 있다.

135 文體의 하나. 성격은 대략 序와 같지만 짧고 간단한 것이 특징이다.

여덟째, 거듭 장차掌次[136]에게 명하여 정결한 방을 마련토록 하시고 작별을 나누신 것이다.

고별에 임하여 임금께서 묘결妙訣을 구하시었다. 이에 종자從者에게 눈짓하여 진요眞要를 들려주라고 하였다. 순예詢乂·원장圓藏·허원虛源·현영玄影과 같은 이는 사선四禪[137] 중에서 청정淸淨[138]을 얻은 자로서, 자기의 지혜를 실에서 뽑듯이 하여 그 종지를 섬밀하게 나타냈다. 뜻을 기울여 소홀함이 없었고, 임금의 마음을 계발함에 여유가 있었다. 임금께서 매우 즐거워하시며 두 손을 마주잡고 경의를 표하여 말씀하시기를

> 옛 부왕父王께서 증점曾點과 같은 현인賢人이셨다면, 지금의 과인은 증참曾參과 같은 아들이 되기에 부끄럽습니다.[139] 그러나 임금의 자리를 이어 받아 덕 있는 사람에게 지도至道를 얻고, 그것을 받들어 간직함으로써 혼돈세계混沌世界의 근원을 열었습니다. 저 위수渭水 가의 태공망太公望[140]은 참으로 명예를 낚으려는 사람이었으며, 흙다리 위의 장

---

136 임금의 행차에 관계된 일을 맡아보는 관직.

137 色界의 天人들이 修行하는 네 가지 禪定. 四精慮라고도 한다. 色界는 欲界를 초월한 淸淨한 세계이지만 아직 물질적 성격으로부터 벗어나지 못한 세계로 無色界의 아래이다. 선정에 의하여 도달하는 과정으로서, 初禪·第二禪·第三禪·第四禪의 단계로 나눈다. 가장 높은 단계인 第四禪에서는 樂을 느끼는 단계에서도 벗어나 苦와 樂을 초월하게 된다.

138 第四禪의 '念淸淨' 상태를 가리킴. 정신의 淸淨한 순수성을 얻어 최고의 直觀을 인도케 하는 최고의 선정 상태를 말한다.

139 스승에게 제자로서의 예를 극진히 했던 曾參의 경우에 비추어 弟子禮를 소홀히 한 임금 자신이 부끄럽다는 말.

140 周初의 賢相 呂尙을 이름. 姓은 姜, 姜太公이라고도 한다. 문왕이 渭水 가에서 처음 만나 스승으로 섬겼으며, 뒤에 무왕을 도와 殷나라를 滅하고 천하를 평정하여 그 공으로 齊나라에 봉함을 받아 그 시조가 되었다.

> 량張良[141]도 대개 그러한 자취를 밟았다고 하겠습니다. 비록 임금된 자의 스승이 되었어도, 한갓 세 치의 혀만 놀린 것이니, 어찌 우리 대사께서 말씀을 은밀하게 하시어 일편심一片心을 전한 것과 같겠습니까. 받들어 주선周旋할 것이며 감히 실추失墜하지 않겠습니다.[142]

고 하였다. 태부왕(헌강왕)께서는 평소 중국말[華言]을 잘하시는 터라, 금옥 같은 소리로 여러 사람들이 지껄이며 시끄럽게 하는 것을 꺼리지 않고, 말씀을 하시기만 하면 짝맞추는 말[儷語]을 이루었다. 평소에 오랫동안 구상한 것 같았다.

대사께서 왕궁에서 물러 나온 뒤에, 또 왕손인 소판 일鎰에게 가서 청함에 응하였다. 함께 이야기하며 몇 차례 말을 주고받았다. 대사께서 곧 감탄하고 말하기를

> 옛날 임금으로서 원체遠體[143]는 있으나 원신遠神[144]이 없는 분이 있었는데, 우리 임금께서는 둘 다 갖추시었고, 신하로서 재상이 될 만한

저술로 『六韜』가 있다.

141 중국 前漢의 건국공신(B.C. ?~168) 자는 子房. 韓나라의 世族으로 劉邦의 謀臣이 되어 큰 공을 세웠으며, 한나라 통일 후에 留侯에 봉해졌다. 蕭何·韓信과 함께 漢나라 창업의 삼걸로 일컬어진다.

142 석가모니가 大涅槃에 들려 할 때, 가섭 등에게 諸法藏(부처의 여러 가르침)의 住持, 弘布를 付囑하면서 결코 실추됨이 없도록 하라고 당부한 故事에서 나왔다. 『大唐西域記』 권9, "如來化緣斯畢, 垂將涅槃, 告迦葉波曰 : 「…… 我今將欲入大涅槃, 以諸法藏, 囑累於汝, 住持宣布, 勿有失墜」"

143 遠大한 體度. 곧 長壽함을 이르는 말.

144 深遠한 정신. 또는 멀리 내다볼 줄 아는 神智. 遠體와 遠神은 「大崇福寺碑」에 나오는 '神淸遠體'의 句와 직결된다. 이는 곧 신라인의 '靈肉雙全' 사상과도 상통한다고 하겠다.

재주[公才]는 있으나 그만한 인망[公望]이 없는 이가 있었는데, 그대는 둘 다 온전하구려. 이 나라는 잘 되어 나아갈 것입니다. 마땅히 덕을 좋아하고 자중자애하시구려.

하고는, 산으로 돌아가자마자 곧 세상과의 인연을 끊었다. 이에 임금께서 사자를 보내 '방생장放生場'[145]의 경계를 표시하니, 새와 짐승들이 즐거워하였고, 뛰어난 글씨로 '성주사'라는 제액題額을 쓰니, 용과 뱀이 살아 움직이듯 하였다.[146]

성대한 일이 끝나고는 좋은 시절도 덧없이 되었다.[147] 정강대왕께서 즉위하시자, 두 조정에서 총우寵遇한 것을 좇아서 행하였다. 승려와 속인을 거듭 사신으로 보내 맞아오도록 하였으나, 대사는 늙고 병들었다며 사양하였다.

태위대왕太尉大王[148]께서는 은혜를 베풀어 해동의 사표師表가 되시고, 덕 있는 사람을 높은 산처럼 우러러 보셨다. 임금이 되신 지 석 달 동안에 안부를 묻는 사자가 열 번이나 대사에게 다녀갔다. 얼마 되지 않아 대사께서 허리 통증으로 고생한다는 말을 들으시고, 급히 국의國醫를 보내 치료하도록 하였다. 국의가 당도하여 고통의 증상을 물으니, 대사는 슬며시 얼굴빛을 부드

---

145 放生하는 장소. 수렵금지구역이다. 당시 왕명으로 사찰의 사방에 禁幢, 또는 長生石標 같은 것을 세워 사찰의 경계를 설정함과 동시에, 獵師들의 출입을 막은 예가 많았다.

146 筆勢가 좋은 草書를 비유한 말.

147 헌강왕의 승하를 말함.

148 진성여왕. 즉위 후 唐帝가 檢校太尉의 벼슬을 내리고 신라왕에 봉했다. 「秀澈和尙碑文」에서는 '太尉讓王'이라고 하였다. 효공왕에게 왕위를 선양했기 때문이다.

럽게 하고 웃으며 “노병老病일 뿐이니 번거롭게 치료할 것은 없다”고 하였으며, 조석으로 하루 두 때 죽과 밥[糜飧][149]을 들이되, 꼭 공양을 알리는 종소리가 울린 뒤에 올리도록 했다. 스님들이 대사께서 식력食力을 잃을까 염려하여 종채를 맡은 사람에게 살그머니 당부하여 거짓으로 몰래 치도록 하였는데, 대사께서는 들창 밖으로 바라보며 그만두도록 명하였다.

장차 열반에 들려고 할 때, 곁에서 시중드는 이에게 명하여, 많은 사람들에게 유훈遺訓을 일깨우라고 하면서

> 내 나이 이미 팔십을 넘었으니, 죽음[大期]에서 도망하기 어렵다. 나는 멀리 떠나니 너희들은 (禪道에) 잘 안주安住하도록 하라! 강講하기를 한결 같이 하며, (마음을) 지켜서 잃어버리지 않도록 하라![150] 옛적 (조참曹

---

149 宋僧 贊寧의 『大宋僧史略』에서는 禪僧의 일상생활에 대하여 자세히 적고 있는데, 식사의 경우 아침에는 죽, 낮에는 밥으로 하루 두 끼만을 먹는 등 절약과 검소한 생활을 실천하는 修行者의 여러 면모를 보여주고 있다.

150 ‘講若畫一 守而勿失’이란 말은 『史記』 권54, 「曹相國世家」에서 나왔다. 조참은 韓信과 함께 漢高祖 劉邦 휘하에서 野戰의 공로가 많았으며, 나중에 재상이 된 뒤에는 秦나라의 잔혹한 통치를 겪었던 백성에게 ‘淸靜無爲’를 골자로 하는 無爲而治의 정치를 펴는 데 힘써, 천하 사람들이 그의 공덕을 칭송하였다고 한다. 당시 백성들이 그의 덕을 기리기 위해 지어 불렀다고 하는 노래는 다음과 같다. “소하가 제정한 법(蕭何爲法) / 밝고 곧기가 한 줄과 같았네(顜若畫一) / 조참이 대를 이어(曹參代之) / 지켜가며 잃지 않았네(守而勿失) / 淸淨無爲의 정책을 펼치니(載其淸淨) / 온 백성이 한결같이 편안하네(民以寧一)”
한편, ‘守而不失’이라는 말은 道信의 ‘守一不移’에서 비롯되었을 것이다. 도신의 禪思想은 한 마디로 ‘守一不移’라 할 수 있다. 이는 마음을 하나의 사물에 집중시켜 觀照하도록 하는 구체적인 방법이다. 도신의 守一不移의 실천법은 그의 제자인 弘忍의 守心說로 계승되어 한층 더 발전된다. 鄭性本, 『禪의 歷史와 禪思想』, 201~204쪽 참조.

> 參과 같은) 관리도 오히려 이와 같이 하였으니, 오늘의 선禪하는 사람들이야 마땅히 힘써야 할 것이다.

고 하였다. 영결의 말을 겨우 마치고는 편안한 모습으로 세상을 떠났다.

대사는 성품이 공손하면서 말을 삼가하여 좋은 분위기를 해치지 않도록 하였다. 『예기』에 이른바, "몸[中]은 겸손하고 유순한 듯하며, 말은 나직하고 느린 듯하였다"는 것일진저! 학승學僧들에게는 언제나 '선사'라고 불렀으며, 손님을 접대할 때에는 신분의 높고 낮음에 따라 공경을 달리하지 않았다. 그러므로 방에 가득한 자비慈悲에 뭇스님들이 즐거이 따랐다. 닷새를 주기로 하여, 배우러 온 사람에게 의심난 것을 묻도록 하였고, 생도를 깨우치는 것에 대해서는 말하기를

> 마음이 비록 몸의 주인이기는 하나, 몸은 반드시 마음의 사표가 되어야 할 것이다. 그러한 생각을 하지 않음이 걱정일 뿐이다. 도가 어찌 너희에게서 멀리 있겠느냐.[151] 설령 배움 없는 시골뜨기라 하더라도 능히 속세의 얽매임에서 벗어날 수 있느니라. 내가 달리면 (저들도) 반드시 달리게 될 것이니,[152] 어찌 도사導師와 교부敎父[153]에 씨[種]가 있

---

151 '道不遠人'이라는 말과 같은 의미. 平常心이 곧 道임에도, 道를 다른 곳에서 찾으려고 하는 것을 경계하는 말이다. 馬祖의 이른바 '平常心是道'라는 祖師禪의 정의는 평범한 일상생활 속에 언제 어디서나 자기의 주체성을 잃어버리지 말고 자각적인 삶을 영위하라는 메시지라 하겠다.

152 내가 솔선수범하면 아무리 무지몽매한 시골뜨기라 하더라도 결국은 감화를 입어 행동에 나서게 될 것이라는 말이다.

153 덕행이 뛰어나 남의 모범이 될 만한 사람. 人師. 『老子』, 제42장 "吾將以

> 겠느냐.

라고 하였다. 또 말하기를

> 저 사람의 마신 바가 나의 갈증을 해소시키지 못하고, 저 사람의 먹은 바가 나의 굶주림을 구원하지 못하는 법이다. 어찌 힘을 다하여 스스로 마시고 먹지 않으랴.[154] 어떤 이는 교敎와 선禪을 일러 다르다고 하는데, 나는 아직 (다르다는) 그 종지를 보지 못했다. 말은 본래 많은 법이니,[155] 내가 알 바 아니다. 대략 같다 해도 편들 것은 아니요, 다르다 해도 비난할 것은 아니다. '편안히 앉아서 교사巧詐한 마음[機心]을 삭히는 것' 이것이야말로 도를 닦는 사람의 행동에 가까울 것이다.

고 하였다. 그 말씀은 분명하고 도리에 맞으며, 그 뜻은 오묘하면서도 믿음직스러우므로, 능히 심상尋相[156]을 무상無相[157]이라 여기게 하고, 도를 닦는 사람[道者]에게 부지런히 그것(無相의 法)을 행하도록 하여, 갈림길 속의 갈림길[158]을 보지 못하게 하였다.

爲敎父." ; 全解 "敎父, 爲師也. 吾將以此爲人師, 以敎天下後世矣."

154 실천을 중시하는 선불교에다 경전에 의한 전통적 권위를 배격하지 않는, 禪敎合一의 사상적 일모를 보인 말이라 하겠다.

155 원문 '語本顆頤'를 "(敎宗의) 말이 본래 많지만"으로 풀이할 수도 있다.

156 제한된 差別相을 찾는 것. 곧 有相을 가리킨다.

157 『金剛經』에서 특별히 강조하고 있는 敎說. 모든 差別相을 여읜 無限絶對한 자리다. 空이나 眞如 등을 형용하는 말이다. 『금강경』 序文에서는 "『금강경』은 無相을 宗으로 하고 無住를 體로 하며 妙有를 用으로 한다"고 하였는데, 無相과 無住는 空觀思想의 실천이다.

158 온갖 異說과 대립적인 견해를 말함.

대사는 장년壯年으로부터 노년에 이르도록, 스스로 낮추는 것을 기본으로 삼았다. 먹는 것은 양식을 달리하지 않았으며, 입는 것은 반드시 똑같은 복장이었다. 대개 어떠한 것을 짓거나 수리할 때에는 뭇사람보다 앞장서서 일을 하였다.[159] 매양 말하기를 "가섭조사迦葉祖師께서도 일찍이 (祇園精舍를 지을 때) 진흙을 이기신 일이 있거늘, 내 어찌 잠깐이라도 편안히 있겠는가"라고 했으며, 먹을 물을 길어 나르거나, 섶나무를 지는 일도 더러는 몸소 하였다. 또 말하기를 "산이 나를 위하느라 더럽혀졌는데, 어찌 내가 몸을 편안히 하겠는가"라고 하였으니, 그가 자기 몸을 다스리고 사물에 힘씀이 모두 이러한 것들이다. 대사가 어렸을 때 유가儒家의 서적을 읽어 남은 맛이 입가에 잠겨 있었으므로, 남과 말을 주고받을 때 운韻이 있는 말[160]을 많이 썼던 것이다.

문제자門弟子로 이름을 지적할 수 있는 사람이 거의 2천 명이다. 따로 떨어져 있으면서 '도량道場에 거처한다'고 일컫는 사람[161]은 승량僧亮·보신普愼·순예詢乂·심광心光[162]이다. 여러 불손

159 중국 불교에서 출가승이 노동에 힘쓴 예는 道安(312~385)을 비롯하여 역대 『고승전』에 많이 보이고 있다. 불교사를 통관할 때 출가교단에서 노동이 집단적으로 거행된 일은 道信→弘忍으로 이어지는 東山法門이 최초인 것으로 보인다. 후일 祖師禪에서는 좌선과 노동이 동일시되어 노동이 정신생활의 실행이자 수행의 하나로서의 의미를 갖게 되는데, 이는 동산법문으로부터 연원한다고 할 것이다. 鄭性本, 『禪의 역사와 禪思想』, 220쪽 참조.

160 본문에 나오는 "祖師嘗踏泥, 吾豈蹔安栖"에서 '泥'와 '栖'는 齊韻(上平)이고, "山爲我爲塵, 安我得安身"에서 '塵'과 '身'은 眞韻(上平)임.

161 별도로 독립된 道場을 열었던 제자들을 말한다.

162 崔彦撝 所撰 「菩提寺大鏡大師玄機塔碑文」, 「淨土寺法鏡大師慈燈塔碑文」

佛孫이 많고 그 무리가 번성하니, 실로 마조도일이 용의 새끼[163]를 길러서 동해東海가 서하西河를 덮었다고 이를 만하다.[164]

논論하여 말한다. 『춘추』에 이르지 않았던가. "공후公侯의 자손은 반드시 그 처음으로 돌아갈 것이라"[165]고. 옛날에 무열대왕께서 을찬乙粲(伊湌)으로 계실 때, 예맥獩貊[166]을 무찌르기 위해 군사를 빌릴 계책을 가지고, 진덕여왕의 명령으로 소릉황제昭陵皇帝(당태종)를 폐근陛覲하였다. 정삭正朔을 받들고[167] 복장服章을 바꿀 수 있도록 면전에서 진원陳願하였다. 천자께서 가상히 여겨 허락하시고, 궁정에서 중국식 복장[168]을 내리셨으며, '특진特進'[169]

에 나오는 '深光和尙'과 동일한 인물. 大鏡大師 麗嚴과 法鏡大師 玄暉의 스승. 그의 法脈은 馬祖道一→ 麻谷寶徹→ 聖住無染→ 靈覺深光→ 菩提麗嚴 · 淨土玄暉의 순임.

163 무염대사를 가리킴. 그의 師資傳承의 계통은 馬祖道一→ 麻谷寶徹→ 聖住無染의 순임.

164 '河'는 물의 發源이요 '海'는 모든 물이 합치는 곳이니, 곧 佛法이 西河(중국)로부터 전해져 東海(신라)로 모이게 되었다는 뜻을 내포한다.

165 공후의 자손은 언젠가는 다시 공후가 된다는 말. 顯祖 뒤에는 반드시 그와 같은 자손이 나오게 되기 마련이라는 뜻이다.

166 당나라에서 고구려를 일컫던 말.

167 正은 正月이고 朔은 초하루라는 뜻. 고대 중국에서는 帝王이 새로 건국하면 반드시 曆法을 고쳐 천하에 반포하였다. 그 曆法이 통치영역에 사용되므로, '正朔을 받든다'고 함은 곧 臣民이 되는 것을 의미한다.

168 김춘추가 신라의 衣冠制度를 중국식으로 고치려 한 것을 말한다. 김춘추는 진덕왕 2년(648)에 당태종으로부터 중국의 官服을 하사받고 돌아와 이듬해부터 중국식 관복을 입게 하였다. 「金仁問墓碑」에서는 "用儀左貂右蟬, 定中國之行禮, 奏聞"운운하여, 담비의 꼬리와 매미의 날개로 장식한 高官의 冠을 중국식대로 착용하게 하였다고 했다.

169 원래 漢代에 제후 · 王公 · 장군 중 나라에 특별한 공을 세운 사람에게 준 爵號로서, 三公의 아래에 해당하였다. 魏晉時代에도 이것을 계승하였으며, 隋唐代에는 散官의 官階로 삼았다. 唐代의 特進은 정2품에 해당한다.

이라는 작호爵號를 주셨다. 하루는 (황제께서) 모든 번국藩國의 왕자들을 불러 잔치를 벌였다. 크게 술자리를 베풀고 온갖 보화를 쌓아 놓은 뒤, 그들에게 마음껏 마시고 가지라고 하셨다. 왕(무열왕)께서는 이에 술 드는 것은 예의를 지켜 난망亂妄함을 방지하셨고, 화려한 비단은 지혜를 써서 많이 얻으셨다. 하직하고 나오기에 이르러 문황文皇(당태종)께서는 눈길 주어 바라보면서 탄복하여 말씀하시기를 "국기國器로다!"고 했다. 신라로 돌아감에 미쳐서는, 친히 짓고 글씨까지 쓰신 온탕溫湯[170]과 진사晉祠[171]의 두 비碑 및 어찬御撰인 『진서晉書』[172] 한 벌을 내려 주시었다. 그 때 비서감秘書監에서 이 글들을 베껴 두 개의 서첩으로 만들어 올렸는데, 하나는 태자[儲君]께 주시고, 다른 하나는 우리를 위해 내리셨다. 다시 화자관華資官[173]에게 명하여 청문靑門[174] 밖에서 조도祖道[175]하게 하시니, 각별한 은총과 두터운 예우에는 설령 지

『삼국사기』에는 김춘추가 진덕여왕 2년(金仁問碑에는 진덕여왕 1년, A.D. 647)에 당나라에 들어가 조공을 바치자, 당태종이 特進의 관작을 내렸다고 한다.

170 溫泉. 陝西省(섬서성) 驪山에 세운 溫泉宮을 가리킨다.

171 山西省 太原縣의 서남방 懸甕山 기슭에 있는 祠堂. 晉水가 발원하는 곳으로 唐叔虞를 享祀하였다. 唐高祖가 起兵한 뒤 여기서 成事를 기원한 바 있다. 당태종 貞觀 2년(628)에 碑를 세웠다.

172 西晉과 東晉의 역사를 기록한 紀傳體의 史書. 모두 130권이며, 唐太宗이 房玄齡·李延壽 등에게 명하여 편찬하도록 했다.

173 높고 중요한 자리에 있는 顯貴한 벼슬아치.

174 중국 漢나라 때 세운 長安城 東門(霸城門)을 지칭한다. 문의 빛이 푸른 데서 연유한다.

175 여행할 때 길을 떠나기 전에 旅行神에게 제사를 지내는 일. 이 제사를 지내면 다른 귀신이 범하지 못하였다고 한다. 일설에 의하면 黃帝의 아들 纍祖(누조)가 여행하기를 좋아하다가 길에서 죽었으므로 후세 사람이 그를 行路神으로 모셨다고 한다.

혜에 귀먹고 눈먼 사람이라 하더라도, 또한 족히 듣고 보는 데 놀랄 정도일 것이다. 이로부터 우리나라가 일변一變하여 노魯나라처럼 되었고, 팔세八世 뒤로 대사가 중국에서 배우고 돌아와 교화하여 더욱 일변함으로써 도에 이르게 되었으니, 비교될 데가 없도다. (우리가) 우리를 버리고 누구를 이르랴.

위대하도다! 선조[176]께서 두 적국敵國을 평정하여 그들로 하여금 외면의 복장을 바꾸게 하셨다면,[177] 대사께서는 육마적六魔賊[178]을 물리쳐 악의 무리로 하여금 내면의 덕을 닦도록 하셨다. 그러므로 천승千乘의 임금[179]께서도 두 조정에 걸쳐 예우하셨고, 사방의 백성들도 만리를 멀다 하지 않고 분추奔趨하였다. 움직이면 반드시 그들을 마음대로 부리다시피 하였고, 가만히 있을 때에도 속으로 비방하는 사람이 없었으니, 어찌 오백년마다 현인이 태어난다는 말대로, (대사께서) 대천세계大千世界에 몸을 나타냄이 아니겠는가. 앞에서 이른바 '처음으로 돌아간다'고 한 말 또한 어찌 마음에 차지 않으랴.

저 장량張良은 한고조漢高祖의 군사軍師가 되어, (食邑이) 만호萬戶에 봉해지고 지위가 열후列侯의 반열에 오른 것을 크게 자랑하여, 이를 한韓나라 승상의 자손으로서 더없는 일이라고 여겼으

---

176 태종 무열왕과 문무왕을 지칭.

177 선진문명에 접하게 했다는 말.

178 六天魔軍, 곧 佛道를 방해하는 모든 惡事를 비유한 말. 여기서는 구체적으로 당시 藍浦에 들끓었던 群盜를 가리킨다. 「崇巖山聖住寺事蹟記文」을 보면, 藍浦에 들끓었던 도적떼가 무염국사의 문하에 輻輳, 請益하였는데, 마침내 改過遷善하여 出家得道한 사람이 1백여 사람이나 되었다고 한다.

179 큰 제후국의 임금을 말한다. 여기서는 경문왕과 헌강왕을 가리킨다.

나, 이것은 (소인배의) 소루小陋한 것이리라. 가령 그가 선도仙道를 배움이 시종일관했더라도 과연 능히 대낮에 승천했겠는가. 도중에서 그만두고 말았으니,[180] 얻은 것이라고는 학의 등 위에 하나의 허망한 몸일 뿐이다. 어찌 우리 대사께서 처음부터 범속凡俗에서 벗어났고, 도중에 대중을 제도하며, 마지막까지 자기 몸을 고결하게 한 것과 같겠는가.

성덕盛德을 아름답게 형용하는 것을 예부터 '송頌'에서 숭상하였다. 게송偈頌[181]의 유類이다. 적묵寂黙을 깨고 명銘을 짓나니, 그 글은 다음과 같다.

도라고 할 만한 것이 '상도常道'로 되는 것은
풀 위 이슬에 구멍을 내는 것과 같고
불도에 나아가 진불眞佛이 되는 것은
물 속에 비친 달을 잡는 것과 같도다.
도가 떳떳한 데다 불교의 진수眞髓를 얻은 이는

---

180 留侯 張良은 천성적으로 병이 많았기 때문에, 평소 辟穀을 배워 오곡을 먹지 않았고 道引을 행하여 몸을 가벼이 하였다. 그는 늘 公言하기를, "우리 집안은 대대로 韓나라 재상을 지냈는데, …… 지금은 세 치의 혀로 황제의 軍師가 되어 食邑이 萬戶에 이르고 지위가 제후의 반열에 올랐으니, 이는 평민으로서는 최고의 지위이다. 나 장량으로서는 매우 만족스럽다. 그러므로 세속의 일일랑 떨쳐 버리고 赤松子(전설 속의 신선)를 따라 고고히 노닐고자 한다"고 하면서 仙道에 침잠하였다. 高帝가 세상을 떠나고 태자(惠帝)의 母后인 呂后가 억지로 음식을 들도록 권하자 하는 수 없이 음식을 먹었다고 한다. 『史記』 권55, 「留侯世家」 참조.

181 부처 또는 불교의 덕을 찬양하거나 教義를 설명하는 글로서, 두 마디가 한 덩이로 짝을 이루도록 짓는다. 약칭 '偈'라고도 한다.

해동의 김상인金上人(무염)이시로다.
본 가지는 성골聖骨에 뿌리박았고
상서로운 연꽃은 태어날 몸에 의뢰하였네.[182]
오백년 만에 땅을 골라 태어나
열세 살에 진세塵世를 떠나니
화엄이 불법의 거대한 길로 이끌어
배를 타고 파도 험한 바다에 떴다네.【其一】

중원中原을 두루 살펴보고 나서
큰 방편[巨筏]을 죄다 버릴 수 있었네.[183]
선달先達(高僧)들이 모두 감탄하면서
고행으로는 따를 사람이 없다고 하였네.
불교가 도태淘汰를 당하게 되어
신라로 돌아올 기회를 하늘이 주시었네.
마음의 구슬은 마곡麻谷(寶徹)에서 밝았고
혜안慧眼의 거울은 우리나라[桃野]를 비추었네.【其二】

이미 봉새가 훌륭한 모습을 하고 오니
뭇새들이 다투어 뒤따랐네.
시험삼아 용이 변화하는 것[184]을 보시라!

---

182 무염대사가 태어나기 전 어머니가 꿈속에서 긴팔을 지닌 天人으로부터 연꽃을 받았던 사실을 이름.

183 善知識을 두루 찾아보고 敎外別傳을 心得하였음을 가리킨 말. 여기서는 화엄을 버리고 禪에 들었음을 가리킨다.

184 무염국사가 남긴 여러 異蹟과 說法敎化를 용이 千變萬化하는 것에 비유

어찌 보통 사람의 생각으로 헤아려 알 것인가.
우리나라[仁方]에 방편을 드러내 보이시고
성주사에 힘써 주지住持하시었네.
여러 절[松門]에 두루 석장錫杖을 걸어둘 때마다
바윗길엔 입추立錐의 여지가 없었네. 【其三】

나는 임금의 우대[三顧]를 기대했거나
임금의 뜻에 영합했던 사람이 아니라네.
때가 도를 행할 만하면 또한 나가게 되는 것이니
부처의 부촉付囑에 따르기 위한 까닭이라.
두 임금께서 대사[下風]를 예경禮敬하시니
온 나라가 부처의 교법敎法에 젖어들었네.
학이 세상에 나오니 동천洞天이 가을이요
구름이 돌아가니 바다 저편의 산이 저물었어라.[185] 【其四】

나와서는 섭룡葉龍[186]보다 고귀하였고
돌아가서는 명홍冥鴻[187]보다 고상하였네.

한 말.

185 학이 나오니 ~ : 무염국사의 出山과 入山이 제때에 이루어졌음을 비유한 말.

186 葉公好龍의 준말. 섭공이라는 사람이 용을 몹시 좋아하여 집안에다 용을 그려 붙였는데, 막상 용이 내려오자 달아났다는 고사에서 유래한 것으로, 이름만 좋아하고 실질에 힘쓰지 않는 似而非의 비유이다.

187 하늘을 높이 나는 기러기. 속세의 얽매임에서 벗어나 뜻을 고상하게 갖으면서 모든 危害로부터 멀리 피하는 것의 비유.

물을 건너니[188] 소보巢父[189]를 비루하게 여김이요
골짜기에 들어오니 승랑僧朗[190]을 초월함일세.
마침내 중국[島外]에서 돌아온 뒤
세 번이나 궁중에서 놀고 왔다네.
여러 미혹한 이들은 어지럽게 시비是非를 말하지만
종극에 이르면 무슨 다름이 있겠는가.[191] 【其五】

이 도(禪道)는 담백하여 맛이 없으나
모름지기 힘써 마시고 먹어야 하리니
남이 마신 술에 내가 취하지 못하고
남이 먹은 밥에 내가 배부르지 않네.
대중에게 마음속의 사특함을 쫓아내도록 깨우치되
명예와 이욕利慾을 겨나 쭉정이로 여겨야 한다 하였고

---

188 대사가 세상에 나옴을 비유한 말.

189 요임금 때의 隱士. 요임금이 許由에게 천하를 禪讓하고자 했는데, 허유는 이를 거절할 뿐 아니라, 더러운 말을 들었다고 潁水에서 자기의 귀를 씻었다. 이때 소보는 자기의 송아지에게 물을 먹이려 하였는데, 그 물이 허유가 귀를 씻은 물임을 알고는 '송아지의 입을 더럽힌다'고 하여, 상류로 끌고 올라가 물을 먹였다고 한다. 『高士傳』, 卷上.

190 前秦 때의 고승. 京兆 사람으로 일찍이 出家하여 泰山 서북쪽 一隅 崑崙山의 金輿谷에 은거하면서, 엄격한 僧規를 가진 僧團을 조직하여 이끌었다. 前秦의 임금 苻堅이 僧團의 부패와 승려의 타락을 막기 위해 沙門을 沙汰시킬 때에도 별도의 조칙을 내려, "승랑법사는 戒德이 얼음과 이슬처럼 淸淨하고, 그 제자들이 뛰어나기 때문에 이번 조치에서 제외한다"고 할 정도였다. 後秦의 姚興, 燕主 慕容德, 晉孝武帝, 魏主 拓跋珪 등으로부터 所重을 받았다. 이후 은거하는 수도승의 典範이 되었고, 사람들이 그가 머물던 金輿谷을 '朗公谷'이라고 불렀다 한다.

191 무염국사 자신이 생각하는 出處進退의 원칙에 조금의 다름도 없었다는 말이다.

속인에게 '몸가짐의 정제'를 어떻게 할지 권면하되
인仁과 의義를 갑옷과 투구로 여겨야 한다고 하였네. 【其六】

이끌고 지도함에 버리거나 빠트림이 없었으니
그야말로 천인사天人師[192]라 하겠네.
옛날 세간에 계실 적에는
온 나라가 유리세계琉璃世界를 이루더니
적멸寂滅하여 돌아가신 뒤부터는
발길 닿는 곳마다 가시풀만 돋았구나!
열반은 어찌 그리 빠르신고.
고금에 걸쳐 다함께 슬퍼할 일이로세. 【其七】

탑을 꾸미고 비문을 새겨
형백形魄은 감추고 자취는 드러냈으니
곡탑鵠塔[193]은 푸른 산 속에 한 점 자리하고
거북 등의 비석은 푸른 바위벽처럼 버티고 섰네.
이것이 어찌 여태까지의 마음이리요?
부질없이 문자로 살피는 데 수고롭게 하지만
후인들에게 오늘을 알도록 하는 것이니
오늘의 입장에서 옛날을 보는 것과 같을 뿐이라. 【其八】

---

192 인간과 天界를 인도하는 스승. 부처의 十號 가운데 하나.

193 鵠塔(곡탑) : 고니처럼 흰 빛을 띤 탑, 또는 鵠林(鶴林 : 석가가 入滅한 沙羅雙樹의 숲을 이름)에 세운 탑을 말함. 곧 舍利塔을 이른다.

임금의 은혜는 천년토록 깊을 것이요
대사의 덕화는 만대토록 흠앙할 것이라.
누가 '자루 있는 도끼'[194]를 잡을 것이며
누가 '줄 없는 거문고 소리'[195]에 맞출 것인가.
선禪의 경역境域은 비록 지킬 것이 없다 하나[196]
어찌 객진번뇌客塵煩惱야 침노하게 하리요.
계족산雞足山 봉우리에서 미륵불을 기다리듯이[197]
장차 동쪽 나라 계림에 길이 계시기를. 【其九】

종제從弟[198] **로서 조청대부**朝請大夫[199] **전 수**守[200] **집사시랑**執事侍郎

---

194 棟樑이 될 만한 재목을 찍어내는 것.

195 무염국사의 無生說法을 말함.

196 禪의 境域이 無染하기 때문에 이르는 말. 無染한 禪의 境域과 무염국사의 법호를 서로 연결시키려는 뜻이 담겨 있다.

197 석가모니가 열반에 들 때, 후계자 迦葉에게 佛法의 弘通을 부촉하면서, 아울러 자기가 입고 있던 金襴袈裟를 미륵보살(慈氏)이 출현할 때까지 지니고 있다가 전해 줄 것을 유언하였다는 故事. 가섭은 이후 계족산에서 줄곧 수도하다가 入滅하였다. 『大唐西域記』 권9, "如來化緣斯畢, 垂將涅槃, 告迦葉波曰 : 「我於曠劫, 勤修苦行, 爲諸衆生, 求無上法, 昔所願期, 今已果滿. 我今將欲入大涅槃, 以諸法藏, 囑累於汝, 住持宣布, 勿有失墜. 姨母所獻金縷袈裟, 慈氏成佛, 留以傳付」"

198 무염의 從弟. 현재 학계에서는 비문의 撰者인 최치원의 從弟로 보는 것이 거의 통설로 되어 있으나, 비문의 성격상 주인공이 아닌 撰者와의 관계를 나타냈을 리는 없다. 朴邕이 撰한 「送無染國師詩集引」(附錄 所收)에서도, 말미에 '從弟朝請大夫 前守執事侍郎 賜紫金魚袋 臣 崔仁渷奉詔書'라고 하여, 무염대사의 종제임을 밝히고 있다.

199 신라 때 사용된 중국식 文散階. 당나라의 제도를 받아들인 것으로 보인다. 품계는 정확히 알 수 없다.

200 품계와 관직이 相應하지 않을 때, 官階와 官職 사이에 붙여 부르는 호칭. 곧 小官으로서 大官을 겸임하거나, 품계가 낮은데 관직이 높을 경우 '守'라 칭하고, 이와 반대의 경우는 '行'이라고 한다.

이며 자금어대를 하사받은 신 최인연崔仁渷[201] 왕명을 받들어 글씨를 쓰다.

201 崔彦撝(868~944)를 이름. 慶州 사람으로 初名이 愼之이며, 18세 때 渡唐遊學하여 빈공진사에 급제하고, 벼슬을 지내다가 42세 때 귀국했다. 신라에서도 執事侍郞과 瑞書院學士 등을 역임했으나, 신라가 망하자 이름을 '彦撝'라고 고친 뒤, 고려에 들어가 太子師傅 등의 벼슬을 지냈으며, 文翰을 담당하였다. 卒後에 文英이라는 시호가 내리고 政匡에 추증되었다. 崔致遠·崔承祐와 함께 신라 말 '一代三崔'의 한 사람으로 꼽혔으며, 당시의 대표적 지식인의 한 사람이었다. 『삼국사기』 권46과 『高麗史』 권92의 列傳 참조.

제Ⅱ부 교주 사산비명

雙谿寺 眞鑒禪師碑

【원문】

有唐新羅國故知異山雙谿寺教諡 眞鑒禪師碑銘 并序

前西國都統巡官承務郎侍御史內供奉賜紫金魚袋臣崔致遠奉教撰 幷書篆額

夫道不遠人[1], 人無異國[2]。是以, 東人之子[3], 爲釋爲儒必也。西浮大洋, 重譯從學, 命寄刳木[4], 心懸寶洲[5]。虛往實歸[6], 先難後獲[7], 亦猶采玉者不憚崑丘[8]

---

1 道不遠人 : 도는 사람에게서 멀리 있지 않다는 말. 『中庸』, 제13장 "道不遠人, 人之爲道而遠人, 不可以爲道."

2 道不遠人 人無異國 : 이 대목은 顔延之(384~456)의 「庭誥」에 이른바 "天之賦道, 非差胡華, 人之稟靈, 豈限內外"(『弘明集』, 권13)라고 한 것에서 뜻을 취한 것으로 보인다.

3 東人之子 : 우리나라 사람.
【참고】『詩經』, 小雅, 〈大東〉 "東人之子, 職勞不來, 西人之子, 粲粲衣服"에서의 東人之子는 '제후의 사람', 西人之子는 '京師의 사람'을 가리킨다. 여기서 최치원은 東人之子를 '우리나라 사람', 西人之子를 중국 사람을 지칭하는 뜻으로 사용하였다.

4 刳木(고목) : 속을 파낸 통나무배. 『周易』, 「繫辭(下)」 "黃帝刳木爲舟, 剡木爲楫."

5 寶洲 : 西國(중국과 天竺國을 포함)을 가리키는 말. 須彌四主의 중심인 南贍部洲(閻浮提)에 四主가 있다. 보배가 많아 '寶主'인 서쪽은 '寶洲'라고 한다. 남쪽은 象主, 동쪽은 人主, 북쪽은 馬主이다. 玄奘, 『大唐西域記』, 권1 "贍部洲, 地有四主焉. 南象主則暑濕宜象, 西寶主, 乃臨海盈寶, 北馬主寒勁

之峻, 探珠者不辭驪壑[9]之深。遂得慧炬則光融五乘, 嘉肴[10]則味飫六籍[11]。 競使千門入善, 能令一國興仁[12]。而學者或謂: 『身毒[13]與闕里[14]之設敎也, 分流異體, 圜鑿方枘[15], 互相矛楯, 守滯一隅』嘗試[16]論

宜馬, 東人主, 和暢多人."

6 虛往實歸 : 빈 채로 갔다가 가득 채워 돌아옴. 『莊子』, 「德充符」 "虛而往實而歸, 固有不言之敎, 無形而心成者耶."

7 先難後獲 : 어려운 일을 먼저 하고 얻는 바는 뒤로 함. 『論語』, 「雍也」 "樊遲問仁, 子曰, 先難而後獲, 可謂仁矣."

8 崑丘 : 중국의 전설에 나오는 崑崙山을 말함. 玉이 많이 생산되는 것으로 유명하다. 『治水經』 "崑崙高五萬里, 地之中也. 河源出其東北陬, 日月相隱避, 中多寶玉云."

9 驪壑 : 검은 용이 사는 깊은 바다 구렁. '驪龍之珠'의 故事에서 나왔다. 黑龍의 턱 밑에 귀한 구슬이 있으나, 그 용이 몹시 사나워 구슬을 얻기가 거의 불가능하다고 한다. 여기서는 진리를 얻기가 매우 어렵다는 뜻에 비유되었다. 『莊子』, 「列御寇」 "人有見宋王者, 錫車十乘, 以其十乘, 驕穉莊子. 莊子曰 : 『河上有家貧恃緯蕭而食者, 其子沒於淵, 得千金之珠. 其父謂其子曰 : 「取石來鍛之! 夫千金之珠, 必在九重之淵而驪龍頷下. 子能得珠者, 必遭其睡也. 使驪龍而寤, 子尙奚微之有哉?」 今宋國之深, 非直九重之淵也, 使宋王而寤, 子爲虀紛矣』 ……"

10 嘉肴 : 맛있는 안주. 人口에 膾炙되어 수양에 도움을 주는 여러 가지 좋은 말의 비유. 『禮記』, 「學記」 "雖有嘉肴, 不食, 不知其味, 雖有至道, 弗學, 不知其善."

11 六籍 : 유교의 대표적 經書인 六經을 달리 이르는 말.

12 一國興仁 : 『大學』 傳 제9장에 나오는 말.

13 身毒(견독) : 범어 'Shindhu'의 音譯. 天竺國(석가의 탄생지)을 달리 이르는 말로, 天竺 또는 '身篤', '賢豆'라고도 쓴다. 여기서는 석가를 지칭한다.

14 闕里 : 공자의 탄생지. 중국 山東省 曲阜縣에 있다. 여기서는 공자를 지칭한다.

15 圜鑿方枘(원조방예) : 둥근 구멍에 네모난 자루를 박는다는 뜻으로, 서로 맞지 않음을 이름. 『楚辭』, 宋玉, 〈九辯〉 "圜鑿而方枘兮."

16 嘗試 : 시험삼아. '嘗'도 '試'의 뜻을 지님.

之, 說詩者, 不以文害辭, 不以辭害志[17]。禮所謂言豈一端而已, 夫各有所當[18]。故廬峯慧遠著論, 謂:『如來之與周孔, 發致[19]雖殊, 所歸一揆。體極[20]不兼應者, 物不能兼受[21]故也』[22] 沈約有云:『孔發其端, 釋窮其致』[23], 眞可謂識其大者, 始可與言至道矣。至若佛語心法, 玄之又玄[24], 名不可名, 說無可說。雖云得月, 指或坐忘[25], 終類係風[26], 影難行捕[27]。然陟遐自邇[28], 取譬何傷? 且尼父謂門弟子曰:『予欲

---

17 說詩者 ~ 不以文害志 :『孟子』,「萬章(上)」에 나오는 말.

18 禮所謂言豈一端而已 夫各有所當 :『禮記』,「祭義」편에 나오는 말.

19 發致 : 출발과 도착. 출발하여 도달하는 방법상의 차이를 말한다.

20 體極 : 敎의 本體가 至極함. ↔ 化極. 『梁高僧傳』 권6, 「釋慧遠傳」 "慧遠乃歎曰, 佛是至極則無變. 無變之理, 豈有窮耶? 因著法性論曰, 至極以不變爲性, 得性以體極爲宗."

21 兼受 : 차별없이 동등하게 받아들임. 明本 『高僧傳』에는 '兼愛'로 되어 있다.

22 如來之與周孔 ~ 物不能兼受故也 :『沙門不敬王者論』,「第四體極不兼應」에 나오는 구절이다.

23 孔發其端 釋窮其致 :『廣弘明集』 권22,「內傳序」에 나오는 말이다.

24 玄之又玄 : 현묘한 위에 또 현묘함. 지극히 현묘함을 이른다. 『老子』, 제1장 "無名天地之始, 有名萬物之母. 此兩者, 同出而異名, 同謂之玄, 玄之又玄, 衆妙之門."

25 坐忘 : 고요히 앉아서 잡념을 버리고 自我를 잊어, 절대 무차별의 경지에 들어가는 일. 『莊子』,「大宗師」 "顔回曰, 回益矣. 仲尼曰, 何謂也? 曰坐忘矣. 仲尼蹴然曰, 何謂坐忘? 顔回曰, 墮肢體, 黜聰明, 離形去知, 同於大通, 此謂坐忘."

26 係風 : 바람을 잡아 맴. 지극히 어려운 일의 비유. 係風捕影. 『漢書』 권25(下),「郊祀志(下)」 "谷永說上曰, 蕩蕩如係風捕景(影), 終不可得."

27 影難行捕 : 그림자는 뒤좇아 가서 붙잡기 어렵다는 말. '係風'註 참조.

28 陟遐自邇 : 먼 곳에 이르는 것은 가까운 데서부터 비롯된다는 말. 『書經』,「太甲(下)」 "若升高必自下, 若陟遐必自邇."

無言。天何言哉?』[29], 則彼淨名[30]之默對文殊, 善逝[31]之密傳迦葉, 不勞鼓舌[32], 能叶印心[33]。言天不言, 捨此奚適而得? 遠傳妙道, 廣耀吾鄕, 豈異人乎? 禪師是也。

禪師法諱[34]慧昭, 俗姓崔氏, 其先漢族, 冠盖[35]山東,

---

29 予欲無言 天何言哉 : 『논어』, 「陽貨」편에 나오는 말. 하늘이 말하지 않으면서 철을 바꾸고 만물을 생기게 하는 것처럼, 공자 자신도 그렇게 하겠노라는 뜻이다. "予欲無言. 子貢曰 : 「子如不言, 則小子何述焉?」 子曰 : 「天何言哉, 四時行焉, 百物生焉, 天何言哉?」"

30 淨名 : 維摩菩薩의 별칭. 淨名尉 또는 杜口大士라고도 한다. 文殊舍利가 維摩詰에게 '菩薩이 不二法門에 드는 것'을 물었으나 묵묵히 말이 없었다. 그것이 곧 대답이었다고 한다. 『維摩經』, 「入不二法門品」 "於是, 文殊舍利問維摩詰 : 「我等各自說已. 仁者當說, 何等是菩薩不二法門?」 時維摩詰默然無言. 文殊舍利歎曰 : 「善哉! 善哉! 乃至無有文字言語, 是眞入不二法門」"

31 善逝 : 부처의 十號 가운데 하나. 범어 'Sugata'(修加陀)의 漢譯. 지혜의 힘으로 번뇌를 끊고 그 최후의 결과에 도달할 사람이라는 의미이다.

32 鼓舌 : 혀를 놀림. 곧 말을 하는 것.

33 印心 : 도장이 찍히듯 마음에 들어와 박히는 것을 이름. 곧 禪家에서의 以心傳心을 이른다.

34 法諱 : 法諱와 賜號가 똑같은 '慧昭'라는 점은 석연치 않다.
【참고】 이 문제에 대해 靑莊館 李德懋는 "신라의 慧昭大師는 민애왕의 賜號다. 처음에 慧照라 하였으나 炤智王의 廟號를 피해 慧昭로 고쳤다. '炤'와 '照'는 같다. 또 智證大師가 있는데, 智證王의 廟號를 피하지 않은 것은 무엇 때문인가. 그리고 지증대사의 탑호가 '寂照'인데 이 또한 '炤'자를 피하지 않은 것이다"고 의문을 제기하였다(『靑莊館全書』 권68, 寒竹堂涉筆 上, 〈昭炤〉).
또 金煐泰는 다음과 같이 말하였다. "이 비문에 의하면 선사의 法諱가 慧昭임을 앞쪽에서 분명히 밝혀 놓았는데, 또 나중에 그가 唐에서 귀국하여 신라왕(愍哀大王)으로부터 慧昭라 賜號받았다고 되어 있다. 法諱는 바로 승려의 法名이므로 왕으로부터 받는 賜號와는 같을 수가 없다. 법명을 왕이 내린다는 것도 이해가 안 되지만, 왕의 賜號를 법명으로 삼는다는 것도 이해가 안 되는 일이다. 더구나 그 賜號인 慧昭의 '昭'가 聖祖의 廟諱를 피해서 바꾼 것이라 하고 있다. 이 부분에 『四山碑銘』의 필사

隋師征遼[36], 多沒驪貊[37], 有降志而爲遐甿[38]者, 爰及聖唐囊括[39]四郡[40], 今爲全州金馬人也。父曰昌元, 在家有出家之行。母顧氏, 嘗晝假寐, 夢一梵僧謂之曰: 『吾願爲阿㜷(原註: 方言謂母)之子』, 因以瑠璃罌爲寄, 未幾娠禪師焉。

生而不啼, 迺夙挺銷聲息言[41]之勝牙[42]也。旣齔[43]從戲, 必嘖葉爲香, 采花爲供。或西嚮危坐, 移晷[44]未嘗動容。是知善本, 固百千劫前所栽植, 非可跂[45]而

본에서는 '賜號爲慧照 昭字避聖祖廟諱易之也'라고 하여, 昭字를 피해서 '照'로 바꾸어 慧照라 한 것으로 하고 있다. 그래서 그런지 이 필사본은 앞쪽의 法諱에도 慧照라고 되어 있다. 그러나 현재 壽木榻本에서는 法諱와 賜號가 모두 慧昭이며 慧照가 아니다. 만약 그가 唐에서 귀국하여 국왕으로부터 받은 賜號인 慧昭를 법명으로 삼았다면, 그 이전에는 慧昭가 그의 법명일 수가 없다. 그렇다면 唐에서 滄州 神鑑禪師의 法을 받고 東方聖人이라 존경받았던 그의 법명은 慧昭가 아니어야 할 것인데도, 그의 碑에는 처음부터 法諱를 慧昭라 하였고, 또 나중에 국왕의 賜號도 같은 慧昭였다는 것이니, 아무래도 석연치 않다고 하겠다." 金煐泰(편), 『三國新羅時代 佛敎金石文考證』(서울 : 민족사, 1992), 153쪽.

35 冠盖 : 높은 벼슬아치가 타는 수레의 덮개. 轉하여 높은 벼슬아치를 이른다. 『戰國策』, 「魏策」 "韓使使者求救於秦, 冠蓋相望也."

36 遼 : 遼河의 東西地方. 여기서는 遼東을 가리킨다.

37 驪貊 : 고구려를 낮추어 이르는 말.

38 遐甿 : 먼 지방에 사는 백성. '먼 지방'이란 중국에서 우리나라를 가리키는 말이다.

39 囊括(낭괄) : 자루에 넣고 주둥이를 동여 맴. 곧 어떠한 것을 온통 차지함을 이르는 말. 『史記』 권48, 「陳涉世家」 "包擧宇內, 括囊四海之志."

40 四郡 : 漢四郡을 말함이니, 곧 한반도 지역(우리나라)을 가리킨다.

41 銷聲息言 : 소리가 작고 말이 없음.

42 勝牙 : 거룩한 싹수. '牙'는 '芽'와 통용된다.

43 齔(츤) : 이를 갈다[易齒].

44 移晷(이구) : 해 그림자가 옮겨감. 곧 '날이 저물어 가는 것'을 이른다.

45 跂(기) : 발돋움함. '企'와 통용. 『老子』, 제24장 "企者不立, 跨者不行."

及者。自丱泉弁[46], 志切反哺[47], 跬步[48]不忘, 而家無斗儲[49], 又無尺壤, 可盜天時[50]者。口腹之養, 惟力是視[51], 乃裨販[52]娵隅[53], 爲膽滑甘[54]之業。手非勞於結網[55], 心已契於忘筌[56], 能豐啜菽之資[57], 允叶采蘭之詠[58]。曁鍾艱棘[59], 負土成墳[60]; 迺曰:『鞠育之恩, 聊

---

46 自丱泉弁(자관기변) : 幼年으로부터 成年에 이르도록. '泉'는 '洎'와 仝字.

47 反哺 : 자식이 자라서 부모의 은혜에 보답하는 것을 이름. 梁武帝, 「孝思賦」"慈烏反哺以報親."

48 跬步 : 한 걸음의 반[半步]. 반걸음. 『禮記』, 「祭義」"君子跬步, 而弗敢忘孝也."

49 家無斗儲 : 집에 한 말의 여유 곡식도 없음. 곧 당일 벌어서 당일 먹는다는 뜻이다. '儲'는 '貯'와 통용된다.

50 天時 : 때를 따라 돌아가는 자연의 現象. 즉 人生과 밀접한 관계가 있는 晝夜・季節・風雨 등을 이른다. 『列子』, 「天瑞」"...... 吾聞天有時, 地有利. 吾盜天地之時利. 雲雨之滂潤, 山澤之產育; 以生吾禾, 殖吾家, 築吾垣, 建吾舍. 陸盜禽獸, 水盜魚鼈, 亡非盜也. 夫禾稼土木禽獸魚鼈, 皆天之所生, 豈吾之所有? 然吾盜天而亡殃."

51 惟力是視 : 오직 그 힘을 살펴서 일을 행함. 『春秋左氏傳』, 僖公 24년 "除君之惡, 唯力是視."

52 裨販(비판) : 소규모로 차린 장사, 또는 그 장수.

53 娵隅(추우) : 물고기를 이르는 말. 『世說新語』 권6, 「排調」"郝隆爲桓公南蠻參軍, 三月三日會, 作詩一句云 : 「娵隅躍淸池」, 桓問娵隅是何物. 答曰 : 「蠻名魚爲娵隅」"

54 滑甘 : 미끄럽고 맛이 좋은 음식.

55 結網 : 물고기를 잡는 사람이 그물을 맺음. 「智證大師碑」의 '羨魚者學網'과 같은 말. 『淮南子』, 「說林訓」"臨河而羨魚, 不如結網."; 『漢書』 권56, 「董仲舒傳」"古人有言曰, 臨淵羨魚, 不如退而結網."; 同注 "師古曰, 言自當求之."

56 忘筌 : 물고기를 잡고 나면 통발이 필요 없게 된다는 말. 『莊子』, 「外物」"筌者所以在魚, 得魚而忘筌."

57 啜菽之資(철숙지자) : 어버이께 콩죽을 드시게 할 정도의 가난한 봉양. 『禮記』, 「檀弓(下)」"子路曰 : 「傷哉貧也! 生無以爲養, 死無以爲禮也」 孔子曰 : 「啜菽飮水, 盡其歡, 斯之謂孝」"

58 采蘭之詠 : 효자가 어버이를 잘 봉양하는 것을 읊은 시. 『文選』 권19, 束晳, 〈補亡詩六首其一〉"循彼南陔, 言採其蘭."

將[61]力報; 希微[62]之旨, 盍以心求? 吾豈匏瓜[63], 壯齡滯跡?』

遂於貞元卄年, 詣歲貢使, 求爲榜人[64], 寓足西泛; 多能鄙事, 視險如夷[65], 揮楫慈航[66], 超截苦海。及達彼岸, 告國使曰: 『人各有志, 請從此辭!』

遂行至滄州, 謁神鑒大師。投體[67]方半, 大師怡然曰: 『戲別[68]匪遙, 喜再相遇!』遽令削染[69], 頓受印契; 若火沾[70]燥艾, 水注卑邍[71]然。徒中相謂曰: 『東方聖人[72], 於此復見!』

---

59 艱棘 : 부모의 喪[當故]을 말함.

60 負土成墳 : 『후한서』 권37, 「桓榮傳」에 나옴.

61 將 : ~으로써(以).

62 希微 : 道의 심오함을 형용하는 말. 『老子』, 제14장 "聽之不聞, 名曰希, 搏之不得, 名曰微."

63 吾豈匏瓜 : 덩굴에 매달려 보이기만 하고 먹을 수 없는 조롱박처럼 어찌 쓸모없는 인간이겠느냐는 말. 『논어』, 「陽貨」 "吾豈匏瓜也哉, 焉能繫而不食?"

64 榜人 : 뱃사공. 『廣韻』 "榜人, 舟人."

65 夷 : 평탄함.

66 慈航 : 자비의 배.

67 投體 : 五體投地를 이름.

68 戲別(호별) : (전생에) 슬프게 헤어짐. 奇僧 杯度和尙이 彭城에 있을 때 鳩摩羅什이 長安에 왔단 말을 듣고 "내가 이 분과 슬프게 헤어진 지 3백여 년 만에 다시 서로 만나는구나!"라고 탄식하였다 한다. 『梁高僧傳』 권2, 「鳩摩羅什傳」 "杯度比丘在彭城, 聞羅什在長安, 乃歎曰 : 「吾與此子, 戲別三百餘年相見!」"

69 削染 : 削髮染衣. 머리털을 깎고 옷에 물을 들임. 곧 승려가 됨을 이른다.

70 沾 : 엿보다. '覘'과 통용됨.

71 邍 : '原'의 古字.

72 東方聖人 : 鳩摩羅什이 釋道安을 '東方聖人'이라고 불렀던 故事에서 나왔다. 『梁高僧傳』 권5, 「釋道安傳」 "什亦遠聞安風, 謂是東方聖人, 恒遙而禮之."

禪師形貌黯然, 衆不名而目爲黑頭陁。斯則探玄處默[73], 眞爲漆道人[74]後身; 豈比夫邑中之黔[75], 能慰衆心而已哉? 永可與赤頿[76]靑眼[77], 以色相顯示矣。

元和五年, 受具[78]於嵩山少林寺瑠璃壇, 則聖善[79]前夢, 宛若合符。旣瑩戒珠, 復歸橫海[80]; 聞一知十, 茜

【참고】 여러 註解本에서는 "初見道義, 今見禪師, 故云復也"라고 하였다. 즉, 신라 宣德王 5년(784)에 入唐한 道義(西堂智藏의 法嗣)가 慧昭에 앞서 이름을 날렸기 때문에 '다시 뵙는다'고 한 것이라 했다. 여기서는 道安의 故事가 분명한 만큼 이는 잘못이라 하겠다.

73 探玄處默 : 玄理를 탐구하고 말없는 데(禪) 처함.

74 漆道人 : 중국 東晉 때의 고승 道安法師를 달리 부르는 말. 도안의 얼굴이 검었으므로 이 별명이 붙여졌다고 한다. 『梁高僧傳』 권5, 「釋道安傳」 "…… 時人語曰, 漆道人驚四隣. 于時學者, 多守聞見."

75 邑中之黔 : 춘추시대 宋나라 사람으로 얼굴빛이 검었던 子罕의 故事. 송나라의 大宰인 皇國父가 平公을 위해 별장을 지으려고 했는데, 공사로 인하여 농사일에 방해가 되므로 子罕은 농한기를 틈타 시작하라고 요청했다. 임금이 허락하지 않았다. 이에 별장 짓는 인부들이 노래 부르기를 "澤門의 피부 흰 사람은 우리들에게 공사를 시키고, 邑中의 얼굴빛 검은 사람은 우리의 마음을 위로한다네!"라고 하였다 한다. 『춘추좌씨전』, 襄公 17년 "宋皇國父爲大宰, 爲平公築臺, 妨於農功. 子罕請俟農功之畢, 公弗許. 築者謳曰 : 「澤門之皙, 實興我役, 邑中之黔, 實慰我心」"

76 赤頿(적자) : 北天竺 罽賓國(계빈국) 출신의 고승 佛陀耶舍(佛馱邪舍)를 지칭한 말. 불타야사가 수염이 붉고 毘婆娑論을 잘 강론하여 당시 晉나라 사람들이 '赤頿論主'라고 불렀다 한다. 『梁高僧傳』 권2, 「佛陀耶舍傳」 "佛陀耶舍, 爲人赤頿, 善解毘婆娑論, 時人號赤頿論主."

77 靑眼 : 중국 禪宗의 初祖인 達摩를 가리킴. 푸른색의 눈을 가졌으므로, 당시 梁나라 사람들이 '碧眼胡僧'이라고 불렀다 한다. 『佛祖通載』 "達摩眼紺靑色, 稱碧眼胡僧."

78 具 : 具足戒. 비구와 비구니가 지켜야 할 모든 法戒이다. '완전히 갖추어진 계'라는 의미이다.

79 聖善 : 어머니를 이름. 『시경』, 邶風, 〈凱風〉 "凱風自南, 吹彼棘薪, 母氏聖善, 我無令人."

80 橫海 : 橫은 黌과 통용되니 곧 '학문의 길'을 이른다. 학문의 길이 바다와

絳藍青[81]; 雖止水澄心, 而斷雲浪跡。

粤有鄕僧道義, 先訪道於華夏; 邂逅適願[82], 西南得朋[83]。四遠參尋[84], 證佛知見。義公前歸故國, 禪師卽入終南, 登萬仞之峯, 餌松實而止觀寂寂者三年; 後出紫閣, 當四達之道, 織芒屩[85]而廣施憧憧[86]者又三年。於是, 苦行旣已修, 他方亦已遊; 雖曰觀空[87], 豈能忘本。

乃於太和四年來歸, 大覺上乘[88], 照我仁域。興德大王, 飛鳳筆[89]迎勞曰:『道義禪師, 曏已歸止, 上人繼至, 爲二菩薩! 昔聞黑衣之傑, 今見縷褐之英。彌

같이 넓다는 데서 비유한 말이다.

81 茜絳藍青 : 絳色은 꼭두서니풀[茜草]에서 취하지만 꼭두서니 빛보다 더 붉고, 青色은 쪽풀[藍草]에서 취하지만 쪽빛보다 더 푸르다는 말. 곧 제자가 스승보다 뛰어남을 비유한 말이다. 『荀子』, 「勸學」 "青取之於藍, 而青於藍." ; 『文心雕龍』, 「通變」 "青出於藍, 絳生於茜, 雖踰本色, 不能復化."

82 邂逅適願 : 우연히 서로 만나 바라는 바가 일치함. 『시경』, 鄭風, 〈溱有〉 "邂逅相遇, 適我願兮."

83 西南得朋 : 『주역』에 이르기를 "서남에서 벗을 얻는다 함은, 곧 同類와 함께 감을 의미한다"고 했다. 후일 친구를 얻은 기쁨을 나타내는 典故로 많이 사용되었다. 『周易』, 坤卦, 〈彖辭〉 "西南得朋, 乃與類行."

84 參尋 : 參訪尋師의 준말. 여러 곳을 行脚하면서 善知識을 찾아뵙는 것을 이름.

85 芒屩(망갹) : 짚신, 또는 미투리.

86 憧憧 : 바쁘게 왕래하는 모양. 『주역』, 咸卦, 〈繫辭下〉 "憧憧往來, 朋從爾思."

87 觀空 : 우주 만물의 실체가 모두 空임을 諦觀함.

88 上乘 : 가장 뛰어난 敎法. 곧 大乘을 이른다.

89 鳳筆 : 자루에 봉새를 새긴 붓. 轉하여 天子의 勅書 또는 임금의 書翰을 이름.

天[90]慈威, 擧國欣賴; 寡人行[91]當以東雞林之境, 成吉祥[92]之宅也』

始憩錫[93]於尙州露岳長栢寺, 毉門多病[94], 來者如雲。方丈雖寬, 物情自隘。遂步至康州知異山, 有數於菟[95], 哮吼前導; 避危從坦, 不殊兪騎[96]。從者無所怖畏, 豢犬如也, 則與善无畏三藏, 結夏[97]靈山, 猛獸前路, 深入山穴, 見牟尼立像[98], 宛同事跡; 彼竺曇猷之扣睡虎頭, 令聽經, 亦未專媺於僧史[99]也。因

---

90 彌天 : 하늘에 가득 참. 東晉 때의 고승 道安의 故事에서 나온 말이다. 東晉 당시 襄陽의 高士 習鑿齒와 道安은 서로 친교가 있었다. 어느 날 習鑿齒가 檀溪寺로 도안을 찾아와 첫 對面을 할 때 대뜸 "나는 四海의 習鑿齒요"라고 하니, 이를 무례하다고 느낀 도안이 "나는 彌天(하늘에까지 이름이 가득한) 釋道安이요"라고 하여, 습착치를 굴복시켰다고 한다. 『梁高僧傳』 권5, 「釋道安傳」 "時襄陽習鑿齒, …… 旣坐稱言, 四海習鑿齒, 安曰, 彌天釋道安. 時人以爲名答."

91 行 : 장차[將].

92 吉祥 : 상서로움을 지닌 부처를 지칭하는 말. '薄伽梵'(범어로는 Bhagavat, 世尊이라 번역됨)의 여섯 가지 뜻 가운데 하나. 『佛地經論』, 권1 "薄伽梵者, 謂薄伽聲依六義轉, 一自在義, 二熾盛義, 三端嚴義, 四名稱義, 五吉祥義, 六尊貴義."

93 憩錫(게석) : 錫杖(禪杖)을 쉼.

94 毉門多病 : 名醫의 門前에 病者가 많이 찾아 든다는 말. 『莊子』, 「人間世」 "醫門多疾."

95 於菟(오도) : 중국 춘추시대 楚나라에서 '호랑이'를 이르던 말. 『春秋左氏傳』 宣公 4년 "楚人謂乳穀, 謂虎於菟."

96 兪騎 : 산을 오를 때 앞에서 이끌어 주는 登山之神. 『文選』 권5, 左思, 〈吳都賦〉 "兪騎騁路, 指南司方."

97 結夏 : 여름 結制. 夏安居를 달리 이르는 말.

98 與善无畏三藏 ~ 見牟尼立像 : 『宋高僧傳』 권2, 「善無畏傳」에 나온다. "善無畏, …… 嘗結夏於靈鷲, 有猛獸前導, 深入山穴, 穴明如晝, 見牟尼像, 左右侍者如生焉."

99 僧史 : 『高僧傳』을 달리 이르는 말. 『梁高僧傳』 권11, 「竺曇猷傳」에는 다

於花開谷故三法和尙蘭若[100]遺基, 纂修堂宇[101], 儼若化成[102]。

洎開成三年, 愍哀大王, 驟登寶位。深託玄慈, 降璽書, 餽齋費, 而別求見願。禪師曰:『在勤修善政, 何用願爲?』 使復于王, 聞之愧悟; 以禪師色空雙泯, 定惠[103]俱圓, 降使賜號爲慧昭; 昭字, 避聖祖廟諱, 易之也。仍貫籍于大皇龍寺, 徵詣京邑, 星使[104]往復

음과 같이 되어 있다. "…… 後移始豐赤城山, 石室坐禪, 有猛虎數十蹲在猷前. 猷誦經如故, 一虎獨睡, 猷以如意杖扣虎頭, 問何不聽經. 俄而群虎皆去."

100 蘭若(난야) : 범어 'Aranya'를 音譯한 '阿蘭若'의 준말. 촌락에서 멀리 떨어져 修行하기에 알맞은 한적한 곳. 곧 '절'을 이른다.

101 纂修堂宇 : 재료를 모아서 堂宇를 다시 세움. 『文選』 권59, 王巾, 〈頭陁寺碑文〉 "纂脩堂宇, 未就而沒."

102 儼若化成 : 엄연하게 조화로 이루어진 것 같다는 말.
【참고】 많은 註解本에서는 '化成'을 '化城'의 誤書로 보았다. '儼若化城'은 「大朗慧和尙碑」의 "以尙州深妙寺不遠京, 請禪那別館, 辭不獲, 往居之, 一日必葺, 儼若化城"이라 한 대목에 보인다. 또 이와 비슷한 구조를 가진 문장으로 '未若化城'이 있다. 「大崇福寺碑」에 "初寺宇之徙也, 雖同湧出, 未若化城"이라 한 것이 보인다. 이와 같은 평소의 用例로 볼 때, '化成'은 '化城'의 誤書라고 할 수도 있을 법하다. 그런데 金知見은 '化成'이 '化城'의 誤書가 아니라고 하면서 "쌍계사의 절터가 儼肅하기가 造化로 이루어진 것 같다고 보는 것이 어떨까 생각한다"고 하였다. 또 "成字를 城字로 改字해 가면서 엉뚱한 註解를 하는 것은 이중으로 잘못을 범한 것이다" 고까지 하였다(『四山碑銘 集註를 위한 연구』, 21, 27쪽). 김지견의 견해에 찬동한다. 최치원이 글을 짓고 글씨까지 쓴 「眞鑑禪師碑」는 다른 사람이 쓴 朗慧·智證碑와는 달리 한 자의 誤字가 없음에 유의할 필요가 있다.

103 定惠 : 禪定과 智慧. '惠'는 慧와 통용.

104 星使 : 임금의 使者. 『後漢書』 권82(上), 「李郃傳」 "和帝卽位, 分遣使者, 觀採風謠. 使者二人當到益州, 投郃候舍. 時夏夕露坐, 郃因仰觀, 問曰 : 「二君發京師時, 寧知朝廷遣二使邪?」 二人默然, 驚相視曰 : 「不聞也」 問何以知之, 郃指星示云 : 「有二使星向益州分野, 故知之耳」"

者, 交轡于路[105], 而岳立不移其志。昔僧稠拒元魏之三召云:『在山行道, 不爽大通』[106] 棲幽養高, 異代同趣。

居數年, 請益[107]者, 稻麻[108]成列, 殆無錐地。遂歷銓奇境, 得南嶺之麓, 爽塏[109]居寂[110]。經始[111]禪廬, 却[112]倚霞岑, 俯壓雲澗。淸眼界者, 隔江遠岳; 爽耳根者, 迸石飛湍。至如春谿花, 夏徑松, 秋壑月, 冬嶠雪; 四時變態, 萬象交光, 百籟和唫, 千巖競秀[113]。嘗遊西土者, 至止咸愕; 視謂:『遠公東林[114], 移歸海表[115]! 蓮花世界, 非凡想可擬, 壺中別有天地[116]則

---

105 交轡于路 : 길에서 말고삐가 서로 엉길 정도였다는 뜻. '轡(비)'는 말고삐.

106 在山行道 ~ :『續高僧傳』권16,「僧稠傳」에 나오는 말. "魏孝明帝, 夙承令德, 前後三召, 乃辭云 :「普天之下, 莫非王土; 乞在山行道, 不爽大通」帝遂許焉."

107 請益 : 學人이 특별히 묻는 의식을 거쳐, 師家에게 法益을 청하는 것.

108 稻麻 : 稻麻竹葦의 준말. 논의 볏대, 밭의 삼대, 대밭의 대나무, 풀밭의 갈대와 같이 그 수가 많음을 이르는 말.『維摩經』,「法供養品」"甘蔗竹葦, 稻麻叢林."

109 爽塏(상개) : 위치가 높아서 앞이 시원스럽게 툭 트인 것을 이름.

110 寂 : '最'의 古字.

111 經始 : 집을 짓기 시작함.

112 却 : 물러남. 곧 뒤를 이른다.

113 千巖競秀 : 온갖 바위들이 다투어 빼어남.『世說新語』권1,「言語」"顧長康, 從會稽還, 人問山川之美. 顧云 :「千巖競秀, 萬壑爭流」"

114 遠公東林 : 慧遠이 廬山에 세운 東林寺를 가리킴.

115 海表 : 바다 건너 저쪽이라는 뜻으로, 중국에서 신라를 일컫는 말.

116 壺中別有天地 : 神仙 壺公의 故事에서 나온 말로, 別世界를 이른다.『後漢書』권82(下),「費長房傳」"費長房者, 汝南人也. 曾爲市掾, 市中有老翁賣藥, 懸一壺於肆頭, 及市罷, 輒跳入壺中. 市人莫之見, 唯長房於樓上覩之, 異焉, 因往再拜 奉酒脯. 翁知長房之意其神也, 謂之曰 :「子明日可更來」長

信也』

架竹引流, 環階四注, 始用玉泉爲牓。屈指法胤[117], 則禪師乃曹磎之玄孫。是用建六祖影堂, 彩飾粉墉, 廣資導誘; 經所謂「爲悅衆生故」[118], 綺錯繪[119]衆像者也。

大中四年, 正月九日詰旦[120], 告門人曰: 『萬法皆空, 吾將行矣。一心爲本, 汝等勉之! 無以塔藏形, 無以銘紀跡[121]!』 言竟坐滅[122], 報年七十七, 積夏[123]四十一。于時天無纖雲, 風雷欻起; 虎狼號咽, 杉栝[124]變衰。俄而紫雲翳空, 空中有彈指聲, 會葬者無不入耳; 則梁史載褚侍中翔, 嘗請沙門[125], 爲母疾祈福,

---

房旦日復詣翁. 翁乃與俱入壺中, 唯見玉堂嚴麗, 旨酒甘肴, 盈衍其中, 共飮畢而出.”

117 法胤 : 佛法(禪法)을 이어 온 系譜.

118 爲悅衆生故 : 『法華經』, 「如來神力品」에 나오는 말.

119 錯繪 : 여러 가지 색을 섞어서 그림.

120 詰旦(힐단) : 새벽. 詰朝.

121 無以塔藏形 無以銘紀跡 : 이는 六祖 慧能이 당나라로부터 자신의 頂相을 가져다가 쌍계사에 모시고자 하는 三法和尙에게 現夢하면서 한 말이다. 覺訓(撰), 「六祖慧能頂相東來緣起」 “…… 其夜又現夢曰 : 「勿塔而表彰, 勿碑而記著. 無名無相第一義, 勿向人說, 勿令人知!」”

122 坐滅 : 佛家語. 앉은자리에서 그대로 세상을 떠남.

123 積夏 : 승려가 具足戒를 받은 해부터 세는 나이. 法臘, 法歲, 夏臘이라고도 한다. 대개 구족계를 받은 해부터 法臘으로 쳐서 夏安居를 마친 햇수에 따라 나이를 센다.

124 杉栝 : 삼나무와 향나무.

125 沙門 : 범어 ‘Sramana’의 音譯. 佛門에서 出家한 이를 가리키는 말이다. 比丘와 같은 뜻으로 쓴다. 桑門 · 娑門 · 沙門那 등으로 音譯하기도 하며, 息心 · 息惡 · 勤息 등으로 번역한다.

聞空中彈指[126], 聖感冥應, 豈誣也哉? 凡志於道者, 寄聲[127]相弔; 未亡情者[128], 銜[129]悲以泣; 天人痛悼, 斷可知矣。靈函幽隧, 預使備具, 弟子法諒等, 號奉色身[130], 不踰日而窆于東峯之冢[131], 遵遺命也。

禪師性不散樸, 言不由機[132]。服熅緼黂[133], 食甘糠麧[134]。芧菽[135]雜糅, 蔬佐[136]無二; 貴達時至, 曾不異饌。門人以𢯱腹[137]進難; 則曰:『有心至此, 雖糲[138]何害?』尊卑耋穉, 接之如一。每有王人, 乘馹傳命, 遙祈法力; 則曰:『凡居王土, 而戴佛日者, 孰不傾心護念? 爲君貯[139]福, 亦何必遠汚綸言[140]於枯木朽株? 傳

126 彈指 : 손가락 튀기는 소리. 『大唐西域記』 권3, 〈醫羅鉢呾羅龍王〉 "今彼土請雨祈晴, 必與沙門共至池所, 彈指慰問, 隨願必果."

127 寄聲 : 音信을 통함. 남에게 소식을 전함.

128 未亡情者 : 有情의 病을 없애지 못한 사람. 곧 俗人을 말한다.

129 銜(함) : '含'과 통용.

130 色身 : 부처나 보살의 肉身.

131 冢(총) : 산꼭대기[山頂].

132 機 : 機心. 『莊子』, 「天地」 "漢陰一丈人謂子貢曰 : 「吾聞之吾師, 有機械者, 必有機事, 有機事者, 必有機心, 吾非不知, 羞而不爲也」"

133 緼黂(온분) : 헌솜. 또는 헌솜과 亂麻. 『列子』, 「楊朱」 "昔者宋國有田夫, 常衣緼黂, 僅以過冬"

134 糠麧(강흘) : 겨와 보리싸라기.

135 芧菽(서숙) : 상수리[山栗]와 콩.

136 蔬佐 : 나물자반(佐飯).

137 𢯱腹 : 뱃속을 더럽힘.

138 糲 : 거친 쌀. 玄米.

139 貯 : 福. 『玉篇』 "貯, 福也."

140 綸言 : 임금이 아랫사람에게 내리는 말. 綸音. 『禮記』, 「緇衣」 "王言如絲, 其出如綸."

乘之飢不得齕[141], 渴不得飮, 吁可念也』或有以胡香爲贈者, 則以瓦[142]載煻灰, 不爲丸而焫[143]之曰:『吾不識是何臭, 虔心而已』復有以漢茗爲供者, 則以薪爨[144]石釜, 不爲屑而煮之曰:『吾不識是何味, 濡腹而已』守眞忤俗[145], 皆此類也。

雅善梵唄, 金玉其音, 側調飛聲, 爽快哀婉; 能使諸天歡喜。永於遠地流傳, 學者滿堂, 誨之不倦。至今, 東國習魚山[146]之妙者, 競如掩鼻[147], 效玉泉餘響; 豈非以聲聞度之之化乎?

禪師泥洹[148], 當文聖大王之朝; 上惻僊襟[149], 將寵淨謚, 及聞遺戒, 愧而寢之。越三紀, 門人以陵谷[150]爲

---

141 齕 : 먹음. '吃'과 통용된다.

142 瓦 : 질그릇.

143 焫(설) : 불에 사름. '爇'과 仝字.

144 爨(찬) : 불을 땜.

145 忤俗 : 속된 것을 싫어함.

146 魚山 : 曹植이 지었다고 하는 梵唄의 하나. 이후 범패의 별칭이 되었다. 『佛道論衡』, 卷甲 "陳思王曹植, 嘗遊魚山, 忽聞空中梵天之響, 淸颺哀婉, 其聲動心. 獨聽良久, 而侍御莫聞, 植深感神理, 彌悟法應, 乃慕其聲節, 寫爲梵唄撰文製音, 傳寫後式."

147 掩鼻 : 중국 東晉 때의 名臣 謝安(자는 安石)이 '洛下書生詠'이라는 가곡을 잘 불렀다. 콧병이 있어 음성이 탁하였으나, 당시의 士者들이 그 소리를 다투어 모방하느라고, 손으로 코를 쥐어 코먹은 소리를 냈다는 故事. 『晉書』 권79, 「謝安傳」 "謝安能爲洛下書生詠, 有鼻病, 故其音濁, 名流愛之, 不能及, 或以手掩鼻以效之."

148 泥洹 : 涅槃과 같은 뜻. 『南史』 卷75, 「顧歡傳」 "泥洹仙化, 各是一術." ; 同注 "按, 佛書以涅槃爲泥洹."

149 僊襟 : 임금의 마음을 이름. 凡人의 마음은 '塵襟'이라 함.

150 陵谷 : 세상일의 변천이 심한 것을 이름. 『시경』, 小雅, 〈十月之交〉 "高岸爲谷, 深谷爲陵."

慮, 扣不朽之緣於慕法弟子; 內供奉一吉干楊晉方, 崇文臺鄭詢一, 斷金爲心[151], 勒石是請。獻康大王, 恢弘至化, 欽仰眞宗[152], 追諡眞鑒禪師; 大空靈塔, 仍許篆刻, 以永終譽[153]。

懿乎! 日出暘谷[154], 無幽不燭; 海岸植香, 久而彌芳。或曰 : 『禪師垂不銘不塔之戒, 而降及西河之徒[155], 不能確奉先志; 求之歟, 抑與之歟[156]? 適足爲白珪之玷[157]』 嘻! 非之者, 亦非也。不近名而名彰, 盖定力之餘報; 與其灰滅電絶, 曷若爲可爲於可爲之時[158], 使聲震大千之界?

而龜未戴石, 龍遽昇天[159]。今上繼興, 塤篪相應[160];

---

151 斷金爲心 : 쇠를 끊을 정도의 굳게 하나 된 마음. 『周易』, 「繫辭(上)」 "二人同心, 其利斷金."

152 眞宗 : 진실한 종교. 각기 자기가 신봉하는 종교를 말한다. 여기서는 불교를 일컫는다.

153 終譽 : 명예를 끝까지 잃지 아니함.

154 暘谷 : 해가 솟는 곳. 『書經』, 虞書, 〈堯典〉 "分命羲仲, 宅嵎夷, 曰暘谷, 寅賓出日, 平秩東作."

155 西河之徒 : 門弟子들을 말함. 『史記』 권67, 「仲尼弟子列傳」 "子夏居西河敎授, 爲魏文侯師."

156 求之歟 抑與之歟 : '스스로 임금에게 구했는가, 아니면 임금이 그대들에게 주었는가'라고 묻는 말. 『論語』, 「學而」 "子禽問於子貢曰 : 「夫子至於是邦也, 必聞其政, 求之歟, 抑與之歟?」"

157 白珪之玷 : 흰 구슬의 티. '옥의 티'를 말한다. 『시경』, 大雅, 〈抑〉 "白珪之玷, 尙可磨也, 斯言之玷, 不可爲也."

158 爲可爲於可爲之時 : 할 만한 일을 할 수 있을 때 한다는 뜻. 『漢書』 권57(下), 「揚雄傳」 "爲可爲於可爲之時則從, 爲不可爲於不可爲時則凶."

159 龍遽昇天 : 용이 갑자기 하늘로 올라감. 곧 임금의 昇遐를 이름.

160 壎篪相應 : 형과 아우가 서로 뜻이 잘 맞음을 비유한 말. 『시경』, 小雅, 〈何人斯〉 "伯氏吹壎, 仲氏吹篪."

義諧付囑, 善者從之。以隣岳招提[161]有玉泉之號, 爲名所累, 衆耳致惑; 將俾弃同卽異, 則宜捨舊從新[162]。使視其寺之所枕倚[163], 則以門臨複澗爲對, 乃錫題爲雙溪焉。

申命下臣曰:『師以行顯, 汝以文進, 宜爲銘!』致遠拜手, 曰:『唯! 唯!』退而思之; 頃捕名中州[164], 嚼腴咀雋[165]于章句間; 未能盡醉衢罇[166], 唯愧深跧[167]泥甃[168]。況法離文字, 無地措言; 苟或言之, 北轅適郢[169]。第以國主之外護, 門人之大願, 非文字不能昭

---

161 招提 : 절을 달리 이르는 말. 범어로 '四方'을 의미한다. 본래는 '拓提'였다. 北魏의 太武帝 始光 2년(425)에 한 伽藍을 짓고 招提라고 이름한 뒤부터 招提가 사찰의 異名이 되었다. 四方의 승려를 '招提僧'이라 하고 사방의 승려들이 머무는 곳을 '招提僧坊'이라 한다.

162 捨舊從新 : 옛 이름(玉泉寺)을 버리고 새 이름(雙溪寺)을 따름. '捨舊謀新'과 같은 말. 『춘추좌씨전』, 僖公 28년 "舍其舊, 新是謀."

163 枕倚 : 베개 삼고 의지하는 것. 곧 背後의 憑據(主山)를 말한다. 『文選』 권4, 左思, 〈蜀都賦〉 "跨躡犍牂, 枕倚交趾." ; 同注 "向曰, 跨躡·枕倚, 憑據也."

164 中州 : 중국을 지칭.

165 嚼腴咀雋 : 살지고 기름진 고기를 씹어 맛봄[咀嚼]. 곧 아름다운 문장을 수련함의 비유.

166 衢罇(구준) : 오가는 사람이 누구나 마실 수 있도록 큰 길거리에 놓아둔 술항아리. 聖人의 道를 비유한 말. 『淮南子』, 「繆稱訓」 "聖人之道, 猶中衢而致尊(罇)邪. 過者斟酌, 多少不同, 各得其所宜. 是故得一人, 所以得百人也."

167 跧 : 엎드림[俯伏].

168 泥甃 : 진흙으로 만든 우물 벽돌. 『莊子』에 나오는 '우물 안의 개구리(井底之蛙)'를 지칭하니, 곧 지극히 좁은 見聞을 말한다. 『莊子』, 「秋水」 "子獨不聞夫陷井之蛙乎. 謂東海之鱉曰, 吾樂與. 吾跳梁乎井幹之上, 入休乎缺甃之崖. 赴水則接腋持頤, 蹶泥則沒滅跗, 還虷蟹與科斗, 莫吾能若也."

169 北轅適郢 : 수레를 북쪽으로 향하면서 남쪽에 있는 楚나라 郢(영) 땅에 가려 함. 곧 이치에 어긋남을 뜻한다. '北轅適楚'와 같은 말.

昭乎群目[170], 遂敢身從兩役, 力效五能[171]; 雖石或憑焉[172], 可慙可懼。而道强名[173]也, 何是何非? 掘筆[174]藏鋒, 則臣豈敢? 重宣前義, 謹札[175]銘云。

杜口禪那 歸心佛陁
根熟菩薩 弘之靡它
猛探虎窟 遠泛鯨波
去傳秘印 來化斯羅[176]

---

170 昭昭乎群目 : 뭇 사람의 눈을 환하게 함. 『맹자』, 「盡心(下)」 "賢者以其昭昭, 使人昭昭."

171 五能 : 날다람쥐의 많은 재주. 鼯鼠之技. 『說文』 "鼯, 五技鼠也. 能飛不能過屋, 能緣不能窮木, 能游不能渡谷, 能穴不能掩身, 能走不能先人, 此之謂五技."

172 石或憑焉 : 「大朗慧和尙碑」에 나오는 '石有異言'의 故事 참조. '憑'은 귀신이 붙은 것이다. 곧 돌이 사람처럼 異言을 하는 것을 말한다. 『春秋左氏傳』, 昭公 8년 "石言于晉魏楡. 晉侯問於師曠曰 : 「石何故言?」 對曰 : 「石不能言, 或馮焉. 不然, 民聽濫也. 抑臣又聞之, 曰 : '作事不時, 怨讟動于民, 則有非言之物而言', 今宮室崇侈, 民力彫盡, 怨讟竝作, 莫保其性, 石言不亦宜乎?」"

173 道强名 : 현묘하고 현묘하여 무어라 나타낼 수 없는 것을 억지로 이름하여 '道'라 한다는 말. 『老子』, 제25장 "有物混成, 先天地生, 寂兮寥兮, 獨立不改, 周行而不殆, 可以爲天下母. 吾不知其名, 强字之曰道, 强爲之名曰大."

174 掘筆 : 끝이 닳은 몽당붓[禿筆]. 『得樹樓雜鈔』 "放翁詩, 作字用掘筆, 掘猶云禿也."

175 札 : 札記. 조목으로 나누어 간략히 기록함.

176 斯羅 : 新羅의 異稱. 신라의 국호는 시기에 따라 徐那伐 · 鷄林 · 斯羅 · 斯盧 · 新羅 등으로 다양하게 불려졌다. 『삼국사기』 新羅本紀에 의하면 시조 박혁거세 때에 국호를 '徐那伐'로 정하였고, 脫解尼師今 9년(A.D. 65)에 '鷄林'으로, 基臨尼師今 10년(307)에 '新羅'라고 하였으며, 지증마립간 4년(503)에 '德業日新, 網羅四方'의 뜻을 취하여 '新羅'로 확정하였다고 한다.

尋幽選勝	卜築巖磴
水月澄懷	雲泉寄興
山與性寂	谷與梵[177]應
觸境[178]無硋	息機[179]是證
道贊五朝	威摧衆妖
默垂慈蔭	顯拒嘉招
海自飄蕩	山何動搖
無思無慮	匪斲匪雕[180]
食不兼味	服不必備
風雨如晦[181]	始終一致
慧柯方秀	法棟俄墜
洞壑凄凉	煙蘿憔悴
人亡道存	終不可諼[182]
上士陳願	大君流恩[183]
燈傳海裔[184]	塔聳雲根[185]

---

177 梵 : 梵音(또는 梵唄)을 가리키는 듯.

178 觸境 : 六經 가운데 하나.

179 息機 : 機心(巧詐한 마음)을 삭힘.

180 匪斲匪雕 : 깎거나 아로새김이 없음. 곧 겉치레가 없음을 이른다. 【참고】 梵海 覺岸은 '斲雕'에 대해 "탑을 깎아 세우고 비를 새기다"는 뜻으로 보았으나, 이는 잘못이다.

181 風雨如晦 : 아무리 暴風雨가 몰아치는 그믐밤일지라도 새벽이 되면 어김없이 닭이 울듯이, 始終이 如一하다는 말. 『시경』, 鄭風, 〈風雨〉 "風雨如晦, 鷄鳴不已." ; 同注 "亂世君子不改度."

182 諼(훤) : 잊음. '諠'과 仝字. 『시경』, 衛風, 〈洪奧〉 "有匪君子, 終不可諼兮."

183 流恩 : 恩澤을 베풂. 流澤. 『說苑』 권6, 「復恩」 "恩流群生, 潤澤草木." ; 『道德指歸論』 "鬼神降其澤, 聖人流其恩."

184 海裔 : 바다의 끝. 곧 신라를 가리킴.

天衣拂石[186]　　　　永耀松門[187]

光啓三年七月　日建。僧奐榮刻字。

185 雲根 : 구름은 산에서 생긴다고 하여 '산'을 달리 이르는 말.

186 天衣拂石 : 길이와 넓이와 높이가 각각 40리인 큰 바위를 天人이 1백년마다 한 번씩 지나가면서 가벼운 옷자락으로 스쳐 이 바위가 닳아 없어지는 동안의 긴 세월. 이를 盤石劫이라고 한다. 지극히 오랜 세월을 말한다.

187 松門 : 소나무를 문으로 삼은 집. 곧 산 속의 절을 비유한 말. 趙渢, 〈晩宿山寺〉 "松門明月佛前燈, 菴在孤雲最上層."

【번역문】
유당 신라국 고 지리산 쌍계사 교시 진감선사 비명 및 서

전前**에 중국에서 도통순관**都統巡官 **승무랑**承務郞 **시어사**侍御史 **내공봉**內供奉**을 지냈으며, 자금어대**紫金魚袋**를 하사 받은 신**臣 **최치원, 왕명을 받들어 찬술하고 아울러 전자**篆字**로 제액**題額**을 씀.**

대저 도道는 사람으로부터 멀리 있지 않고, 사람은 나라에 따라 차이가 없다.[1] 이런 까닭에, 우리나라 사람들이 불법佛法이나 유학儒學을 배우는 것은 필연적이다. 서쪽으로 큰 바다를 건너 통역을 거듭해 가며[2] 학문에 종사할 적에, 목숨을 통나무배에 맡기면서도 마음은 보주寶洲(西國)에 달려 있다. 빈 채로 갔다가 가득 채워 돌아왔고, 험난한 일을 먼저하고 얻는 바를 뒤로 하였으니, 역시 보옥寶玉을 캐는 자가 곤륜산崑崙山의 높음을 꺼리지 않고, 진주를 찾는 자가 검은 용이 사는 바닷물 속의 깊음을 피하지 않는 것과 같았다.

드디어 지혜의 횃불[慧炬]을 얻었는데, 빛이 오승五乘[3]을 밝게

---

1 사람에게는 ~ 없다 : 모든 인류에게 보편적이고 타당성을 띤 道(진리)를 배우고 실천함에 내 나라 남의 나라, 中華와 오랑캐를 따질 것이 없다는 뜻. 진리에는 국경이 없다는 말과 같은 의미이다.

2 통역을 거듭해 가며 : 중국으로 유학을 갔던 사람이 다시 天竺國으로 유학을 갈 때에는 이중의 통역을 거쳐야 했기 때문에 이르는 말.

3 사람을 각 果地에 이르게 하는 다섯 가지 敎法. 즉 人乘·天乘·聲聞乘

하였고, 유익한 말[嘉肴]을 얻었는데, 맛을 육경六經에서 실컷 느끼게 하였으니, 다투어 많은 사람들로 하여금 선善에 들도록 하고, 능히 한 나라로 하여금 인仁을 일으키게 하였다.

그러나 배우는 자들이 간혹 이르기를

> 석가[身毒]와 공자[闕里]가 교의敎義를 베풂에, 흐름을 나누고 체재體裁를 달리하여, 둥근 구멍에 모난 자루를 박는 것과 같이, 서로 모순되어 한 귀퉁이만을 지키거나 그에 얽매어 있다.

고 한다. 시험 삼아 논하건대, 시를 해설하는 사람은 글자[文]를 가지고 말[辭]을 해쳐서는 안 되고, 말에 구애되어 뜻[意]을 해쳐서는 안 된다.[4] 『예기禮記』에 이른바 "말이 어찌 한 갈래뿐이겠는가. 무릇 제각기 경우에 합당한 바가 있다"[5]고 하였다. 그러므로 여봉廬峯(廬山)의 혜원慧遠[6]이 논論(沙門不敬王者論)을 지어 이르기를

> 여래如來가 주공周公·공자孔子와 비록 출발하여 도달하는 방법은 달

·緣覺乘·菩薩乘을 이른다(宗派에 따라 異說 있음).

4 시를 해설하는 사람은 ~ : 儒와 佛이 비록 진리를 설명하는 방식이 다르다고 하더라도, 뜻은 서로 통한다는 점을 강조하려는 말.

5 말이 어찌 ~ : 같은 의미의 말이라도 경우에 따라 그 표현이나 설명이 다를 수 있다는 뜻이다.

6 중국 東晉 때의 高僧(334~417). 俗姓은 李氏. 儒·道 兩家의 학문에도 통달하였으며, 21세 때 釋道安의 설법을 들은 뒤 출가하였다. 太元年間에 廬山에다 東林寺를 세우고 慧永·宗炳 등과 함께 白蓮社를 결성하였으며, 30여 년간 여산에 있으면서 念佛修行에 정진하였다. 중국 淨土敎의 창건자로 손꼽힌다. 저서로 『法性論』(14편) 등이 있다. 『梁高僧傳』 권6 참조.

> 리하나, 귀착하는 곳은 한 가지 길이다. 교체敎體가 극에 달하면 아울러 응하지 못하는 법이니, (이는) 사물을 차별 없이 받아들이지 못하기 때문이다.[7]

고 하였으며, 심약沈約[8]의 말에 이르기를 "공자는 그 실마리를 일으켰고 석가는 그 이치를 밝혔다"고 하였다. 참으로 그 대요大要를 아는 사람이라고 할 만하니, (이 정도는 되어야) 비로소 더불어 지극한 도를 말할 수 있을 것이다.

부처님이 말씀하신 심법心法 같은 것으로 말하면, 현묘하고 또 현묘하여 이름하려 해도 이름할 수 없고, 설명하려 해도 설명할 수 없다. 비록 '달을 보았다[得月]'[9]고 하더라도, 그 달을 가

---

7 敎體가 극에 달하면 ~ : 자기의 敎가 최고라는 인식에 사로잡혀 유교는 불교와 통하지 못하고 불교는 유교와 통하지 못하니, 이는 만물을 전체로 받아들이지 못하기 때문이라는 말. 『梁高僧傳』 권6, 「釋慧遠傳」에서는 "如來와 周公·孔子는 그 출발하여 도달하는 방법은 비록 다르나, 모르는 사이에 서로 영향을 주어, 그 出處는 다 다르지만 終局에는 반드시 같음을 기할 수 있다. 그러므로 비록 그 道가 다르다고 하지만 귀착하는 곳은 하나인 것이다. 차별 없이 응하지 않는 것은 物을 동등하게 받아들일 수 없기 때문이다(如來之與周孔, 發致雖殊, 潛相影響, 出處咸異, 終期必同. 故雖曰道殊, 所歸一也. 不兼應者, 物不能兼受也)"라고 하였다.
【참고】 종래 이에 대한 註解가 분분하여 '體極'을 '體達至極之理'라고 하는 등 정확하지 않았는데, 『文昌集』·『桂苑遺香』에서는 '體, 敎體也. 極, 至極也'라고 하여 정확히 주해하고 있다. 李智冠(편), 『校勘譯註 歷代高僧碑文-新羅篇』(137쪽)에서도 이에 따라 정확히 번역해 놓았다.

8 중국 梁나라 때의 시인이며 정치가(441~513). 자는 休文. 梁武帝의 帝業 完成을 도와 상서령에 이르렀다. 六朝時代를 통해 정계 및 문단에서 傑出한 사람으로, 특히 시의 '韻律' 문제를 연구하여 이른바 '四聲八病說'을 주장함으로써, 시의 발전에 공헌하였다. 勅令으로 『宋書』 100권을 撰進하였다. 저술로 『沈隱侯集』이 있다. 『梁書』 권13, 「沈約傳」 참조.

9 달을 보았다 : 心法을 얻은 것의 비유.

리키는 손가락[10]마저 잊어버리니, 끝내 바람을 붙들어 매는 것 같고 그림자를 뒤따라가서 잡기 어려움과 같다. 그러나, 먼 곳에 이르는 것도 가까운 곳에서부터 시작되는 것이다.[11] 비유를 취한들 무엇이 해로우랴. 공자가 문제자門弟子에게 일러 말하기를, "내 말하지 않으련다. 하늘이 무슨 말을 하더냐"고 하였으니,[12] 저 유마거사維摩居士[13]가 침묵으로써 문수보살文殊菩薩을 대한 것[14]이라든지, 석가가 가섭존자迦葉尊者에게 은밀히 전한 것은,[15] 혀끝도 움직이지 않고 능히 마음을 전하는 데 들어맞은 것이다. (공자가) '하늘이 말하지 않음'을 말하였으니, 이를 버리고

---

10 달을 가리키는 손가락 : 진리에 도달하기 위한 수단과 방편을 비유한 말. '指月'의 비유는 『楞伽經』에서 처음 나왔다. 『금강경』의 뗏목의 비유[筏喩]와 함께 대승경전에서 한결같이 說하고 있는 말이다.
【참고】『능가경』 권4에서는 "진리는 문자를 떠난 것이다. 大慧여, 어리석은 사람을 위해 손가락으로 달을 가리킬 때, 어리석은 사람은 손가락을 쳐다볼 뿐 달은 쳐다보지 않는다. 이처럼 名字에 집착하는 자는 자기의 진실을 볼 수 없는 것이다"고 하였다.

11 먼 곳에 이르는 것도 ~ : 極微한 道體와 深遠한 心法을 깨닫는 과정에서, 처음에는 말이나 글과 같은 수단에 의지할 수밖에 없다는 뜻.

12 공자가 門弟子에게 ~ 하였으니 : 撰者는 공자의 이 말을 佛家에서 말하는 '以心傳心'의 心法과 같은 뜻으로 보고 인용한 듯하다.

13 '維摩經'의 주인공. 維摩詰 또는 淨名이라고 번역되며, 杜口大士라고도 한다. 在家이면서도 大乘의 奧義를 체득하고 名利에 집착하지 않으며, 처자를 거느리고도 항상 계율을 지키며, 어디에 가더라도 곧 隨處에 주인이 되는 인물로 존경을 받는, 이른바 在家人으로서 大乘思想의 실천을 보여준 대표적인 인물이다. 不二法門으로 유명하다.

14 유마거사가 침묵으로써 ~ 대한 것 : 뒷날 不立文字의 세계를 상징하는 것으로 전승되었는데, 이와 함께 유마거사가 중국 선종에서 항상 散聖의 한 사람으로 주목되는 등, 『유마경』의 주장은 중국 선종의 祖師禪 사상에 지대한 영향을 끼쳤다.

15 석가가 가섭존자에게 ~ : 靈山會上에서의 '拈華微笑' 故事를 가리킴. 釋尊三處傳心의 하나로 '以心傳心'의 효시다.

어디에 가서 얻을 것인가. 멀리에서 현묘한 도[16]를 전하여 이 나라를 빛낸 분이 어찌 다른 사람이랴. 선사가 이 분이시다.

선사의 법휘法諱[17]는 혜소慧昭[18]이고 속성은 최씨崔氏[19]다. 그의 선대先代는 한족漢族으로, 산동山東의 고관이었다. 수隋나라가 군사를 일으켜 요동遼東 지방을 정벌[20]하다가 고구려에서 많이 죽자, 뜻을 굽히고 귀화한 자가 있었는데, 당나라가 옛 한사군漢四郡 지역을 차지함에 이르러, 바로 전주全州의 금마金馬[21] 사람이

---

16 현묘한 도 : 禪道를 말함.

17 불교에 들어온 사람에게 주는 이름. 法名·法號·戒名이라고도 한다.
【참고】 민애왕이 '慧昭'라고 호를 내린 것은 法號라기보다는 일반적인 호로 보는 것이 좋다.

18 法諱와 민애왕의 賜號가 똑같은 '慧昭'라는 점에 있어서 석연치 않음은 김영태가 제기한 바 있다. 그런데 故事를 살펴보면 名으로써 字를 삼은 경우가 적지 않다. 名으로써 號를 삼는 예는 아직 詳考하지 못하였으나, 이 역시 '以名爲字'의 경우와 별로 다르지 않은 것 같다. 이 문제는 이러한 선에서 이해하는 것이 좋을 듯하다. 宋 孔平仲撰『孔氏雜說』"漢孔安國, 字安國. 晉安帝名德宗, 字德宗. 恭帝名德文, 字德文. 會稽王名道子, 字道子. 乃至 …… 唐郭子儀·孟浩然·田承嗣·田承緖·張嘉貞·宇文審·李嗣業, 皆以名爲字."(『說郛三種』 제1권, 425쪽)

19 李睟光은 完山崔氏로 추정하였다. 『芝峯類說』 권18, 外道部, 〈禪門〉 참조.

20 遼東 지방을 정벌 : 고구려 영양왕 23년(612)에 수나라 煬帝가 1백만 대군을 이끌고 고구려 遼東城을 공격해 왔는데, 요동성 공격에 시일을 많이 소모하자 于仲文과 宇文述에게 따로 30만의 군사를 주어 평양성을 곧장 공격하도록 하였다. 그러나 우중문 등이 이끄는 수나라 군대는 이해 7월 薩水(淸川江)에서 을지문덕에게 크게 패하였다. 이때 遼河를 건너 살아 돌아간 사람이 겨우 2천 7백여 명에 불과하였다고 한다.

21 마한의 본고장인 益山을 이름. 백제 溫祚王 때 金馬渚라고 일컫던 것을 신라 신문왕 때 金馬郡으로 개칭하고 全州에 예속시켰다.
【참고】 신라 문무왕 10년(670)에 고구려 보장왕의 庶子인 安勝이 4천여 호를 이끌고 신라에 투항하자, 신라에서는 이를 받아들여 그를 金馬渚에 살게 하였다. 진감선사의 선조 역시 이때 安勝과 함께 금마로 와서 살았

되었다.

아버지의 이름은 창원昌元이다. 속인俗人이면서도 승려의 수행이 있었다.[22] 어머니 고씨顧氏가 일찍이 낮에 가매假寐[23]를 하였는데, 꿈에 한 범승梵僧이 나타나 "나는 아미阿孾(原註: 方言으로 어머니를 이른다)의 아들이 되기를 원합니다"라고 이르며, 유리 항아리[24]를 표적으로 삼아 주더니, 얼마 지나지 않아서 선사를 임신하게 되었다.

태어나면서 울지 않았으니, 곧 일찍부터 소리가 작고 말이 없는 거룩한 싹[25]을 타고났던 것이다. 이[齒]를 갈 무렵[26]이 되자, 아이들과 놀 때에는 반드시 나뭇잎을 태워 향이라 하고, 꽃을 따서 공양으로 삼았다. 간혹 서쪽을 향해 바르게 앉아 해가 기울도록 움직이지 않았다. 이로써 선본善本[27]이 진실로 백천겁百千劫 전에 심어진 바임을 알지니, 발돋움하여 따라갈 일이 아닌 것이다.

유년幼年으로부터 성년에 이르도록, 부모의 은혜를 갚는 데 뜻이 간절하여 잠시[跬步]도 잊지 않았다. 그러나 집에 한 말의 여유 곡식도 없었고, 또 한 자의 땅뙈기도 없었으니, 때를 따라

던 漢族으로 추정된다. 이지관(편역), 『교감역주 역대고승비문-신라편』, 139쪽.

22 속인이면서도 ~ : 이런 사람을 불가에서 '優婆塞'(우바새)라고 한다.

23 잠자리를 제대로 차리지 않고 잠을 자는 것.

24 유리 항아리 : 유리는 淸淨한 것의 상징이다. 불교계를 '琉璃界'라고도 한다.

25 일찍부터 ~ 거룩한 싹 : 일찍부터 禪師가 될 조짐이 보였다는 말.

26 이를 갈 무렵 : 6~7살 무렵. 轉하여 '어린 아이 때'를 말한다.

27 좋은 결과를 얻을 원인.

돌아가는 자연의 현상天時만을 훔칠 수 있었다.[28] 음식을 공양함에 오직 형편을 살펴서 행해야 했으므로, 이에 소규모의 생선장사를 벌여, 미끄럽고 맛이 좋은 음식[滑甘]을 넉넉하게 하는 업으로 삼았다. 손으로 그물을 맺는 데 힘쓰지 않았지만, 마음은 이미 통발을 잊은 데 합치되었으니, 능히 가난한 봉양[啜菽之資]에 넉넉하였고, 진실로 어버이를 봉양하는 노래[采蘭之詠]에 들어맞았다.

부모의 상艱棘을 당함에 미쳐, 흙을 져다가 무덤을 이루고는 이내 말하기를

> 길러 주신 은혜는 그런대로 힘써 보답하였지만, 심오한 진리를 어찌 마음으로써 구하지 않을 것인가. 내 어찌 덩굴에 매달린 조롱박[匏瓜][29]처럼, 한창 나이에 걸어온 자취에만 머무를 것인가.

라고 하였다.

드디어 정원貞元[30] 20년(애장왕 5년, 804), 당나라에 들어가는 세공사歲貢使[31]에게 나아가 뱃사공이 되기를 자원하여 발을 붙이고 서쪽으로 건너가게 되었다. 속된 일에도 재능이 많아 험한 풍파를 평지와 같이 여기고는, '자비의 배'에 노를 저어서 '고난의 바

---

28 자연의 현상을 ~ : 天時와 地利를 잘 이용하여 생계를 해결했음을 말한다.

29 덩굴에 매달린 조롱박 : 덩굴에 매달려 있기만 하고 사람이 먹을 수 없는 박. 곧 쓸모없는 사람의 비유.

30 당나라 德宗의 두 번째 연호(785~804).

31 해마다 중국에 朝貢을 바치러 가던 使臣. 후일의 冬至使.

다'를 건넜다. 중국彼岸에 도달하자, 국사國使에게 고하기를 "사람마다 각기 뜻한 바가 있을 것입니다. 여기서 작별을 고할까 합니다"고 하였다.

드디어 길을 떠나 창주滄州[32]에 이르러 신감대사神鑑大師[33]를 뵈었다. 오체투지五體投地[34]하여 바야흐로 절을 마치기도 전에 대사가 기뻐하면서 "슬프게 이별한[35] 지가 오래되지 않은데, 기쁘게 서로 다시 만나는구나!"라고 하였다. 급히 머리를 깎고 잿빛 옷을 입도록 함에, 머리를 조아려 인계印契[36]를 받았다. 불이 마른 쑥을 엿보고 물이 낮은 언덕으로 흐르는 듯하였다. 승도僧徒 가운데서 서로 이르기를 "동방의 성인을 여기서 다시 뵙는구나!"[37]라고 하였다.

선사는 얼굴빛이 검었다.[38] 그러므로 모두들 이름을 부르지 않고 지목하여 '흑두타黑頭陀'[39]라고 했다. 이는 곧 현리玄理를 탐

32 당나라 때의 地名. 지금의 河北省 滄縣 지방.

33 唐四祖 馬祖道一의 八十弟子 가운데 한 사람.

34 불교의 경례법의 하나. 두 무릎을 땅에 꿇은 뒤, 두 팔을 땅에 대고 이어 이마를 땅에 닿도록 절하는 것을 말한다.

35 슬프게 이별한 : 神鑑과 慧昭 두 선사가 전생에 이별하였음을 이르는 말.

36 범어로는 'Mudra'라고 하며, 印·印相·契印 등으로도 번역된다. 손가락을 여러 가지 모양으로 끼어 맞추어 佛菩薩의 內證의 德을 표시한 것이다.

37 동방의 성인을 다시 뵙는구나 : 앞서 釋道安이 鳩摩羅什으로부터 '東方聖人'으로 일컬어졌기 때문에, '다시 뵙는다'고 한 것이다.

38 얼굴빛이 ~ : 『芝峯類說』 권18, 外道部, 〈禪門〉에 이르기를, "세속에서 黔丹禪師(신화적인 民衆僧侶로 알려진 인물)가 곧 眞鑑이라고 말하는데, 나(李睟光)는 이 같은 말을 여러 늙은 중들에게 들었다"고 하였다. 이것은 '얼굴빛이 검어서 黑頭陀라고 불렀다'고 한 본 비문의 기록에 비추어 설득력이 있는 것으로 보인다.

39 범어 'Dhuta'를 音譯한 말. 일반적으로 修道僧을 이른다.

구하고 말없는 데 처함이 참으로 칠도인漆道人[40]의 후신後身이었으니, 어찌 저 읍중邑中의 얼굴 검은 자한子罕[41]이 백성의 마음을 잘 위로해 준 것에 비할 뿐이랴. 코 밑의 수염이 붉은 불타야사佛陀耶舍,[42] 눈이 푸른 달마達磨[43]와 함께 색상色相으로써 영원히 나타내 보일 것이다.

원화元和[44] 5년(헌덕왕 2년, 810), 숭산嵩山 소림사少林寺[45]의 유리단

---

40 중국 東晉 때의 고승 道安法師(312~385)의 별호. 12세에 출가하여 西域僧인 佛圖澄에게 배웠는데, 얼굴이 검었으므로 '漆道人'이라는 별명이 붙여졌다고 한다. 그는 老莊化한 불교를 원래 面目으로 되돌리려고 노력한 고승이었다(『梁高僧傳』 권5, 「釋道安傳」 참조). '道人'은 俗人에 대하여 승려를 일컫는 말로 道士와 구별된다. 역사적으로 중국 南朝佛教에서 승려를 道人으로 지칭한 경우가 많았다.

41 邑中의 얼굴 검은 子罕 : 춘추시대 宋나라 사람으로 얼굴빛이 검었던 子罕의 故事. 宋나라 大宰인 皇國父가 平公을 위해 별장을 지으려고 했다. 공사 때문에 농사일에 방해가 되므로, 子罕은 농한기를 틈타 시작하라고 요청했다. 그러나 임금이 허락하지 않았다. 이에 별장을 짓는 인부들이 "澤門의 피부 흰 사람은 우리들에게 공사를 시키고, 邑中의 얼굴빛 검은 사람은 우리의 마음을 위로한다네"라고 노래했다 한다.

42 北天竺 罽賓國(계빈국) 출신의 高僧. 覺明이라 번역된다. 13세에 불교에 들어가 27세에 具足戒를 받았으며, 鳩摩羅什에게 『阿毘曇』과 『十誦律』 등을 배웠다. 이후 구마라십이 중국에 갔다는 말을 듣고, 長安에까지 따라와 逍遙園의 新省에 駐錫하기도 했다.

43 중국 禪宗의 初祖(?~528). 갖춘 이름은 '菩提達磨'로서, 西天二十八祖 가운데 28번째의 위치에 있는 高僧이다. 남인도 香至國 출신으로, 양나라 普通 1년(520)에 중국으로 건너와 少林寺에서 面壁九年의 수도생활을 하였으며, 慧可에게 禪法을 전하였다. 시호는 圓覺大師.

44 당나라 憲宗(재위 : 806~820)의 연호.

45 중국 河南省 登封縣의 嵩山에 있는 절. 達磨가 面壁九年의 修道를 하고, 慧可가 斷臂求法했던 古刹로 이름이 높다.
【참고】 唐代의 文人 劉禹錫(자는 夢得)이 "禪寂을 말하는 자는 嵩山을 근본으로 하고, 神通을 말하는 사람은 淸凉山을, 戒律을 말하는 사람은 衡山을 근본으로 한다"고 하였듯이, 숭산은 일찍부터 禪修行의 勝地로 유명하였다. 특히 소림사는 '중국 선종의 고향'으로 전승되어 왔다.

瑠璃壇에서 구족계具足戒를 받았다. 어머니[聖善]의 지난 꿈[46]이 완연히 들어맞았다. 이미 계율에 밝자 다시 학림學林으로 돌아왔다. 하나를 들으면 열을 아니, 강색絳色이 꼭두서니풀[茜草]에서 나와 그보다 더 붉고, 청색靑色이 쪽풀[藍草]에서 나와 그보다 더 푸른 것 같았다.[47] 그러나 비록 마음은 고요한 물처럼 맑았지만, 자취는 조각구름같이 떠돌아다니는 신세였다.

그 언제인가, 고국故國의 중 도의道義[48]가 먼저 중국에 도를 물으러 왔었다. 우연히 서로 만나 바라는 바가 일치하였으니, 서남쪽에서 벗을 얻은 것이다.[49] 사방의 먼 곳을 두루 찾아보고 불지견佛知見[50]을 증득證得하였다. 도의가 먼저 고국으로 돌아가자,[51] 선사는 곧 바로 종남산終南山[52]에 들어갔다. 한없이 높은 봉우리에 올라 소나무 열매를 따먹으며 외롭고 쓸쓸하게 지관止

---

46 어머니의 지난 꿈 : 한 梵僧이 나타나 유리 항아리를 표적으로 삼아 맡겼던 胎夢을 말함.

47 絳色이 꼭두서니풀에서 나와 ~ : 제자가 스승보다 더 낫다는 말.

48 신라 때의 고승. 속성은 王氏, 법호는 元寂. 北漢郡 출신. 宣德王 5년(784)에 당나라에 들어가 智藏禪師의 제자가 되었으며, 그에게 禪風을 傳受하고 도의라 개명하였다. 헌덕왕 13년(821)에 귀국, 南禪을 전파하고 迦智山派의 開祖가 되었다. 이로 말미암아 신라에 南禪과 北禪 두 계통의 禪이 있게 되었다. 『祖堂集』 권17, 〈雪岳陳田寺元寂禪師〉 참조.

49 서남쪽에서 벗을 ~ : 道義와 慧昭 두 學僧이 西國(중국)에서 만나 서로 同志者가 되었다는 말.

50 諸法實相의 진리를 남김없이 깨닫고 이를 照見하는 부처님의 지혜. 모든 부처님이 세간에 출현하는 이유는 중생으로 하여금 이 佛知見을 얻게 하기 위함이라 한다.

51 도의가 먼저 고국으로 돌아가자 : 도의는 혜소보다 9년 앞서 헌덕왕 13년(821)에 신라로 귀국하였음.

52 중국 섬서성 長安의 城南에 있는 산. 古刹과 명승지가 많음.

觀[53]한 것이 3년이요, 뒤에 자각봉紫閣峯[54]으로 나와 네 거리에 지켜 앉아 짚신을 삼아 가며 혜시惠施를 넓혀, 바쁘게 왕래하였던 것이 또 3년이었다. 이에 고행은 이미 닦기를 끝마쳤고, 다른 지방 역시 유력遊歷하기를 마친 터였다.

그런데, 비록 공空을 체관諦觀한다 하더라도, 어찌 자기의 근본[55]을 잊을 수가 있겠는가. 이에 태화太和[56] 4년(흥덕왕 5년, 830)에 귀국하니, 대각大覺의 대승법大乘法이 인역仁域[57]을 비추었다. 흥덕왕께서 칙서鳳筆를 급히 내리고 맞아 위로하시기를,

> 도의 선사가 지난번에 돌아오더니, 상인上人[58]께서 뒤이어 이르러 두 보살이 되셨도다. 옛날에 흑의黑衣를 입은 호걸[59]이 있었다고 들었는데, 오늘에는 누더기[縷褐]를 걸친 영웅[60]을 보겠노라. 하늘에 가득한 자비의 위력에 온 나라가 기쁘게 의지하리니, 과인寡人은 장차 동쪽나라 계림鷄林의 경내를 석가세존釋迦世尊(吉祥)의 집으로 만들리라.

---

53 많은 妄想을 억제하고 萬有의 진리를 觀照하여 깨닫는 일.

54 종남산의 한 봉우리. 험하기로 유명하다. 李白과 杜甫 등 많은 시인들이 시편을 남겼다.

55 자기의 근본 : 자기가 태어나서 자란 근원지. 곧 故國 신라를 지칭한다.

56 당나라 文宗의 연호(827~835).

57 예부터 우리 東方을 仁方이라 일컬은 데서 비롯된 말.

58 일반적으로 승려를 높여 일컫는 말로 쓰이나, 본래는 지혜와 덕망을 갖춘 佛弟子를 이르는 말이다.

59 黑衣를 입은 호걸 : 중국 南朝의 齊武帝가 法獻·玄暢 두 법사를 천하의 僧主로 삼아 강북·강남의 일을 나누어 맡기자, 당시 사람들이 '黑衣二傑'이라고 일컬었다는 故事. 『佛祖通紀』 권36 참조.

60 누더기를 걸친 영웅 : 진감선사를 지칭. '누더기'는 苦行하는 승려의 옷차림.

고 하였다.

처음 상주尙州 노악산露岳山[61] 장백사長栢寺[62]에 석장錫杖을 멈추었다. 명의名醫의 문전에 병자가 많은 것처럼 찾아오는 이들이 구름 같았다. 방장方丈[63]은 비록 넓었으나, 물정物情이 자연 군색했으므로, 마침내 걸어서 강주康州[64] 지리산에 이르렀다. 몇 마리의 호랑이가 으르렁거리며 앞에서 인도하였다. 위험한 곳을 피해 평탄한 길로 가게 함이 산을 오르는 신神(兪騎)과 다르지 않았으니, 따르는 사람들도 두려움 없이 마치 (집에서 기르는) 돼지나 개처럼 여겼다. 선무외善無畏[65] 삼장三藏[66]이 영산靈山[67]에서 하안거夏安居[68]를 할 때, 길을 앞선 맹수猛獸를 따라 동굴에 깊이 들어

---

61 현재도 이 산 이름이 그대로 불리고 있다.

62 지금의 경상북도 상주시 蓮院洞 511번지 일대에 있었던 절. 현존하지 않고 遺址만 밝혀졌다.
【참고】 여러 註解에서는 지금의 南長寺라고 하였는데 이는 잘못이다. 남장사는 지금의 상주시 남장동 502번지에 따로 위치하여 현존한다.

63 和尙·國師 등 高僧의 처소를 이름. 維摩居士의 거실이 一丈四方이었다는 데서 나온 말이다.

64 신라 때 九州의 하나. 신문왕 5년(685) 居陁州에서 분리, 菁州로 독립한 뒤 경덕왕 6년(747)에 康州로 개칭되었고, 晉州·河東 등 11개 고을을 통할했다.

65 당나라 때의 서역승(637~735). 中天竺 佛手王의 아들로서, 父王의 뒤를 이어 마가다국(摩竭陀國)의 임금이 되었으나, 형에게 讓位하고 출가하여 스님이 되었다. 중국에 포교하기 위해 玄宗 開元 4년(716)에 長安으로 와서 密敎의 전파에 노력했으며, 入寂한 뒤 鴻臚寺卿에 추증되었다.

66 經·律·論에 통달한 高僧을 높여 일컫는 말.

67 靈鷲山을 말함. 中天竺 摩竭陀國의 王舍城 부근에 있는 산으로, 일찍이 석가가 설법한 곳이다.

68 여름 結制. 인도의 雨期에 해당하는 음력 4월 보름부터 석달 동안 외출하지 않고 한곳에 모여 조용히 수도하는 행사. 雨安居 또는 夏籠이라고도 한다.

가 모니牟尼의 입상立像을 본 것과 완연히 같은 사적이며, 저 축담유竺曇猷[69]가 자는 범의 머리를 두드려 송경誦經 소리를 듣게 한 것 역시 홀로 승사僧史[70]에서 미담이 될 수만은 없다. 이리하여 화개곡花開谷[71]의 고故 삼법三法[72] 화상이 세운 절의 남은 터전 위에 당우堂宇를 꾸려 내니, 엄연히 조화로 이루어진 것 같았다.

개성開成[73] 3년(민애왕 1년, 838)에 이르러, 민애대왕愍哀大王[74]께서 갑자기 보위寶位에 올랐다. (부처의) 그윽한 자비에 깊이 의탁하고자 국서璽書를 내리고 치재致齋의 비용을 보내, 특별히 발원해 줄 것을 청하셨다. 선사가 말하기를, "부지런히 선정善政을 닦는 데 있을 뿐이니 발원하여 무엇하리요?"라고 하였다. 사자使者가 임

---

69 晋나라 때 康居國에서 온 高僧. 일명 法猷. 어려서부터 禪定을 익혔으며, 浙江의 石城山과 始豐의 赤城山 등의 石室에서 좌선하였다. 맹수나 독사들도 그를 해치지 않고 조용히 독경을 듣는 등 많은 神異가 전하고 있다. 그에게 선정을 배우려는 사람들이 많이 모여들었으며, 王羲之도 그의 소문을 듣고 방문했다고 한다.

70 『高僧傳』을 달리 이르는 말.

71 지금의 경상남도 河東郡 花開面 雲樹洞 쌍계사가 있는 곳. 겨울철 눈 속에서도 칡꽃[葛花]이 난만하게 핀다고 하여 이 이름이 붙여졌다고 한다.

72 신라 성덕왕 때의 승려(?~739). 속성은 金氏. 金官 帶浦村 사람으로 일찍이 출가하여 朗州(현 靈巖)의 雲巖寺 沙門으로 있었다. 문무왕 16년(676) 義相의 문하에 들어가 제자가 되었으며, 이후 중국에서 六祖 慧能이 禪風을 일으키자 그를 몹시 사모하여 道를 묻고자 하였으나 뜻을 이루지 못했다. 혜능이 입적한 뒤, 성덕왕 20년(721) 5월 당나라에 들어가 신라출신 遊學僧 金大悲와 함께 그해 12월 六祖의 頂相을 절취하여 지리산 花開谷에 六祖頂相塔을 세우고 禪定에 침잠하였다. 제자로 仁慧과 義定 등이 있다. 「禪宗六祖慧能大師頂相東來緣起」 참조.

73 당나라 문종의 두 번째 연호(836~840).

74 신라 제44대 임금(재위 : 838~839). 성은 金, 諱는 明. 侍中 利弘과 함께 僖康王을 자살케 하고 왕위에 올랐으나, 곧이어 金祐徵(뒤의 神武王)을 옹립하려는 金陽 일파에게 살해당하였다. 『삼국사기』와 『삼국유사』에는 '閔哀'로, 「敏哀大王石塔記」에는 '敏哀'로 되어 있다.

금에게 복명復命하니, 임금께서 그 말을 듣고 부끄러워하면서도 깨달은 바가 있었다. 선사께서 색色과 공空을 둘 다 초월하고, 선정禪定과 지혜智慧를 모두 원융하였다는 이유로, 사자使者를 보내 '혜소慧昭'라는 호를 내리셨다. '소昭' 자는 성스러운 선조의 묘휘廟諱를 피하여 그렇게 바꾼 것이다.[75] 그러고 나서 대황룡사

---

75 성스러운 선조의 묘휘를 피하여~ : 종래 이 대목은 논란이 많은 疑案의 하나로 내려왔다. 이에 대한 諸家의 해석에는 차이가 있다. 소개하면 다음과 같다.

洪震杓 : "사신을 보내 호를 주어 '慧照'라 하니, 昭는 聖祖의 廟諱이므로 피하여 바꾼 것이다."(『韓國의 思想大全集』 제3권, 51쪽)

成樂熏 : "사신을 보내 호를 주어 慧照라 하니, 昭字는 聖祖의 御諱이므로 피하여 바꾼 것이다."(『孤雲先生文集』 하권, 192쪽)

李智冠 : "사신을 보내어 호를 내려 慧昭라 하였는데, 聖祖(제39대 昭聖大王)의 廟諱를 피해서 바꾼 것이다."(『교감역주 역대고승비문-신라편』, 144쪽)

李佑成 : "사신을 보내 '慧照'라는 호를 下賜했는데, 聖祖의 廟諱인 '照'자를 피하여 照를 昭로 바꾸었다."(『新羅四山碑銘』, 310쪽)

위에서 홍진표·성락훈의 해석은 종래 여러 주해본에 나오는 견해를 그대로 따른 것이다. 이지관은 原搨本에 충실하게 번역하되 다만 聖祖를 종래의 주해본과 마찬가지로 昭聖王이라 본 것이며, 이우성의 견해는 본 역주자의 주장을 받아들인 것이다(최영성, 『주해 사산비명』, 아세아문화사, 1987, 115~116쪽; 『역주 최치원전집』 제1권, 1998, 181~182쪽). 역주자는 일찍이 聖祖를 孝照王으로 비정한 바 있다. 효조왕은 『삼국사기』에는 '孝昭'로 되어 있고 『삼국유사』에서도 대부분 이를 따르고 있다. 그러나 『삼국유사』 권4, 塔像篇 〈五臺山五萬眞身〉條 및 「慶州皇福寺石塔金銅舍利函銘」 등에서는 분명히 '孝照'라고 표기되어 있다. 일찍이 청장관 이덕무는 "신라의 慧昭大師는 민애왕의 賜號다. 처음에 慧照라 하였는데, 炤智王의 廟號를 피해 慧昭로 고쳤다. '炤'와 '照'는 같다. 또 智證大師가 있는데, 智證王의 廟號를 피하지 않은 것은 무엇 때문인가. 그리고 지증대사의 탑호가 '寂照'인데 이 또한 '炤'자를 피하지 않은 것이다"고 의문을 제기한 바 있다(『靑莊館全書』 권68, 寒竹堂涉筆 上, 〈昭炤〉). 이 말은 필자가 생각을 달리할 수 있는 근거를 제공한다.

위 비문에서는 분명 '선조의 묘휘를 피해서' 운운하였다. 따라서 묘휘가 아닌 묘호를 가지고 논단하는 것은 잘못이다. 이를 풀 수 있는 단서로, 봉암사 靜眞大師圓悟塔碑에 진감선사의 법휘를 '慧明'이라 한 것을 들

大皇龍寺에 적籍을 편입시키고[76] 서울로 나오도록 부르셨다. 사자使者의 왕래하는 것이 마치 길에서 말고삐가 섞갈리는 듯했으나,[77] 큰 산처럼 우뚝 서서 그 뜻을 바꾸지 않았다. 옛날에 승주僧稠[78]라는 스님이 원위元魏[79]의 세 번에 걸친 부름을 거절하면서 말하기를, "산에 있으면서 도를 행하여 크게 통하는 데 어긋나지 않고자 합니다"고 하였다. 그윽한 곳에 살면서 고매함을 기르는 것이, 시대는 달랐으나 지취志趣는 한 가지였던 것이다. 여

수 있다. 학계에선 대개 이를 간과하는 경우가 많다. '明'자 묘휘를 지닌 임금으로는 제31대 神文王 諱政明이 있다. 신문왕의 위상으로 보아 그를 '聖祖'라 일컬음직하다. 게다가 혜소라는 법호를 내린 민애왕의 諱도 '明'이다. 민애왕이 법호를 내릴 때 자신의 이름이 '明'이라는 점도 고려하였을 것이다.

76 대황룡사에 적을 편입시키고 : 황룡사는 지금의 경주시 九黃洞에 있었던 巨刹이다. 진흥왕 14년(553)에 착공하여 선덕여왕 14년(645)에 완공하였으며, 신라 불교를 대표하는 최고, 최대의 사찰로 꼽힌다. 景文王 때 九層木塔의 중수와 함께 成典이 설치되어 불교계의 중추적인 寺院으로 다시 부각되었는데, 당시 지방 사찰에 황룡사의 승려를 州統으로 삼아 파견한 예도 있었다(蔡尙植, 「신라 통일기의 成典寺院의 구조와 기능」, 『釜山史學』 제8집, 1984). 이는 「中初寺幢竿石柱記」와 「淸州蓮池寺鐘銘」 등에 보이는 바와 같이 황룡사가 國分寺的 성격을 띤 官寺의 기능을 가지고 불교 교단을 통제하였음을 시사한다(李泳鎬, 「新羅中代 王室寺院의 官寺的 機能」, 『한국사연구』 제43집, 1983). 無染和尙이 열었던 藍浦 聖住寺를 大興輪寺에 編錄하였던 사실도 이와 비슷한 예라 하겠다.

77 길에서 말고삐가 ~ : 使者의 왕래가 매우 잦았음을 이름.

78 중국 남북조시대 北齊 文宣帝 때의 高僧(481~561). 일찍이 유학을 배우고 經史에 통달하여 太學博士가 되었으나, 불교의 경전을 읽고 28세 때 출가하여 禪定에 전념하였다. 道宣은 『續高僧傳』의 '習禪篇' 가운데 「僧稠傳」을 가장 많이 할애하여 서술하고 있는데, 이것으로도 그가 중국 禪定思想의 정립에 얼마나 중요한 위치를 차지하고 있는지 짐작할 수 있다. 그의 선정사상은 『열반경』 「聖行品」에 나오는 四念處法을 所依로 하고 있다. 『續高僧傳』 권16, 「釋僧稠傳」 참조.

79 중국 남북조시대 北魏의 孝明帝(재위 : 516~527)를 지칭.

러 해를 머무는 동안 법익法益을 청하는 사람들이 벼나 삼대처럼 들어서 열列을 이루니, 거의 송곳 꽂을 만한 땅도 없었다.

드디어 기묘한 절경을 두루 가리어 남령南嶺의 한 기슭을 얻으니, 앞이 확 트여 시원하기가 으뜸이었다. 선사禪寺를 지음에, 뒤로는 저녁노을이 끼는 봉우리에 의지하고, 앞으로는 구름이 비치는 간수澗水를 내려다보았다. 시야를 맑게 하는 것은 강 건너 먼 산이요, 귓부리를 시원하게 하는 것은 돌에서 솟구쳐 흐르는 여울물 소리였다. 더욱이 봄이 되면 시냇가에 온갖 꽃들이 피고, 여름이 되면 길가에 소나무가 그늘을 드리우며, 가을이 되면 두 산 사이의 오목한 구렁에 밝은 달이 떠오르고, 겨울이 되면 산마루에 흰 눈이 뒤덮여, 철마다 모습을 달리하고, 온갖 물상物像이 빛을 나누며, 여러 울림소리가 어울려 읊조리고, 수많은 바위들이 다투어 빼어났다. 일찍이 중국에 유학했던 사람이 찾아와 머물게 되면, 모두 깜짝 놀라 살펴보며 이르기를, “혜원선사慧遠禪師의 동림사東林寺[80]를 바다 건너로 옮겨 왔도다! 연화

80 중국 廬山의 동쪽 기슭에 자리한 절. 본래 慧遠이 여산 一隅에 龍泉精舍를 창건하였는데, 나중에 혜원과 同門인 慧永의 청으로 潯陽刺史 桓伊가 여산 동쪽 기슭에다 동림사를 다시 세웠다. 絶景으로 유명하다. 『梁高僧傳』 권6, 「釋慧遠傳」에서는, 동림사의 주변 경관을 묘사하되, “혜원이 처음 정사를 지을 적에 여산의 아름다움을 모두 살렸다. 香爐峯을 뒷배경으로 하여 측면에는 물보라를 뿜어대는 폭포 계곡을 배치하였다. 이어 돌로 기초를 쌓고, 松林에 어울리게 造林을 하였는데, 맑은 샘물이 계단을 빙 둘러싸고 흐르며, 흰 구름이 방안에 가득하였다. 또 절 안에는 따로 禪林을 베풀었다. 우거진 樹林에는 안개가 자욱하고, 돌계단에는 이끼가 끼어, 바라보는 모든 것, 밟는 모든 것이 다 정신을 맑게 하고, 기분을 가라앉히는 것들뿐이었다”고 하였다.

장세계蓮花藏世界[81]야 범상凡想으로 비겨 볼 바 아니겠지만, 항아리 속에 별천지가 있다는 말인즉 믿을 만하다"[82]고 했다. 홈을 판 대나무를 가로질러 시냇물을 끌어다가 축대를 돌아가며 사방으로 물을 대고는, 비로소 '옥천玉泉' 두 글자로 절의 이름을 삼았다.

손꼽아 법통法統을 헤아려 보니, 선사는 곧 조계曹溪[83]의 현손

---

81 연화장세계 : 十蓮花藏世界海 또는 華藏世界・華藏界 등으로 표현된다. 毘盧遮那佛이 있는 功德無量・廣大莊嚴의 세계를 말한다. 이 세계는 큰 蓮花로 되어 있고, 그 가운데 一切國・一切物을 간직하고 있으므로 '연화장세계'라 한다.

82 항아리 속에 별천지가 ~ : 李睟光의 『芝峯類說』 권13, 文章部, 〈東詩〉에 의하면, 이수광 당시 구례군수 閔大倫이 지리산에 駐錫하는 老僧으로부터 최치원의 詩帖으로 추정되는 책을 얻어서 이수광에게 보내 왔다. 그 필적이 정말 최치원의 것이어서 의심할 나위가 없었다고 한다. 그리고 그 시첩에 실려 있는 오언율시 16수 가운데 8수는 잃어버리고 8수만 소개한다고 하였다. 그 첫수에 "우리나라 花開洞은 항아리 속 別天地(東國花開洞, 壺中別有天)"라는 말이 나온다. 그 詩帖이 지리산 石窟 속에서 발견되었다는 점으로 미루어 보면, 최치원이 지리산 쌍계사에 은거할 당시에 지은 詩들인가 한다. 眞鑒碑와 이 詩에서 共히 쌍계사가 있는 지리산 花開谷을 '壺中別有天地'로 표현하고 있는 것은 단순한 문자치레가 아니라고 하겠다.
【참고】 위의 시 8수를 보면 최치원의 시임에 분명하다는 증거가 있다. 겉으로 보면 隱者의 脫俗한 詩들 같지만, 최치원의 독특한 필치와 깊은 사색 끝에 나온 철학적 표현도 접할 수 있다. 예를 들면 "至道離文字, 元來是目前"(제4수)이라든지, "無心見月色, 默默坐忘歸"(제6수), "密旨何勞舌, 江澄月影通"(제7수) 등은 표현과 사고가 『사산비명』에 보이는 문자들과 꼭 같다. 이런 까닭에 역주자는 위 시들을 최치원의 작품으로 인정하는 데 주저하지 않는다.

83 중국 禪宗의 第六祖 慧能을 가리키는 말. 본래 중국 廣東省 曲江縣 韶州의 동남쪽에 있는 시내 이름이다. 뒷날 당나라 때 六祖慧能이 이곳에 있던 寶林寺에서 禪風을 크게 선양했다고 하여 '曹溪'라는 별칭이 붙여지게 되었다.

제자玄孫弟子[84]이었다. 이에 육조六祖의 영당影堂을 세우고[85] 흰 담을 채색으로 장식하여 중생을 인도하는 데 널리 이바지하였다. 경經[86]에 이른바 '중생을 기쁘게 하기 위한 까닭에' 화려하게 여러 빛깔을 섞어 많은 상像을 그린 것이었다.

대중大中[87] 4년(문성왕 12년, 850) 정월 초아흐렛날 새벽[詰旦], 문인에게 말하기를 "모든 법이 다 공空이니 나도 장차 가게 될 것이다. '한 마음'이 근본이니 너희들은 힘쓸지어다! 탑을 세워 형해形骸를 갈무리하거나 명銘을 지어 걸어온 발자취를 기록하지 말라!"고 하였다. 말을 마치고는 앉은 채로 세상을 떠나니, 보년報年[88]이 77세요 법랍法臘이 41년이었다. 이때 실구름도 없더니 바람과 우레가 홀연히 일어나고, 호랑이와 이리가 슬피 울부짖더니 삼나무와 향나무도 시들하게 변하였다. 얼마 지나서는 검붉은 구름이 하늘을 가리우고, 공중에서 손가락 퉈기는 소리[89]가 나서 장례에 모인 사람치고 듣지 못한 이가 없었다. 『양서梁書』[90]에 실리기를 "시중侍中 저상褚翔[91]이 일찍이 스님을 청하여,

---

84 (1)六祖慧能 (2)南嶽懷讓 (3)馬祖道一 (4)滄州神鑑 (5)眞鑒慧昭의 순이다.

85 六祖의 影堂을 세우고 : 南宗의 개창자 神會(혜능의 제자, 685~760) 이래의 六祖顯彰運動과 무관하지 않은 듯하다.

86 法華經을 이름. 李智冠은 "구체적으로 佛像造成經을 가리킨다"고 하였으나(『교감역주 역대고승비문-신라편』, 146쪽), 최치원이 인용한 것은 보다 대중적인 법화경이었을 것으로 생각된다.

87 당나라 宣宗의 연호(847~859).

88 佛家語. 과거의 業因에 대하여 그 보수로 받는 一期의 수명. 報命.

89 손가락 튀기는 소리 : 인도의 습속으로 엄지와 中指를 튀겨 소리를 내는 것. 여러 경우에 하는데, 여기서는 하늘에 소원을 빌 때 하는 것이다. 즉 "공중에서 손가락 튀기는 소리가 들렸다"는 것은 褚翔 자신뿐만 아니라 外物까지도 모친의 쾌유를 빌었음을 의미한다.

90 중국 南朝 梁나라의 四代事蹟을 기록한 正史. 총 56권. 당나라 太宗 貞觀

앓고 계신 모친을 위해 쾌유를 빌었을 때, 공중에서 손가락 튀기는 소리가 들렸다"고 했으니, 성신聖神의 감동과 명귀冥鬼의 감응을 어찌 꾸밈이라고 하겠는가. 무릇 도에 뜻을 둔 사람은 소식을 보내 서로 조상弔喪하고, 유정有情의 병통을 없애지 못한 사람俗人들은 슬픔을 머금고 울었으니, 하늘과 사람이 애끓게 슬퍼함을 단연코 알 수 있으리라. 영함靈函(棺)과 무덤길幽隧을 미리 갖추도록 하였던바, 제자 법량法諒 등이 울부짖으며 선사의 시신을 모시고는, 그 날로 동쪽 봉우리 꼭대기에 장사지내니,[92] 유명遺命을 따른 것이었다.

선사의 성품은 질박함을 흩트리지 않았다.[93] 말은 기교를 부리지 않았다. 입는 것은 헌 솜이나 삼베도 따뜻하게 여겼고, 먹는 것은 겨나 보리 싸라기도 달게 여겼다. 상수리와 콩을 섞은 범벅에 나물자반도 둘이 아니었다. 존귀한 사람이 가끔 왔지만, 다른 반찬을 내놓은 적이 없었다. 문인이 뱃속을 더럽게 하는 것이라 하여 올리기를 어려워하면 말하기를 "마음이 있어 여기에 왔을 것이니, 비록 거친 현미玄米인들 무엇이 해로우랴"고 하였으며, 지위가 높은 사람이나 낮은 사람, 그리고 늙은이와 젊은이를 가릴 것 없이 대접함이 한결 같았다. 매양 왕인王人[94]이 역

3년(629)에 姚思廉과 魏徵이 勅命으로 편찬했다.

91 중국 梁나라 武帝 때의 문신. 자는 世擧. 湖南의 陽翟 사람. 벼슬이 시중에 이르렀으며, 효자로 이름이 높았다.

92 장사지내니 : 사리탑을 세우기 이전에 사리함을 임시로 매장하는 것을 가리키는 듯함.

93 성품은 ~ : 撰者 최치원이 도가의 핵심을 '樸'(樸實自然)으로 본 것과 무관하지 않은 듯함.

94 王人 : 임금의 使者.

말을 타고 와서, 멀리 (修法功德의) 법력을 기원하면 말하기를

> 무릇 왕토王土[95]에 살면서 불일佛日[96]을 머리에 인 사람으로서, 누구인들 호념護念[97]에 마음을 기울여 임금의 복을 위해 빌지 않겠습니까? 그런데 하필이면 멀리서 마른나무 썩은 등걸과 같은 저에게 윤언綸言[98]을 욕되게 하시나이까? 왕인王人과 말이 허기질 때 먹지 못하고 목마를 때 마시지 못하는 것이, 아! 마음에 걸리나이다.

고 하였다. 어쩌다 호향胡香[99]을 선물하는 이가 있으면, 질그릇에 잿불을 담아 환丸을 짓지 않은 채로 사르면서 말하기를 "나는 냄새가 어떠한지 분별하지 못한다. 마음만 경건히 할 따름이다"고 하였다. 다시 한다漢茶[100]를 진공進供하는 사람이 있으면, 땔나

---

95 임금의 私有地가 아니고, 단순히 '임금의 영토'라는 관념적인 의미. 『詩經』, 小雅, 〈北山〉 "溥天之下, 莫非王土, 率土之濱, 莫非王臣"에서 나온 말.

96 모든 중생을 구제하는 부처의 광명을 해에 비유하여 일컫는 말.

97 항상 부처나 보살을 마음에 품고 선행을 닦으면, 모든 부처와 보살·諸天 등이 온갖 魔障을 제거하고 보살펴 주며, 깊이 憶念하여 버리지 않는다는 것.

98 임금이 아랫사람에게 내리는 말.

99 외국에서 들어온 향.
【참고】『삼국유사』 권3, 〈阿道基羅〉條에 의하면, 향이 우리나라에 처음 들어 온 것은 신라 訥祗王(재위 : 417~458) 때라고 하는데, 당시 중국 梁나라라서, 사람을 시켜 널리 묻게 했다고 한다.

100 중국에서 생산되는 차.
【참고】『삼국사기』 권10, 흥덕왕 3년조(828)에 의하면, 차(茶)가 우리나라에 처음 전래한 것은 신라 선덕여왕 때였는데, 그 뒤 흥덕왕 때 大廉이 당나라에서 차씨를 가져다가 지리산에 심고 나서부터 성하게 되었다고 한다.

무로 돌 가마솥에 불을 지피고는 가루로 만들지 않고 끓이면서 말하기를, "나는 맛이 어떤지 분별하지 못한다. 뱃속을 적실 뿐이다"고 하였다. 참된 것을 지키고 속된 것을 싫어함이 모두 이러한 것들이었다.

평소 범패梵唄[101]를 잘하였는데, 그 목소리가 금옥 같았다. 측조側調[102]에 나를 것 같은 소리는 상쾌하면서도 슬프고 구성져서, 능히 천상계天上界의 모든 신불神佛로 하여금 크게 환희歡喜케 하였다. 길이 먼 곳까지 흘러 전함에, 배우려는 사람이 승당僧堂을 가득 메웠는데, 가르치기를 게을리 하지 않았다. 오늘에 이르러, 우리나라에서 어산魚山(범패)의 묘한 곡조를 익히는 자가 코를 막고 가곡歌曲을 배우 듯[103] 다투어 옥천玉泉(진감선사)의 여향餘響을 본받으려 하니, 어찌 성문聲聞[104]을 가지고 중생을 제도하는 교화가 아니겠는가.

선사께서 열반에 드신 때가 문성대왕 시절이었다. 임금께서는 마음[惓襟]이 측연惻然하여 장차 청정淸淨한 시호를 내리려고 하였으나, 선사가 남긴 당부의 말을 듣고서는 부끄러워하여 그만두었다. 삼기三紀[105]를 지난 뒤, 문인이 세상일의 변천이 심한

---

101 四法要의 하나. 法會를 시작할 때 맨 먼저 '如來妙色身'의 偈頌을 읊으며 부처님의 높고 큰 덕을 찬양하는 것이다. 우리나라에서는 眞鑑禪師에 의해 널리 보급된 것으로 알려져 있다.

102 옛 음악의 세 음조 중의 하나. 淸調·平調·側調를 三調라 한다.

103 코를 막고 歌曲을 배우 듯 : 중국 東晉 때의 名臣인 謝安(자는 安石)이 '洛下書生詠'이라는 가곡을 잘 불렀다. 콧병이 있어 음성이 탁하였으나 당시의 士者들이 그 소리를 다투어 모방하느라고, 손으로 코를 쥐어 코막힌 소리를 냈다고 한다.

104 名聲. 五乘의 하나.

105 1紀가 12년이므로 36년이다.

것을 염려하여, 불법佛法을 흠모하는 제자[在家弟子]에게 영원토록 썩지 않을 인연을 물었더니, 내공봉內供奉[106]이며 일길한一吉干[107]인 양진방楊晉方과 숭문대崇文臺[108]의 정순일鄭詢一이 굳게 마음을 합쳐 돌에 새길 것을 주청하였다. 헌강대왕께서 지극한 덕화를 넓히고 참된 종교(禪宗)를 흠앙하시어 '진감선사眞鑑禪師'라고 추시追諡하시고 탑이름을 '대공령탑大空靈塔'이라 하셨다. 그리고 전각篆刻을 허락하여 길이 명예를 전하도록 하시었다.

거룩하도다! 해가 양곡暘谷에서 솟아올라 그윽한 데까지 비추지 않음이 없고, 해안海岸에 향기를 심어[109] 오랠수록 향내가 가득하다. 어떤 이는 말하기를

> 선사께서, 탑을 세우지 말고 명銘을 짓지 말라는 당부의 말씀을 내리셨거늘, 후대로 내려와 문인들에 이르러 능히 확고하게 스승의 뜻을 받들지 못했도다. 그들이 억지로 구했던가, 아니면 임금께서 자진해서 주셨던가. 바로 흰 구슬의 티가 되기에 족하다.

고 한다. 슬프다! 그르게 여기는 자 또한 그르다. 명예를 가까이 하지 않았는데도 이름이 알려진 것은 대개 선정禪定으로 키운 법력의 여보餘報다. 저 재[灰]처럼 사라지고 번개같이 끊어지기보

---

106 신라 하대에 大內의 道場에 供奉하는 일을 담당했던 관직. 唐制를 본뜬 것임.

107 신라 17관등 가운데 제7위인 一吉飡의 별칭.

108 신라 때 文翰機構의 하나. 관원으로 郞 2명, 史 4명, 從舍知 2명을 두었는데, 뒤에 郞이 學士와 直學士로 개편되었다. 『삼국사기』 권39, 「職官(中)」 참조.

109 海岸에 향기를 심어 ~ : 신라에 불교가 들어와 날이 갈수록 발전하는 것을 이름.

다는, 할 만한 일을 할 수 있을 때 해서, (대사의) 명성이 대천세계大千世界에 떨치도록 하는 것이 낫지 않겠는가.

그러나, 귀부龜趺가 비석을 이[戴]기도 전에 헌강대왕께서 갑자기 승하昇遐하셨다. 금상今上(정강왕)께서 뒤를 이어 즉위하시니, 훈壎과 지篪가 서로 화답하듯 뜻이 부촉付囑에 잘 맞아, 좋은 것은 그대로 따르시었다. 이웃의 큰 산에 절이 있어 '옥천사玉泉寺'라고 불렀는데,[110] 이름이 서로 같아 여러 사람이 듣는 데 혼동을 초래하였다. 장차 같은 이름을 버리고 다르게 하려면, 마땅히 옛 이름을 버리고 새 이름을 지어야 했다. 그리하여 그 절 배후背後의 빙거憑據가 될 만한 것을 둘러보게 하니, 절의 문이 두 갈래 간수澗水가 마주하는 데 있다고 복명復命하였다. 이에 '쌍계雙溪'라는 이름을 내리셨다.

그리고 이 하신下臣에게 거듭 명을 내려 말씀하시기를 "선사께서 행적으로 이름이 드러났고, 너는 문장으로 벼슬길에 나섰으니, 마땅히 비명을 짓도록 하라!"고 했다. 치원이 두 손을 마주 대고 절하면서, "네! 네!" 하고 대답하였다. 물러나와 생각해보건대, 지난 번 중국에서 이름을 얻었고, 장구章句 사이에서 살지고 기름진 맛을 보았으나, 아직 성인의 도[衢罇]에 흠뻑 취하지 못했다. (井底蛙처럼) 우물 안에 깊숙이 엎드려 있었던 것이 오직 부끄러울 뿐이다. 하물며 법法은 문자를 떠난지라 말을 부칠 데가 없음에랴? 굳이 혹 그것을 말한다면, 끌채를 북쪽으로 두면서 남쪽의 영郢 땅에 가려는 격[111]이 되리라. 다만, 임금의 외호外

110 康州 관할인 固城에 있었던 절 이름.

111 끌채를 북쪽으로 두면서 ~ : 이치에 어긋남을 뜻함. 여기서는 곧 不立文

護[112]와 문인들의 대원大願으로, 문자가 아니면 여러 사람의 눈에 환하도록 할 수 없겠기에, 드디어 몸소 (한꺼번에) 두 가지 일[113]에 종사하고, 힘껏 (날다람쥐의) 다섯 가지 재주[五能][114]를 본받았다. 비록 (말 못하는) 돌이지만 혹여 무슨 말이라도 할는지, 부끄럽고 두렵기만 하다. 그러나 '도'란 억지로 이름 붙인 것이니, 어느 것은 옳고 어느 것은 그르겠는가.[115] 끝이 닳은 몽당붓이라 하며 필봉筆鋒을 드러내지 않는 일[116]을 어찌 신臣이 감히 할 것인가. 거듭 앞의 뜻을 말하고, 삼가 명銘을 조목 지어 대강 적는다.

입 다물고 선정禪定을 닦아
불타에 귀심歸心하였네.
근기根機가 보살(승)에 익숙하여

字・以心傳心・教外別傳 등을 강조하는 禪宗의 본지와 배치됨을 이름.

112 속인이 승려의 수행을 도와 佛法의 弘通에 힘이 되도록 援護하는 것. 이에 대해 부처님이 제정한 계법으로 身・口・意를 보호하는 것을 內護라고 한다.

113 두 가지 일 : 비문 짓는 일과 글씨 쓰는 일. 撰銘幷書.

114 다섯 가지 재주 : 날다람쥐에게는 五能과 五不能이 있는데, 날기는 하지만 지붕을 넘지는 못하고, 나무를 타기는 하지만 끝까지 오르지는 못하며, 헤엄을 치기는 하지만 시내를 건너지는 못하며, 구멍을 파기는 하지만 제 몸을 가릴 정도까지는 못하며, 달리기는 하지만 사람을 앞서지는 못한다고 한다. '五能'을 본받았다'고 함은 곧 禪師의 碑銘을 撰함에, 비록 서투를망정 많은 재주를 펴 보이려고 했으나, 奧旨는 다 표현하지 못했다는 말이다.

115 어느 것은 옳고 ~ : 언어・문자로 나타내서 절대적 진리의 본연으로부터 멀어진다면, 문자를 떠난 法을 굳이 말하는 것이나, 뭐라고 이름할 수 없어 억지로 '道'라 이름 붙인 것이나 다를 게 무엇이 있겠느냐는 말. 즉 '도'라고 이름 붙인 것 자체가 진리 본연으로부터 멀어지는 것이라면, 문자를 떠난 法을 말하는 것만을 그르다고 할 수는 없다는 뜻이다.

116 끝이 닳은 몽당붓이라 ~ : 文才가 없다는 핑계로 계속 사양하는 것을 이름.

그를 넓힘이 타의가 아니었네.
용맹스럽게 범의 굴[117]을 찾았고
멀리 험한 파도를 넘었으며[118]
중국에서 비인秘印[119]을 전해 받고
돌아와 신라를 교화했네.

그윽한 곳을 찾고 경치 좋은 데를 가려
바위 비탈에 절을 지었네.
물에 비친 달을 보며 심회心懷를 맑게 하고
아름다운 경치[雲泉]에 흥을 기울였네.
산은 인간의 본성처럼 적연寂然하고
골짜기는 범음梵音과 응답하네.
촉경觸境(몸에 닿는 대상)이 막힘없었으니
교사巧詐한 마음을 삭힘이 이것으로 증험되도다.

도로써 다섯 조정[120]을 협찬協贊했고
위엄으로 많은 요사함을 꺾었도다.
자비의 그늘을 말없이 드리우며
아름다운 부름[121]을 분명하게 거절했네.

117 고난의 상징. 곧 佛門을 비유한 말.
118 험한 파도를 ~ : 渡唐遊學을 이르는 말.
119 禪宗의 가르침을 말함.
120 다섯 조정 : 흥덕왕 · 희강왕 · 민애왕 · 신무왕 · 문성왕을 지칭. 흥덕왕 5년(830)에 중국으로부터 귀국하여 문성왕 12년(850)에 입적하기까지 이 다섯 임금을 협찬하였다.
121 아름다운 부름 : 임금의 부름을 말함.

바닷물이야 저대로 흩어져 떠돌더라도
산이야 무엇 때문에 흔들리랴.
아무런 생각이나 걱정이 없었고
깎거나 새김도 없었다네.

음식은 노상 드시는 것뿐이었고
옷은 되는대로 입으셨네.
비바람에 그믐밤 같아도
처음과 끝이 한결같았네.
지혜의 가지[慧柯][122]가 바야흐로 뻗어나려는데
법계法界의 기둥이 갑자기 무너지니
깊고 큰 골짜기[123]가 처량하고
연기처럼 뻗어 오르는 등라藤蘿[124]가 초췌하구나.

사람은 갔어도 도는 남았으니,
끝내 잊지 못하리라.
상사上士[125]가 소원을 진달陳達하자
대왕께서 은혜를 베푸셨네.
법등法燈이 바다 건너로 전하여
불탑佛塔이 산속에 솟았도다.

---

122 지혜의 가지 : 覺樹를 期하기 위한 慧柯를 가리킴. 곧 지혜의 작용을 말한다.

123 깊고 큰 골짜기 : 수도자들이 은거하는 곳을 말함.

124 연기처럼 뻗어나는 藤蘿 : 향학열이 높은 후배들을 이름.

125 上士 : 불교에서 말하는 보살. 여기서는 內供奉이며 一吉干인 楊晉方과 崇文臺의 鄭詢一을 가리킨다.

천의天衣가 스쳐 반석盤石이 다 닳도록
길이 송문松門(佛門)에 빛나리라.

광계光啓 3년(정강왕 2년, 887) 7월 일에 세움. 중 환영奐榮이 글자를 새김.

제Ⅱ부 교주 사산비명

初月山大崇福寺碑

【원문】

有唐新羅國初月山大崇福寺碑銘 并序

前西國都統巡官承務郎侍御史內供奉賜紫金魚袋臣 崔致遠奉教撰[1]

臣聞: 王者之基祖德, 而峻孫謀[2]也, 政以仁爲本, 禮以孝爲先, 仁以推濟衆之誠[3], 孝以擧尊親之典, 莫不體無偏[4]於夏範[5], 遵不匱[6]於周詩, 聿修[7]芟秕稗之譏[8], 克祀潔蘋蘩之薦[9], 俾慧渥[10]均濡於庶彙[11], 德

---

1 종래의 필사본에는 碑銘을 찬술할 당시의 직함이 적혀 있지 않았으나, 靑莊館 李德懋가 참고한 필사본(『海雲碑銘註』?)에는 공식 직함이 기록되었던 것 같다. 위의 직함은 이덕무의 『靑莊館全書』 권68, 「寒竹堂涉筆(上)」, 〈新羅名僧碑〉條에 실린 것을 인용한 것이다.

2 孫謀 : 후대를 위한 좋은 계책[謀猷]. 『詩經』, 大雅, 〈文王有聲〉 "詒厥孫謀, 以翼燕子."

3 濟衆之誠 : 대중을 구제하려는 정성. 『論語』, 「雍也」 "子貢曰 : 「如有博施於民, 而能濟衆, 如何? 可謂仁乎?」 子曰 : 「何事於仁? 必也聖乎, 堯舜其猶病諸」"

4 無偏 : 王道는 치우침이 없어야 한다는 뜻. 『書經』, 周書, 〈洪範〉 "無偏無黨, 王道蕩蕩, 無黨無偏, 王道平平."

5 夏範 : 夏后氏가 남긴 典範. 곧 『書經』의 한 편명인 '洪範'을 지칭.

6 不匱(불궤) : '효자가 없어지지 않는다'는 시를 지칭. 『시경』, 大雅, 〈旣醉〉 "孝子不匱, 永錫爾類."

7 聿修(율수) : 조상의 덕을 계승하여 닦음. 『시경』, 大雅, 〈文王〉 "無念爾祖, 聿修厥德."

馨[12]高達於穹旻。然勞心而扇暍泣辜[13]，豈若拯群品[14]於大迷之域，竭力而配天享帝[15]，豈若奉尊靈於常樂之鄉[16]，是知敦睦九親[17]，實在紹隆三寶[18]。矧乃玉毫光所燭照，金口偈[19]所流傳，靡私於西土生靈，

---

8 秕稗之譏 : 성숙하지 못하다는 비난. 『孟子』, 「告子(上)」 "五穀者, 種之美者也. 苟爲不熟, 不如荑(稊)稗. 夫仁亦在乎熟之而已矣."

9 蘋蘩之薦 : 잡스럽고 보잘 것 없는 풀을 祭需로 올림. '蘋(빈)'은 마름(개구리풀), '蘩(번)'은 흰 쑥이다. 모두 粗劣한 제물에 비유되었다. 『시경』, 召南, 〈采蘩〉, 〈采蘋〉 참조 ; 『춘추좌씨전』, 隱公 3년 "蘋蘩蘊藻之菜."

10 慧渥 : 두터운 은혜. '慧'는 '惠'로 보아야 한다.

11 庶彙 : 庶物 또는 백성(人民). 여기서는 후자의 의미이다.

12 德馨 : 王者의 밝은 덕을 향기에 비유한 말. 『書經』, 周書, 〈君陳〉 "至治馨香, 感于神明, 黍稷非馨, 明德惟馨."

13 扇暍泣辜 : 武王이 孟津으로부터 돌아오다가 열병에 걸린 사람을 보고 부채질을 해주고, 또 禹임금이 길을 가다가 죄인을 보고는 수레에서 내려, 울면서 물었다는 故事. 『淮南子』, 「人間訓」 "武王蔭暍人於樾下, 左擁而右扇之, 而天下懷其德." ; 『帝王世紀』, 권1 "武王自孟津還, 及于周, 見暍人, 王自左擁而右扇之, 天下懷其德." ; 『說苑』 권1, 「君道」 "禹出見罪人, 下車問而泣之." ; 梁簡文帝, 〈大法頌〉 "解網於禽, 穿泉掩骼, 起泣辜之澤, 行扇暍之慈."

14 群品 : 중생과 같은 말.

15 配天享帝 : 자기 조상을 上帝와 함께 제사지내는 것. 周나라 周公이 天子의 南郊祀(天祭)에서 后稷을 하늘에 配하였으며, 또 文王을 明堂에 제사[宗祀]지내면서 上帝에 配하였다는 고사. 『孝經』, 傳5章 "昔者, 周公郊祀后稷以配天, 宗祀文王於明堂, 以配上帝." ; 『시경』, 周頌, 〈淸廟之什〉 "思文后稷, 克配彼天." ; 『周易』, 豫卦, 〈象〉 "先王以作樂崇德, 殷薦之上帝, 以配祖考."

16 常樂之鄕 : 常·樂·我·淨의 경지. 곧 涅槃의 세계를 이른다.

17 九親 : 高祖로부터 玄孫까지의 친족. 九族과 같은 말로 여기서는 조상과 후손을 의미한다. 『書經』, 虞書, 〈堯典〉 "克明俊德, 以親九族, 九族旣睦, 平章百姓."

18 紹隆三寶 : 『法華經』, 「佛國品」에 나온다.

19 金口偈 : 부처의 입[金口]에서 흘러나오는 偈陀. 부처가 태어날 때부터 온몸이 금빛이었으므로 그 입을 '金口'라고 한다. 부처를 일컫는 말로 사용

爰[20]及於東方世界, 則我太平勝地也, 性滋柔順, 氣合發生[21], 山林多靜默之徒, 以仁會友[22], 江海協朝宗[23]之欲[24], 從善如流[25]。是故, 激揚君子之風, 薰漬梵王之道, 猶若泥從璽[26], 金在鎔[27], 而得君臣鏡志於三歸, 士庶翹誠[28]於六度[29], 至乃國城無惜, 能令塔廟[30]相望, 雖在贍部洲海邊, 寧慚都史多[31]天上。衆妙之妙, 何名可名。

되기도 한다.

20 爰 : '先'이나 '光'으로 된 책도 있으나 모두 오자임.

21 氣合發生 : 地氣가 만물이 생기도록 하는 데 모아짐. 곧 東方(動方)임을 뜻한다. 『後漢書』 권85, 「東夷列傳」 "王制云 : 「東方曰夷」, 夷者柢也, 言仁而好生, 萬物柢地而出."

22 以仁會友 : '仁'(能仁 또는 慈悲)의 기치 아래 뜻을 같이 하는 무리를 모은다는 뜻. 『論語』, 「顏淵」 "曾子曰, 君子以文會友, 以友輔仁."; 『梁高僧傳』 권6, 「釋慧遠傳」 "負荷大法者, 必以無執爲心, 會友以仁者, 必使功不自己."

23 朝宗 : 제후가 천자에게 朝會하는 것. 여기서는 모든 강물이 바다로 흘러듦을 비유하여 일컬었다. 『書經』, 夏書, 〈禹貢〉 "江漢朝宗于海."; 『시경』, 小雅, 〈沔水〉 "沔彼流水, 朝宗于海."

24 欲 : 일부 註解本에는 '勢'자로 되어 있다.

25 從善如流 : 善을 따르는 것이 물 흐르듯 함. 『춘추좌씨전』, 成公 8년 "君子曰, 從善如流, 宜哉."

26 泥從璽 : 紫泥(印朱의 일종)가 玉璽를 따름. 곧 紫泥가 옥새에 새겨진대로 찍어내는 것을 비유한 말. 『呂氏春秋』 "民之從上, 如璽印塗."

27 金在鎔 : 쇠가 거푸집[鑄型] 안에 있음. 『漢書』 권56, 「董仲舒傳」 "上之化下, 下之從上, 猶金之在鎔, 唯冶者之所鑄."; 同注 "師古曰, 鎔謂鑄器之摸範也."

28 翹誠(교성) : 정성을 기울임.

29 六度 : 六波羅蜜을 달리 이르는 말.

30 塔廟 : 塔은 塔婆의 준말이고, 廟는 탑을 번역한 말. 범어와 그 의미를 아울러 쓴 것이다.

31 都史多 : 범어 'Tusita'의 音譯. 兜率陀(도솔타) 또는 兜率이라고도 하며, 兜率天의 약칭이다. 彌勒菩薩이 常住하는 곳이라 한다.

金城之离[32], 日觀之麓[33], 有伽藍號崇福者。乃先朝嗣位之初載, 奉爲烈祖元聖大王園陵, 追福之所修建也。粤若[34]稽古寺之濫觴[35], 審新刹之覆簣[36], 則昔波珍飡金元良者, 昭文王后之元舅[37], 肅貞王后之外祖也。身雖貴公子, 心實眞古人, 始則謝安縱賞於東山, 儼作歌堂舞館; 終乃慧遠同期於西境[38], 捨爲像殿經臺。當年之鳳管[39]鵾絃[40], 此日之金鍾玉磬,

---

32 离 : 남쪽. '离'는 '離'와 통용되며, 팔방의 하나이다.

33 日觀之麓 : 해돋이를 볼 수 있는 산기슭. 중국 泰山의 동서쪽 봉우리에서 첫닭이 울 때쯤 日出 광경을 볼 수 있다. 이곳을 '日觀'이라고 한다. 신라 吐含山 기슭에서도 해돋이를 볼 수 있는 까닭에 '日觀'이라는 명칭을 붙인 것이다. 日觀을 山名 또는 峯名으로 보는 것은 잘못이다.

34 粤若(월약) : 發語辭.

35 濫觴 : 사물 발생의 첫출발을 이름. 揚子江 같은 큰 강도 그 근원은 술잔을 띄울만한 細流라는 뜻에서 온 말이다.

36 覆簣 : 작은 것을 쌓아서 큰 것을 이룬다는 뜻. 즉 일이 시작되어 이루어지는 것을 이르는 말이다. 『論語』, 「子罕」 "子曰, 譬如爲山, 未成一簣, 止吾止也. 譬如平地, 雖覆一簣, 進吾往也."

37 元舅(원구) : 임금(또는 왕비)의 큰 외숙. 『시경』, 大雅, 〈崧高〉 "不顯申伯, 王之元舅, 文武是憲."

38 同期於西境 : 慧遠이 劉遺民・雷次宗・周續之・宗炳 등 여러 사람과 함께 다같이 往生西方하기를 발원하였던 故事. 『梁高僧傳』 권6, 「慧遠傳」 "彭城劉遺民, 豫章雷次宗, 鴈門周續之, 新蔡畢穎之, 南陽宗炳・張萊民・張季碩等, 竝棄世遺榮, 依遠遊止. 遠乃於精舍無量壽像前, 建齋立誓, 共期西方."

39 鳳管 : 봉피리. 崑山에서 나는 대나무로 피리를 만들어 불면 龍鳳의 소리가 난다는 故事에서 나옴. 『洞冥記』 "帝嘗夕東望, 有靑雲焉. 俄見雙鵠集于臺上, 有頃化爲神女, 舞于臺下, 握鳳管之簫"

40 鵾絃 : 琵琶를 달리 이르는 말. 鵾鷄絃 또는 哀絃이라고도 한다. 鵾鷄의 힘줄은 몹시 질겨서 이를 비파의 줄을 만드는 데 많이 사용하였다. 그 처량한 가락이 마치 곤계의 슬픈 울음과도 같았다고 한다. 『樂府雜錄』 "賀懷智以鵾鷄筋, 作琵琶絃, 用鐵撥彈."

隨時變改，出世因緣。

寺之所枕倚[41]也，巖有鵠狀，仍爲戶牓[42]。能使鴦廬[43]長價，永令鵝殿[44]增輝；則彼波羅越[45]之標形，崛恡遮[46]之紀號，詎若飛千里[47]以取譬，變雙林而刱題[48]者

---

41 枕倚 : 베개 삼고 의지하는 것. 곧 背後의 憑據(主山)를 말한다. 『文選』 권4, 左思, 〈蜀都賦〉 "跨躡犍牂, 枕倚交趾." ; 同注 "向曰, 跨躡·枕倚, 憑據也."

42 戶牓 : 문 앞에 거는 牓. 여기서는 '鵠寺'라는 절 이름을 말한다.

43 鴦廬(앙려) : 원앙새는 언제나 암수가 함께 있다는 데서 東西翼廊(回廊)을 비유한 말. 『시경』, 小雅, 〈鴛鴦〉, 注 "鴛鴦, 匹鳥也. 雌雄未嘗相離."

44 鵝殿 : 법당을 말함. 거위는 짖는 소리가 요란하여 주위에 있는 뱀들이 멀리 떠나 버린다고 한다. 부처를 모신 곳은 어떤 해독도 없다는 것에 비유하기도 한다. 『禽經』 "鵝飛則蜑沈."

45 波羅越 : 天竺에서 비둘기를 이르는 말. 達嚫國에 돌산을 깎아 5층으로 지은 어느 절이 있었다. 맨 꼭대기 층의 모양을 비둘기처럼 만들고, 절의 이름을 波羅越寺(鴿伽藍)라고 했다 한다. 法顯, 『佛國記』 "有國名達嚫僧伽藍, 穿大石山作之, 凡有五重, 第五層作鴿形, 因名此寺爲波羅越. 波羅越者, 天竺名鴿也." ; 『大唐西域記』 권9.

46 崛恡遮(굴린차) : '堀忧遮'의 誤寫이다. 堀忧遮는 南天竺國에 있었다고 하는 절 이름으로, 鴈伽藍이라고도 한다. 이 절의 유래를 살펴보면 다음과 같다. 옛날에 한 比丘가 있었다. 生時에 飮食에 대한 계율을 어긴 까닭에 죽어서 기러기로 태어났다. 이 기러기는 키가 3길이나 되고 사람처럼 말을 할 뿐 아니라, 언제나 화엄경을 쉬지 않고 朗誦하였다. 어느 날 淸信士 한 사람이 寶玉을 찾아 航海를 하다가 惡風을 만나 배가 전복되는 바람에, 겨우 널빤지 조각에 의지하여 어느 모래톱에 닿았다. 홀연히 나무 위에서 기러기가 화엄경을 朗誦하는 소리를 들었다. 信士가 오랫동안 이상하게 생각하다가 讚言을 베푸니, 기러기는 나무 위에서 내려와 信士에게 자신을 위해 절을 하나 지어 달라고 간청하였다. 信士가 그러마고 승낙하자, 기러기는 信士를 등에 태우고 날아가 寶山에 내려 주었다. 이에 信士는 寶山에서 많은 보물을 채취한 뒤 다시 기러기 등을 타고 바다를 건너 천축국에 당도하였다. 信士는 기러기와 작별한 뒤 그 珍物들을 임금에게 올리고 기러기와의 사연을 아뢰니, 임금이 명을 내려 절을 짓고 '鴈'자로써 寺名을 삼도록 했다고 한다. 『華嚴經傳記』, 권4 "日照三藏又說 : 嘗遊南天竺國, 止一伽藍, 名堀忧遮, 此名雁也. 見彼寺諸德, 竝受持華嚴. 因問 : 「此伽藍何因取名於鳥?」 彼僧對曰 : 「昔有一比丘飮噉.

哉? 但玆地也, 威卑鷲頭[49], 德峻龍耳[50]; 與畫金界[51],

同俗每誦華嚴, 以爲己業. 命終之後, 由破戒故, 生南海作一雁. 身大可三丈, 猶作人語, 誦經不輟. 時有一淸信士, 泛海採寶, 忽値惡風, 飄船覆沒, 唯執片版, 遇止一洲. 衣糧俱絶, 懷憂而住, 忽聞樹上有誦經聲. 卽便候聽, 乃見一雁誦華嚴經. 怪歎良久, 遂讃言 : '善誦善誦'雁聞讃聲, 卽下樹語人云 : '汝能爲我, 造僧伽藍不?' 答云 : '我身命不濟, 何能造寺?' 雁曰 : '汝若能作, 當附貴寶, 送爾還鄕' 人曰 : '汝言甚善' 雁遂負人於背, 飛至寶山, 此人識寶, 乃多採諸珍. 同附雁背, 飛空越海, 送於天竺. 至岸而下. 雁云 : '願君爲我, 造僧伽藍, 還用我名, 以題寺號' 信士旣媿深恩, 銜悲而別, 奉其珍物, 以事啓王. 王乃封邑五百戶, 令爲造寺. 由是以雁爲名也」"

47 飛千里 : 단번에 천리를 飛翔한다는 고니[鵠]를 이름. 『史記』 권55, 「留侯世家」 "鴻鵠高飛, 一擧千里. 已成羽翮, 橫絶四海."

48 刱題(창제) : 標題(절 이름)를 지음.

49 鷲頭 : 鷲頭山을 지칭. 鷲頭山은 靈鷲山 또는 耆闍崛山(기사굴산)이라고도 한다.

50 龍耳 : 풍수지리설에서 말하는 明堂 가운데 하나. 郭璞의 『錦囊經』, 「形勢」에 의하면, "來龍의 山勢가 내려오다가 멈추고 穴場 주위의 형상이 둥그스름하게 솟아오르며, 그 앞에는 물이 흐르고 그 뒤로는 의지할 수 있는 岡이 있어야, 龍의 머리를 갈무리하는 터가 될 수 있다"(勢止形昻, 前澗後岡, 龍首之藏)고 하였다. 또 이어 "용의 코와 이마 부위에 산소를 쓰면 吉하고 昌盛할 것이요, 뿔과 눈 부위는 한 쪽으로 기운 자리이므로 멸망할 자리다. 귀 부위는 활처럼 둥그렇게 굽어 있는[彎曲] 위치이기 때문에 왕이나 제후의 位에 오를 자리요, 입술 부위는 엷기 때문에 죽거나 크게 다칠 자리이다(鼻顙吉昌, 角目滅亡, 耳致侯王, 脣死兵傷)"고 하였으며, "坎山으로써 용의 머리를 삼았을 때, 甲方은 뿔이 되고 震方은 귀가 된다(以坎爲首, 甲角震耳)"고 하였다. 또 '其法在耳角目鼻之具'라는 대목의 注에서는 "龍頭가 龍角을 베고 누운 자리는 3년이 못되어 저절로 滅族될 것이요, 龍頭가 龍耳를 베도록 安墳하면 3년이 못되어 萬乘의 임금(皇帝)이 납실 것이다"고도 하였다. 崔昌祚(역주), 『靑烏經 · 錦囊經』(서울 : 민음사, 1993) 참조.

【참고】 『晉書』 권72, 「郭璞傳」에도 '龍耳'에 대한 기록이 있다. "璞嘗爲人葬. 帝微服往觀, 問何以葬龍角? 法當滅族. 主人曰 : 「郭璞云, 此葬龍耳, 不出三年, 當致天子也」 帝曰, 出天子耶? 曰能致天子問耳. 帝甚異之." ; 『世說新語』 권5, 「術解」에도 비슷한 내용이 나온다.

51 金界 : 황금으로 두른 경계. 곧 사찰을 말한다. 석가 당시에 舍衛城의 給孤獨(須達多)이라는 長者가 석가에게 精舍를 지어 바치고자 祇陀太子의

宜闓[52]玉田[53]。

洎貞元戊寅年冬，遺敎窀穸之事[54]，因山[55]是命。擇地尤難，乃指淨居[56]，將安秘殿[57]。時獻疑者有言：『昔游氏之廟[58]，孔子之宅[59]，猶皆不忍終毁，人到于今稱之，則欲請奪金地[60]，無乃負須達多[61]大捨之心乎？冥葬[62]者，地所祐，天所咎[63]，不相補矣』而莅政者[64]

동산을 사들였다는 '祇園精舍'의 故事에서 나왔다. 당시 買入할 때 값으로 치르기 위해 '황금을 그 땅에 두루 깔았다[布金徧地]'고 한 데서 '金界'라고 한다. 金地. 金田.

52 闓 : '開'와 仝字.

53 玉田 : 왕릉의 터전을 이름. 王者의 葬事에 玉匣을 사용한 데서 비롯된 말.

54 窀穸之事 : 埋葬하는 일. 곧 王者의 葬禮를 지칭한다. 『춘추좌씨전』 襄公 13년 "惟是春秋窀穸之事, 所以從先君于禰廟者, 請爲靈若厲."

55 因山 : 帝王과 그 妃의 葬禮를 이름. 제왕의 葬事에는 山으로 말미암고 따로 봉분을 만들지 않는다는 데서 나온 말이다. 『漢書』 권4, 「文帝紀」 "治覇陵, 皆瓦器, 不得以金銀銅錫爲飾, 因其山, 不起墳."

56 淨居 : 淸淨한 居所. 곧 寺刹을 말한다. 『舊唐書』 권1, 「高祖紀」 "伽藍之地, 本曰淨居. 栖心之所, 理尙幽寂."

57 秘殿 : '幽宅'과 같은 말. 왕릉을 이른다.

58 游氏之廟 : 중국 춘추시대 鄭나라의 簡公이 죽어 장례를 치를 때, 葬道에 游氏의 사당이 있어 방해가 되므로, 대부분의 사람들이 이를 헐어야 한다고 하였는데, 당시 재상이었던 子產(B.C. 582~522)이 만류하면서 우회하도록 했다는 故事. 『春秋左氏傳』, 昭公 12년 "鄭簡公卒, 將爲葬除. 及游氏之廟, 將毁焉. 子大叔使其除徒執用以立, 而無庸毁曰 : 「子產過汝, 而問何故不毁. 乃曰不忍廟也, 諾將毁矣」 旣如是, 子產乃使辟之."

59 孔子之宅 : 공자의 舊宅. 前漢 景帝의 아들인 魯恭王(시호는 恭, 魯王에 봉해짐)이 그의 苑囿를 넓히려고 공자의 舊宅을 헐려 했을 때, 여러 악기 소리가 들려오므로, 두려워하여 이내 그만두었다는 故事. 『漢書』 권30, 「藝文志」 "武帝末, 魯共王壞孔子宅, 欲以廣其宮, 而得古文尙書及禮記論語孝經, 凡數十篇, 皆古字也. 共王往入其宅, 聞鼓琴瑟鍾磬之音, 於是懼, 乃止不壞."

60 金地 : 절을 이름. 金界・金田 등과 같은 말이다.

61 須達多 : 석가모니에게 祇園精舍를 지어 바친 長者. 須達陁.

62 冥葬 : 죽은 사람을 장사지냄.

識曰:『梵廟[65]也者, 所居必化, 無往不諧。故能轉禍基爲福場, 百億劫濟其危俗。靈隧[66]也者, 頫砼坤脉[67], 仰揆乾心, 必在苞四象于九原[68], 千萬代保其餘慶則也。法無住相, 禮有盛期, 易地而居, 順天之理。但得青烏[69]善視, 豈令白馬悲嘶[70]? 且驗是仁祠[71], 本隷戚里[72], 誠宜去卑就峻, 捨舊謀新[73], 使幽庭[74]據海域之雄, 淨刹擅雲泉之媺, 則我王室之福山高峙, 彼侯門之德海安流, 斯可謂知無不爲[75], 各得

---

63 地所祐 天所咎 : 땅으로서는 돕는 바이나 하늘로서는 허물한다는 뜻. 『白虎通』, 「封禪」 "天以高爲尊, 地以厚爲德."

64 莅政者(이정자) : 어떠한 政事를 관장하는 사람. 當路者. 當局者.

65 梵廟 : 절을 달리 이르는 말. 梵宇. 梵刹. 梵堂. 梵宮. 梵處.

66 靈隧 : 죽은 사람의 무덤. 여기서는 왕릉을 지칭.

67 頫砼坤脉 : 굽어보아 地脈을 가림. '頫砼'은 '俯銓'과 같다.

68 九原 : 묘지 또는 葬地를 뜻함. 본래 전국시대 晉나라 卿大夫의 墳墓가 많이 있었던 지명이다. 뒷날 묘지를 가리키는 대명사가 되었다. 黃泉 또는 九泉, 冥土라고도 한다. 『예기』, 「檀弓(下)」 "是全要領以從先大夫於九原."

69 靑烏 : 중국 한나라 때의 풍수가인 靑烏子.

70 白馬悲嘶 : 天竺國의 어떤 왕이 招提라는 절을 헐려고 할 때, 밤중에 白馬가 탑을 돌며 슬피 울부짖으므로, 마침내 왕이 停毁하고 뒤에 절 이름을 白馬寺라고 고쳤다는 故事. 백마사는 중국에서 처음 세워진 절이라 한다. 『梁高僧傳』 권1, 「攝摩騰傳」 "相傳云, 外國國王, 嘗毁破諸寺, 唯招提寺未及毁壞. 夜有一白馬, 繞塔悲鳴, 卽以啓王, 王卽停壞諸寺. 因改招提以爲白馬. 故諸寺立名, 多取則焉."

71 仁祠 : 能仁을 모신 사당. 곧 절을 달리 이르는 말.

72 戚里 : 중국 長安에 있었던 한 마을. 漢代에 天子의 인척들이 이곳에서 많이 살았으므로, 후대에 와서 '임금의 인척'을 일컫는 말로 쓰였다. 『史記』 권103, 「萬石君傳」 "高祖召其姉爲美人, 以奮爲中涓, 受書謁, 徙其家長安中戚里, 以姉爲美人故也."; 同注 "於上有姻戚則皆居之. 故名其里爲戚里."

73 捨舊謀新 : 옛 것(鵠寺)을 버리고 새 것(王陵)을 도모함. 『춘추좌씨전』, 僖公 28년 "舍其舊, 新是謀."

74 幽庭 : 幽宅을 말함. 앞에 나온 秘殿과 같은 말.

其所。豈與夫鄭子產之小惠，魯恭王之中輟，同日而是非哉? 宜聞龜筮協從[76]，可見龍神歡喜』遂遷精舍[77]，爰創玄宮[78]，兩役庀徒[79]，百工蕆事[80]。

其改創紺宇[81]，則有緣之衆，相率而來，張袂不風[82]，植錐無地。霧市[83]奔趍於五里，雪山和會於一時[84]。至於撤瓦抽椽，奉經戴像; 迭相授受，競以誠成。役

---

75 知無不爲 : 알고는 하지 않음이 없음. 『春秋左氏傳』, 僖公 9년 "公曰, 何謂忠貞乎? 公家之利, 知無不爲, 忠也, 送往事居, 耦俱無猜, 貞也."

76 龜筮協從 : 龜甲을 태우고 筮竹을 헤아려 점을 친 결과가 모두 하고자 하는 일을 따른다는 말. 『書經』, 虞書, 〈大禹謨〉 "鬼神其依, 龜筮協從, 卜不習吉."

77 精舍 : 불교에서 절을 달리 이르는 말. 王觀國, 『學林新編』 "晉書孝武帝, 以奉佛法, 立精舍于殿內, 引沙門居之. 因此世俗謂佛寺爲精舍."

78 玄宮 : 陵을 이르는 말. 玄扃과 같다.

79 庀徒(비도) : 人夫를 갖춤.

80 蕆事(천사) : 일을 마침.

81 紺宇 : 佛寺의 별칭. 紺園. 『祖庭事苑』 "紺園卽紺宇也. 釋名曰 : 「紺, 含也」 謂靑而含赤色也. 內敎多稱紺目紺髮, 取此意也."

82 張袂不風(장메불풍) : 어깨를 맞닿은 사람들이 소매를 벌이고 서 있어 바람이 일지 않을 정도라는 말. 『晏子春秋』 권6, 內篇, 〈雜下〉 "齊之臨淄三百閭, 張袂成陰, 揮汗成雨, 比肩繼踵而在, 何爲無人."

83 霧市 : 중국 後漢 때 張楷가 道術을 좋아하여, 五里霧를 일으키는 묘술이 있었으므로, 그것을 배우려는 사람들이 그가 머물던 弘農山中에 모여들어 저자를 이룰 정도였다고 하는 '五里霧'의 故事. 『후한서』 권36, 「張霸傳附」 "張楷字公超, …… 隱居弘農山中, 學者隨之, 所居成市. 性好道術, 能作五里霧."

84 雪山和會於一時 : 석가모니 당시 聞二百億 羅漢의 故事. 『大唐西域記』 권10, 〈伊爛拏鉢伐多國〉 "昔此城有長者, 豪貴巨富, 晩有繼嗣. 時有報者, 輒賜金錢二百億, 因名其子聞二百億. 洎乎成立, 未嘗履地, 故其足跖毛長尺餘, 光潤細軟, 色若黃金. 珍愛此兒, 備諸玩好. 自其居家, 以至雪山, 亭傳連隅, 僮僕交路, 凡須妙藥, 遞相告語, 轉而以授, 曾不踰時. 其家豪富如此, 善根將發, 投佛出家."

夫之走步不移, 釋子之宴居已就。

其成九原, 則雖云王土[85], 且非公田。於是括以邇封[86], 求之善價; 益丘壟[87]餘壹[88]百結[89], 酬稻穀[90]合二千苫[91]。旋命所司, 與王官之邑[92], 共芟榛徑[93], 分蒔

---

85 王土 : 모든 땅이 임금의 領土라는 말. 『시경』, 小雅, 〈北山〉 "溥天之下, 莫非王土, 率土之濱, 莫非王臣."

86 邇封(이봉) : 부근의 가까운 땅.

87 丘壟 : 墳墓(陵墓)를 말함. 『禮記』, 「月令」 "塋丘壟之大小厚薄之道, 貴賤之等級." ; 同集解 "墓域曰塋, 其封土而高者, 曰丘壟."
【참고】 일부 註解本에서는 丘壟을 '田畝'라 풀이하여, 陵에 딸린 田地를 마련한 것으로 보았으나 앞뒤 문맥으로 보아 잘못된 것이다. 위 대목은 2천여 苫을 주고 陵 주위의 땅 1백여 結을 買入하여 陵域을 넓혔다는 말이다. '益丘壟餘壹百結'句는 다음에 나오는 '共芟榛徑, 分蒔松埏'과 잘 照應하고 있다.

88 壹 : 종래 筆寫本에서는 한결같이 '二百結'이라고 하였다. 大崇福寺址에서 발굴된 碑片에 의해 '壹百結'로 바로잡았다.

89 壹百結 : 崔瀣(1287~1340)의 「崔太監墓誌」에서 "東俗以五(百)畝, 減百弓爲結, 斞除一斗爲苫. 文昌侯云"이라 하였다. 최해가 숭복사비를 본 것이 확실한 것 같다. 동국대소장 『사산비명』에서도 이와 똑같은 注記가 확인되었다. '結'과 '苫'에 최치원의 自注가 있었음이 분명하다. 丁若鏞의 『與猶堂全書』 第一集, 「田結辨」에서도 "崔致遠崇福寺碑云 :「益丘壟餘二百結」, 自注云, : 「三十肘爲百弓, 而一肘本是二尺, 則五百畝減六十尺以爲結也」"라고 하여, 최치원의 自注가 있는 것으로 소개하였다. 현재 전하는 大崇福寺碑片에서 自注가 있었음이 확인되었고, 또 '結'이나 '苫'과 같은 당시의 구체적인 단위에는 반드시 自注가 있었음직하다. 原碑나 搨本을 통해 확인할 수 없는 현재 상황에서는 이들 주해본들을 종합하고 면밀히 검토하여 自注를 확정할 필요가 있다.

90 酬稻穀 : 땅을 사들이는 데 값으로 치른 벼.

91 苫 : 종래 이 대목에도 '斞除一斗爲苫, 十六斗爲斞'라는 自注가 있었던 것으로 알려져 왔으나, 역시 後人의 附註를 自注로 잘못 안 것으로 보아 本文에 편입하지 않는다.

92 王官之邑 : 畿內의 고을. 즉 王都를 중심으로 한 가까운 주위의 고을.

93 榛徑 : 가시나무 우거진 길.

松埏[94]。故得蕭蕭多悲風[95], 激舞鳳歌鸞之思[96]; 鬱鬱見白日, 助盤龍踞虎之威[97]。

且觀其地, 壤異瑕丘[98], 境連暘谷[99]。祇樹[100]之餘香未泯, 穀林[101]之佳氣增濃。繡峯則四遠相朝, 練浦[102]則一條在望。實謂喬山[103]孕秀, 畢陌[104]標奇。而使金

---

94 分蒔松埏 : 나누어 묘역 둘레에 소나무를 옮겨 심음. 蒔는 '移植'을, 埏(연)은 '땅의 가장자리'를 뜻한다.

95 蕭蕭多悲風 : 『文選』 권29, 失名氏, 〈古詩一十九首〉 "…… 但見丘與墳, 古墓犁爲田, 松柏摧爲薪. 白楊多悲風, 蕭蕭愁殺人"에서 文套를 인용한 듯.

96 舞鳳歌鸞之思 : 춤추는 봉새와 노래하는 난새를 생각함. 예부터 鳳과 鸞은 신령스럽고 歌舞之容이 있는 새로 묘사되어 왔다. 이들이 춤과 노래를 하면 '歲樂民喜'의 태평세월이 계속되었다고 한다. 여기서는 先王인 원성왕의 德業을 사모하는 것에 비유되었다. 『易林』 "龍遊鳳舞, 歲樂民喜." ; 『孝經援神契』 "德至鳥獸, 則鸞鳥舞."

【참고】 대부분의 註解本에서는 '舞鳳歌鸞'은 宮人의 歌舞를 비유한 것이라 하여, '선왕이 즐겼던 歌舞의 생각을 격렬하게 하였다'는 풀이를 하고 있다. 적절하지 못한 것 같다.

97 盤龍踞虎 : 용이 서리고 범이 걸터앉은 듯한 웅장한 山勢의 비유.

98 瑕丘 : 춘추시대 魯나라의 지명. 일찍이 衛의 大夫인 公叔文子가 이곳에 올라 지세를 살펴보고는 장차 자신이 죽은 뒤 이곳에 묻어 달라고 했다는 故事. 『禮記』, 「檀弓(上)」 "公叔文子, 升於瑕丘, 遽伯玉從. 文子曰, 樂哉斯丘也! 死則我欲葬焉."

99 暘谷 : 동방의 해 돋는 곳을 말함. 『書經』, 虞書, 〈堯典〉 "分命羲仲, 宅嵎夷, 曰暘谷, 寅賓出日, 平秩東作."

100 祇樹 : 祇樹給孤獨園. 祇園精舍를 가리킴.

101 穀林 : 堯임금을 安葬한 곳. 『呂氏春秋』 권10, 孟冬記, 〈安死〉 "堯葬於穀林, 通樹之, 舜葬於紀, 市不變其肆, 禹葬於會稽, 不變人徒." ; 『三國志』 권2, 〈魏書, 文帝紀〉 "昔堯葬穀林, 通樹之, 禹葬會稽, 農不易畝."

102 練浦 : 누인 명주[練滑] 같은 개펄[浦漵].

103 喬山 : 黃帝의 葬地. 橋山의 잘못. 『史記』 권1, 「五帝本紀」 "黃帝崩, 葬橋山." ; 『史記』 권12, 「孝武本紀」 "還祭黃帝冢橋山. 上曰, 吾聞黃帝不死, 今有冢, 何也? 或對曰, 黃帝已僊上天, 群臣葬其衣冠."

104 畢陌 : 周나라 文王을 安葬한 곳.

枝[105]益茂於雞林, 玉派[106]增深於鰈水[107]者矣。
初寺宇之徙也, 雖同湧出[108], 未若化城[109]。哉[110]得剗荊棘而認岡巒[111], 雜茅茨[112]而避風雨。僅踰六紀[113], 驟歷九朝, 而屢値顚覆, 未遑崇飾; 三利[114]之勝緣[115]有待, 千齡之寶運無虧。
伏惟, 先大王, 虹渚騰輝[116], 鰲岑[117]降跡。始馳名於

105 金枝 : 帝王의 자손을 비유한 말.

106 玉派 : 위의 '金枝'와 같은 뜻.

107 鰈水 : 鰈海之水의 준말. 鰈海 또는 鰈域은 우리나라의 별칭이니, 대개 동해에서 가자미[比目魚]가 많이 산출되므로 그렇게 이른다. 일설에는 우리나라의 지형이 가자미처럼 생겼기 때문에 이르는 말이라고도 한다. 『爾雅』, 「釋地」 "東方有比目魚焉, 不比不行, 其名謂之鰈."

108 湧出 : 석가모니가 靈鷲山에서 法華經을 說할 때 多寶佛塔이 땅에서 솟아났다는 故事. 『法華經』, 「見寶塔品」 "佛說法華時, 多寶塔從地湧出."

109 化城 : 절[寺]을 달리 이르는 말. 부처가 求道의 險路에서 지친 사람들을 위해 임시 쉬어 갈 수 있도록 신통력으로써 한 城을 열었다는 故事에서 비롯되었다. 『法華經』, 「化城喩品」 "以方便力, 於險道中, 過三百由旬, 化作一城."

110 哉 : 겨우. '纔'와 통용.

111 岡巒 : 언덕과 산.

112 茅茨(모자) : 띠로 인 지붕. 곧 草家를 가리킨다. 『文選』 권59, 王巾, 〈頭陁寺碑文〉 "始立方丈, 茅茨以庇經像."

113 六紀 : 약 70년 동안을 이름. 1紀는 12년.

114 三利 : 신라 제48대 景文王 '三利'의 故事를 지칭. 헌안왕에게 아들이 없고 딸만 둘이 있어서, 國仙인 膺廉을 사위로 삼으려 했다. 응렴이 부모의 뜻에 따라 美色이 있는 둘째 공주를 취하려 하자, 郞徒의 우두머리(혹은 興輪寺의 중)인 範教師가 말하기를, "형을 취하면 세 가지의 이익[三利]이 있고, 아우를 취하면 도리어 세 가지의 손해[三損]가 있을 것이다"고 했다. 이에 응렴이 결정하지 못하고 왕에게 아뢰니, 왕이 장녀를 취하도록 했는 바, 헌안왕이 죽은 뒤 遺教를 받들어 왕위에 오르게 되었다. 이가 곧 경문왕이다. 이 사실이 『삼국사기』와 『삼국유사』에 전한다. 약간의 異同이 있다.

115 勝緣 : 특별히 뛰어난[殊勝] 인연.

玉鹿[118], 別振玄風[119]; 俄綰職[120]於金貂[121], 肅淸海俗[122]。據龍田[123]而種德, 棲鳳沼[124]而沃心; 發言則仁者安人, 謀政乃導之以道。八柄[125]之重權咸擧, 四

---

116 虹渚騰輝 : 黃帝의 妃이며 少昊(金天)氏의 母인 女節(皇娥)이 어느 날 무지개 같은 별이 떨어져 華渚로 흐르는 것을 보고 感應이 있어 少昊氏를 낳았다는 故事. 『宋書』 권127, 「符瑞(上)」 "少昊氏母曰女節, 見星如虹, 下流華渚, 既而夢接意感, 生少昊."

117 鼇岑 : 慶州의 南山인 金鼇山을 가리킴.

118 玉鹿 : 뿔이 옥처럼 견고하고 빛이 나는 사슴. 사슴은 천성이 山林을 좋아하여 예부터 자주 神仙에 비유되었다. 이에 鹿仙・角仙・仙客・林屬 등의 별칭이 생겨났다. 山水를 좋아하는 사슴의 성품은 '遊娛山水, 無遠不至'했다고 하는 國仙의 氣風에 비유될 수 있을 것이다. 또 '뿔이 옥처럼 견고하고 빛이 난다(堅瑩如玉)'고 하는 것은, 곧 당시 國仙들이 신라에서 으뜸가는 인재였음을 상징한다고 하겠다. '玉鹿'에 담긴 故事를 자세히 상고하기는 어렵지만, 위와 같은 이유로 미루어 '國仙'으로 보는 데는 무리가 없을 듯하다.

【참고】 종래 주해본에서는 '國學'을 가리킨다고 하였다. 그 근거로 중국 南唐 昇元年間(937~942)에 유명한 白鹿洞에 學舍를 건립하고 李善道를 洞主로 삼았던 故實(『廬山通志』)을 들었다. 10세기에 있었던 故實을 9세기에 살았던 최치원이 인용한 셈이다. 경문왕은 國學 출신이 아니다. 잘못이라 하겠다.

119 別振玄風 : '玄風'은 최치원이 「鸞郎碑序」에서 말한 '風流道'를 말한다. 『四山碑銘註』를 비롯한 다수의 寫本에서는 '別振風流'라 하였다. 「上宰國戚大臣等奉爲獻康大王結華嚴經社願文」에서 '廣振儒風'이라 하는 등 '△振△風' 구조의 표현을 더러 사용하고 있다. 뒤에 나오는 '肅淸海俗'과 對偶를 이루고 있는 점으로 보아, '別振玄風'이 더 적절한 듯하다.

120 綰織 : 모든 관직을 統攝함. 攝職.

121 金貂 : 털빛이 황갈색인 담비. 담비의 꼬리가 高官의 冠을 장식하는 데 사용되므로, 轉하여 지위가 높은 朝官을 이름.

122 海俗 : 바닷가 (신라의) 풍속.

123 龍田 : 임금의 처지, 또는 임금이 될 입장을 비유한 말. '田'은 바탕이나 처지를 뜻한다. 『周易』, 乾卦 "見龍在田, 利見大人."

124 鳳沼 : 대궐 안에 있는 못. 轉하여 闕內를 이른다.

125 八柄 : 임금이 群臣을 지휘하고 다스리는 여덟 가지의 權柄. 『周禮』, 天官, 〈大宰〉 "以八柄詔王馭群臣, 一曰爵以馭其貴, 二曰祿以馭其富, 三曰予

維[126]之墜緖斯張; 歷試諸難[127], 利有攸往[128]。旋[129]屬憂侵杞國[130], 位曠搖山。雖非逐鹿[131]之原, 亦有集烏[132]之苑。然以賢以順[133], 且長且仁[134], 爲民所推, 捨我奚適? 乃安身代邸[135], 注意慈門[136]; 慮致祖羞,

---

以馭其幸, 四曰置以馭其行, 五曰生以馭其福, 六曰奪以馭其貧, 七曰廢以馭其罪, 八曰誅以馭其過."

126 四維 : 禮·義·廉·恥를 이름. 『管子』, 「牧民」 "四維, 一曰禮, 二曰義, 三曰廉, 四曰恥. 四維不張, 國迺滅亡."

127 歷試諸難 : 차례로 여러 難關을 겪음. 『서경』, 「舜典」 "虞舜側微, 堯聞之聰明, 將使嗣位, 歷試諸難, 作舜典."

128 利有攸往 : 갈 바를 두어 이롭다는 말. 『주역』 復卦 등 여러 곳에 보인다.

129 旋(선) : 얼마 되지 않아. '已而'와 같은 말.

130 憂侵杞國 : 하늘이 무너지는 근심이 杞나라에 닥침. 곧 임금의 昇遐를 가리킨다. 원래 『列子』 「天瑞」 편에 나오는 '杞憂'의 故事에서 나왔으나, 여기서는 그와 반대의 의미로 사용되었다.

131 逐鹿 : 사슴을 뒤쫓음. '鹿'은 여러 사냥꾼들이 다투어 쫓는 목적물이니 왕위 또는 정권을 뜻한다. 여기서 '逐鹿'이란 왕위를 차지하려는 角逐戰을 이른다. 『史記』 권92, 「淮陰侯列傳」 "蒯通曰, 秦之綱絶而維弛, 山東大擾, 異姓竝起, 英俊烏集, 秦失其鹿, 天下共逐之."

132 集烏 : 까마귀가 모여듦. 서로 관계없던 이들이 갑작스레 모여들어 합치는 것을 이름이니, 질서가 없고 利慾으로 얼룩진 것을 의미한다. 앞의 '逐鹿'의 故事에 나오는 '英俊烏集'과 관계된다.

【참고】 일부 주해본에서는 『시경』, 小雅, 〈正月〉에서 "저 까마귀가 앉는 곳을 보건대 누구의 지붕에 앉을까(瞻烏爰止, 于誰之屋)"라고 한 것과 『晉書』 권105, 「石勒載記」에 보이는 "當竝驅于中原, 未知鹿死誰手"라고 한 대목을 引證하여 "왕위가 누구에게 돌아갈지 알지 못했다"라는 뜻으로 해석하고 있다. 이는 '集烏'라는 典故에 맞는 적절한 해석이 아니다.

133 以賢以順 : 현명함으로나 순서상으로도. 『춘추좌씨전』, 宣公 4년 "鄭人立子良. 辭曰 : 以賢則去疾不足, 以順則公子堅長. 乃立襄公."

134 且長且仁 : 서열상 손위이고 또한 성품이 어질다는 말. 『춘추좌씨전』 僖公 8년 "宋公疾, 大子慈父固請曰 : 目夷(子魚)長且仁, 君其立之."

135 代邸 : 太子宮을 말함. 前漢의 文帝(재위 BC 180~157)가 조카인 少帝(弘)의 代王으로서 長安에 와 있다가 代邸에서 帝位를 물려받았던 故事에서 나온 말이다. 『漢書』 권4, 「文帝紀」 "…… 使太僕嬰, 東牟侯興居先淸宮, 奉天

願興佛事。因請芬皇寺僧崇昌，以修奉梵居[137]之旨，白于佛；復遣金純行，以隆宣祖業之誠，告于廟。詩所謂「愷悌君子，求福不回」[138]，書所謂「上帝時歆，下民祗協」[139] 故能至誠冥應，善欲克從；卿士大夫與守龜[140]協，赫赫東國而君臨之。爰遣陪臣[141]，告終稱嗣[142]。

遂於咸通六年，天子使攝[143]御史中丞胡歸厚，以我鄕人[144]前進士裵匡，腰魚頂豸[145]，爲輔行[146]；與王人[147]田獻銛，來錫命[148]曰：『自光膺[149]嗣續，克奉聲猷[150]；俾彰善繼之名，允協至公之擧。是用命爾爲新

子法駕迎代邸.”

136 慈門 : 慈悲를 教義로 하는 教門. 곧 불교를 말한다.

137 梵居 : 절을 달리 이르는 말. '淨居'와 같은 말.

138 愷悌君子 ~ : 『시경』, 大雅, 〈旱鹿〉 참조. '愷悌'는 '얼굴과 氣像이 和樂하고 端雅함'을 이르고, '回'는 '그릇됨'을 뜻한다.

139 上帝時歆 下民祗協 : 『서경』, 周書, 〈微子之命〉 所引. '時'는 '是'와 통용되며, '祗協'은 '공경하고 따름'을 뜻함.

140 守龜 : 점치는 데 사용되는 거북. 『춘추좌씨전』, 哀公 23년 "卜之以守龜於宗祧, 吉矣."

141 陪臣 : 諸侯의 大夫가 天子에 대하여 자신을 낮추어 일컫던 말.

142 告終稱嗣 : 前王의 薨去와 新王의 즉위를 고함. 杜預의 「春秋左氏傳凡例」에 나온다.

143 攝 : 兼官임을 뜻하는 말.

144 鄕人 : 같은 고향(또는 고국) 사람.

145 腰魚頂豸 : 허리에 魚袋를 차고, 머리에는 豸冠(치관)을 씀. 應劭, 『漢官儀』 "獬豸獸性, 觸不直. 故執憲者, 以其角形爲冠"(『說郛三種』 제5권, 2725쪽)

146 輔行 : 副使. 『孟子』, 「公孫丑(下)」 "使蓋大夫王驩爲輔行."

147 王人 : 임금의 명령을 받은 使者. 王使.

148 錫命 : 명령을 내림.

149 光膺 : 영광스럽게 이어받음[膺受].

羅王』 仍授檢校太尉兼持節充寧海軍使。向非變齊[151]標秀, 至魯騰芬; 則何以致飛鳳筆[152]而寵外諸侯, 降龍旂[153]而假大司馬之如是矣?

亦既榮沾聖澤, 必將親拜靈丘[154]。肆以備千乘之行[155], 奚翅耗十家之產[156]? 遂命太弟[157]相國(原註: 追奉尊諡, 惠成大王), 致齋清廟[158], 代謁玄扃[159]。懿乎! 鷄樹揚蕤[160], 鴒原挺茂[161]。歲久而永懷耕象[162], 時和而罷問

---

150 聲猷 : 帝王이 백성을 감화시키는 시책. 여기서는 天子의 聲敎를 가리킨다.

151 變齊 : 齊나라를 변화시켜 魯나라의 경지에 이르게 했다는 말. 『論語』, 「雍也」 "子曰, 齊一變, 至於魯, 魯一變, 至於道."

152 鳳筆 : 자루에 봉황을 새긴 붓. 轉하여 天子의 詔書를 이른다.

153 龍旂 : 용틀임[交龍]을 그린 天子의 旗. 깃대 끝에 방울을 달았으며 외국 또는 諸侯國에 사신을 보낼 때 내렸다.

154 靈丘 : 陵을 달리 이르는 말.

155 千乘之行 : 임금의 행차를 이름. '千乘'은 제후를 뜻하는 말로, 신라의 임금을 지칭한다.

156 十家之產 : 많은 재산을 비유한 말. 前漢의 文帝가 露臺를 지으려고 匠人에게 비용을 따져 보도록 했는데, 中人의 열 집 재산과 맞먹는 百金이 든다고 하자, 이에 그만두었다고 한다. 『漢書』 권4, 「文帝紀」 "贊曰, …… 嘗欲作露臺, 召匠計之, 直百金. 上曰 : 百金, 中人十家之產也. 吾奉先帝宮室, 常恐羞之, 何以臺爲."

157 太弟 : 임금의 아우.

158 清廟 : 太廟를 달리 이르는 말. 『文選』 권8, 司馬相如, 〈上林賦〉 "登明堂, 坐清廟." ; 同注 "清廟, 太廟也."

159 玄扃(현경) : 陵을 이르는 말.

160 鷄樹揚蕤 : 鷄林의 나무에 꽃이 들날림. '蕤(유)'는 '꽃이 늘어진 모양' 또는 '꽃'을 뜻한다.

161 鴒原挺茂 : 鶺鴒의 들판에 무성함이 빼어남. '鴒原'은 '형제' 또는 '형제가 서로 도우며 지내는 것'을 비유한 말이다. '鶺鴒'(척령)은 할미새다. 형제가 어렵고 급한 일을 당하여 서로 돕는 것을 칭송할 때 비유된다. 『시경』, 小雅, 〈常棣〉 "脊令(鶺鴒)在原, 兄弟急難." ; 同傳 "脊令, 雝渠也. 飛則

喘牛[163]。藻野縟川[164]， 觀者如雲。迺有鮐背[165]之叟，鶬眉[166]之僧，抃手相慶，大相賀曰：『貴介弟之是行也， 聖帝之恩光著矣， 吾君之孝理[167]成焉。禮義鄉風，綽有餘裕[168]；遂使海波晏，塞塵清，天吏[169]均，地財羨；則乃踵修蓮宇[170]，威護栢城[171]，今也其時，捨

鳴, 行則搖, 不能自舍耳. 急難, 言兄弟之相救於急難也."

162 耕象 : 순임금이 죽은 뒤 蒼梧에 장사지냈는데, 코끼리가 순임금을 위해 밭을 갈았다는 故事. 여기서는 경문왕이 헌안왕으로부터 嗣位한 것을, 순임금 사후 코끼리가 밭을 간 것에 비유한 말이다. '耕象'은 곧 경문왕을 가리킨다. 『文選』 권5, 左思, 〈吳都賦〉 "象耕鳥耘, 此之自與."; 『論衡』 권3, 「偶會」 "傳曰, 舜葬蒼梧, 象爲之耕, 禹葬會稽, 鳥爲之佃, 失事之實, 虛妄之言也."

163 時和而罷問喘牛 : 시절이 화평하니 소가 헐떡거리는 것에 대하여 물을 필요가 없다는 뜻. '喘牛'는 '丙吉問喘牛'의 故事에서 나왔다. 『漢書』 권74, 「魏相丙吉傳」 "吉又嘗出, 逢淸道群鬪者, 死傷橫道, 吉過之不問. 吉前行, 逢人逐牛, 牛喘吐舌, 吉止駐, 使騎吏問 : 「逐牛行幾里矣?」 掾史獨謂 : 「丞相前後失問」 或以譏吉, 吉曰 : 「民鬪相殺傷, 長安令 · 京兆尹職所當禁備逐捕, 歲竟丞相課其殿最, 奏行賞罰而已. 宰相不親小事, 非所當於道路問也. 方春少陽用事, 未可太熱, 恐牛近行用暑故喘, 此時期失節, 恐有所傷害. 三公典調和陰陽, 職當憂, 是以問之」 掾史乃服, 以吉知大體."

164 藻野縟川 : 들을 꾸미고 내를 채색함. 『文選』 권46, 顔延之, 〈三月三日曲水詩序〉 "華裔殷至, 觀聽騖集, 揚袂風山, 擧袖陰澤, 靚裝藻野, 袨服縟川."

165 鮐背 : 늙은이를 말함. 늙은이의 등에 복의 무늬 같은 검은 점이 생기므로 이르는 말임. 『시경』, 魯頌, 〈閟宮〉 "黃髮鮐背, 壽胥與試."

166 鶬眉 : 고니색의 눈썹. 눈썹이 희다는 말로 늙은이를 이르는 말이다.

167 孝理 : 孝로써 나라를 다스림. 孝治.

168 綽有餘裕 : 여유가 넉넉함. 『시경』, 小雅, 〈角弓〉 "此令兄弟, 綽綽有裕."; 『孟子』, 「公孫丑(下)」 "吾聞之也, 有官守者, 不得其職則去, 有言責者, 不得其言則去. 我無官守, 我無言責也, 則吾進退, 豈不綽綽然有餘裕哉."

169 天吏 : 四時를 이름. 『淮南子』, 「天文訓」 "四時者, 天之吏也."

170 蓮宇 : 佛寺를 달리 이르는 말.

171 栢城 : 임금의 陵을 말함. 晉나라 때 사람 王濬이 죽자 柏谷山에 장사를 지냈는데, 묘역 주위 사방 40리에 걸쳐 柏樹를 城처럼 빙 둘러 심었다고 한다. 이후 柏城은 陵墓를 의미하는 말로 사용되었다. 『白虎通』, 「崩薨」

之何俟?』 於是, 孝誠旁達, 思夢相符。 迺見聖祖大王, 撫而告曰: 『余而[172]祖也。 而欲建佛像, 飾護予陵域; 小心翼翼[173], 經始勿亟[174]! 佛之德, 予之力, 庇爾躬; 允執厥中, 天祿永終[175]!』 既而韻耿銅壺[176], 形開[177]玉寢[178]; 不占[179]十煇[180], 若佩九齡[181]。 遽命有司,

---

"天子墳高三仞, 樹以松, 諸侯半之, 樹以栢, 大夫八尺, 樹以欒, 士四尺樹以槐, 庶人無墳, 樹以楊柳." ; 白居易, 〈開成大行皇帝挽歌詞四首奉敕撰進詩〉 "月低儀仗辭蘭路, 風引笳簫入柏城.

【참고】 예로부터 우리나라에서도 墓域에 松柏을 심었던 것으로 보인다. 『後漢書』 권85, 東夷列傳, 〈高句麗〉 "金銀財幣盡於厚葬, 積石爲封, 亦種松柏."

172 而 : 너[汝]. '爾'와 통용됨.

173 小心翼翼 : 지극히 조심하고 삼감. 翼翼은 恭愼한 모양. 『시경』, 大雅, 〈烝民〉 "令儀令色, 小心翼翼."

174 經始勿亟 : 일의 기획을 너무 서두르지 말라는 뜻. 『시경』, 大雅, 〈靈臺〉 "經始靈臺, 經之營之, 庶民攻之, 不日成之, 經始勿亟, 庶民子來."

175 允執厥中 天祿永終 : 진실로 그 中道를 잡아 天祿을 길이 마치라는 말. 『論語』, 「堯曰」 "允執厥中, 四海困窮, 天祿永終." ; 同集解 "困, 極也. 永, 長也. 言爲政信執其中, 則能窮極四海, 天祿所以長終."

176 銅壺(동호) : 구리로 만든 물시계[漏壺].

177 形開 : 잠(꿈)에서 깨어남을 이름. 『莊子』, 「齊物論」 "其寐也魂交, 其覺也形開."

178 玉寢 : 임금의 就寢.

179 不占 ~ 九齡 : 길흉을 점쳐 보지 않아도 원성왕이 꿈에서 일러준대로 될 것 같다는 말.

180 十煇 : 열 가지 햇무리 형상. 형상의 妖祥을 보고 길흉을 점쳤다고 한다. 『周禮』, 春官, 〈眡祲〉 "眡祲掌十煇之法, 以觀妖祥, 辨吉凶. 一曰祲, 二曰象, 三曰鑴, 四曰監, 五曰闇, 六曰瞢, 七曰彌, 八曰叙, 九曰隮, 十曰想."

181 九齡 : 周나라 文王이 아들인 武王으로부터 꿈에서 天帝에게 90세의 수명을 받았다는 말을 듣고 "나는 수명이 100세이고 너는 90세이니, 내가 너에게 3년을 더 살도록 해주겠다"고 말했다. 후일에 과연 문왕은 97세에, 무왕은 93세에 죽었다고 한다. 『禮記』, 「文王世子」 "文王謂武王曰 : 「女何夢矣?」 武王對曰 : 「夢帝與我九齡」 文王曰 : 「女以爲何也?」 武王曰 : 「西方有九國焉, 君王其終撫諸」 文王曰: 「非也. 古者謂年齡, 齒亦齡也. 我百, 爾

處修法會; 華嚴大德釋決言承旨, 於當寺講經五日; 所以申孝思而薦冥福也。仍下敎曰: 『不愛其親, 經所戒也。無念爾祖[182], 詩寧忘乎? 睠言[183]在藩[184], 有欲修寺, 魂交[185]致感, 痒慓[186]襟靈[187]。旣愧三年不飛[188], 深思一日必葺[189]; 百尹[190]御史[191], 謂利害何。雖保無賣兒貼婦[192]之譏, 或慮有鬼怨人勞[193]之說。獻

九十, 吾與爾三焉」 文王九十七而終, 武王九十三而終."

182 無念爾祖 : '네 조상을 생각하지 않으랴'고 하는 말. 『시경』, 大雅, 〈文王〉 "無念爾祖, 聿修厥德."

183 睠言(권언) : 돌보아 줌[睠顧]. 睠은 '眷'과 仝字이고 言은 助字임. 『시경』, 小雅, 〈大東〉 "睠言顧之." ; 『釋文』 "睠言, 荀子作眷焉, 後漢書作眷然. 言焉然三字, 皆語詞."

184 藩 : 藩邦. 즉 신라를 가리킴.

185 魂交 : 꿈을 꾸는 것을 이름. 『莊子』, 「齊物論」 "其寐也魂交, 其覺也形開."

186 痒慓(심표) : 惡寒이 든 것처럼 떨리는 것.

187 襟靈 : 胸中의 襟懷. 沈珣, 〈授章博節度使制〉 "襟靈曠遠, 風度詳閑."

188 三年不飛 : 새가 삼 년 동안 날지 않다가도 한 번 날게 되면 하늘 높이 솟는다고 한 楚莊王의 故事에서 나옴. 침착하게 때를 기다리는 것을 비유한다. 여기서는 세월만 보내는 것에 비유되었다. 『史記』 권40, 「楚世家」 "莊王卽位三年, 不出號令, 日夜爲樂, 令國中敢諫者死. 伍擧曰 : 「有鳥在於阜三年, 不蜚(飛)不鳴, 是何鳥也?」 莊王曰 : 「三年不蜚, 蜚將衝天, 三年不鳴, 鳴將驚人」"

【참고】 『史記』 권126, 「滑稽列傳」에서는 거의 같은 내용이 齊威王의 故事로 되어 있다.

189 一日必葺 : 비록 하루를 머물더라도 반드시 집을 수리함. 『춘추좌씨전』, 昭公 3년 "叔孫所館者, 雖一日, 必葺其牆屋, 去之如始至."

190 百尹 : 百官의 우두머리. 『서경』 周書, 〈顧命〉 "乃同召太保奭, …… 百尹御事." ; 同集傳 "百尹, 百官之長, 御事, 治事者."

191 御史 : 일을 다스리는 사람. '御事'의 잘못인 듯함. 前記 '百尹'의 註 참조.

192 賣兒貼婦 : 南朝 宋나라 明帝(太宗, 재위 : 465~472)가 湘東의 故宅을 湘宮寺로 만들었다. 徭役이 매우 繁重하여 이를 감당할 수 없는 백성들이 자식을 팔고 아내를 전당잡혀 돈을 바쳤다고 한다. 『南史』 권70, 「虞愿傳」 "明帝以故宅起湘宮寺, 費極奢侈. 嘗謂巢尙之曰 : 「卿至湘宮寺未? 我起此寺,

可替否[194], 爾無忽諸!』宗臣[195]繼宗・勛榮以下, 協議上言曰:『妙願感神, 慈靈現夢, 誠因君志先定, 果見衆謀僉同[196]; 是寺也成, 九族[197]多慶。幸値農隙[198], 請興杼[199]工』

爰用擇人龍[200]於建禮仙門[201], 擧僧象[202]於昭玄精署。

是大功德」愿在側曰:「陛下起此寺, 皆是百姓賣兒貼婦錢. 佛若有知, 當悲哭哀愍. 罪高佛圖, 有何功德?」"

193 鬼怨人勞 : 진시황이 만리장성을 축조할 때, 苦役에 시달린 백성들이 모두 괴로워했고, 귀신들 또한 원망하는 소리를 했다고 하는 故事. 『燕閒錄』 "海上漁人得一鐸, 聲如霹靂. 識者云, 始皇驅山鐸也. …… 秦築長城, 以驅山鐸, 役使鬼神, 鞭撻民丁, 民作魚游河曲, 鬼有煩冤之聲." ; 『史記』 권5, 始皇 34年 "戎王使由余於秦. 秦繆公示以宮室積聚. 由余曰:「使鬼爲之, 則勞神矣, 使人爲之, 亦苦民矣」" ; 『文選』 권10, 潘岳, 〈西征賦〉 "役鬼傭其猶否, 矧人力之所爲."

194 獻可替否 : 신하가 임금에게 정책에 대한 견해를 제출하면, 임금은 이를 받아 可하다고 생각되는 것은 시행에 옮기고 부당하다고 생각되는 것은 버린다는 데서 나온 말. 『춘추좌씨전』, 昭公 20년 "君所謂可, 而有否焉, 臣獻其否, 以成其可." ; 『國語』, 「晉語 九」 "史黯謂趙簡子曰:「夫事君者, 諫過而賞善, 薦可而替否, 獻能而進賢, 帷扆帝座也」"

195 宗臣 : 나라에서 마루로 받드는 신하. 또는 宗親인 신하. 『文選』 권47, 陸機, 〈漢高祖功臣頌〉 "名蓋群后, 是謂宗臣." ; 同注 "張晏曰, 宗臣, 國所宗也."

196 誠因君志先定 果見衆謀僉同 : 『서경』, 虞書, 〈大禹謨〉 "朕志先定, 詢謨僉同, 鬼神其依, 龜筮協從"에서 文套를 인용했음.

197 九族 : 九親과 같은 말. 본 碑序의 "是知敦睦九親, 實在紹隆三寶" 대목 참조.

198 農隙 : 농사철이 아닌 때. 農閑期. 『文選』 권3, 張衡, 〈東京賦〉 "三農之隙, 曜威中原."

199 杼(서) : '杍'의 誤字.

200 人龍 : 非凡한 人傑을 龍에 비유한 말. 人中之龍. 『晉書』 권94, 「宋纖傳」 "不與世交, 居于酒泉南山, 不應州郡辟命. 太守馬岌歎曰:「名可聞而身不可見, 德可仰而形不可覩, 吾今而後, 知先生人中之龍也」"

201 建禮仙門 : 禮部를 지칭. 중국 漢나라 때 禮部春官의 宮門이 建禮門이었던 데서 비롯되었다. 仙門은 '宮門'을 높여 이르는 말이다.

202 僧象 : 승려 가운데 非凡한 사람을 이르는 말. 대개 非凡한 사람을 일컬

乃命宗室三良曰, 端元·毓榮·裕榮, 與釋門二傑曰, 賢諒·神解, 及贊導僧崇昌, 督其事。且國君爲檀越[203], 邦彥[204]爲司存[205]; 力旣有餘, 心能匪懈。將俾小加大, 豈宜新間舊[206]? 然恐沮檀溪宿願[207], 不瑕[208]傷㮈苑前功[209]; 選掇故材, 就遷高墌[210]。於是, 占星揆日[211], 廣拓宏規; 合土範[212]金, 爭呈妙技。雪

을 때 '龍象'에 비유한다. 이는 곧 물에 사는 동물로는 용의 힘이 가장 세고, 육지에 사는 동물로는 코끼리의 힘이 제일 세기 때문이다. 僧中之象.

203 檀越 : 범어 'Danapati'의 音譯. 布施를 행하는 사람. '施主' 또는 '化主'라 번역한다. 『飜譯名義集』"稱檀越者, 檀卽施也. 此人行施, 越貧窮海."

204 邦彥 : 나라 안의 선비. 『시경』, 鄭風, 〈羔裘〉"彼其之子, 邦之彥兮."

205 司存 : 어떤 일이나 사무를 맡아보는 직무, 또는 그 사람. '有司'와 같은 말. 『論語』, 「泰伯」"籩豆之事, 則有司存."

206 小加大 新間舊 : 작은 것을 크게 꾸미고, 새 재목과 헌 재목을 섞어서 절을 짓는 것을 이른다. 『춘추좌씨전』, 隱公 3년 "新間舊, 小加大."; 杜注 "間, 間厠之間."

207 檀溪宿願 : 道安法師가 襄陽에 檀溪寺를 짓고 丈六佛像을 세우고자 오래 염원하였던 고사. 『梁高僧傳』 권5, 「釋道安傳」"…… 安以白馬寺狹, 乃更立寺, 名曰檀溪, 卽淸河張殷宅也. 大富長者, 竝加贊助, 建塔五層, 起房四百. 涼州刺史楊弘忠, 送銅萬斤, 擬爲承露盤. 安曰 : 「露盤已託汰公營造, 欲廻此銅鑄像事, 可然乎?」 忠欣而敬諾. 於是衆共抽捨, 助成佛像, 光相丈六, 神好明著. 安旣大願果成, 謂言夕死可矣."

208 不瑕 : 머지않아. '瑕'는 '遐'와 통용됨. 『시경』, 邶風, 〈泉水〉"不瑕有害." ; 同集傳 "瑕, 遠也."

209 㮈苑前功 : 西域 維耶梨國에 속이 빈 능금나무[㮈樹]가 있었는데, 그 속에서 한 여자가 나오므로, 바사익왕이 그 여자를 취하여 왕비로 삼은 뒤 그 땅에 절을 짓고 '㮈苑寺'라 일컬었다는 故事. 『柰女經』"維耶梨國, 梵志園中, 植此柰樹. 樹生此女, 梵志收養, 至年十五, 顔色端正, 王收爲妃. 女乃以苑地, 施佛爲伽藍, 故曰柰苑."

210 墌(척) : 터.

211 揆日 : 날을 헤아림. 『시경』, 鄘風, 〈定之方中〉"揆之以日, 作于楚室."

212 範 : 철제 기구를 만드는 틀. 『禮記』, 「禮運」"范金合土"; 同注 "范字當從竹韻"

梯而倕材架險, 霜塗而玃堊黏香; 斸嵒麓以培垣, 壓溪流而敞[213]戶; 易荒堦而釦砌[214], 變卑廡以琱廊。複殿龍盤, 中以盧舍那爲主; 層樓鳳跱, 上以修多羅爲名。高設鯨桴[215], 對標鸞檻, 綺井[216]華攢而鉀鞢[217], 繡栭[218]枝擁以杈枒[219], 聳翼如飛, 廻眸必眩。其以增崇改作者, 有若睟容[220]別室, 圓頂[221]蓮房[222], 揣食[223]腝堂[224], 晨炊㢮[225]屋。加以雕礱罄巧[226], 彩雘[227]窮精;

---

213 敞 : 시원스럽게 앞이 툭 트임[高曠爽塏].

214 釦砌(구체) : 금테 두른 섬돌.

215 鯨桴(경부) : 고래등 같은 마룻대[上樑].

216 綺井 : 아름답게 장식한 藻井(小欄반자).

217 鉀鞢(압섭) : 꽃이 줄지어 늘어선 모양. 『文選』 권11, 何晏, 〈景福殿賦〉 "紅葩鉀鞢, 丹綺離婁." ; 同注 "翰曰, 鉀鞢, 花相次比貌."

218 繡栭 : 아름답게 무늬를 그린 柱科. 柱科는 斗拱 또는 拱包(貢包)라고도 하며, 흔히 '대접받침'이라고 일컫는다. 포집이나 單入栱집, 柱三包집 등의 원기둥머리 부분을 장식하기 위해 짜맞추어 끼우는 넓적한 나무쪽들을 가리킨다. 원래는 처마 끝의 무게를 떠받치려고 끼웠으나 나중에는 치레로 끼우게 되었다. 長花盤 대신 쓴다.

219 杈枒(차아) : 줄기에서 뻗어 나간 곁가지가 들쭉날쭉함. 『文選』 권11, 王逸, 〈魯靈光殿賦〉 "枝掌杈枒而斜據." ; 同注 "杈枒, 參差之貌."

220 睟容(수용) : 潤澤한 모습. 睟表. 轉하여 肖像을 일컫기도 한다. 『文選』 권59, 王巾, 〈頭陁寺碑文〉 "象設旣闢, 睟容已安."

221 圓頂 : 剃髮한 스님의 둥근 머리. 곧 스님을 달리 이르는 말이다. 圓頂方袍.

222 蓮房 : 승려의 거실을 연꽃 송이에 비유한 말. 연꽃은 '一房百子'라 하는 것처럼, 한 송이에 많은 연밥이 들어 있으므로, 이를 많은 승려들이 한 집에 群居하는 것에 비유한다.

223 揣食(췌식) : 음식을 헤아림. '단식'이라 발음하면 '주먹밥'이란 의미다. 여기서는 '췌식'을 취한다.

224 腝堂(유당) : 음식을 푹 익히는[熟爛] 식당. 『文選』 권33, 宋玉, 〈招魂〉 "肥牛之腱, 腝若芳些."

225 㢮(치) : 넓음.

226 雕礱罄巧 : 새기고 다듬는 데 교묘함을 다함. 礱(농)은 '磨', 罄(경)은 '盡'의

巖洞共淸, 煙霞相煥[228]。玉刹[229]掛蓬溟之月, 兩朶霜蓮, 金鈴激松澗之風, 四時天樂[230]。就觀勝槩, 傑出遐陬[231]。左峯巒則雞足挐[232]雲, 右原隰[233]則龍鱗閃日。前臨則黛列鯷嶠[234], 後睇則鉤連[235]鳳崗。故得遠而望也, 峭而奇, 迫而察也, 爽而麗; 則可謂樂浪仙境, 眞是樂邦; 初月名山, 便爲初地[236]。

善建[237]而事能周匝[238], 勤修而福不唐捐[239]; 必謂大庇

뜻이다.

227 彩臒(채확) : 丹靑하는 것을 이름. '臒'은 붉은색 중에서도 빛깔이 고운 것을 이른다.

228 巖洞共淸 煙霞相煥 : 『文選』 권59, 王巾, 〈頭陁寺碑文〉 "崖谷共淸, 風泉相渙"에서 文套를 인용함.

229 刹 : 刹竿.

230 天樂 : 천연 음악.

231 遐陬(하추) : 중국에서 멀리 떨어진 외딴 구석. 곧 신라를 일컫는 말.

232 挐(나) : 끌어당김.

233 原隰 : 原은 '높고 평평한 언덕'[高平], 隰은 '낮고 습한 들'[下濕]. 『시경』, 小雅, 〈皇皇者華〉 "皇皇者華, 于彼原隰." ; 仝集傳 "高平曰原, 下濕曰隰."

234 鯷嶠 : 메기 모양으로 생긴 산.

235 鉤連 : 갈고리로 끌어당긴 것처럼 잇닿아 있음.

236 初地 : 歡喜地와 같은 말.

237 善建 : 잘 세운 것은 뽑히지 않는다는 말. 『老子』, 제54장 "善建者不拔, 善抱者不脫."

238 周匝 : 일이 두루 잘됨. 匝은 '帀'과 仝字.

239 福不唐捐 : 복을 헛되게 버리지 않음. 『法華經』, 「普門品」 "若有衆生, 恭敬禮拜觀世音菩薩, 福不唐捐."; 『一切經音義』 "唐徒也, 徒空也. 捐棄也."
【참고】 종래의 모든 寫本에서는 '福不虛捐'이라고 하였다. 大崇福寺址에서 발견된 碑片에는 분명히 '福不唐捐'으로 되어 있다. 현재 동국대학교 박물관에 소장된 이 비편은 4행이다. '○不唐○', '○神淸遠體', '○誠中和乙巳', '○故事'로 판독된다. 이 가운데 '○不唐○'이 바로 '福不唐捐'에 해당한다. 고려 景宗 때 金廷彦이 撰한 「海美普願寺海印國師寶乘塔碑」에도 '福不唐捐'이라는 말이 보이고, 또 문종 때 金顯이 撰한 「竹山七長寺慧炤

仁方, 上資寶壽。罩[240]三千界爲四境, 籌五百歲爲一春[241]; 豈期獵豹樊岑[242], 方歡竪尾[243], 跨龍荊峀[244], 遽

國師塔碑」에 역시 '○豈唐捐'이라는 대목이 있다. 최치원은 '福不虛捐'이라는 말을 구사하기도 하였다. 「王妃金氏奉爲先考及亡兄追福施穀願文」에 보인다.

240 罩(조) : '包'의 뜻. 包羅. 網羅.

241 五百歲爲一春 : 오백 년이 봄 한 철과 같음. 옛날 楚나라 남쪽에 '冥靈'(나무, 혹은 바다거북이라고 함)이 있었는데, 오백 년으로 봄을 삼고, 다시 오백 년으로 가을을 삼았다고 한다. 『莊子』, 「逍遙遊」 "楚之南, 有冥靈者, 以五百歲爲春, 五百歲爲秋."

242 獵豹樊岑 : 일찍이 孫權이 武昌城 남쪽 樊山(일명 袁山)에서 표범을 사냥하다가 大姥廟의 神으로부터 '君子豹變'의 勸誡를 받았던 故事. 『武昌記』 "樊口有大姥廟, 孫權嘗獵于此, 一姥問權 : 「獵何所得?」 曰 : 「止得一豹」 姥曰 : 「何不竪豹尾」 忽忽不見. 天子鹵簿, 豹尾之內爲省中, 蓋權事應在此, 故爲立廟也."

【참고】 위 『武昌記』의 내용처럼 '獵豹'는 '君子豹變'(『周易』 革卦)이란 말과 관련된다. 이 말은 군자가 시대의 추이에 따라 자신을 변혁하고 새 문화 건설에 공헌하는 것을 뜻하니, 마치 표범이 계절에 따라 털을 갈고 무늬가 아름다워지는 것과 같다는 비유(사람의 性行이 갑자기 착해져 면목을 일신하는 것을 뜻하기도 함). 天子가 타는 수레에 표범의 꼬리[豹尾]를 달아 세우도록 했던 周制도, 천자에게 '君子豹變'을 잊지 말고 늘 염두에 두라는 뜻에서였다. 『古今注』 "豹尾, 周制也. 所以象君子豹變, 尾謙言也."

243 竪尾 : 이에 대한 해설이 註解本마다 상당히 다르다. 혹자는 "태자를 세운 일"이라 하고, 또 혹자는 "獵豹는 임금이 逆賊을 토벌한 것의 비유요, 竪尾는 역적이 항복의 깃발을 세운 것의 비유이다"고 하지만, 모두 事理에 합당하지 않고, 위 '獵豹'의 註에서 말한 것처럼 '豹尾를 세운 일'을 가리킨 듯하다.

244 跨龍荊峀 : 黃帝의 昇天故事에서 나온 말. 옛날 黃帝가 荊山에서 용을 타고 승천할 때, 群臣과 後宮 등 70여 명이 同乘했는데, 그 밖의 小臣들도 黃帝를 따르고자 용의 수염을 붙들었다가, 그만 수염이 뽑혀져 버렸고 아울러 황제의 활도 떨어졌다. 이에 백성들은 황제가 하늘로 올라가는 것을 보고는 떨어진 활과 용의 수염을 끌어안고 대성통곡하였다 한다. 『史記』 권12, 「孝武本紀」 "黃帝采首山銅, 鑄鼎於荊山下, 鼎旣成, 有龍垂胡髥, 下迎黃帝. 黃帝上騎, 群臣後宮從上龍七十餘人, 龍乃上去. 餘小臣不得上. 乃悉持龍髥, 龍髥拔, 墮黃帝之弓. 百姓仰望, 黃帝旣上天. 乃抱其弓與

泣墮髥[245]。

獻康大王, 德峻妙齡, 神淸遠體。仰痛於寢門問豎[246], 俯遵於翌室[247]宅宗[248]; 滕文公盡禮居憂[249], 終能克己; 楚莊王俟時修政, 其實驚人。矧復性襲華風, 躳滋慧露, 抗[250]尊祖之義, 激歸佛之誠!

中和乙巳年秋, 敎曰:『善繼其志, 善述其事[251], 永錫爾類[252], 在我而已。先朝所建鵠寺, 宜易牓爲大崇福! 其持經開士[253], 提綱淨吏[254], 南畝[255]以資供施, 一

龍胡髥號. 故後世因名其處曰鼎湖, 其弓曰烏號.”

245 遽泣墮髥 : 위의 '跨龍荊峀'의 註 참조.

246 寢門問豎 : 周나라 文王이 세자로 있을 때 아버지 王季를 하루에 세 번씩 뵈었다. 첫닭이 울면 寢門 밖에 나아가 宦官에게 문안했다고 한다.『禮記』,「文王世子」“文王之爲世子, 朝於王季日三. 鷄初鳴而衣服, 至於寢門外, 問內豎之御者, 曰 :「今日問安如何?」內豎曰 :「安」文王乃喜. 及日中又至, 亦如之, 及莫(暮)又至, 亦如之.”

247 翌室 : 임금이 居喪 때 사용하는 正殿 좌우의 곁채. '翌'은 '翼'과 통용된다.

248 宅宗 : 居喪 중에 王位에 오르는 것을 이름.『서경』, 周書, 〈顧命〉“延入翼室, 恤宅宗.”; 同注 “明室路寢延之, 使居憂爲天下宗主.”

249 居憂 : 親喪을 당하여 居喪하는 것을 이르는 말.『서경』, 商書, 〈太甲(上)〉“王徂桐宮, 居憂, 克終允德.”

250 抗 : 들어올림.『廣雅』「釋詁(一)」“抗, 擧也.”

251 善繼其志 善述其事 : 부모님께서 하시던 일을 계승하여 발전시키는 사람이 효자라는 말.『中庸』, 제19장 “夫孝子, 善繼人之志, 善述人之事者也.”

252 永錫爾類 : 길이 후손에게 좋은 일을 물려준다는 뜻.『시경』, 大雅, 〈旣醉〉“孝子不匱, 永錫爾類.”;『爾雅』,「釋詁」“爾, 善也.”

253 開士 : 범어 Maha - sattva를 번역한 것. 大士라고도 하며, 音譯으로는 摩訶薩이라고 쓴다. 佛菩薩의 통칭 또는 大菩薩의 의미로 사용된다.

254 提綱淨吏 : 승려들의 綱紀를 담당하는 僧官. 維那僧을 지칭한 듯하다.

255 南畝 : 양지바른 남쪽 밭. 轉하여 좋은 田地를 이른다.『시경』, 豳風, 〈七月〉“同我婦子, 饁彼南畝, 田畯至喜.”

依奉恩故事(原註: 奉恩寺乃聖祖大王奉爲眞智大王追福所建, 故取爲則)[256]! 其故波珍飡金元良, 所捨地利, 輸轉非輕, 宜委正法司! 別選二宿德, 編籍爲常住, 薦祉于冥路; 則有以見居上位者, 无幽不察; 結大緣者, 有感必通!』 自是鳧鍾[257]吼泬寥[258], 龍鉢[259]飫香積[260]。唱導則六時玉振[261], 修持[262]則萬劫珠聯[263]。偉矣哉! 得非尼

---

256 原註 : 李泳鎬氏가 大崇福寺碑片과 『孤雲集』(1933, 조선총독부 慶州分館寫) 및 『新羅國四山碑銘』(서울대 도서관 소장)의 「대숭복사비명」을 비교하여 복원한 것에 따르면, 原註는 '奉恩寺乃聖祖大王奉爲眞智大王追福所建, 故取爲則'으로 되어 있다(「신라 중대 王室寺院의 官寺的 기능」, 『한국사연구』 제43집, 1983, 88쪽). 黃壽永(편), 『韓國金石遺文』, 78~79쪽에 수록된 '新羅崇福寺碑片' (1)과 (11)을 연결시키면, '奉○寺乃聖○○……, 眞○大王追福○○……'가 된다. '聖德大王神鍾之銘' 말미에서 '眞智大王寺'라고 한 것이 奉恩寺의 별칭이고 보면, 봉은사는 진지왕을 추복하기 위해 세운 절임이 분명하다. 허흥식, 『한국금석전문』(고대편), 243쪽에 '奉恩寺乃聖悳大王追福建○'라 한 것은 재검토되어야 한다.

257 鳧鍾(부종) : 鍾을 이름. 鳧氏가 처음으로 만들었다 하여 붙여진 이름이다. 『周禮』, 考工記, 〈鳧氏〉 "鳧氏爲鍾."

258 泬寥(혈료) : 空虛한 모양. 곧 虛空을 이름. 『楚辭』, 宋玉, 〈九辯〉 "泬寥兮, 天高而氣淸."

259 龍鉢 : 鉢盂를 달리 이르는 말. '降龍之鉢'의 故事에서 나왔다. 西域僧으로 前秦의 苻堅(世祖, 재위 : 357~385) 때 중국 長安에 왔던 僧涉은 이상한 呪文으로써 神龍을 下降하게 하였다. 이에 가뭄이 들 때면 苻堅이 그로 하여금 비를 청하도록 했는데, 용이 내려와 鉢盂 속으로 들면 문득 하늘에서 큰 비가 내렸다고 한다. 『晉書』 권55, 「僧涉傳」 "僧涉者, 西域人也. 不知何姓. 少爲沙門, 苻堅時入長安. …… 能以秘呪下神龍, 每旱, 堅常使之呪龍請雨. 俄而龍下鉢中, 天輒大雨, 堅及群臣親就鉢觀之."

260 香積 : 香積如來가 주는 밥. 維摩居士가 香積如來에게 밥을 빌어 娑婆世界에 佛事를 일으키려고 했다는 故事에서 나왔다. 『維摩經』, 「香積品」 "維摩詰化作菩薩, 遣衆香國, 禮佛言 : 「願得世尊所食之餘, 欲於娑婆世界施作佛事」 於是香積如來, 以衆香鉢盛飯與之."

261 玉振 : 玉磬 소리가 울린다는 말.

262 修持 : 몸을 수양하고 戒를 지킴. 修身持戒의 준말.

父所謂「無憂者, 其惟文王乎! 父作之, 子述之」[264]者耶?

慶曆[265]景午[266]年春, 顧謂下臣曰: 『禮不云乎? 銘者自名也; 以稱其先祖之德, 而明著之後世; 此孝子孝孫之心也[267]。先朝締搆[268]之初, 發大誓願; 金純行與若[269]父肩逸, 嘗從事於斯矣[270]。銘壹稱而上下皆得[271], 爾宜譔銘!』 臣也, 浪跡星槎[272], 偸香月桂;

---

263 珠聯 : 구슬을 꿰듯 끊이지 않고 이어짐을 이름.

264 無憂者 ～ : 『中庸』 제18장에 나오는 말. 武王(子)이 文王(父)의 遺業을 계승하였으니, 문왕은 근심이 없는 사람이라는 뜻.

265 慶曆 : 唐帝의 연호가 아니다. 정강왕의 즉위를 慶賀하는 뜻으로 쓴 말.

266 景午 : 定康王 1년(886) 丙午年을 이름. 당나라 皇朝에서 조상의 諱인 '丙'을 피하여 '景'으로 고쳐 쓰도록 하였다. 이것은 漢나라에서 '慶'자를 '賀'자로 고쳐 쓴 것과 함께 당시의 대표적인 避諱 사례의 하나다. 莊季裕撰, 『雞肋編』 "…… 秦爲世祖苻堅, 隋爲高祖楊堅, 皆因具音, 暫避其諱. 然秦有冀土, 止一十五年, 隋帝天下, 才三十七載, 避諱不久, 尋則還復. 旣殊漢慶爲賀, 又異唐丙爲景."(『說郛三種』 제1권, 125쪽)

【참고】 같은 예는 「神龍二年(706)銘 金銅舍利方函記」(『韓國金石遺文』, 142쪽)에도 보인다. 「永泰二年(766)銘 蠟石舍利裝置記」 등에서 '丙午年'을 그대로 표기하고 있는 것을 보면, 엄격히 지켜지지는 않은 것 같다.

267 銘者 ～ : 『예기』 「祭統」에 나옴. '自名'이란 제 스스로 이름을 드러내는 것을 이른다.

268 締搆 : 얽어 만듦. '搆'는 '構'와 통용.

269 若 : '너[汝]'의 뜻.

270 嘗從事於斯矣 : 『논어』, 「泰伯」 "曾子曰, …… 昔者吾友, 嘗從事於斯矣"에서 인용한 말이다.

271 銘壹稱而上下皆得 : 『禮記』 「祭統」에 나온 말. '上'은 先祖를, '下'는 후손 자신을 이른다. 銘을 지음으로써 선조가 宣揚되고, 아울러 후손인 지은 이의 이름 역시 선조의 아래에 놓이게 된다는 뜻에서 '上下皆得'이라고 한 것이다. 여기서 '上・下'는 헌강왕과 최치원을 각각 가리킨다.

272 星槎 : 중국 前漢 때 사람 張騫(장건, BC ?~114)이 天河의 근원을 탐사하려고 뗏목을 탔다가 자기도 모르는 사이에 하늘로 올라가 牽牛・織女 두

虞丘永慟[273], 季路徒榮[274]; 承命震驚, 撫躬悲咽。竊思西宦日, 嘗覽柳氏子珪錄東國事之筆, 所述政條, 莫非王道; 今讀鄉史, 宛是聖祖大王朝事蹟。抑又流聞, 漢使胡公歸厚之復命也, 飽採風謠[275], 白時相曰:『自愚[276]已往, 出山西者[277], 不宜使海東矣。何

별을 보았다는 전설상의 故事. 『漢書』 권61, 「張騫傳」에는 오직 '漢使窮河源'이라는 한 구절이 있을 뿐이다. 이 故事가 어디까지나 전설에 불과하다는 것은 宋代에 나온 周密撰, 『癸辛雜識』에서 이미 論破한 바 있다. 『癸辛雜識』 "乘槎之事, 自唐諸詩人以來, 皆以爲張騫, 雖老杜用事不苟, 亦不免「有乘槎消息近, 無處問張騫」之句. …… 張華博物志云:「舊說天河與海通. 有人齎糧乘槎而去, 十餘月至一處, 有織女及丈夫, 飮牛於渚. 因問此是何處? 答曰, 君還至蜀, 問嚴君平則知之. 還問君平曰, 某年月日, 有客星犯牽牛宿」, 然亦未嘗指爲張騫也. 及梁宗懍作荊楚歲時記, 乃言:「武帝使張騫使大夏尋河源, 乘槎見所謂織女牽牛」, 不知懍何所據而云. 又王子年拾遺記云:「堯時有巨槎, 浮於西海. 槎上有光若星月, 槎浮四海, 十二月周天, 名貫月槎·掛星槎. 羽仙棲息其上」 然則自堯時, 已有此槎矣."

273 虞丘永慟 : '風樹之歎'의 故事. 일찍이 孔子가 길을 가다가 周의 皐魚(虞丘子라고도 함)가 길에서 슬피 통곡하는 것을 보고 그 이유를 물으니, 그가 말하기를, "나무가 고요하고자 하나 바람이 멎지 않고, 자식이 효도하고자 해도 어버이께서 기다려 주시지 않네"라고 하였다 한다. 어머니를 잃은 슬픔을 '風樹'에 견준 것이다. 『韓詩外傳』, 권9 "孔子行聞哭聲甚悲, 至則皐魚也. 被褐擁鐮, 哭於道傍. 孔子辟車, 與之言曰:「子非有喪, 何哭之悲也?」 …… 皐魚曰:「樹欲靜而風不止, 子欲養而親不待」"

274 季路徒榮 : 子路의 헛된 영화. 공자의 제자인 季路(子路)는 효성이 지극하여 가난한 살림 속에서도 부모를 극진히 봉양하였다. 부모가 돌아가신 뒤, 楚나라의 大夫가 되어 온갖 영화를 누렸지만, 오히려 가난한 살림 속에서 부모를 모시던 시절을 그리워하며, 부모님께 효도할 길이 없음을 한탄하였다고 한다. 『孔子家語』, 「致思」 "子路嘗曰, 昔者由也事二親之時, 常食藜藿之實, 爲親負米百里之外. 親歿之後, 南遊於楚, 從車百乘, 積粟萬鍾, 累茵而坐, 列鼎而食, 願欲食藜藿爲親負米, 不可復得也?"

275 風謠 : 민간의 풍속과 歌謠. 『後漢書』 권82(上), 『李郃傳』 "和帝卽位, 分遣使者, 皆微服單行, 各至州縣, 觀採風謠"

276 愚 : 자기를 낮추어 일컫는 말.

277 出山西者 : 武夫를 달리 일컫는 말. 秦漢 이래로 山西 지방에서 장수가

則? 雞林多佳山水, 東王詩以印[278]之而爲贈; 賴愚嘗學, 爲綴韻語, 强忍愧酬之, 不爾, 爲海外笑必矣』, 君子以爲知言[279]。是惟烈祖以四術開基, 先王以六經化俗; 豈非貽厥[280]之力? 能得煥乎其文[281], 則銘無愧辭, 筆有餘勇。

遂敢窺天酌海[282], 始緝凡詞, 誰知墜月摧峯? 俄興永恨。旋遇定康大王, 功成遺礪, 韻叶吹篪[283]。旣嗣守丕圖[284], 將繼成遺績, 無安厥位[285], 未喪其文[286]。而

많이 배출되었기 때문에 이르는 말. 『漢書』 권69, 「趙充國辛慶忌傳贊」 "秦漢以來, 山東出相, 山西出將."

278 印 : 도장을 찍듯이 사실대로 그려냄.

【참고】 一山 金斗鍾은 자신의 『韓國古印刷文化史』(삼성문화문고, 1980), 32쪽에서, 「대숭복사비문」의 이 대목을 중시하고, 여기서의 '印'을 '인쇄'의 뜻으로 보아, "당시 신라인들이 계림의 아름다운 山水를 읊은 시문들을 수집, 인쇄하여 唐使에게 선물로 증여한 것으로 짐작된다"고 하였고, 李佑成도 『신라사산비명』, 367쪽에서 '東國의 임금이 시를 모아 인쇄한 책으로 주기에' 운운하였다. '印'자를 인쇄의 의미로 천착한 듯하다.

279 知言 : 이치에 닿는 말.

280 貽厥 : 자손을 위하여 어떠한 일을 함. 『시경』, 大雅, 〈文王有聲〉 "詒厥孫謀, 以翼燕子."

【참고】 본 碑序의 冒頭에서 '王者之基祖德, 而峻孫謀也, ……'라고 한 바 있다.

281 其文 : 四術과 六經으로 일으켰던 '그 文化'를 가리킴. 『논어』, 「泰伯」 "煥乎其有文章."

282 窺天酌海 : 대롱으로 하늘을 엿보고 표주박으로 바닷물을 되질함. 見聞이 지극히 좁은 것의 비유. 『漢書』 권65, 「東方朔傳」 "以管闚天, 以蠡測海."

283 韻叶吹篪 : 형의 韻律과 아우의 篪소리가 잘 맞는다는 말. '壎篪相和'의 故事에서 나온 말이다. 『시경』, 小雅, 〈何人斯〉 "伯氏吹壎, 仲氏吹篪."

284 丕圖 : 큰 계획. 鴻圖. 轉하여 '王業'을 이른다.

285 無安厥位 : 그 位를 편안히 여기지 말라는 伊尹의 말. 『서경』, 商書, 〈太甲(下)〉 "無輕民事, 惟難, 無安厥位, 惟危."

遠逐日弟兄[287], 遽値西山之影; 高憑月妹姊[288], 永流東海之光。

伏惟, 大王殿下, 瓊萼聯芳, 璇源[289]激爽; 體英坤德, 纘懿天倫。諒所謂「懷神珠[290], 鍊彩石[291]」, 有虧皆補, 無善不修。故得寶雨[292]金言, 焯然授記; 大雲[293]玉偈, 宛若合符。且以文考成佛宮, 康王施僧供, 已峻琉璃之界[294], 未刊琬琰之詞[295]; 申命瑣才[296], 俾搖柔翰[297]。臣雖池慚變墨[298], 而筆忝夢椽[299]; 竊比張融不

---

286 未喪其文 : 이미 이룩한 文物을 잃음이 없음.

287 遠逐日弟兄 : 멀리 해 같은 형님(헌강왕)을 좇음. '日兄'이란 곧 천자는 형을 해처럼 섬긴다는 데서 나온 말. 蔡邕, 『獨斷』, 권2 "天子父事天, 母事地, 兄事日, 姊事月." ; 『春秋感精符』 "人主與日月同明, 四時合信, 故父天母地兄日姊月."

288 月妹姊 : 높이 달 같은 누이(眞聖王)에게 의지함. '月姊妹'란 천자는 누이를 달같이 섬긴다는 데서 나온 말이다.

289 璇源 : 왕가의 계통. 璿源.

290 懷神珠 : 여성의 몸으로는 成佛을 못한다는 전통적인 관념을 깨고, 8세의 龍女가 문수보살의 인도로 찰나에 남자의 몸으로 태어나 南方無垢世界에서 成佛하였다는 故事. 『法華經』, 「提婆達多品」 참조.

291 鍊彩石 : 女媧補天의 故事. 「大朗慧和尙碑」의 '口精嘗藥 力銳補天' 참조.

292 寶雨 : 『寶雨經』(僞經)을 이름.

293 大雲 : 『大雲經』(僞經)을 지칭. 『舊唐書』 권6, 「則天皇后紀」 "載初元年(A.D. 689)秋七月, 有沙門十人僞撰大雲經, 表上之, 盛言神皇受命之事, 制頒於天下, 令諸州各置大雲寺, 總度僧千人."

294 琉璃之界 : 유리처럼 清淨한 세계. 곧 불교계를 이른다.

295 琬琰之詞 : 비석에 새긴 글. 곧 비문을 말한다.
【참고】 琬琰은 아름다운 옥돌의 하나로, 轉하여 비석을 뜻한다. 『書經』, 周書, 〈顧命〉 "赤刀大訓, 弘璧琬琰在西序." ; 唐玄宗, 「孝經序」 "寫之琬琰, 庶有補於將來." ; 同疏 "寫之琬圭琰圭之上, 若簡策之爲, 或曰謂刊石也."

296 瑣才(쇄재) : 자질구레한 재주, 또는 잔단 재주를 가진 사람. 瑣材.

297 柔翰 : 붓을 달리 이르는 말. 『文選』 권21, 左思, 〈詠史詩〉 "弱冠弄柔翰, 卓犖觀群書."

恨無二王之法[300]；庶幾曹操或解有八字之褒[301]。設使灰撲塡池[302]，塵飛漲海[303]；本枝[304]蔚矣，齊若木[305]以長榮；豐石巋然[306]，對沃焦[307]而卓立。齋誠拜手，

---

298 欒墨 : 중국 후한 때 '草聖'으로 불렸던 張芝가 일찍이 못가에서 글씨를 열심히 익힌 나머지, 못물이 온통 검게 변하였다는 故事.『後漢書』권65, 「張奐傳」"弘農張伯英芝者, …… 因而轉精其巧, 凡家之帛, 必書而後練, 臨池學書, 水爲之黑, 韋仲將謂之草聖也."

299 夢椽 : '椽大之筆'(椽筆)의 故事. 중국 晉나라 때 王珣(자는 坦之)이라는 사람이 꿈속에서 어떤 이로부터 굵기가 서까래만한 큰 붓을 받은 뒤 文名을 날리게 되었다는 故事에서 나왔다.『晉書』권65, 「王珣傳」"王珣字坦之, 嘗夢人以大筆如椽子與之. 旣覺語人曰 : 「此當有大手筆事」俄而帝崩, 哀册諡議, 皆珣所草."

300 不恨無二王之法 : 중국 南齊 때 사람인 張融(자는 思光)이 草書를 잘 썼다. 太祖 高帝(재위 : 479~482)가 그를 아꼈다. 일찍이 高帝가 불러 "그대에게 二王의 書法이 없음이 한스럽다"고 하자, 그가 대답하기를 "臣은 二王에게 臣의 書法 없음이 한스럽나이다"고 하였다 한다.『南齊書』권41, 「張融傳」참조.

301 八字之褒 : 絶妙好辭의 隱語. 즉 名文을 말함.『世說新語』권4, 「捷悟」"魏武嘗過曹娥碑下, 楊脩從. 碑背上見題, 作黃絹幼婦外孫齏臼八字. 魏武謂脩曰 : 解不? 答曰 : 解. 魏武曰 : 卿未可言, 待我思之. 行三十里, 魏武乃曰 : 吾已得. 令脩別記所知. 脩曰 : 黃絹色絲也, 於字爲絶, 幼婦少女也, 於字爲妙, 外孫女子也, 於字爲好, 齏臼受辛也, 於字爲辭, 所謂絶妙好辭也. 魏武亦記之, 與脩同. 乃歎曰 : 我才不及卿, 乃覺三十里."

302 灰撲塡池 : 재가 땅에 가득하여 못[池]을 메움. '昆明池의 黑灰' 故事에서 나온 말이다.『梁高僧傳』권1, 「竺法蘭傳」"昔漢武穿昆明池, 底得黑灰. 問東方朔, 朔云 : 「不知. 可問西域胡人」後法蘭旣至, 衆人追以問之. 蘭云 : 「世界終盡, 劫火洞燒, 此灰是也」"

303 塵飛漲海 : 먼지가 날아 바다에 넘침.『神仙傳』권7, 〈麻姑〉"麻姑謂王方平曰 : 「接待以來, 已見東海三變爲桑田, 向到蓬萊, 水乃淺于往者會時略半也, 豈將復還爲陶陵乎?」方平笑曰 : 「聖人皆言, 海中復揚塵也」"

304 本枝 : 임금의 後裔를 비유한 말.

305 若木 :『淮南子』에 나오는 전설상의 나무.『淮南子』, 「墬形訓」"木在建木西, 末有十日, 其華照下也." 高誘注 "末, 端也. 若木端有十日, 狀如蓮華, 華猶光也, 光照其下也."

306 巋然(귀연) : 홀로 우뚝 선 모양.

拉[308]涕援毫, 追蹤華而獻銘曰:

迦衛[309]慈王 嵎夷[310]太陽
顯于西土[311] 出自東方[312]
無遠不照 有緣者昌
功崇淨剎[313] 福蔭冥藏[314]
烈烈英祖 德符命禹[315]
納于大麓[316] 奄有下土[317]
保我子孫 爲民父母
根深桃野[318] 派遠桑浦[319]

---

307 沃焦 : 천하에서 가장 강하다고 하는 山(또는 돌)의 이름. 郭璞, 『玄中記』 "天下之强者, 東海之沃焦焉, 水灌之而不已. 沃焦者, 山名也, 在東海南方三萬里, 海水灌之而不消."(『說郛三種』 제5권, 2773쪽)

308 拉 : 닦음. 씻음.

309 迦衛 : 迦毗羅衛(迦維羅衛)의 준말. 석가가 탄생한 곳.

310 嵎夷 : 해가 돋는 곳. 여기서는 우리나라를 가리킨다. 『書經』, 虞書, 〈堯典〉 "分命羲仲, 宅嵎夷, 曰暘谷, 寅賓出日, 平秩東作."

311 顯于西土 : 西土에 나타나다. 『서경』, 周書, 〈泰誓(下)〉 "惟我文考, 若日月之照臨, 光于四方, 顯于西土."

312 出自東方 : 동방에서 나오다. 『시경』, 邶風, 〈日月〉 "日居月諸, 出自東方" "日居月諸, 東方自出."

313 淨剎 : 절을 달리 이르는 말. 淨居·梵居 등과 같은 말이다.

314 冥藏 : 왕릉을 이름.

315 命禹 : 禹임금에게 帝位를 禪讓한 舜임금을 이름.

316 納于大麓 : 『書經』, 虞書, 〈舜典〉 "…… 納于大麓, 烈風雷雨, 弗迷"의 故事.

317 奄有下土 : 곧 천하를 소유함. 『시경』, 魯頌, 〈閟宮〉 "奄有下土, 纘禹之緖."

318 桃野 : 우리나라를 지칭한 말. 東方에 桃都山이 있고, 그 산 위에 '桃都'라고 하는 큰 나무가 있었다. 가지가 삼천리에 뻗었다고 한다. 이런 까닭에 우리나라를 '桃野'라고 한다. 郭璞, 『玄中記』 "東方有桃都山, 山上有一大樹, 名曰桃都. 枝相去三千里, 上有天雞, 日初出時照此木; 天雞卽鳴, 天

蜃紼[320]龍輴[321] 山園[322]保眞[323]
幽堂[324]闢隧 踊塔[325]遷隣
萬歲哀禮 千生淨因
金田厚利 玉葉[326]長春
孝孫淵懿[327] 昭感天地
鳳翥龍躍[328] 金圭合瑞[329]
乞靈[330]不昧 徼福斯至
欲報之德[331] 剋隆法事
妙選邦傑 嚴敦[332]國工

下雞皆隨之."

319 桑浦 : 扶桑의 浦口. 곧 東海를 이른다. '扶桑'은 해 뜨는 동쪽 바다에 있는 巨木으로, 길이가 수천 길이며, 굵기가 1천 아름으로서, 두 줄기가 뿌리와 같이 서로 의지했기 때문에 扶桑이라고 한다. 예로부터 우리나라를 가리키는 말로 사용되어 왔다. 『十洲記』 "扶桑在碧海中, 樹長數千丈, 一千餘圍, 兩幹同根, 更相依倚, 是以名扶桑."

320 蜃紼(신불) : 蜃車(임금의 喪輿)를 맬 때 얽는 줄.

321 龍輴 : 帝王의 梓宮을 실은 수레. 『禮記』, 「檀弓(上)」 "天子之殯也, 菆塗龍輴以槨."; 同注 "龍輴者, 殯時輴車載柩, 而畫轅爲龍, 故云龍輴也."

322 山園 : 임금의 陵을 이름.

323 保眞 : 體魄(眞)을 保藏함. 곧 安葬함을 이른다.

324 幽堂 : 幽宅과 같은 말.

325 踊塔 : 석가모니가 靈鷲山에서 法華經을 說할 때 땅에서 솟아났다는 多寶佛塔. 여기서는 빠르게 옮겨 지어진 鵠寺를 가리킨다.

326 玉葉 : 王家의 一族을 비유한 말.

327 淵懿 : 마음씀이 깊고 善美함.

328 鳳翥龍躍 : 봉새가 날고 용이 뜀. 翥(저)는 '飛'의 뜻.

329 瑞 : 瑞節(瑞玉).

330 乞靈 : 祖靈에게 威光을 기원함. 『춘추좌씨전』 哀公 24년 "寡君欲徼福於周公, 願乞靈於臧氏."; 同注 "靈, 威靈."

331 欲報之德 : 은덕을 갚고자 함. 『시경』, 小雅, 〈蓼莪〉 "欲報之德, 昊天罔極."

332 嚴敦 : 공경하여 두텁게 대함. 『管子』, 「小匡」 "擇其善者, 擧而嚴用之.";

伺農之隙[333]	成佛之宮
彩檻攢鳳	雕樑架虹
繚墉雲矗	繢壁霞融
盤基爽塏	觸境蕭灑
藍峀交聳	蘭泉[334]迸瀉[335]
花媚春巖	月高秋夜
雖居海外	獨秀天下
陳稱[336]報德[337]	隋號興國
孰與[338]家福	崇之國力
堂聒妙音	廚豐淨食
嗣君遺化	萬劫無極
於鑠[339]媧后[340]	情敦孝友
致嬍雁行[341]	愼徽[342]龍首[343]

同注 "嚴, 敬也."

333 農之隙 : '三農之隙'의 준말로 農閑期인 겨울을 말함. 『文選』 권3, 張衡, 〈東京賦〉 "三農之隙, 曜威中原."

334 蘭泉 : 맛이 달고 향기로운 샘물.

335 迸瀉(병사) : 쉬지 않고 솟아남.

336 稱 : 일컫다. 황수영, 『韓國金石遺文』(서울 : 一志社, 1985), 78쪽에서는 '耕'으로 판독하였으나 이는 잘못이다.

337 報德 : 陳나라의 高祖(武帝, 재위 : 557~559)가 馮太后를 追福하기 위해 洛陽에 세운 절. 楊衒之, 『洛陽伽藍記』, 〈城南〉 "報德寺, 高祖孝文皇帝所立也. 爲馮太后追福."(『說郛三種』 제6권, 3119쪽)

338 孰與 : '어찌' 또는 '어떻게'의 뜻.

339 於鑠(오삭) : '於'는 감탄사. '鑠'은 아름다움. 『시경』, 周頌, 〈酌〉 "於鑠王師, 遵養時晦."

340 媧后(와후) : 중국 上古의 제왕으로 伏羲氏의 同母妹인 女媧氏를 지칭. 진성여왕에 비유되었다.

341 雁行 : 남의 형제를 높여 일컫는 말. 『禮記』, 「王制」 "兄之齒雁行."

詞恧[344]腐毫 書慙掣肘[345]
鰌壑[346]雖渴 龜珉[347]不朽

……○○○手桓鐲等刻[348]

342 愼徽 : 삼가 아름답게 함. 『서경』, 虞書, 〈舜典〉 "愼徽五典."; 孔傳 "徽, 美也."

343 龍首 : 王者의 道를 비유한 말. 『六韜』, 「文韜(上)」 "王者之道, 如龍之首. 高居而遠望, 深視而審聽, 神其形, 而散其精."
【참고】 모든 註解本에서는 '龍首'에 대해 '王陵'을 가리키는 것이라고 하였다. 그러나 왕릉과 관련된 典故가 없을 뿐만 아니라, '愼徽五典(五常)'에서 인용한 '愼徽'란 말과 견주어 보아도 王者의 道가 더 적절할 듯하다.

344 恧(뉵) : 부끄러워함.

345 書慙掣肘(서참철주) : 글씨는 팔목을 잡아당긴 것처럼 부끄럽다는 말. 『孔子家語』, 「屈節」 "宓子賤仕於魯, 爲單父宰. 恐魯君聽讒言, 使已不得行其政, 請君之近史二人, 與之俱至官 ; 宓子令二史書, 方書輒掣其肘, 書不善則從而怒之, 二史患之, 辭請歸魯."

346 鰌壑 : 고래(海鰍)가 사는 구렁. 곧 깊은 바다를 비유한 말.

347 龜珉 : 거북 모양의 빗돌 받침[龜趺] 위에 얹힌 옥돌. 곧 비석을 이름.

348 ○○○ ~ : 종래 寫本에 없었던 것을 1935년에 발견된 碑片에 의거하여 補入함. 黃壽永, 『韓國金石遺文』(제4판, 一志社, 1985), 78쪽 참조.

【번역문】

유당 신라국 초월산 대숭복사 비명 및 서

전에 중국에서 도통순관都統巡官 **승무랑**承務郎 **시어사**侍御史 **내공봉**內供奉**을 지냈으며, 자금어대**紫金魚袋**를 하사받은 신**臣 **최치원**崔致遠, **왕명을 받들어 찬술함.**

신臣이 듣건대, 왕자王者가 조종祖宗의 덕을 기본으로 하여 후손을 위한 계책을 크게 세울 적에, 정치는 인仁으로써 근본을 삼고, 예교禮敎는 효孝로써 우선을 삼는다[1]고 한다. (따라서) 인仁으로써 대중을 구제하려는 정성을 보이고, 효로써 어버이를 높이는 법도를 거행하며, 「홍범洪範」에서 '치우침이 없음[無偏]'을 본받지 않음이 없고, 「주시周詩」에서 '효자가 다하여 없어지지 않는다'는 것을 따르지 않음이 없어야 한다. 조상의 덕을 이어 받아 닦음에 있어, 성숙하지 못하다는 비난을 없애고, 조상의 제사를 잘 받듦에 있어, 마름이나 흰쑥[蘋蘩] 같은 잡스런 풀이라도 정결히 올림으로써, 두터운 은혜[惠渥]가 백성에게 고루 젖게 하며, 덕의 향기가 끝없는 하늘에 높이 사무치도록 한다.

그러나, 마음으로 애를 쓰면서 더위 먹은 백성에게 부채질을

---

1 禮敎는 孝로써 ~ : 모든 교화가 孝로부터 생겨나는 것이니, 禮敎의 으뜸으로 삼아야 한다는 뜻. 『孝經』, 「開宗明義章」 "夫孝德之本, 敎之所由生." ; 『白虎通』, 「考黜」 "孝, 道之美, 百行之本也."

해주며 죄인을 보고 우는 것이, 어찌 중생[群品]을 크게 미혹한 데서 건져 주는 것과 같을 것이며, 있는 힘을 다하여 자기 조상을 상제上帝와 함께 제사지내는 것이,[2] 어찌 높으신 혼령을 늘 즐거운 곳[常樂之鄕: 涅槃]에 모시는 것과 같겠는가. 이로써 조상과 후손의 돈목敦睦함이 실로 삼보三寶[3]를 높이는 데 있음을 알겠다. 하물며, 옥호玉毫[4]의 빛이 밝게 비치는 것과 부처의 금구金口에서 게타偈陀[5]가 흘러 퍼지는 것이, 서역의 생령生靈에게 한하지 않아 이에 동방세계로 미쳤음에랴.[6]

우리 태평국太平國의 승지勝地는 사람의 성질이 매우 유순하고 지기地氣가 만물을 생기게 하는 데 모아졌다.[7] 산과 숲에는 말없이 고요하게 도를 닦는 무리[8]가 많아 인仁으로써 벗을 모으고, 강과 바다의 물은 더 큰 곳으로 흐르려는 형세[朝宗之勢]를 좇아, 선善을 따르는 것이 물 흐르는 것 같았다. 이런 까닭에, 군자의 풍도를 드날리고 부처[梵王]의 도에 감화되어 젖는 것이, 마치 붉은 인주[紫泥]가 옥새를 따르고, 쇠가 거푸집[鑄型] 안에 들어 있는

---

2 자기 조상을 上帝와 함께 ~ : 조상을 극진하게 받드는 것을 이름.

3 三寶 : 佛 · 法 · 僧을 이름.

4 玉毫 : 化身 부처님의 眉間白毫相을 말함. 부처의 三十二相 가운데 하나로, 眉間 白毫相이 빛을 발하여 無量國土를 비추어 준다고 한다. 부처를 일컫는 말로도 쓰인다. 『法華經』, 「序品」 "佛放眉間白毫相光, 照東方萬八千世界, 靡不周遍."

5 偈陀 : 범어 'Gatha'를 音譯한 것. 불교의 교리를 적은 글로, '伽陀' 또는 '偈頌'이라고도 한다.

6 서역의 生靈에 한하지 않아 ~ : 종교에는 국경이 없다는 말.

7 地氣가 만물을 ~ : 東方은 動方으로 仁에 해당하므로, 만물이 땅에 뿌리를 박고 생겨나듯이 어질고 살리기를 좋아하는 기운이 있다는 뜻.

8 말없이 고요하게 ~ : 승려를 가리킴.

것과 같았다.[9] 그래서 군신君臣이 삼귀三歸[10]에 뜻을 비추어보고, 사서士庶가 육도六度[11]에 정성을 기울일 수 있게 되었으니, 이에 국도國都(國城)에까지 아낌없이 능히 탑묘塔廟[12]가 즐비하기에 이르렀다. 비록 그것이 남섬부주南贍部洲[13]의 바닷가에 있다고 하더라도, 어찌 도솔천兜率天 위에 부끄러울 것인가. 여러 가지로 미묘한 것 가운데서도 더욱 미묘한 것[14]을 무슨 말로써 표현하랴.

금성金城(慶州)의 남쪽, 해돋이를 볼 수 있는 산기슭[15]에 숭복사라는 절이 있다. 이 절은 곧 선대왕先大王(경문왕)께서 왕위를 이

---

9 붉은 진흙이 ~ 쇠가 거푸집 안에 ~ : 옥새에 새겨진대로 圖章이 찍혀 나오고, 거푸집대로 鑄物이 만들어져 나오듯이, 온 백성이 거부감 없이 불교를 받아들였다는 말.

10 三歸 : 佛·法·僧(三寶)에 귀의하는 일. 三歸依.

11 六度 : 六波羅蜜과 같은 말. 布施·持戒·忍辱·精進·禪定·智慧의 총칭.

12 塔廟 : 梵語 'Stupa(塔)'의 音譯. '廟'는 漢譯으로 범어와 한문의 합성어라고 할 수 있다. 본래는 부처님의 사리를 묻고 그 위에 돌이나 흙을 높이 쌓은 무덤을 가리켰다. 또 유골을 묻지 않고 오직 특별한 靈地임을 표시하기 위해서 세우거나 또는 그 덕을 앙모하여 報恩의 공양으로 세워지기도 했다.

13 贍部洲 : 須彌山의 남쪽에 있는 대륙. 四大洲의 하나. 원래 印度를 가리켰으나, 여기서는 우리나라를 지칭하는 말로 쓰였다.
【참고】 四洲란 불교에서 세계의 중심이라고 하는 須彌山의 사방에 있는 네 개의 大洲를 말한다. 南을 贍部洲(閻浮堤 또는 閻浮洲라고도 함), 東을 勝身洲, 西를 牛貨洲, 北을 俱(瞿)盧洲라고 일컫는다.

14 여러 가지로 ~ : 신라 사람들이 불교를 매우 숭상하여 塔廟를 장엄하게 꾸민 것 등을 이른다. 즉 신라 사람을 비롯한 우리 東人들이 불교를 마치 國教와 같이 숭상하는 것은 不可思議한 일이라는 뜻이다.

15 해돋이를 볼 수 있는 산기슭 : 吐含山 기슭을 지칭. 『삼국유사』 권1, 王曆, 〈元聖大王〉 "王之陵, 在吐含岳西洞鵠寺, 有崔致遠撰碑." ; 同注 "鵠寺, 今崇福寺."

어받으신 첫 해에 열조烈祖[16] 원성대왕元聖大王[17]의 능陵을 모시고 명복을 빌기 위하여 세운 것이다.

옛 절이 생긴 기원[濫觴]을 상고하고, 새 절이 이룩된 과정[覆簣]을 살펴보건대, 옛날 파진찬波珍飡[18] 김원량金元良은 소문왕후炤文王后[19]의 큰 외숙[元舅]이요, 숙정왕후肅貞王后[20]의 외조부였다. 몸은 비록 귀공자貴公子였으나 마음은 실로 참다운 옛사람이었다. 처음에는 사안謝安이 동산東山에서 마음껏 즐긴 것처럼[21] 가당歌堂과 무관舞館을 어엿하게 짓더니, 나중에는 혜원慧遠이 여러 사

---

16 烈祖 : 功勳과 美德이 있는 선조.

17 元聖大王 : 신라 제38대 임금(재위 : 785~798). 경문왕의 5대조. 諱는 敬信. 혜공왕 16년(780) 伊飡으로 上大等 金良相(뒷날의 宣德王)과 함께 金志貞의 난을 평정하고 상대등에 올랐으며, 선덕왕이 돌아가자, 金周元을 물리치고 대신들의 추대를 받아 즉위했다. 당나라와의 通交를 재개하였고, 讀書三品科를 두어 인재를 발탁하였으며, 碧骨堤를 증축하여 농사를 장려했다. 『삼국사기』에 의하면, 死後에 遺命대로 奉德寺 남쪽에서 그의 靈柩가 불태워졌다고 하는데, 본 「대숭복사비」의 내용으로 미루어, 火葬한 뒤 鵠寺의 터에 왕릉을 조성한 것으로 짐작된다.

【참고】 閔周冕(編), 『東京雜記』 卷首, 9面 "遺事曰 : 「元聖王陵, 在吐含山西洞鵠寺」 高麗時所稱崇福寺, 傍崔致遠撰碑. 但元聖燒柩, 或旣燒後葬歟? 疑今所謂掛陵也."

18 파진찬 : 신라 17官等 가운데 제4위. 眞骨 이상이 오를 수 있었다.

19 炤文王后 : 元聖王의 母后. 성은 朴氏이며 昌道의 딸. 繼烏夫人으로 불렸으며, 원성왕이 즉위한 해에 '昭文太后'로 追封되었다. 『삼국사기』 권10, 元聖王紀 참조.

【참고】 「葛項寺石塔記」에서는 '照文皇太后'로 표기되었으며, 零妙寺 言寂法師의 누이라고 밝혔다.

20 肅貞王后 : 元聖王의 妃. 姓은 金氏로 角干 神述의 딸. 원성왕의 潛邸時에는 蓮花夫人 또는 肅貞夫人이라 하였다(『삼국유사』).

21 謝安이 東山에서 ~ : 東晉 때의 名臣 謝安(字는 安石)이 東山에 있을 때 많은 妓女들을 거느리고 있었는데 遊山할 때면 늘 기생과 음악이 뒤따랐다고 한다. 이로부터 '東山妓' 또는 '安石妓'의 故事가 생겨났다.

람과 함께 서방정토西方淨土에 가기를 발원한 것[22] 같이, 그것을 희사하여 불전佛殿과 경대經臺로 삼았다. 그 당시에 피리 소리, 금슬琴瑟 소리였던 것이 오늘날엔 금종金鍾 소리, 옥경玉磬 소리로 바뀌었으니,[23] 때를 따라 변개變改한 것은 출세간出世間의 인연이었다.

절의 배후背後가 되는 것은 바위에 있는 고니[鵠]의 모양이다. 그것을 따라 절의 이름[24]으로 삼았다. 능히 좌우의 익랑翼廊(鶱廬)으로 하여금 길이 값지게 하고, 길이 법당法堂(鵝殿)으로 하여금 더욱 빛나도록 하였으니, 저 바라월波羅越(鴿)의 형상과 굴우차崛忧遮의 명칭일지라도, 어찌 한 번에 천리를 나는 고니[25]로써 비유를 취하고, 사라쌍수沙羅雙樹가 희게 변한 것[26]으로써 표제標題

---

22 慧遠이 여러 사람과 함께 ~ : 東晉 때의 高僧 혜원(334~417)이 廬山에 東林寺를 세우고 교화를 펴자, 각지에서 淸淨한 신앙을 구하고자 하는 사람들과 혜원의 평판을 듣고 찾아오는 사람들이 많았다. 彭城의 劉遺民, 豫章의 雷次宗, 雁門의 周續之, 新蔡의 畢穎之, 南陽의 宗炳·張萊民·張季碩 등은 모두 세 속의 榮譽를 버리고 멀리서 찾아온 사람들이었다. 이에 혜원은 동림사 無量壽佛前에 齋를 올리고 誓願을 세워 모두 함께 西方淨土에서 태어나기를 기약했다. 『梁高僧傳』 권6, 「釋慧遠傳」 참조.

23 그 당시에 피리소리 ~ : 이는 1996년 5월, 한국 고급 요정의 대명사였던 大苑閣(城北洞 所在)의 소유주 金英韓(女, 1916~1999)이 이 요정을 淸淨道場으로 가꾸어 달라고 法頂(1932~2010) 스님에게 기증했던 것과 千載相符한 일이라 하겠다. 대원각은 97년 12월 14일 '도심 속의 佛道場'을 표방하고 '三角山吉祥寺'로 탈바꿈하였다.

24 절의 이름 : 鵠寺로 이름했다는 말. 鵠寺는 鵠頭寺 또는 白鵠寺라고도 불려졌다 한다. 『桂苑遺香』 "東京志云 : 「有鵠狀故云鵠頭寺」云, 或云白鵠寺."

25 한 번에 천 리를 나는 고니 : 절의 이름을 지음에 있어 '鵠'字의 뜻을 취하였다는 말.

26 沙羅雙樹가 희게 변한 것 : 고니의 모양이 희기 때문에, 석가 入滅時 흰색으로 변한 雙林의 故事를 인용한 것이다. 여기서 '白' 字의 뜻을 취하

를 지은 것과 같겠는가.[27] 다만 이 땅은 위세가 축두산鷲頭山보다 낮고[28] 지덕地德은 용이龍耳[29]의 형국처럼 높으므로, 절을 짓는 것보다 왕릉을 마련함이 좋을 것이다.

정원貞元[30] 무인년(원성왕 14년, 798) 겨울에 이르러, 원성대왕께서 사후死後의 장사葬事에 대하여 유교遺敎하시면서 인산因山할 것을 명하였다. 땅을 가리기가 몹시 어려워 이에 곡사鵠寺를 지목하여 거기에다 유택幽宅을 모시려고 하였다. 이때 의문을 제기하는 자가 있어 다음과 같이 말하였다.

> 옛날 자유子游의 사묘祠廟와 공자孔子의 구택舊宅도 끝내는 모두 차마 헐지 못하여 사람들이 지금껏 칭송한다. 그럼에도 금지金地를 빼앗으

였다.

27 어찌 한 번에 ~ 같겠는가 : 저 波羅越과 崛忱遮로 이름을 취한 절들은 각기 一形一色으로 서로 다른 두 절이지만, 鵠寺(或云 白鵠寺)야말로 一形(鵠)과 一色(白)을 합하여 한 절의 이름으로 삼았으니 비교가 될 수 없다는 말이다. 『桂苑遺香』 참조.

28 위세가 鷲頭山보다 낮고 : 鵠寺의 터가 寺院이 들어설 最適地는 아니라는 말.

29 龍耳 : 풍수설에서 말하는 明堂 가운데 하나. 郭璞의 『錦囊經』에 의하면, "來龍(山勢)이 멈추어 고개를 쳐든 데다, 앞에 시내가 있고 뒤에 멧부리가 있으며, 또한 용머리가 감치면 吉地로서 王侯가 날 것인 바, 坎(北)으로 머리를 삼았을 때 甲方으로 角을 삼으며, 震方(東)으로 귀를 삼는다"고 하였다.

【참고】 일본의 학자 마키오 료우카이(牧尾良海, 중국철학)는 龍耳에 대해 풀이하기를, "용은 황제의 상징이기 때문에, 만약 용에 귀가 없다면 황제는 아무 것도 들을 수가 없으니, 나타나서 보고를 받는 모양을 할 수 없다고 말하는 것이다"고 하였다. 牧尾良海, 『中國の風水思想』(東京 : 第一書房, 1986), 98쪽.

30 貞元 : 당나라 德宗의 연호(785~804).

려고 하는 것은 곧 수달다須達多[31]가 크게 희사한 마음을 저버리는 것이 아니겠는가. 죽은 사람을 장사지내는 것이란, 땅으로서는 돕는 바이지만 하늘로서는 허물하는 바이다.[32] 서로 보익補益되지 못할 것이다.

그러자 당국자가 비난하여 말하기를

절이란 자리하는 곳마다 반드시 전화轉化되어 어디를 가든지 어울리지 않음이 없다. 그러므로 재앙의 터전을 능히 복福의 마당으로 변전變轉시켜, 백억겁토록 위태로운 현실사회를 구제하는 것이다. 능묘란 아래[頫]로는 지맥地脈을 가리고 위[仰]로는 천심天心을 헤아리며, 반드시 묘지[九原]에다 사상四象[33]을 포괄함으로써 천만대 후손에게 미칠 복[餘慶]을 보전하는 것이니, 자연의 법칙이다. 불법佛法에는 주상住相이 없고[34] 장례에는 좋은 때[盛期]가 있으니,[35] 땅을 바꾸어 자리함이

---

31 須達多 : 석가에게 祇園精舍를 지어 바친 長者. 須達陀. 여기서는 김원량에 비유되었다.

32 땅으로서는 돕는 ~ : 왕릉을 높이 營造하면, 땅으로서는 그 두터움을 더하게 되므로 돕지만, 하늘로서는 그 만큼 공간을 잃게 되므로 허물하게 된다는 말. 『白虎通』, 「封禪」 "天以高爲尊, 地以厚爲德."

33 四象 : 풍수지리설에서 말하는 窩(와)·鉗(겸)·乳·突을 말함. 크게 오목하여 양이 큰 것은 와혈이고, 약간 오목한 것은 겸혈이다. 크게 볼록하여 음이 큰 것은 돌혈이고, 약간 볼록 한 것은 유혈이다. 즉 와는 태양이고, 겸은 소양이며, 유는 소음이며, 돌은 태음이다.

34 佛法에는 住相이 없고 : 불교에서 '머무르는 相'이 없음을 說하고 있는 만큼, 절의 터에 왕릉을 모실 수도 있다는 뜻.
【참고】 住相은 住着하는 相으로 '四相'의 하나이다. 佛法은 영원토록 生滅變化함이 없는 無因無果의 眞如이므로 이른바 四相이 없는데, 四相이란 사물이 변천하는 것을 설명하는 네 가지 相으로 온갖 法의 有爲이니, 곧 生相·住相·異相·滅相을 말한다.

하늘의 이치에 따르는 것이다. 단지 청오자靑烏子[36] 같은 풍수가의 좋은 감정[善視]을 따랐을 뿐, 어찌 백마白馬로 하여금 (절이 헐리는 것을) 슬퍼하도록 한 것이랴. 또 이 절을 조사해 보니 본래 임금의 인척[戚里]에게 예속되었다. 따라서 낮은 것(戚里)을 버리고 높은 것(王室)을 취하여, 지금의 절을 버리고 새 왕릉을 도모해야만 될 것이다. 그리하여, 왕릉으로 하여금 해역海域(신라)의 웅려雄麗한 곳에 자리잡도록 하고, 절로 하여금 경치[雲泉]의 아름다움을 독차지하게 하면, 우리 왕실의 산 같이 높은 복이 우뚝 솟을 것이요, 저 후문侯門[37]의 바다같이 넓은 덕이 순탄하게 흐를 것이다. 이것을 일러 '알고는 하지 않음이 없고, 각각 그 제자리를 얻음이다'고 할 수 있다. 어찌 정鄭나라 자산子產[38]의 작은 은혜로 자유子游의 사당이 헐리지 않은 것이라든지, 한漢나라 노공왕魯恭王[39]이 공자의 옛집을 헐려고 하다가 도중에 그만둔 것과 더불어, 날을 같이하여 옳고 그름을 따지겠는가. 마땅히 점괘[龜筮]가 하고자 하는 일과 들어맞는다는 말을 들을 것이요, 용신龍神[40]이 기뻐

---

35 장례에는 좋은 때 있으니 : 靑烏子의 『靑烏經』에 의하면, "穴處는 잘 골랐지만, 장사를 잘못 지내면 시신을 버리는 것과 같다(穴吉葬凶, 與棄屍同)"고 하였으며, 同注에서는 "穴은 비록 좋으나 장사 지내는 때를 잘못 잡으면 역시 흉하다(穴雖吉, 而葬不得其年月, 亦凶)"고 하였다.

36 靑烏子 : 중국 漢나라 때의 유명한 풍수가. 郭璞의 스승으로 '靑烏子' 또는 '靑烏先生'이라고도 한다. 『靑烏子』(일명 葬經)를 지었다. 현재 전하는 『靑烏經』(靑烏先生葬經)이 宋代 이후에 나온 僞作이라는 주장도 있다. 崔昌祚(역주), 『靑烏經·錦囊經』(서울 : 민음사, 1993), 「解題」 참조.

37 侯門 : 왕실의 외척인 김원량을 지칭.

38 子產 : 춘추시대 鄭나라 때의 大夫. 원이름은 公孫僑, 자산은 그의 字이다. 簡公·定公·獻公의 三朝를 섬겼으며, 훌륭한 宰相으로 이름이 있었다. 孔子는 그를 가리켜 '惠人'이라 하였다.

39 魯恭王 : 前漢 景帝의 아들로, 孔子의 舊宅을 헐어 苑囿로 조성하려 했던 인물.

40 龍神 : 八部衆의 하나. 龍王(Nagaraja)이라고도 한다. 龍屬의 왕으로서 바

함을 보게 되리라.

고 하였다. 드디어 절을 옮기고 이에 왕릉을 영조營造하였다. 두 역사役事에 인부가 모이고 온갖 장인匠人들이 일을 마쳤다.

그 절을 고쳐 지을 적엔, 인연 있는 사부대중四部大衆이 서로 (식솔들을) 거느리고 왔다. 옷소매가 이어져 바람이 일지 않고, 송곳 꽂을 땅도 없을 정도여서, 무시霧市가 오리五里에 급히 내닫는 듯했고,[41] 설산雪山까지 이어진 사람들이 일시一時에 잘 어울려 만나는 것[42] 같았다. 기와를 걷고 서까래를 뽑으며, 불경을 받들고 불상을 모심에, 번갈아 서로 주고받으며 다투어 정성으로써 이루니, 인부가 빠른 걸음으로 옮기지 않았는데도 스님들의 안식처가 이미 마련되었다.

그 왕릉[九原]을 이룩함에, 비록 왕토王土[43]라고 말은 하지만 실은 공전公田이 아니었다. 이에 부근의 땅[邇封]을 모두 좋은 값으

다에 살면서 비와 물을 맡고 佛法을 수호한다고 한다.

41 霧市가 五里에 ~ : 後漢 때 張楷가 道術을 좋아하여 '五里霧'를 일으키는 묘술이 있었으므로, 이를 배우려는 사람들이 그가 머물던 弘農山中에 모여들어 저자를 이룰 정도였다고 하는 故事.
【참고】 여기서 '五里'는 단순히 '五里霧'의 고사에서 인용된 것이 아니라, 구체적으로 鵠寺의 옛터에서 새로 옮겨 짓는 곳(現 慶州市 外東面 末方里 大崇福寺址)까지의 거리를 나타내고 있는 것이다.

42 雪山까지 이어진 사람들이 ~ : 석가모니 당시에 西域의 한 長者가 聞二百億이라는 晩得獨子를 위해, 아들이 공부하는 雪山과 자택 사이에 宿所站을 잇달아 두고 僕僮들로 하여금 길을 왕래하며 필요한 妙藥을 차질 없이 대주도록 했다는 故事. 『大唐西域記』 권10, 〈伊爛拏鉢伐多國〉 참조.

43 王土 : 신라 때의 王土思想은 어디까지나 유교적 관념이었다. 개인의 토지소유 및 처리에 있어 어떠한 규제를 가할 수 있는 것은 아니었다.

로 구하여[44] 구롱丘壟(왕릉)에 1백여 결結[45]을 사서 보태었다. 값으로 치른 벼[稻穀]가 모두 2천 점苫[46]이었다.[47] 곧 해당 관사官司와 기내畿內의 고을에 명하여, 다함께 길에 무성한 가시나무를 쳐서 없애고, 분산하여 능역陵域 둘레에 소나무를 옮겨 심도록 하였다. 그러므로 쓸쓸한 비풍悲風이 잦게 되면 춤추던 봉황과 노래하던 난새[鸞鳥]의 생각이 격렬해지고,[48] 울창한 숲에 밝은 해가 드러나게 되면, 용이 서리고 범이 걸터앉은 듯한 지세의 위엄을 더해 주었다.

---

44 丘壟에 ~ 사서 보태었는데 : 陵域을 크게 넓혀 왕릉으로서의 위엄을 세우고자 함이다.

45 結 : 註에 의하면, '東俗에서는 五百畝에서 百弓을 減한 것이 1結이라 한다' 하고, 또 '30肘가 100弓인데, 1肘는 2尺(혹은 1.5척)이다'고 하였다.

46 苫 : 註에 의하면, '斞(유)에서 한 말을 제한 것이 苫이고 열여섯 말이 斞이다'고 하였다. 따라서 1苫은 곡식 15말[斗]이다.

47 이에 부근의 땅을 ~2천 苫이었다 : 이 부분에 대한 諸家의 해석이 각각 다음과 같이 다르다.
洪震杓 : "그 근처의 땅을 높은 값으로 사들이고 田畓 2백여 結을 보태니, 벼 2천여 섬을 받게 되었다."(『한국의 사상대전집』 제3권, 57쪽)
邊覺性 : "그 봉분에 가까운 땅을 검토해 보고 값이 높은 땅을 구하여 丘壟(밭) 2백여 結을 더하고 곡식 2천 苫을 주었다."(『역주 孤雲先生文集』 하권, 216쪽)
李智冠 : "陵 주변의 경계를 정하고 부르는 가격으로 구릉을 더하니 2백여 結이 넘었다. 대가로 2천 섬의 값을 쳐주었다."(『校勘譯註 歷代高僧碑文-新羅篇』, 251쪽)
李佑成 : "무덤 주변을 일괄해서 모두 후한 값으로 구하여 山坂(墓域周邊之地) 1백여 結을 사서 보탰는데, 값으로 치른 벼가 모두 2천 섬이었다."(『신라사산비명』, 360 · 266쪽)
이우성의 번역이 가장 적절하다고 본다.

48 춤추는 봉황과 ~ : 陵域의 松林에 바람이 불어 봉새가 춤추고 鸞鳥가 노래하는 듯한 광경을 보면, 선왕의 德業을 사모하는 마음이 격렬해진다는 말.

그곳을 보니, 땅은 하구瑕丘[49]와 다르나 경계는 (해뜨는) 양곡暘谷에 맞닿아 있다. 기수祇樹[50]의 남은 향기가 아직 사라지지 않은 가운데 곡림穀林[51]의 아름다운 기운이 더욱 무르익었다. 수놓은 듯한 봉우리는 사방 멀리에서 서로 조알朝謁하는 것 같고, 누인 명주 같은 개펄은 한 가닥으로 눈앞에 바라보인다. 실로 교산喬山[52]이 빼어남을 지니며 필맥畢陌[53]이 기이함을 표방하였다고 이를 것이니, 금지金枝(王孫)가 계림雞林에서 더욱 무성하게 하고, 옥파玉派(王孫)가 접수鰈水에서 더욱 깊이 자리잡도록 할 것이다.

처음 절을 옮김에, 비록 보탑寶塔이 솟아 나온 것[54]과 같이 빠르게 끝나긴 했으나 미처 절다운 모양을 갖추지는 못했다. 겨우 가시덤불을 쳐내고서야 언덕과 산을 구별할 수 있었고, 초가[茅茨]와 섞인 채로 비바람을 피해 냈다. 겨우 70여 년을 넘긴 사이 갑작스럽게 아홉 임금[55]이나 바뀌어, 여러 번 전복顚覆을 당하여

---

49 瑕丘 : 중국 춘추시대 魯나라의 지명. 衛大夫 公叔文子가 죽은 뒤 묻히고 싶어 했다는 곳.

50 祇樹(기수) : 祇陀太子의 園林(祇樹給孤獨園). 곧 祇園. 여기서는 佛寺를 지칭하는 말로 쓰였다.

51 穀林 : 堯임금을 安葬한 곳. 숲이 울창하게 우거진 원성왕의 陵域을 穀林에 비유한 것이다.

52 喬山 : 黃帝의 활과 칼을 묻은 곳. 葛洪, 『列仙傳』, 「黃帝」 "黃帝, …… 還葬于喬山, 山陵忽崩, 柩空無尸, 唯劍舃焉."

53 畢陌(필맥) : 秦나라 文王을 安葬한 곳. 渭水 북쪽에 있다. 지금의 섬서성 咸陽縣 소재.

54 寶塔이 솟아 나온 것 : 석가모니가 靈鷲山에서 法華經을 講할 때 多寶佛塔이 땅에서 솟아났다는 故事. 여기서는 절이 빠르게 옮겨진 것을 비유했다. 『法華經』, 「見多寶品」 참조.

55 아홉 임금 : 원성왕(제38대, 재위 : 785~798)으로부터 헌안왕(제47대, 재위 : 857~860)에 이르는 9대를 가리킴.

도 미처 잘 꾸밀 겨를이 없었는데, 경문대왕(三利)의 특별히 뛰어난 인연이 기다리고 있었으며, 천 년의 보운寶運[56]이 일그러짐이 없었다.

엎드려 생각하건대, 선대왕[57]께서는 무지개 같은 별이 화저華渚에 빛을 떨치듯이 오산鰲山[58]에 자취를 내리셨다. 처음 국선도國仙徒(玉鹿)에서 명성을 날리시고 특별히 현풍玄風(風流道)을 떨치시었다. 얼마 뒤엔 높은 지위[金貂]에서 모든 관직을 통섭하시고, 궁벽한 우리나라의 습속을 바로잡아 깨끗하게 하였다. 임금이 될 자리[龍田]에 의지하여[59] 덕을 심으시며, 대궐 안[鳳沼]에 사시면서 마음을 계발하셨다. 말씀을 하시면 곧 인자仁者가 백성을 편안케 해야 한다는 것이었고, 정치를 도모함에는 곧 도로써 백성을 인도해야 한다는 것이었다. 여덟 가지의 중요한 권병權柄[60]을 모두 일으키고, 예禮·의義·염廉·치恥의 실추된 실마리를 이에 신장시키며, 여러 난관을 차례로 겪었지만 나갈 바를 두어 이로움이 있었다.[61]

---

56 寶運 : 임금의 命運을 높여 일컫는 말.

57 先大王 : 진성여왕의 父王인 경문왕을 가리킴.

58 鰲山 : 경주의 남산인 金鰲山을 이름.

59 임금이 될 자리에 의지하여 : 膺廉(경문왕)이 後嗣가 없는 헌안왕의 뒤를 이어 왕위를 계승할 처지에 있었다는 말.

60 여덟 가지의 중요한 權柄 : ①벼슬을 주는 것[爵] ②녹을 주는 것[祿] ③상을 주는 것[予] ④일정한 지위에 앉도록 하는 것[置] ⑤생계를 보장하는 것[生] ⑥관작을 削奪하는 것[奪] ⑦廢固시키는 것[廢] ⑧伏誅하는 것[誅]의 총칭.

61 여러 난관을 ~ 이로움이 있었다 : '八柄之重權咸擧'와 '四維之墜緖斯張' 등은 나중에 경문왕이 될 膺廉이 代理聽政하여, 임금의 위엄을 세우고

얼마 되지 않아서 갑자기 나라에 우환憂患이 생기니,[62] 왕위가 비어 산이 흔들리는 듯하였다. 비록 왕위 각축전[逐鹿]의 양상이 벌어지지는 않았지만 간혹 (왕위를 노리고) 까마귀처럼 모여드는 무리들이 있었다.[63] 그렇지만, 평소에 현명하고 유순함으로써 임하였고, 또 노성함과 인자함을 지니시어 백성의 추중推重하는 바 되었으니, 우리를 두고 어디로 가시랴. 이에 대저代邸에서 몸을 편안히 하시고[64] 자비慈悲의 교문敎門(불교)에 뜻을 기울이시며, 조상에게 수치가 될까 염려하여[65] 불사佛事를 일으키기로 발원하였다. 그리하여 분황사芬皇寺의 중 숭창崇昌에게 청하여 '절을 개수改修하여 받들겠노라'는 취지를 부처님께 고하도록 하였으며, 다시 김순행金純行을 보내 '조업祖業을 높이 펼쳐 보이겠노라'는 성심誠心을 종묘에 고하도록 하였으니, 『시경』에 이른바 "화락하

사회 기강을 바로잡았다는 말일 것이다. 그런데 『삼국사기』와 『삼국유사』에는 응렴의 대리청정에 관한 記事가 없으며, 또한 왕녀를 취한 때가 헌안왕 4년(860) 9월인데 이듬해 정월에 왕이 돌아갔다고 되어 있다. 본 비문과 두 史書의 기록 중에서 어느 것이 더 믿을 만한지는 속단할 수는 없으나, 兩者를 비교해 보면 이해되지 않는 점이 있다. 설령 대리청정은 했다 하더라도, 과연 3~4개월 사이에 그처럼 국정을 쇄신할 수 있었을까. 이는 비문의 撰者가 과장한 것이든지, 아니면 두 史書에 문제가 있을 것이다.

62 나라에 憂患이 생기니 : 헌안왕이 昇遐함을 이름.

63 간혹 까마귀처럼 ~ : 『삼국사기』와 『삼국유사』에 의하면, 憲安王이 돌아가자 遺敎에 따라 膺廉이 즉위하였다고만 되어 있다. 여기 '集烏之苑'이란 말을 통해서 膺廉의 즉위 과정에 다소간의 騷擾가 있었음을 짐작하게 한다.

64 代邸에서 몸을 편안히 하시고 : 太子[代邸]로서 왕위를 계승한 것을 말함.

65 조상에게 수치가 될까 염려하여 : 鵠寺의 터에 先大王의 왕릉을 營造하였으니, 새로 옮겨 지은 곡사(大崇福寺)를 장엄하게 꾸미지 않으면 선대에 累가 될까 염려된다는 말.

고 단아한 군자여! 복을 구함이 그릇되지 않도다"고 한 것이요, 『서경書經』에 이른바 "상제上帝께서 이에 흠향하시며 아랫 백성이 공경하며 따른다"고 한 것이었다. 그러므로 능히 지극한 정성이 신불神佛에게 감응되고 잘 해보겠다는 의욕을 (사람들이) 잘 따라주어, 공경公卿·사대부士大夫의 뜻이 점치는 거북[守龜]과 더불어 합치되었으니, 동국東國을 혁혁赫赫하게 하여 군림君臨하신 것이다. 이에 배신陪臣을 당나라에 보내 헌안왕의 돌아가심을 고하고 금상今上의 사위嗣位하심을 아뢰게 하였다.

드디어 함통咸通[66] 6년(경문왕 5년, 865)에 천자天子께서 섭어사중승攝御史中丞[67] 호귀후胡歸厚[68]로 하여금, 우리나라 사람으로 이전에 진사進士였던 배광裵匡[69]의 허리에 어대魚袋를 채우고 머리에 치관豸冠[70]을 씌워 부사副使로 삼도록 하였다. (신라의) 왕사王使[71]

66 咸通 : 당나라 懿宗의 연호(860~873).

67 攝御史中丞 : 당나라 때 御史臺의 次官(長官은 大夫). '攝'은 兼官이라는 말.

68 胡歸厚 : 그 당시 당나라에서 파견한 正使. 『삼국사기』에는 그의 공식 직함이 '太子右諭德御史中丞'으로 되어 있다.

69 裵匡 : 胡歸厚와 함께 신라에 왔던 副使. 『삼국사기』에는 그의 이름이 '光'이며, 또 공식 직함이 '光祿主簿兼監察御史'로 되어 있다.

70 豸冠(치관) : 獬豸(神羊, 해태)의 뿔로 만든 冠. 裵匡의 벼슬이 監察御史였기 때문에 치관을 쓰게 한 것이다.
【참고】 해치는 모양이 사자와 비슷하고 머리 가운데 외뿔이 있으며, 是非와 善惡을 판단하여 안다고 하는 신기한 상상의 동물로 알려져 있다. 요임금 때에 두 마리의 해치가 왕궁 뜰 아래에 서서, 善人이 들어오면 인도하고, 惡人의 경우 못들어 오게 뿔로 막았다고 한다. 그 뒤 해치가 죽자 궁전의 한 편에 묻어 주었더니, 그 무덤 위에 한 길쯤 되는 朱草가 나서, 小人이 들어오면 그 풀이 알려 주었다고 한다. 옛날 중국에서는 石像으로 새겨 궁전 좌우에 세웠으며, 또 이 짐승의 뿔을 본떠 司法官과 御史의 冠을 만들기도 하였다.

71 王使 : 헌안왕의 薨去와 경문왕의 嗣位를 告하기 위해 당나라에 파견된 신라의 使臣.

전헌섬田獻銛과 함께 와서 칙명을 전달하여 말하기를

> 영광스럽게 보위를 이어받음으로부터, 천자의 성교聲敎(聲猷)를 잘 받듦으로써, 잘 계승하였다는 명예를 드날리게 하였으니, 진실로 '지극히 공정한 추거推擧'[72]에 부응한다고 하겠다. 이런 까닭에 그대를 명하여 신라국왕으로 삼노라.

고 하고는, 이에 검교태위檢校太尉 겸 지절충영해군사持節充寧海軍使의 직함[73]을 내렸다. 지난날에 제齊나라와 같은 상태를 변화시켜 빼어남을 나타내고, 노魯나라와 같은 경지에 이르러 향내를 드날리지 못했다면,[74] 천자께서 어떻게 이처럼 조서[鳳筆]를 보내 외역外域의 제후를 총애하고, 교룡交龍을 그린 기旗를 내려 대사마大司馬[75]직을 임시로 수행[假攝]토록 하였겠는가.

또한 이미 영광스럽게도 천자의 은택[聖澤]에 젖었으니, 반드시 몸소 선왕의 능[靈丘]에 참배하여야 했다. 그러므로 임금[千乘]의 행차를 준비하였는데, (비용을 따지면) 어찌 열 집 재산[十家之産]을 소모할 뿐이겠는가.[76] 드디어 재상인 태제太弟(原註: 시호를 높여

---

72 지극히 공정한 推擧 : 경문왕이 헌안왕의 子弟가 아니면서도 어질고 덕망이 있어 왕위를 이어 받았기 때문에 이르는 말.

73 檢校太尉 겸 持節充寧海軍使의 직함 : 당나라 懿宗이 경문왕에게 내린 공식 직함은 '開府儀同三司 檢校大尉 持節大都督鷄林州諸軍事上柱國新羅王'이라 되어 있다(『삼국사기』).

74 齊나라와 같은 ~ 못했다면 : 경문왕이 짧은 기간에 신라를 변화시켜 중국과 비등한 경지에 이르도록 했다는 말.

75 大司馬 : 周禮의 六官 가운데 兵務에 관한 일을 관장했던 夏官의 長官. 여기서는 兵權을 뜻하는 말로 사용되었다.

76 임금의 행차를 ~ 소모할 뿐이겠는가 : 임금께서 몸소 陵幸할 수 있도록

惠成大王[77]이라 하였다)에게 명하여 태묘太廟에 재齋를 올리게 하고, 대신하여 능에 배알토록 하였다. 거룩하도다! 계림의 나무에 꽃이 들날리고,[78] 척령鶺鴒의 들판에 무성함이 빼어났도다.[79] 세월이 오래 흘렀어도 길이 밭가는 코끼리[耕象]를 생각하게 되고,[80] 시절이 화평하니 재상으로서 소가 헐떡이는 까닭을 물을 필요[81]가 없었다. 아름다운 치장[靚粧]이 들을 꾸미고, 잘 차려입은 옷

준비를 끝냈지만, 그로 말미암아 많은 경비가 소요될 것을 염려하여, 王弟를 대신 보내 선조의 陵에 참배하도록 했다는 말.

77 惠成大王 : 경문왕의 아우인 金魏弘을 가리킴. 『삼국사기』에서는 진성여왕 2년(888)에 위홍이 죽자 왕이 혜성대왕에 追謚하였다고 했다. 金魏弘은 경문왕대부터 진성여왕 초까지 角干·上大等·兵部令 등 요직을 역임하면서 정치적으로 중요한 역할을 하였으며, 나중에는 조카인 진성여왕의 情夫로서 막강한 권력을 장악하였다. 大矩和尙과 함께 『三代目』이라는 鄕歌集을 엮기도 하였다. 본 碑와 대낭혜화상탑비에서 金魏弘에 대해 특별히 註記를 달아 그의 존재를 알리고자 했던 것은, 이 두 비문이 모두 진성여왕의 명에 따라 撰述되었던 것과 무관하지 않을 것이다.

78 계림의 나무에 꽃이 들날리고 : 신라가 찬연히 빛났다는 말.

79 鶺鴒의 들판에 ~ : 경문왕의 형제가 昌盛함을 이르는 말.

80 밭가는 코끼리를 생각하게 되고 : 경문왕이 왕위를 傳授 받은 것을 舜임금이 堯임금으로부터 禪讓을 받은 것에 비유하여 한 말.

81 재상으로서 소가 헐떡이는 ~ : 왕릉을 배알할 예정인 太弟의 직책이 宰相이었으므로 '음양을 다스리는 일(理陰陽)'에 해당되는 '喘牛'의 故事를 인용한 것이다.

【참고】 前漢 때의 賢相인 丙吉(자는 少卿)은 魯國人으로 宣帝 때 丞相에 이르렀다. 일찍이 길을 가는데, 백성들이 서로 싸워 死傷者가 생겼는데도 그냥 지나치더니, 소가 헐떡거리면서 혀를 내미는 것을 보고는 왜 그러냐고 물었다. 동행하던 하급 관리 등이 丙吉의 행동을 이상하게 여기고 그 까닭을 물으니, 병길이 대답하기를 "백성들이 死傷한 일에 대해서는 當局에서 처리할 것이요, 재상은 작은 일을 가까이 해서는 안 된다. 재상은 '陰陽을 燮理하는 것'이 하나의 직책이다. 소가 헐떡이는 것은 時候가 조화를 잃은 것이므로 묻지 않을 수 없다"고 하고는 천하의 정치에 더욱 주의했다고 한다. 『漢書』 권74, 「魏相丙吉傳」 참조.

[袨服]이 시내를 채색하니,[82] 보는 사람이 구름과 같았다. 이에 복어등[鮐背]을 한 늙은이와 고니눈썹[鵠眉]을 한 중이 손뼉을 치며, 서로 기뻐하고 크게 하례하여 말하기를

> 귀 개제介弟[83]의 이번 행차로, 성제聖帝(唐懿宗)의 은광恩光이 드러나고, 우리 임금의 효리孝理[84]가 이루어졌습니다. 예의 있는 우리나라의 유풍遺風이 여유작작餘裕綽綽하여, 마침내 바다 물결이 잠잠하고,[85] 변방의 티끌이 깨끗하며,[86] 사철[天吏]이 고르고, (풍년들어) 지재地財가 남아돌도록 하였으니, 곧 선대를 계승하여 절을 중수하고 위엄으로 능역[柏城]을 호위할 때가 바로 지금일 것입니다. 이 기회를 버리고 어느 때를 기다리겠습니까?

라고 하였다. 이에 효성이 두루 사무치고, 생각이 꿈과 부합하게 되었다. 곧 성조대왕聖祖大王(원성왕)께서 나타나 어루만지시며 말씀하시기를

> 나는 너의 선조이니라. 네가 불상佛像을 세우고 나의 능역을 꾸며 호위하고자 하는데, 조심하고 삼가라! 시작하여 경영하는 것을 서두르

---

82 아름다운 치장이 ~ : 임금의 아우[太弟]가 拜陵하는 데 그 행렬이 찬란함을 형용한 말.

83 貴介弟 : 남의 아우를 높여서 일컫는 말.

84 孝理 : 효도로써 나라를 다스림. 孝治. 본 碑序에서 '政以仁爲本, 禮以孝爲先'이라고 한 것을 참조할 것.

85 바다 물결이 잠잠하고 : 국내의 정치적 혼란이 사라졌음을 비유한 말.

86 변방의 티끌이 깨끗하며 : 국경에 전쟁이 없어 風塵이 淨化되었음을 비유한 말.

지 말라! 부처님의 덕과 나의 힘이 네 몸을 감싸줄 것이다. 진실로 그 중도中道를 잡아 하늘이 주는 복록을 길이 마치도록 하라!

고 하였다. 얼마 있다가 물시계[銅壺]에서 맑은 울림소리가 나고[87] 침수寢睡에서 깨어나셨다. 열 가지 햇무리 형상[十煇][88]을 보고 길흉을 점치지 않더라도 꿈에서 일러준대로 될 것 같았다. 급히 담당관에게 명하여 법회를 경건하게 베풀도록 하였다. 화엄대덕華嚴大德인 결언決言[89]이 당사當寺(鵠寺)에서 왕지王旨를 받들어 닷새 동안 불경을 강講하였다. 효성스러운 생각을 아뢰고 명복을 빌기 위함이었다. 이로 말미암아 하교下教하시기를

어버이를 사랑하지 않는 것은 경전[90]에서 경계하는 바이다. '네 조상을 생각하지 않으랴'고 한 시를 어찌 잊겠는가. 천자께서 번방藩邦(신라)을 돌보아 주시는 데다, 절을 중수하려고 하던 차에, 꿈속[魂交]에서

---

87 물시계에서 맑은 울림소리가 나고 : 시간이 흘러 날이 훤히 샜음을 이름.

88 열 가지 햇무리 형상 : 周나라 때 日官이 열 가지 햇무리를 보고 길흉을 점쳤다고 한다. 十煇之法은 ①祲이니, 陰陽이 相侵하는 것으로서 赤雲은 陽이 되고 黑雲은 陰이 된다. ②象이니, 태양의 모양이 赤鳥와 같은 것. ③鑴이니, 日傍에 雲氣가 해를 찌르는 것. ④監이니, 赤雲이 햇무리를 둘러싸고 있는 것이 冠珥와 같은 것. ⑤闇이니, 日食과 月食을 하는 것. ⑥瞢이니, 日月이 빛을 잃은 것. ⑦彌이니, 雲氣가 해를 꿰뚫어 막은 것. ⑧叙이니, 雲氣의 次序가 산과 같은 것. ⑨隮이니, 서 있는 무지개 곧 升虹임. ⑩想이니, 雜氣의 형상임.

89 決言 : 헌강왕 10년(884)에 최치원의 母兄인 賢俊과 함께 당나라 智儼和尙이 우리나라에 華嚴을 전해 준 法恩을 기리는 講席을 주도하였다. 崔致遠, 「終南山儼和尙報恩社會願文」(『최문창후전집』, 233~237쪽) 참조.

90 경전 : 『孝經』을 가리킴. 『孝經』, 傳 第6章 "不愛其親, 而愛他人者, 謂之悖德, 不敬其親, 而敬他人者, 謂之悖禮."

감응이 이루어지니, 먹은 마음[襟靈]을 떨리면서도 급하게 한다. 이미 3년을 허송한 것은 부끄럽지만,[91] '비록 잠시 머물더라도 반드시 집을 수리한다'는 것을 깊이 생각해 왔노라. 백윤百尹과 어사御事(御史)는 어느 것이 이利가 되고 어느 것이 해害가 된다고 할는지. 비록 '자식을 팔고 아내를 전당잡혔다'[92]는 비난은 없을 것이라고 보장하지만, 혹여 '귀신이 원망하고 사람이 괴로워한다'[93]는 말이 있을까 염려된다. 옳은 것을 권하고 그른 것을 못하도록 하는 데 그대들은 소홀히 함이 없도록 하라!

고 하였다. 종신宗臣인 계종繼宗[94]과 훈영勛榮[95] 이하가 협의하고 난 뒤 아뢰기를

묘원妙願이 신명을 감동시켜 자애로운 조령祖靈[96]께서 꿈에 나타나셨습니다. 진실로 임금의 뜻이 먼저 정해짐에 따라, 결과적으로 중의衆

---

91 이미 3년을 ～ : 이 대목으로 미루어, 경문왕이 즉위한 지 적어도 3년 뒤부터 새로 옮겨 지은 鵠寺의 重創에 착수했음을 알 수 있겠다.

92 자식을 팔고 ～ : 南朝의 宋나라 明帝(太宗, 재위 : 465～472)가 湘東의 故宅을 湘宮寺로 만들었는데, 徭役이 매우 繁重하여 이를 감당할 수 없는 백성들이 자식을 팔고 아내를 전당잡혀 돈을 바쳤다고 한다.

93 귀신이 원망하고 ～ : 秦始皇이 萬里長城을 쌓을 때, 사람은 물론 귀신까지 동원하여 驅山鐸으로 役使했는데, 백성들이 魚游河曲을 부르며 괴로워했으며, 귀신들조차 원망하는 소리를 냈다고 한다.

94 繼宗 : 문성왕의 從叔. 金立之所撰, 「國主慶膺(文聖王)造無垢淨塔願記」에 의하면 "監修造使 從叔 行武州長史 金繼宗"이라고 되어 있다(黃壽永, 『韓國金石遺文』, 149쪽).

95 勛榮 : 일명 勳榮. 문성왕의 從叔. 「國主慶膺造無垢淨塔願記」에 의하면, "監修造使從叔 新授康州泗水縣令 金勳榮"이라고 되어 있다(黃壽永, 『韓國金石遺文』, 149쪽).

96 자애로운 祖靈 : 원성왕을 가리킴.

> 議가 모두 같은 것으로 드러났으니, 이 절이 이루어지면 구친九親에게 기쁜 일이 많을 것입니다. 다행히 농사철이 아닌 때를 당하였으니, 청컨대 목장木匠(梓工)을 일으키소서.

라고 하였다.

이에 건례선문建禮仙門(禮部)에서 걸출한 인재[人龍]를 가리고,[97] 소현정서昭玄精署[98]에서 비범한 스님[僧象]을 기용하였으며, 종실宗室의 세 어진이인 단원端元·육영毓榮·유영裕榮과 불문佛門의 두 호걸인 현량賢諒·신해神解, 그리고 찬도승贊導僧인 숭창崇昌에게 명하여 그 일을 감독하게 했다. 또 임금께서 시주施主가 되시고 나라의 선비들이 유사有司가 되었으니, 역량 면에서 여유가 있었고 마음도 능히 게으르지 않을 수 있었다.

장차 작은 것이 (다른) 큰 것을 능가하도록 하려는데, 어찌 새로 짓는 건물이 옛 것과 뒤섞여서야 되겠는가. 그러나 단계檀溪의 오랜 소원[99]이 막힐까 두렵고, 머지않아 내원㮈苑의 전공前

---

97 걸출한 인재를 가리고 : 신라 때 禮部에서는 儀典과 함께 取才도 맡아보았다.

98 昭玄精署 : 僧尼를 總管하던 官署. 持律院이라고도 한다. 중국 北魏의 昭玄寺에 그 기원을 두고 있으며, 우리나라에는 신라 때 수용되어 고려 초까지도 지속되었다.
【참고】『隋書』 권27, 「百官(中)」에 의하면, "昭玄寺는 불교를 관장한다. 大統 1인과 統 1인, 維那 3인을 임명하고, 功曹(工曹)에 主簿員 1인을 두어 모든 州와 郡縣의 沙門들을 관할하게 한다"고 하였다.

99 檀溪의 오랜 소원 : 道安法師(314~385)가 白馬寺에서 設講할 때, 사방에서 배우려는 사람들이 그의 門下로 모여들어 모두 수용할 수 없게 되자, 大富長者들의 施舍를 받아 襄陽에 檀溪寺를 세웠는데, 道安이 丈六佛像의 鑄造를 大願으로 여겨 노력하다가, 마침내 그것이 이루어지자 "저녁에 죽더라도 좋다"고 하였다는 故事. 여기서는 鵠寺를 새로 짓고자 오랫동

功[100]이 손상될 듯하여, 옛 재목[故材]을 고르고 주워 모아 그것을 높게 터를 다져 놓은 곳으로 옮겼다. 이때 별을 점치고 날을 헤아려서, 넓게 개척하고 규모를 크게 하였으며, 진흙을 이기고 쇠를 녹여 부으면서 다투어 묘기를 나타냈다. 사닥다리를 눈[雪]같이 하여 수倕[101]와 같은 솜씨로 다듬어진 재목을 아슬아슬한 데에 건너지르고, 도벽塗壁을 서리처럼 하여 노獿[102]와 같은 재주로 만들어진 색흙[堊]에 향을 이겨 넣었다. 바위로 된 기슭을 깎아 담을 북돋우고, 산골짜기로부터 흐르는 시냇물을 내려다보아 앞이 탁 트이게 하였으며, 거친 계단을 금테 두른 섬돌로 바꾸고, 보잘것없는 결채를 무늬 새긴 것으로 변모시켰다. 겹으로 된 불전佛殿에는 용이 서린 듯한데 가운데다 노사나불盧舍那佛[103]을 주인으로 모셨다. 층층 누각에는 봉새가 머문 듯한데 위에다 수다라修多羅[104]로 이름하였다. 고래등 같은 마룻대[上棟]를 높이 설비하고 난새[鸞] 같은 난간을 마주보게 하였다. 아름답게 장식한

안 勞心焦思했던 경문왕의 宿願에 비유한 것이다.

100 㮈苑의 前功 : 㮈苑은 옛날 西域의 㮈樹(Amalaka, 阿摩勒果라 번역)에서 王妃가 될 한 여자가 나왔다는 곳으로, 뒷날 이곳에 세워진 절이 '내원사'다. 大崇福寺는 炤文王后와 肅貞王后의 椒房之親인 金元良의 喜捨로 세워진 鵠寺의 後身이다. 椒房(后妃)과 관련이 있다는 점에서 대숭복사를 㮈苑 故事에 견준 것이다. 여기서 '前功'이란 대숭복사를 있게 한 김원량의 공을 가리킨다.

101 倕 : 黃帝 때의 유명한 木工. 『廣韻』"倕, 黃帝時巧人."

102 獿 : 옛날의 유명한 미장이[塗匠]. 『集韻』"獿, 古之善塗墍者."

103 盧舍那佛 : 毘盧遮那佛(法身佛)·釋迦牟尼佛(應身佛)과 함께 三身佛의 하나로 報身佛임.

104 修多羅 : 범어 'Sutra'의 音譯. 佛法을 結集한 典籍이니, 곧 經·契經·正經 등으로 번역된다. 누각의 이름을 '修多羅'라고 이름했다 함은, 곧 '經樓' 또는 '修多羅殿'이라는 현판이 붙은 것을 말한다.

조정藻井[105]에는 꽃이 차례대로 줄지어 있고, 수놓은 대접받침[枉枓]에는 원줄기가 곁가지를 깍지 끼고 있었다. 날개를 솟구쳐 날아갈 듯하니 볼 때마다 눈이 아찔하였다.

그 밖에 더 높이고 고쳐 지은 것으로는, 초상화[睟容]를 모신 별실別室[106]이며 스님[圓頂方袍]들이 거처할 요사寮舍(蓮房), 음식을 헤아리는 식당(廚庫), 새벽에 공양을 드는 넓은 집(香積殿)이었다. 게다가 새기고 다듬는 데 교묘함을 다하고, 채색하는 데 정밀함을 다하였으니 암혈巖穴과 골짜기가 함께 맑으며, 안개와 노을이 서로 빛났다. 옥찰간玉刹竿에 봉명蓬溟[107]의 달이 걸렸으니 두 떨기 서리 같은 연꽃이요,[108] 금풍령金風鈴에 송간松澗[109]의 바람이

---

105 藻井 : 小欄 반자를 말함. '소란 반자'는 지붕의 안쪽에서 떨어지는 먼지나 흙을 받기 위해 만든 것[承塵]이다. 반자를 '井'字 여럿을 모은 것처럼 소란을 맞추어 짜고 그 구멍마다 네모진 널조각의 蓋板을 얹어 만드는데, 이를 天花板 또는 懸欄이라고도 한다. 반자를 井字 모양으로 하고 거기에 마름을 그리는 까닭은, 火災를 방지하려는 의미에서라고 한다. 『風俗通』 "今殿作天井, 井者, 東井之象也. 菱荷, 水中之物, 皆所以厭火也."

106 別室 : 여기서는 影堂을 가리킨 듯함.
【참고】 대부분의 註解本에서는 '佛像을 모신 別室'로 풀이하는데, 불상을 별실에 모시는 것은 이치에 합당하지 않다. '別室의 睟容'이란 우선 開山祖師의 肖像을 別室에 모신 것으로 볼 수도 있겠으나, 대숭복사가 원성왕을 追福하기 위해 세운 절이니 만큼, 원성왕을 위해 그의 御眞을 별실에 奉安한 것으로 보는 것이 옳을 것 같다. 사찰에 왕의 초상 또는 벽화를 모시고 명복을 비는 일은 흔히 있었다. 『삼국사기』 권50, 「弓裔傳」에서는 "嘗南巡至興州浮石寺, 見壁畵新羅王像"이라 하였고, 『삼국유사』 권5, 〈信忠掛冠〉條에서는 信忠이 斷俗寺에 경덕왕의 眞影을 모시고 명복을 빌었다고 하였다.

107 蓬溟 : 전설상의 蓬萊山 밖에 있다는 茫茫한 바다. 곧 우리나라의 東海를 가리킨다.

108 두 떨기 서리 같은 연꽃 : 刹竿의 끝이 연꽃 모양으로 되어 있는데, 달빛에 비치면 서리가 내린 것처럼 희게 보이므로, 하얀 연꽃 두 떨기가 피어난 것 같이 느껴진다는 뜻.

부딪치니 사계절 내내 천연 음악[天樂]이다.

절승 경개를 볼 것 같으면, 바다 밖의 외딴 시골[遐陬: 신라]에서 걸출하였다. 좌편의 뾰쪽한 봉우리[峯巒]들은 닭의 발[110]이 구름을 끌어당기는 듯하고, 우편의 높은 평지와 낮고 습한 들[原濕]은 용의 비늘이 태양에 번쩍이는 것 같다. 앞으로는 메기 같은 산이 검푸르게 벌려 있고, 뒤를 돌아보면 봉새의 날개처럼 생긴 산등성[111]이가 잇닿아 있다. 그러므로 멀리서 바라보면 험준하고 기이하지만, 가까이 가서 살피면 상개塽塏하고 아름다우니, 낙랑樂浪[112]의 선경仙境은 참으로 즐거운 국토[113]이고, 초월初月이란 명산은 바로 '환희의 땅[初地]'[114]이 된다고 이를 만하다.

잘 세워서 모든 일이 두루 잘 되었고, 부지런히 닦아서 복을 헛되게 버리지 않았으니, 반드시 인방仁方[115]을 크게 비우庇佑할 것이요, 위로 임금님의 보수寶壽에 이바지할 것이다. 삼천대천세

---

109 松澗 : 소나무가 울창한 골짜기에서 흐르는 물.

110 닭의 발 : 初月山을 雞足山에 비유하려는 뜻.

111 봉새의 날개처럼 생긴 산등성이 : 절 뒤에 있는 飛鳳山을 가리킴.

112 樂浪 : 신라 또는 그 서울인 慶州의 별칭. 『신증동국여지승람』 권21, 〈慶州〉條 郡名을 보면 辰韓·徐那伐·新羅·樂浪·鷄林·月城·東京·金鰲·蚊川 등으로 불렸다고 한다. 이처럼 국호와 수도 경주의 별칭이 구별 없이 사용된 경우가 많다.

113 즐거운 국토 : 서방의 極樂淨土. 몸과 마음이 즐거운 국토이므로 '樂邦'이라고 한다.

114 환희의 땅 : 보살 수행의 階位인 52位 가운데 十地(제41위로부터 50위까지)의 첫 단계를 이름. 보살이 부처가 되려는 맨 처음 단계이다. 번뇌를 끊고 마음속에 환희를 일으키는 경지이므로, '歡喜地' 또는 '初歡喜地'라고도 한다. '地'라 함은, 모든 중생을 짊어지고 교화하여 이롭게 하는 것이, 마치 大地가 만물을 싣고 이를 潤益함과 같다는 데서 연유하므로, 여기서 初地는 '환희의 땅'이란 뜻으로 쓰였다.

115 東方을 이르는 말. 곧 신라를 이른다.

계三千世界를 망라하여 우리의 강역[四境]으로 여기고,[116] 오백 년을 헤아려서 한 봄으로 삼으려 하였는데, 번산樊山에서 표범을 사냥하여 바야흐로 꼬리 세움[117]을 기뻐하시다가, 형산荊山에서 용을 걸터타시게 되어[118] 갑자기 떨어진 수염을 잡고 울게 될 줄이야 어찌 생각이나 하였겠는가.

헌강대왕獻康大王께서는 젊은 나이에 이미 덕이 높으셨고, 건강한 몸[遠體]에 정신이 맑으셨다. 우러러 침문寢門에서 환수宦竪(內侍)에게 부왕父王의 안부를 묻지 못하게 됨[119]을 슬퍼하시고, 머리 숙여 익실翼室[120]에서 거상居喪하는 것을 준수하시었다. 등滕 나라 문공文公[121]은 예를 다하여 거상함으로써 마침내 극기克己를 잘 할 수 있었고, 초楚 나라 장왕莊王[122]은 때를 기다려 정사

---

116 三千世界를 망라하여 ~ : 신라의 온 국토를 敎化의 범위로 삼아 佛國土를 이루겠다는 뜻. '三千界'는 불교에서 敎化의 범위라고 이르는 廣大無邊한 세계를 말하며, '四境'이란 사방의 국경이란 뜻으로 신라의 강역을 가리킨다.

117 꼬리 세움 : 표범의 꼬리를 세운다는 말은 임금이 날로 변화 있는 정치를 모색하여 시행하는 것을 비유한 것이다.

118 荊山에서 용을 걸터타시게 되어 : 黃帝가 荊山에서 용을 타고 昇天했다는 故事. 곧 경문왕의 昇遐를 비유한 말이다.

119 寢門에서 宦竪에게 ~ : 경문왕이 昇遐했음을 이르는 말.

120 翼室 : 正殿이 아닌 곁채. 居喪 때 사용하는 집.

121 滕나라 文公 : 戰國時代 滕나라(지금의 山東省 滕縣 지방에 있었음)의 明君 定公의 아들. 父王이 승하하자 居喪을 극진히 하였다. 그 사실이 『孟子』「滕文公(上)」에 실려 있다.

122 楚나라 莊王 : 초나라 제22대 임금(재위 : B.C. 614~591). 穆王의 아들. 즉위한 지 3년 동안 한 가지 政令도 내리지 않고 諫議 또한 금지하였는데, 伍擧라는 신하가 '3년 동안 날지도 않고 울지도 않는 새'의 비유로써 넌지시 아뢰니, 이에 대답하기를 "3년이나 날지 않는 새가 한 번 날게 되면 하늘을 찌를 것이요, 3년이나 울지 않는 새가 한 번 울었다 하면 사람을 놀라게 할 것이다"고 하였다 한다. 이 대답은 곧 초장왕 자신에게 뜻하는

를 닦음으로써 기실 사람을 놀라게 하였다. 하물며 천성이 중화中華의 풍도를 따르시고, 몸소 지혜의 이슬[123]에 젖으시며, 조상을 높이는 의리를 들어올리시고, 부처에게 귀의하는 정성을 분발하신 분임에랴.

중화中和 을사년(헌강왕 11년, 885)[124] 가을에 하교하시기를

> 선왕의 그 뜻을 잘 계승하고, 그 일을 이어 받아 잘 따르며, 길이 후손에게 좋은 일을 물려주는 것이 나에게 달려 있을 뿐이다. 선대에 세운 곡사鵠寺의 이름을 바꾸어 '대숭복大崇福'이라고 하는 것이 좋겠다. 항상 경經을 지송持誦하는 보살[開士]과 승려들의 강기綱紀를 담당하는 청정한 관리[125]가 좋은 전지田地(南畝)로써 공양과 보시에 이바지하되, 한결같이 봉은사奉恩寺[126]의 전례를 따르도록 하라(原註: 봉은사는

바 있음을 밝힌 것이다.

123 지혜의 이슬 : 지혜가 마치 만물을 적셔 주는 이슬과 같다고 하여 비유한 말.

124 中和乙巳年 : '中和'는 唐 僖宗의 세 번째 연호다. 881년부터 884년까지 사용하였는데, 乙巳年은 이미 '光啓'로 改元한 뒤이므로, '光啓元年'이라고 해야 옳다. 이해 3월에 최치원이 당나라로부터 귀국하였다.
【참고】『삼국사기』 권31, 「年表(下)」 定康王 元年條를 보면, "丙午六月, 知中國改年號, 迺爲光啓二年"이라고 되어 있다. 즉, '光啓'로의 改元은 이미 1년 전에 있었으나, 신라에서는 이를 즉시 알지 못하고, 그 이듬해 6월에 이르러서야 비로소 사용하게 되었던 것이다.

125 僧團의 綱紀를 ~ : 維那僧을 가리킨 듯함. '維那'(또는 唯乃)는 僧伽와 寺院에 관한 사무를 관장하고 지휘하는 僧官이다. 우리나라에서는 眞興王 때 처음으로 寶良法師를 大都維那에 임명하였다. '維那'와 비슷한 소임을 가진 것으로는 立繩이 있다.

126 奉恩寺 : 眞智王을 追福하기 위해 세운 절. '眞智王寺'라고도 하는데, 위치는 자세히 알 수 없다. 혜공왕 1년에서 7년 사이(765~771)에 창건된 것으로 추정되며, 원성왕 10년(794)에 낙성되었다(李泳鎬, 「新羅中代 王室寺院의 官寺的 機能」,

> 곧 聖祖大王께서 眞智大王의 명복을 빌기 위해 세운 절이다. 그러므로 이를 취하여 본보기로 삼았다)! 고故 파진찬 김원량이 희사한 땅의 산물產物에서 얻은 이익을 운반하는 일이 가볍지 않으니, 정법사正法司[127]에 위임하는 것이 좋겠다. 그리고 따로 덕망이 있는 고승高僧 두 사람을 뽑아 사적寺籍에 편입시켜 상주常住토록 하면서 명로冥路에 복을 드린다면, 윗자리에 있는 사람[128]으로서 유계幽界까지 살피지 않음이 없게 될 것이고, 큰 인연을 맺은 이[129]로서도 감응이 있어 반드시 통하게 될 것이다.

라고 하였다. 이로부터 종소리는 공중[泬寥]에 울려 퍼지고, 발우鉢盂(龍鉢)에는 향적여래香積如來가 주는 밥이 가득 담겼다. 교의敎義를 창도唱導하여 중생을 인도하니 육시六時[130]로 옥경玉磬이 울리며, 도를 닦고 계율을 지키니 만겁萬劫 동안 구슬이 이어지듯 하리라. 거룩하도다! 공자의 이른바 "근심이 없는 이는 오직 문왕文王일진저! 아비가 일으키니 아들이 이어 받았구나!"라고 한 것이 아닐까.

『한국사연구』 제43집, 1983). 혜공왕 때에 '奉恩寺成典'을 두어 국가적으로 관리하였는데, 신라 중대 왕실의 願刹로서의 성격을 지녔다.

127 正法司 : 통일신라 때 설치된 僧政機構. 『삼국사기』 권40, 「職官(下)」에 나오는 '政官(政法典)'으로 추정된다. 처음에 大舍 1인, 史 2인으로써 한 官司를 삼았다가, 원성왕 1년(785)에 이르러 처음으로 僧官을 두고, 승려 가운데 재주와 행실이 있는 자를 뽑아 충원하였다. 특별한 일이 있을 때에나 교체하였으며, 일정한 年限이 없었다.

128 윗자리에 있는 사람 : 임금 자신을 가리키는 말.

129 큰 인연을 맺은 이 : 김원량을 가리키는 말.

130 六時 : 하루를 여섯으로 나눈, 염불・독경의 시간. 곧 이른 아침(晨朝)・낮(日中)・해질녘(日沒)・초저녁(初夜)・한밤중(中夜)・새벽녘(後夜)의 여섯 때를 이른다.

경력慶曆[131] 병오년(886) 봄, 좌우를 돌아보시고는 하신下臣 최치원에게 다음과 같이 이르시었다.

> 『예기』에 이르지 않았던가. "명銘이란 스스로 이름함이다. 자기 조상의 덕을 칭송하여 후세에 밝게 드러내려는 것은 효자·효손의 심정이다"라고. 선왕께서 절을 지으실 당초에 큰 서원誓願을 밝히셨는데, 김순행金純行과 그대의 아비 견일肩逸이 일찍이 이 일에 종사하였다. (大崇福寺의) 명銘으로 한 번 일컫게 되면, 과인[上]과 그대[下]가 모두 이름을 드러내는 것이다. 그대는 마땅히 명銘을 짓도록 하라!

그러나 신臣은 바다를 건너 중국에 유랑하여 월계月桂의 향기를 훔쳤지만,[132] 우구자虞丘子(皐魚)의 긴 통곡만 남겼고[133] 계로季路의 부질없는 영화榮華[134]만 누릴 뿐이었는데, 왕명을 받자옴에

---

131 慶曆 : 연호가 아니다. 이해 定康王이 즉위하였으므로 임금의 寶曆無窮을 慶賀하는 의미로 사용한 말인 것 같다. 丙午年 봄이면 獻康王의 재위 12년으로 아직 在世할 때이지만, 碑文을 撰할 시점에서 보아 병오년 한 해를 '慶曆'이라고 한 듯하다. 이는 『續日本記』 권34, 寶龜 8年 5月 癸酉條의 "王修朝聘於典故, 慶寶曆於惟信"云云한 記事에서도 엿볼 수 있다.
【참고】 鄭炳三(역주), 「대숭복사비명」에서는 "경사스러운 병오년 봄 ~"이라고 번역하였다. 『역주 한국고대금석문』 제3권, 273쪽.

132 月桂의 향기를 ~ : 중국에서 賓貢進士에 급제한 것을 이름.

133 虞丘子의 긴 통곡만 남겼고 : 모친을 여읜 虞丘子(皐魚)가 "樹欲靜而風不止, 子欲養而親不待"라고 한탄하면서 통곡하였다는 故事. 撰者 최치원 역시 당나라에서 귀국했을 때 이미 어버이가 돌아가시고 안 계셨다는 말이다.

134 季路의 부질없는 榮華 : 공자의 제자로 부모에게 효성이 지극하였던 季路(子路)가, 자신이 출세한 뒤 부모님께 그 영광을 되돌리고자 했으나, 이미 돌아가신 뒤라 효도할 길이 없음을 탄식하였다는 故事. 곧 최치원 자

놀랍고 떨리며, 이 몸을 위무慰撫해 주심에 목이 메일 지경이다.

가만히 생각해 보건대, 중국에서 벼슬할 적에 일찍이 류자규柳子珪[135]가 우리나라의 일에 대하여 적어 놓은 글을 읽었다. 서술된 정사政事의 조목들이 왕도王道 아님이 없었다. 이제 우리 국사國史를 읽어보니 성조聖祖 원성대왕조元聖大王朝의 사적이 완연하였다. 또 전하는 말에 의하면, 중국의 사신 호귀후胡歸厚가 귀국하여 복명復命하려 할 때, 한껏 채집한 풍요風謠[136]를 두고 당시 재상에게 아뢰기를,

> 저로부터 이전의 무부武夫[出山西者]는 해동에 사신으로 가서는 안 될 것입니다. 왜냐하면 계림에 경치 좋은 곳이 많은데, 그 나라 임금[東王]이 시로써 그 정경을 그대로 그려내어 저에게 주었을 때, 제가 일찍이 배웠던 것에 힘입어 운어韻語를 지어, 억지로 부끄러움을 참아가며 화답했기에 망정이지, 그렇지 않았더라면 해외海外(신라)의 웃음거리가 됨에 틀림없었을 것입니다.

라고 하니, 군자君子[137]들이 이치에 닿는 말이라 여겼다 한다. 이

신도 당나라에서 빈공진사에 급제하여 錦衣還鄕했지만, 어버이가 돌아가시고 안 계셔서 자식의 영화도 쓸 데가 없다는 말이다.

135 柳子珪 : 당나라 때의 학자. 『四碣』(고려대도서관 소장)에서는 '江南人'이라고 하였다. 그 밖의 사실은 미상.
【참고】 이덕무는 다음과 같이 말한 바 있다. 『靑莊館全書』 권68, 「寒竹堂涉筆(上)」, 〈胡中丞〉 "…… 觀此則中國人記新羅事, 不獨孫穆鷄林類事而已, 亦有柳子珪所錄."

136 風謠 : 당시의 풍속과 가요.

137 君子 : 높은 관직에 있는 사람을 이르는 말.

것은 오로지 열조烈祖 원성대왕께서 사술四術(詩·書·禮·樂)로써 터전을 마련하시고, 육경六經으로써 세속을 교화하셨기 때문이다.[138] 어찌 후손을 위하여 그렇게 힘쓰심이 아니겠는가. 능히 그 문물을 빛나게 하셨으니, 명銘을 지어도 부끄러운 말이 없을 것이요, 붓을 들어도 넘치는 용기가 있을 것이다.

드디어 감히 대롱으로 하늘을 엿보고, 표주박으로 바닷물을 되질하듯 비로소 평범한 말을 엮기 시작하였는데, 달이 떨어지고 봉우리가 꺾여,[139] 별안간 긴 한탄만이 일게 될 줄 뉘 알았으랴. 뒤미처 정강대왕定康大王께서 즉위하였다. (헌강대왕께서) 남기신 숫돌을 통해 공을 이루시며,[140] 부시던 지篪에 운율을 맞추셨다.[141] 이미 왕위를 이어 왕업[丕圖]을 지키시며, 장차 남은 사업을 이어 이루시려고 편안할 날이 없으셨고, 이미 이룩한 그 문물을 잃음이 없었다. 그러나 멀리 해 같은 형님을 좇으시다가 갑자기 서산西山에 지는 그림자[142]를 만나시니, 높이 달 같은 누이에게 의지하여 길이 동해東海에 솟을 빛을 전하시었다.[143]

---

138 四術로써 터전을 ~ : 원성왕이 儒風을 진작했던 사실은 同王 2년(786)에 唐帝가 신라의 사신으로 入唐한 金元全에게 내린 詔書에서 "卿(원성왕)은 우리나라를 받들어, 능히 聲敎를 따르고 藩服을 安撫하여, 儒風을 받게 하며, 禮法을 성행케 하고, ……"라는 말을 한 것으로 보아 짐작되는 바가 있다. 무엇보다도 독서삼품과를 설치하여 능력 있는 인재를 등용했던 일이 그에 합당한 예가 될 것이다.

139 달이 떨어지고 ~ : 헌강왕의 승하를 이름.

140 남기신 숫돌을 통해 ~ : 前人이 남겨 놓은 숫돌에다 後人이 칼을 가는 것처럼, 헌강왕이 남긴 일들을 정강왕이 계승하여 이루었다는 뜻.

141 부시던 篪에 ~ : 헌강왕과 정강왕의 素志가 서로 합치되었음을 이름.

142 西山에 지는 그림자 : 정강왕의 昇遐를 비유한 말.

143 길이 東海에 솟을 ~ : 정강왕의 뒤를 이어 진성여왕이 寶位를 이어 받은 것을 말함.

엎드려 생각하건대, 대왕전하(진성여왕)께서는 아름다운 꽃받침이 꽃과 이은 듯하고,[144] 왕가의 계통[璇源]이 매우 밝으며,[145] 빼어난 곤덕坤德[146]을 체득하고, 아름다운 천륜天倫을 계승하시었다. 진실로 이른바 '신주神珠를 품고 채석彩石을 불린[鍊] 것'[147]으로서, 이지러진 데는 모두 기우고 좋은 일이라면 닦지 않음이 없으셨다. 그러므로 『보우경寶雨經』[148]에서 금언金言으로 분명히 수기授記[149]한 것이라든지, 『대운경大雲經』[150]에 나오는 옥같은 귀

---

144 아름다운 꽃받침이 ~ : 형제와 자매 사이에 왕위를 물려주고 받은 것을 비유한 말.

145 왕가의 계통이 매우 밝으며 : 眞聖王이 비록 여자이긴 하지만, 뚜렷하게 왕가의 핏줄을 이어받았다는 말.

146 坤德 : 임금의 聖德을 '乾德'이라 일컫는데, 眞聖王이 여자이기 때문에 '곤덕'이라 한 것임.

147 神珠를 품고 彩石을 불린 것 : 진성여왕을 여자의 몸으로 成佛한 八歲龍女와 '五色補天'의 故事로 유명한 女媧氏에 비유한 것.

148 寶雨經 : 중국 당나라 때 達摩流支가 번역한 僞經의 하나. 10권. '顯授不退轉菩薩記'라고도 한다. 『大雲經』과 함께 僞經으로 꼽힌다.
【참고】『寶雨經』에 의하면, "일찍이 부처가 伽倻山 頂上에서 光明을 放射하여 十方을 두루 비추고, 月光太子에게 授記하기를, '장자 支那國에 여왕이 생길 것이다'고 했다 한다. 뒷날 이를 두고 당나라 高宗의 妃로서 周나라를 열었던 則天武后(623~705)가 장차 임금이 될 것이라는 예언으로 풀이하기도 한다.

149 授記 : 부처의 豫言的 敎說. 원어는 Vyakatana. 부처가 菩薩乘·聲聞乘·緣覺乘들에게 다음 세상에서 成佛하리라는 것을 예언하는 敎說이다. 『金剛經』 "燃燈佛, 與我授記作是言, 汝於來世當得作佛, 號釋迦牟尼"

150 大雲經 : 중국 당나라 則天武后 때 僞撰된 僞經의 하나. 측천무후가 장차 천하를 다스리게 될 것이라는 내용의 授記가 들어 있다고 한다.
【참고】『舊唐書』 권6, 「則天本紀」에 의하면, "載初 원년(690) 7월에 沙門 10명이 거짓으로 『大雲經』을 짓고, 表를 올려 神皇이 하늘로부터 命을 받은 일을 떠들썩하게 말하였다. 이에 칙명으로 이 『大雲經』을 천하에 반포하고, 전국 각 고을에 대운사를 세우게 했다. 이때 중이 된 사람이 1천 명이나 되었다"고 했다.

글과 완연히 부합된 결과를 얻게 되었던 것이다.

선고先考 경문대왕께서는 절을 이룩하시고, 헌강대왕께서는 스님들에게 공양을 베푸시었다. 이미 불교계[琉璃界]를 높이셨으나, 아직 비문[琬琰詞]을 새기지 못하였기에, 잔단 재주를 가진 신臣에게 명을 내려 힘없는 붓을 놀리게 하셨다. 신이 비록 못[池]의 색깔이 검게 변하고[151] 꿈속에서 연대필椽大筆을 받은 것[152]엔 부끄러우나, 장융張融이 두 왕씨[153]의 필법이 없음을 한탄하지 않은 것에 가만히 견줄 것이며, 조조曹操가 어쩌다가 풀이했던 여덟 자의 찬사[154]를 들을 수 있게 되기를 바랄 것이다. 설령 (天地가 끝날 때의) 재[灰]가 땅에 가득하여 못을 메우고, 티끌이 날아 바다에 넘칠지라도, 임금님의 후예[本枝]는 무성하여 약목若木[155]과 나란히 오래도록 번영할 것이며, 두터운 비석은 빼어나 옥초산沃焦山[156]을 마주보며 우뚝 설 것이다.

---

151 못의 색깔이 검게 변하고 : 後漢 때 草書의 大家로서 '草聖'이라고 일컬어졌던 張芝(자는 伯英)가 못가에서 글씨를 열심히 연습하였는데, 못의 물이 온통 검게 변할 정도였다는 故事. 여기서는 최치원 자신의 글씨가 張芝처럼 특별히 뛰어나지 못함을 의미하는 故事로 인용되었다.

152 꿈속에서 椽大筆을 받은 것 : 晉나라 때의 문장가 王珣이 꿈속에서 어떤 이로부터 서까래만한 큰 붓을 받고 文名을 날리게 되었다는 故事.

153 두 왕씨 : 王羲之와 그의 아들 王獻之를 지칭.

154 여덟 자의 찬사 : '黃絹幼婦外孫虀臼'를 말함. 黃絹은 色絲요 幼婦는 少女요 外孫은 女子요 虀臼는 受辛이니, 합치면 곧 '絶妙好辭'를 뜻한다.

155 若木 : 나무 이름. 建木의 서쪽에 있으며, 나무 끝에 열 개의 해가 걸려있는데, 마치 연꽃이 빛을 내는 것과 같다고 한다. 『淮南子』, 「墬形訓」 참조.

156 沃焦 : 동해에 있다고 하는, 물기를 흡수하는 산(또는 돌)의 이름. 곧 오래 갈 수 있음을 의미한다.

정성을 가다듬고 두 손 모아 절하며, 눈물 씻고 붓을 당겨 (先王들의) 빛나는 발자취를 더듬어 명銘을 지어 올린다.

가비라위迦毗羅衛의 부처님[慈王]은
해 돋는 곳[嵎夷]의 태양이시라.
서토西土에 나타나시되
동방에서 돋으셨구나.[157]
먼 곳까지 비추지 않음이 없어
인연 있는 자들이 크게 일어났네.
공이 정찰淨刹에 높았고
복이 왕릉[冥藏]에 드리웠도다.

---

157 가비라국의 ~ 돋으셨구나 : 이 부분에 대한 諸家의 해석이 각각 다르다.
洪震杓 : "迦衛의 자비로운 임금, 嵎夷의 거룩한 태양처럼, 西土에 나타나니 동방에서 돋았구나"(『한국의 사상대전집』 제3권, 62쪽)
邊覺性 : "가위라국의 자비하신 왕은 嵎夷의 거룩한 태양처럼, 西土에 나타나시니 동방에서 돋았구나"(『역주 孤雲先生文集』 하권, 232쪽)
李智冠 : "가비라국의 부처님은 동방의 태양이니, 인도에 나타나 동방으로 전해왔도다"(『校勘譯註 歷代高僧碑文-新羅篇』, 273쪽)
李佑成 : "迦衛慈王과 嵎夷의 태양이, 西土에서 나타나고 동방에서 돋으셨네"(『新羅四山碑銘』, 368쪽)
이 가운데 이지관의 해석은 "인도에서 나타나 동방으로 전해 왔구나" 부분이 원문과 다르고, 이우성의 해석은 위의 句 다음에 나오는 "먼 곳까지 비추지 않음이 없어" 이하의 대목과 맥락이 잘 연결되지 않는다. 이 부분에 대한 최치원의 견해를 통해 우리는 그의 東人意識을 엿볼 수 있다. 즉 불교가 西方에서 종교적 형태로 종합, 완성되었으나, 최치원 자신의 안목으로 볼 때, 우리 동방의 고유사상이나 의식 속에는 불교의 창시에 앞서서 이미 불교적 요소가 갖추어져 있다는 것이다. 따라서 불교의 근원을 遡求하자면 우리 동방이라는 말이다.

열렬하신 영조英祖[158]이시어!
덕업德業이 순임금과 부합하셨으니
큰 숲에 드심이 무난하여[159]
문득 천하를 얻으시었네.
우리의 자손을 보호하시고
백성의 부모가 되시니
뿌리는 도야桃野(東方)에 깊었고
갈래는 상포桑浦(東海)에 뻗었도다.

신불蜃紼과 용순龍輴[160]으로
산릉山陵에다 체백體魄을 모셨으니,
유택幽宅에 무덤길[隧道]을 열고
솟은 탑(鵠寺)을 이웃에 옮겼도다.
만세토록 애모哀慕하는 예도禮度요
천생千生의 청정한 인연일 것이니
절[金田]에 이로움이 많고
왕가의 일족[玉葉]이 길이 번성하리라.

효손[161]의 깊고 선미善美한 덕이

---

158 英祖 : 뛰어난 先祖. 곧 경문왕을 이른다.

159 큰 숲에 드심이 무난하여 : 舜이 堯임금의 명으로 큰 숲에 들었는데, 暴風과 雷雨가 휘몰아치는데도 헤매지 않으므로, 요임금이 聖者로 여기고 마침내 帝位를 물려주었다고 한다. 경문왕이 헌안왕에게 王材로 인정받은 것을 나타내는 뜻이다.

160 龍輴 : 임금의 梓宮을 실은 수레.

161 효손 : 경문왕을 가리킴.

하늘과 땅을 밝게 감동시킴에
봉새가 날고 용이 뛰니[162]
금규金圭가 상서로움에 부합되었네.[163]
조령祖靈에게 기원함에 어둡지 않아[164]
바라던 복도 곧 이르렀으니
선조의 그 은덕 갚으려고
불사佛事를 잘 일으켰네.

나라의 인걸을 잘 골라 뽑으시고[165]
일국一國의 명공名工을 공경하여 두텁게 대하시며
농사철 아닌 때를 틈타
부처의 궁전을 이룩하셨네.
채색 난간엔 봉황이 모여들고
아로새긴 들보엔 무지개가 걸렸으며
빙 둘러싼 담에서는 구름이 피어오르고
그림 벽엔 노을이 엉기었구나.

---

162 봉새가 날고 용이 뛰니 ~ : 唐帝가 경문왕에게 鳳筆과 龍旌을 내려 치하했던 것을 이름.

163 金圭가 상서로움에 ~ : 경문왕이 중국 天子로부터 金圭(瑞玉)를 받아, '상서로운 구슬'이라는 의미처럼 나라를 복되고 길하게 이끌었다는 의미.

164 祖靈에게 기원함에 ~ : 경문왕이 太弟로 하여금 淸廟에 제사 드리고 왕릉에 배알토록 한 뒤, 원성왕의 夢感을 얻었던 일을 가리킴.

165 나라의 인재를 ~ : 建禮仙門에서 걸출한 인재를 가리고, 昭玄精署에서 고매한 스님을 기용하여, 宗室의 三良인 端元·毓榮·裕榮과 佛門의 二傑인 賢諒·神解, 그리고 贊導僧인 崇昌에게 명하여 대숭복사를 重創하는 일을 감독했던 것을 말함.

터전이 시원스럽게 툭 트이고
접하는 대상[觸境]들이 맑고 깨끗하다.
쪽빛 멧부리는 어울려 솟아 있고
맛좋은 샘물은 쉬지 않고 솟아난다.
꽃은 봄동산에서 교태부리고
달은 가을밤에 높이 떴으니
비록 해외海外에 있지만
천하에 홀로 빼어났도다.

진陳나라에서는 '보덕사報德寺'라 일컬었고
수隋나라에서는 '흥국사興國寺'라 이름하였네.
어떻게 왕가의 복이라고만 하랴.[166]
나라 힘을 높이심이로다.
불당佛堂에선 묘음妙音이 요란하고[167]
주방에는 정결한 음식이 푸짐하다.
사군嗣君(정강왕)께서 끼치신 덕화
만겁 동안 무궁하리라.

아아, 아름다울손 여왕[媧后]이시어!
효제孝悌의 정 돈독하시어

---

166 본 碑序에서 '我王室之福山高峙' 운운한 바와 같이 대숭복사가 王室의 願刹이기는 하지만, 단순히 王家의 福을 비는 절이 아니라, 나라의 힘을 일으키려는 염원이 깃들인 절이라는 뜻이다.

167 불당에선 ~ : 法要式에서 범패소리 및 목탁 · 요령 · 경쇠 · 바라 등의 소리가 울려 퍼짐을 말한다.

안행雁行을 아름답게 이루시고[168]
왕자王者의 도[龍首]를 삼가 선미善美하게 하셨도다.
글은 썩은 붓을 놀린 것 같아 부끄럽고
글씨는 팔목을 잡아당긴 것 같아 수치스럽지만
고래 구렁[鮨壑]은 비록 마를지라도
거북 위의 옥돌[龜趺]은 썩지 않으리.

……○○○手 **환견桓蠲 등 새김.**

---

168 雁行을 아름답게 이루시고 : 헌강왕(제49대), 정강왕(제50대), 진성여왕(제51대)이 모두 경문왕의 자녀들로서, 마치 기러기가 열을 지어 날듯이 순서대로 잇달아 왕위에 올랐다는 말.

제Ⅱ부 교주 사산비명

鳳巖寺 智證大師碑

【원문】

大唐新羅國故鳳巖山寺教諡 智證大師寂照之塔碑銘 并序

入朝賀正兼迎奉皇花[1]等使前守兵部侍郎充瑞書院學士賜紫金魚袋 臣崔致遠奉教撰

叙[2]曰:

五常分位, 配動方[3]者曰仁心[4]; 三教立名, 顯淨域者曰佛, 仁心[5]卽佛, 佛目[6]能仁則也。道郁夷[7]柔順性源, 達迦衛[8]慈悲教海; 寔猶石投水[9], 雨聚沙然[10]。

---

1 皇花 : 天子의 使臣(勅使)을 이름. 곧 중국의 사신을 稱美하는 말이다. 皇華. 『詩經』, 小雅, 〈皇皇者華, 注〉 “皇皇猶煌煌也. 言忠臣奉使, 能光君命, 無遠無近如華, 不以高下易其色.”

2 敘 : ‘序’와 仝字.

3 動方 : 동쪽은 만물이 생겨나는 방위이므로 動方이라 함. 『白虎通』, 「五行」 “東方者, 動方也, 萬物始動生也.”

4 心 : ‘配東方者曰仁’이 ‘顯淨域者曰佛’과 對偶를 이루므로, ‘心’은 衍字로 보아야 한다.

5 心 : 衍字로 보아야 한다.

6 目 : 일컫다. 지목하다.

7 郁夷 : 嵎夷(해 돋는 곳)와 같은 말. 곧 東方을 이름. 『史記』 권1, 「五帝紀」 “居郁夷.” ; 同集解 “尙書作嵎夷. 孔安國曰, 東表之地稱嵎夷.”

8 迦衛 : 석가의 탄생지인 迦毗(維)羅衛國의 약칭으로, 석가를 일컫기도 함.

9 石投水 : 돌을 물에 던지면, 물이 돌을 다 받아들일 수 있는 것처럼, 거역할 수 없는 형세를 말함. 『文選』 권53, 李蕭, 〈運命論〉 “張良受黃石之符,

𤨏東諸侯之外守[11]者, 莫我大[12]; 而地靈[13]既好生爲本, 風俗亦交讓爲主, ○○[14]太平[15]之春, 隱隱[16]上古之化。加姓[17]參釋種[18], 遍頭[19]居寐錦[20]之尊; 語襲梵

誦三略之說, 以遊於群雄. 其言也, 如以水投石, 莫之受也. 及其遭漢祖. 其言也, 如以石投水, 莫之逆也."

10 雨聚沙然 : 빗물이 모래를 모으듯 함. 즉 힘들이지 않고 일이 쉽게 이루어짐을 비유한 말. 『孔子家語』, 「六本」 "非其人, 告之弗聽, 非其地, 樹之弗生. 得其人, 如聚砂而雨之, 非其人, 如會聾而鼓之."

11 外守 : 外方을 다스림. 중국에 대한 事大的 표현으로서, 주위의 諸國이 당나라의 제후국이라는 말.

12 莫我大 : 우리보다 더 큰(위대한) 것이 없다는 말. 『文選』 권2, 張衡, 〈西京賦〉 "掩四海而爲家, 富有之業, 莫我大也."

13 地靈 : 산천이 靈秀함. 『古文眞寶』, 王勃, 〈滕王閣序〉 "人傑地靈."

14 ○○ : 『海雲碑銘註』를 비롯한 모든 寫本에는 '熙熙'로 되어 있음. '熙熙'는 和樂한 모양. 『老子』 제20장 "衆人熙熙, 如享太牢, 如春登臺." ; 『漢書』 권22, 「禮樂志」 "衆庶熙熙, 施及夭胎, 群生啿啿, 惟春之祺." ; 同注 "師古曰, 熙熙, 和樂貌也."

15 太平 : 상고대 우리나라를 달리 이르던 말. 태평국. 『爾雅』, 「釋地」 "東至日所出爲太平, 太平之人仁."

16 隱隱 : 安適한 모양.

17 姓 : 인도에서의 四種姓과 같은 것. 탑본에는 분명히 '姓'자로 되어 있다. 대부분의 寫本과 註解本에서는 '性'의 誤書인 것으로 보고 있으나 이는 잘못이다. '姓'은 백성으로도 볼 수 있지만, 다음 구절인 '遍頭居寐錦之尊'과 관련시킬 때, 역시 신분계급과 관계 있는 '四姓'으로 풀이해야 옳다. 이것은 『梁高僧傳』의 기록이 증명한다. 『梁高僧傳』 권5, 「釋道安傳」 "初魏晉沙門, 依師爲姓, 故姓各不同. 安以爲大師之本莫尊釋迦, 乃以釋命氏. 後獲增一阿含, 果稱四河入海, 無復河名, 四姓爲沙門, 皆稱釋種."

18 釋種 : 釋迦의 種族. 佛弟子를 가리킨다. 위의 註 및 崔致遠, 「海印寺善安住院壁記」 "四海釋種, 能均入海之名."(崔文昌侯全集』, 79쪽) 참조.

19 遍頭(변두) : 剃頭. 삭발한 머리.

20 寐錦 : 신라 때 임금을 일컫는 말. 廣開土王碑・蔚珍鳳坪新羅碑 및 『日本書紀』, 〈神功紀 前紀〉 등에도 보인다. 일본인 金石學者 가쯔라기(葛城末治)는 『朝鮮金石攷』(京城 : 大阪屋號書店, 1935), 266~267쪽에서 '尼師今(尼叱今)'과 동일어라는 주장을 하였고, 아유가이(鮎貝房之進) 역시 『新羅王號攷朝鮮國名攷』, 60~61쪽에서 가쯔라기와 같은 주장을 하였다. 이밖에 麻

音, 彈舌足多羅之字[21]。 是乃天彰西顧[22], 海引東流[23]; 宜君子之鄕也, 法王之道, 日日深又日深矣。

且自魯紀隕星[24], 漢徵佩日[25]; 像跡[26]則百川含月, 法音則萬籟號風, 或緝懿縑緗[27], 或綵華琬琰[28]。故濫

立干의 다른 表記라는 설도 있다.

21 多羅之字 : 多羅樹 잎사귀에 쓰인 글자. 즉 불교의 經文을 말함.

22 西顧 : 서쪽 땅[西土]을 돌아 봄. 여기서 서쪽 땅은 중국을 가리킨다. 『詩經』, 大雅, 〈皇矣〉 "乃眷西顧, 此維與宅." ; 同集傳 "顧, 顧西土也."
【참고】 王巾의 「頭陁寺碑文」에서는 이 『書經』에 나오는 이 '西顧'와 관련하여, "乃睠中土, 聿來迦衛"라고 하였다. 『文選』, 권59 참조.

23 海引東流 : 탑본에 '海引'으로 되어 있는 것을 대부분의 註解本에서는 '海印'으로 고쳐, 動詞로 새겨야 할 것을 名詞로 만들고 말았다. '海印東流'라 하면 그와 對偶를 이루는 '天彰西顧'와 문장구조가 달라진다. '海引東流'란 말은 『莊子』 「徐無鬼」에 나오는 "海不辭東流, 大之至也"라고 한 데서 인용한 것으로 보인다. 탑본을 따르는 것이 옳다.

24 魯紀隕星 : 노나라에서 하늘로부터 별이 떨어지는 것을 보고 기록한 사실. 『春秋』 莊公 7年條 經文을 보면, "夏四月 辛卯日 밤에 恒星이 보이지 않았다(恒星不見). 밤중에 별이 비처럼 떨어졌다(夜中星隕如雨)"고 되어 있다(『左氏傳』에서는 "별이 비와 함께 떨어졌다"고 하였다). 이후에 나온 불교 관계 서적들은 이 사실을 佛聖의 탄생을 알리는 前兆로 보고 있다.
【참고】 『魏書』 권114, 「釋老志」 "釋迦生時, 當周莊王九年. 春秋魯莊公七年夏四月, 恒星不見, 夜明, 是也."

25 漢徵佩日 : 後漢의 明帝 永平 3년(A.D. 60)에 황제가 꿈속에서 목덜미에 둥근 해를 두른 金人을 본 故事. 명제는 꿈에서 깬 뒤 群臣에게 그 내용에 대하여 묻고, 蔡愔(채음) 등을 天竺國에 사신으로 보내 佛法을 구해 오도록 하였다 한다. 『後漢書』 권88, 「西域傳, 天竺」 "世傳明帝夢見金人, 長大, 頂(項?)有光明, 以問群臣. 或曰 : 「西方有神, 名曰佛, 其形長丈六尺, 而黃金色」 帝於是遣使天竺, 問佛道法" ; 『魏書』 권114, 「釋老志」 "後孝明帝, 夜夢金人, 項有日光, 飛行殿庭. 乃訪群臣, 傅毅始以佛對. 帝遣郞中蔡愔, 博士弟子秦景等, 使於天竺, 寫浮圖遺範. 愔仍與沙門攝摩騰·竺法蘭, 東還洛陽. 中國有沙門及跪拜之法, 自此始也."

26 像跡 : 佛像의 자취.

27 緝懿縑緗 : 아름다운 사적들을 서적에 모음. '縑緗'은 淡黃色의 얇은 비단으로, 書册의 裝幀에 많이 사용된다. 轉하여 書籍을 뜻한다.

雒宅[29], 鏡秦宮之事跡[30], 昭昭焉, 如揭合璧[31]; 苟非三尺喙[32], 五色毫[33], 焉能措辭其間, 駕說于後?

就以國觀國[34], 考從鄉至鄉, 則風傳沙嶮[35]而來, 波及海隅[36]之始。昔當東表[37]鼎跱[38]之秋, 有百濟蘇塗[39]之

---

28 琬琰 : 아름다운 옥돌의 한 가지. 轉하여 碑石을 뜻한다. 『書經』, 周書, 〈顧命〉 "赤刀大訓, 弘璧琬琰在西序." ; 唐玄宗, 「孝經序」 "寫之琬琰, 庶有補於將來." ; 同疏 "寫之琬圭琰圭之上, 若簡策之爲, 或曰謂刊石也."

29 濫雒宅(남락택) : 周나라 昭王 때 洛陽의 江河와 우물물이 넘쳐흘렀던 故事. 『佛道論衡』 "周昭王二十四年甲寅四月八日, 江河張, 井水溢, 大地震動. 太史蘇由奏曰 : 「有大聖人, 生於西方」 昭王卽勅鐫石記之, 埋於南郊天祠前."

【참고】 '雒'은 '洛'과 仝字이며, 雒宅은 東周 및 後漢 등에서 도읍으로 삼았던 洛陽을 이른다. 漢나라가 火德(禮)으로써 천하를 다스렸으므로, '洛'자의 '氵'변을 꺼려 雒字로 대용하였다.

30 鏡秦宮之事跡 : 중국 진시황 때 西域의 沙門 室利防의 故事. 朱士行, 『經錄』 "秦始皇時, 有西域沙門室利防等十八人, 來化始皇. 始皇弗從乃囚之, 夜有丈六金身, 面如懸鏡, 破獄出之, 乃稽首謝焉."

31 合璧 : 해와 달을 말함. 『莊子』, 「達生」 "昭昭乎若揭日月而行也." ; 『漢書』 권21(上), 「律曆志」 "日月如合璧, 五星如連珠."

32 三尺喙 : 석 자나 되는 부리. 곧 言論에 썩 능함을 비유한 말. 『莊子』, 「徐無鬼」 "丘願有喙三尺."

33 五色毫 : 江淹의 '五色筆' 故事. 文才 있는 사람을 이른다. 『南史』 권59, 「江淹傳」 "淹嘗宿於冶亭, 夢一丈夫, 自稱郭璞, 謂淹曰 : 「吾有筆, 在卿處多年, 可以見還」 淹乃探懷中, 得五色筆, 一以授之. 爾後爲詩, 絶無美句, 時人謂之才盡."

34 以國觀國 : 한 나라의 경우에 비추어 다른 나라의 사정을 파악함. 『老子』, 제54장 "以身觀身, 以家觀家, 以鄉觀鄉, 以邦觀邦, 以天下觀天下."

35 沙嶮 : 沙漠과 험준한 高原. 곧 流沙(고비사막)와 葱嶺(파미르고원)을 가리킨다.

36 海隅 : 바다 건너 구석진 곳. 곧 신라를 가리킨다. 『書經』, 虞書, 〈益稷〉 "帝光天之下, 至于海隅蒼生."

37 東表 : 東方의 저쪽. 곧 海東(신라)을 일컫는 말. 『書經』, 虞書, 〈堯典〉 "分命羲仲宅嵎夷." ; 蔡傳 "東表之地, 稱嵎夷."

38 鼎跱(정치) : 세 나라가 솥발처럼 서로 대치함. 鼎峙.

儀, 若甘泉金之祀[40]。○○西○○[41]○于○[42], 如攝騰[43]東入, 句驪[44]阿度度[45]于我, 如康會[46]南行。時迺梁菩薩帝[47]反同泰一春, 我法興王剬律條[48]八載也。亦旣海岸植與樂之根[49], 日鄉[50]耀增長之寶[51]; 天融善願, 地聳勝因[52]。 爰有中貴[53]捐軀[54], 上僊[55]剔髮[56]; 苾芻[57]

---

39 蘇塗 : 고대 三韓 사회에서 天祭를 지내던 장소, 또는 儀式. 『後漢書』 권85, 「東夷傳」 "韓有三種, 諸國邑各以一人主祭天神, 號爲天君. 又立蘇塗, 建大木以縣鈴鼓事鬼神." ; 『三國志』 권30, 魏書, 〈東夷傳〉 "其立蘇塗之義, 有似浮屠."

40 甘泉金之祀 : 金之祀는 '金人之祀'의 잘못. 漢武帝가 甘泉宮에 金人을 奉安하고 焚香禮拜했던 일. 『魏書』 권114, 「釋老志」 "案漢武元狩中, 遣霍去病討匈奴, 至皐蘭, 過居延, 斬首大獲. …… 獲其金人, 帝以爲大神, 列於甘泉宮. 金人率長丈餘, 不祭祀, 但燒香禮拜而已. 此則佛道流通之漸也."

41 ○○西○○ : 字劃이 완전하지 못함.
【참고】 寫本에는 '厥後西晉曇始'라 하여 衍字가 1자 끼여 있다. 曇始 또한 西晉이 아닌 東晉 때의 승려이다. 曇始라는 인명이 틀림없다면 "○陜西曇始"라고 함이 옳다. 비문에서 '西'자가 놓인 자리를 보더라도 '陜西'라고 함이 자연스럽다. 담시는 陜西의 별칭인 關中 출신이다.

42 ○于○ : 대부분의 寫本에서는 '始之貊'으로 되어 있다.

43 攝騰 : 중국 후한 때 서역에서 來化한 攝摩騰(迦葉摩騰)을 이름.

44 句驪 : 高句麗를 낮추어 일컫는 말. 고구려와 적대 관계에 있었던 당나라에서 '高'자 대신 '下'자를 넣어 '下句驪'라 하였으며, 또 '麗'자 대신 驪자를 사용하여 '句驪'라 하기도 했다.

45 度 : 건너 감(옴). '渡'와 통용.

46 康會 : 중국 三國時代 吳나라 때 康居國에서 來化한 康僧會를 이름.

47 菩薩帝 : 중국 梁나라 武帝(재위 502~549)를 말함.

48 剬律條 : 법률을 마련함. '剬(단)'은 '制裁'의 뜻.

49 與樂之根 : 즐거움을 주는 근원. 불교사상을 지칭한 말. 중생에게 즐거움을 주는 것은 慈心이요(慈能與樂), 중생의 괴로움을 제거해 주는 것은 悲心이다(悲能拔苦).

50 日鄉 : 해뜨는 곳. 곧 신라를 이름.

51 增長之寶 : 옆으로 커지고 위로 자라나는 보배. 곧 불교에 대한 信心을 비유한 말이다.

西學, 羅漢東遊。因爾混沌[58]能開, 娑婆[59]遍化; 莫不選山川勝槩, 窮土木奇功。藻宴坐[60]之宮, 燭徐行[61]之路; 信心泉涌, 慧力風揚。果使漂杵[62]蠲灾[63], 鍵櫜騰慶[64]; 昔之蕞爾[65]三國, 今也壯哉一家。鴈刹[66]

---

52 勝因 : 특별히 뛰어난 善因.

53 中貴 : 內官 가운데 임금을 至密한 입장에서 모시는 寵貴한 사람. 여기서는 異次頓을 지칭. 『史記』 권108, 「李將軍傳」 "匈奴大入上郡, 天子使中貴人從廣, 勒習兵, 擊匈奴." ; 同注 "漢書音義曰, 內官之幸貴者."

54 捐軀(연구) : 제 몸을 버림. 『晉書』 권67, 「郄鑒傳」 "捐軀九原, 不足以報."

55 上僊 : 본디 帝鄕에 있는 神仙을 가리키는 말이나, 여기서는 임금을 지칭한다. 『莊子』, 「天地」 "去而上僊, 乘彼白雲, 至於帝鄕."

56 剃髮(체발) : 머리털을 깎음. '剃'는 '剃'와 통용된다.

57 苾芻 : 범어 'Bhiksu'의 音譯. 比丘를 말한다. 본래 서역의 풀이름이다. 柔軟하여 바람이 부는대로 나부끼므로, 출가하여 아무 일에도 구애받지 않는 比丘를 비유하여 일컫는다. 『尊勝陀羅尼經』 "苾芻生不背日, 冬夏常靑, 體性柔軟, 香氣遠騰, 引蔓傍布. 故比丘曰苾芻."

58 混沌 : 天地가 아직 開闢되지 않은 상태. 佛法이 널리 전파되기 이전의 상태를 비유한 말.

59 娑婆 : 娑婆世界. 범어 'Sabah'의 音譯으로 釋尊이 교화하는 境土를 말한다. 곧 고생이 많은 세계라는 뜻으로, 인간세계를 두루 일컫는 말이다.

60 宴坐 : 편안하게 바로 앉는 것. 즉 편안하게 坐禪하는 것을 이르며, '宴坐安居' 또는 '安禪'이라고도 한다.

61 徐行 : 여러 註解本에서는 '修行'의 잘못이라고 하였으나, 탑본대로 보는 것이 옳을 것 같다. '徐行'이란 부처님의 말씀을 따라 항상 安詳하고 조심스럽게 살아가는 생활 태도를 말한다(李智冠, 앞의 책, 300쪽).

62 漂杵 : '血流漂杵'의 故事. 격렬한 전쟁으로 죽은 사람의 피가 강물에 넘쳐흘러 방패[杵]가 떴다는 故事이니, 여기서는 신라가 고구려·백제와 전쟁을 벌여 크게 무찌름을 암시한 것이다. 『書經』, 虞書, 〈武成〉 "罔有敵于我師, 前徒倒戈攻于後以北, 血流漂杵, 一戎衣天下大定."

63 蠲灾(견재) : 재앙을 제거함.

64 鍵櫜騰慶 : 무기를 거두고 福을 들어 올렸다는 말. 鍵櫜(건고)는 화살을 넣는 통과 활집(鍵은 鞬의 잘못).

65 蕞爾 : 작은 모양. 『春秋左氏傳』, 昭公 7년 "諺曰, 蕞爾國, 而三世執其政柄."

66 鴈刹 : 塔의 雅稱. '鴈塔'의 故事에서 나온 말. 『大唐西域記』, 권9, "昔有比

雲排, 將無隙地; 鯨枹[67]雷振, 不遠諸天, 漸染[68]有餘, 幽求無斁。

其教之興也, 毘婆娑[69]先至, 則四郡[70]駈四諦之輪; 摩訶衍[71]後來, 則一國耀一乘之鏡。然能○龍雲躍[72], 律虎風騰[73]; 洶學海之波濤, 蔚戒林之柯葉; 道咸融乎無外[74], 情或涉乎有中[75]; 抑止水停漪[76], 高山佩

邱見雙雁飛翔, 思曰 : 若得此雁, 可充飮食. 忽有一雁, 投下自隕. 衆曰 : 此雁垂戒, 宜旌彼德. 於是瘞雁建塔."

67 鯨枹(경부) : 고래를 그린 큰 북채. 海邊에 蒲牢라는 짐승이 있다. 이 짐승은 평소 고래를 두려워하여, 고래가 포뇌를 치면(撞擊) 문득 큰 소리를 낸다고 한다. 梵鐘이나 쇠북을 만들 때 그 상부에는 포뇌를, 종채나 북채에는 고래를 새기거나 그리는 것은 그런 이유에서다. 『文選』 권3, 張衡, 〈東京賦〉 "發鯨魚, 鏗華鍾." ; 同注 "海邊有獸, 名蒲牢. 蒲牢素畏鯨. 鯨魚擊蒲牢, 輒大鳴, 故鑄鐘者, 像蒲牢於上, 所以撞之者爲鯨, 故曰鯨枹."

68 漸染 : 점차 敎化되거나 感化되는 것을 비유한 말. 『後漢書』 권28(下), 「馮衍傳」 "知漸染之易性兮, 怨造作之弗思."

69 毘婆娑 : 說一切有部의 所依經典인 阿毘達磨大毘婆娑論의 준말. 인도의 世親이 『毘婆娑論』을 토대로 『俱舍論』을 지었다. 여기서는 이 『俱舍論』을 포함한 小乘教 전반을 가리킨 듯하다.

70 四郡 : 漢四郡을 말함이니, 곧 한반도 지역(우리나라)을 가리킨다.

71 摩訶衍(마하연) : 범어 'Mahayana'의 音譯으로 大乘教를 이름. 摩訶는 '大', 衍은 '乘'으로 번역된다.

72 ○龍雲躍 : 대부분의 寫本에는 '義龍雲躍'으로 되어 있다. 뒤의 '律虎風騰'과 對句임을 생각할 때 적절하다고 본다. 義龍은 經義에 밝은 사람을 용에 비유한 것으로, 중국 불교사에서 '義龍'에 비유된 승려가 많았다. 그 가운데 『大唐西域求法高僧傳』 『南海寄歸內法傳』의 撰者인 義淨(635~715)이 유명하였다. 義淨은 당나라 때의 學僧으로 속성은 張氏이며 字는 文明이다. 譯經에 전념하여 많은 경전을 번역하였다. 『宋高僧傳』 권1, 「義淨傳」 참조.

73 律虎風騰 : 戒律學에 통달함을 범이 바람처럼 오르는 것에 비유한 말.

74 道咸融乎無外 : 修道하는 사람들 모두가 끝이 없는 데까지 融會했다는 말. 여기서 '道'는 '道俗'이라 할 때의 道人(출가한 승려)을 가리키며, 뒤의 '情(情人)'과 對比된다.

旭[77]者, 盖有之矣, 世未之知。洎長慶初, 有僧道義; 西泛[78]睹西堂之奧, 智光侔智藏[79]而還, 智[80]始語玄契[81]者。縛猿心[82]護奔北[83]之短, 矜鷃翼誚圖南之高[84]。旣醉於誦言[85], 競嗤[86]爲魔語。是用[87]韜光廡下[88], 斂迹壺中[89]; 罷思東海東, 終遁北山○[90]; 豈大易之無

---

75 情或涉乎有中 : 世俗의 有情人 중에 간혹 (眞道에) 的中함이 있는 데까지 涉歷한 사람이 있었다는 말. 여기서 '情'은 有情한 마음의 병이 있는 사람을 가리키니, 곧 俗人을 말한다.

76 停漪(정의) : 잔물결[細波]을 잠재움.

77 高山佩旭 : 높은 산이 떠오르는 아침해[旭日]를 맨 먼저 둘러찼다는[繞佩] 말. 여기서 '旭日'은 불타의 正法眼藏에 비유되었다.

78 西泛 : 중국으로 遊學한 것의 비유.

79 智藏 : 西堂禪師 智藏을 이름.

80 智 : 衍字인 듯함. '智者'의 줄임말로 보기도 한다(淨光, 『智證大師碑銘小考』, 경서원, 1992, 169쪽).

81 玄契 : 玄妙한 契合. 곧 '見性成佛'의 禪理를 이른다.

82 猿心 : 조급하고 安定되지 못한 마음의 비유.

83 奔北(분북) : 남쪽이 목적지임에도 북쪽으로 달린다는 뜻. '北轅適郢(北轅適楚 · 北轅適越)'과 같은 말이며, '犇北(분패)'와는 다른 의미인 듯하다.

84 圖南之高 : 南海를 횡단하려는 大鵬의 높은 뜻. 『莊子』, 「齊物論」 "有鳥焉, 其名爲鵬. …… 絶雲氣, 負靑天, 然後圖南, 且適南冥之間. 斥鴳笑之曰 : 「彼且奚適也. 我騰躍而上, 不過數仞而下, 翱翔蓬蒿之間, 此亦飛之至也. 而彼且奚適也」 此小大之辯也."

85 誦言 : 외우는 말. 『詩經』, 大雅, 〈桑柔〉 "聽言則對, 誦言如醉."

86 嗤(치) : 비웃다.

87 是用 : 이런 까닭에. 是以.

88 韜光廡下 : 지붕 아래 빛을 감춤. 학식이나 재능을 숨기고 남에게 나타내지 않음을 비유한 말.

89 壺中 : 깊고 그윽한 곳을 이름. 壺中別有天地의 故事에서 나온 말. 『後漢書』 권82下, 「費長房傳」 "費長房者, 汝南人也. 曾爲市掾, 市中有老翁賣藥, 懸一壺於肆頭, 及市罷, 輒跳入壺中. 市人莫之見, 唯長房於樓上覩之, 異焉, 因往再拜 奉酒脯. 翁知長房之意其神也, 謂之曰 : 「子明日可更來」 長房旦日復詣翁. 翁乃與俱入壺中, 唯見玉堂嚴麗, 旨酒甘肴, 盈衍其中, 共飮畢而出."

悶[91], 中庸之不悔[92]者邪? 華秀冬嶺, 芳定林; 蟺慕[93]者彌山, 鴈化[94]者出谷, 道不可廢, 時然行[95]。及興德大王纂戎[96], 宣康太子監撫[97], 去邪毉國, 樂善肥家[98]。有洪陟大師, 亦西堂證心, 來南岳休足。鷩冕[99]陳順風之請[100], 龍樓[101]慶開霧[102]之期。顯示密傳,

---

90 北山○ : 前句인 '東海東'과 對偶를 이루기 위해서는 '北山北'이 옳다. 北山北과 南山南은 隱遁處의 대명사다. 『後漢書』 권83, 「法眞傳」 "眞曰, …… 以明府見待有禮, 故敢自同賓末. 若欲吏之, 眞將在北山之北, 南山之南矣."

91 無悶 : 세상을 피해 살아도 근심이 없다(遯世無悶)는 말. 『周易』에서 乾卦를 비롯한 여러 곳에 보인다.

92 不悔 : 세상에서 알아주지 않더라도 후회함이 없다는 말. 『中庸』, 제11장 "君子依乎中庸, 遯世不見知而不悔, 唯聖者能之."

93 蟺慕 : 개미가 누린내[羶] 나는 고기를 따라 모이는 것. 『莊子』, 「徐無鬼」 "羊肉不慕蟻, 蟻慕羊肉, 羊肉羶也. 舜有羶行, 百姓悅之."

94 鴈化 : 鷹化爲鳩(『禮記』, 「月令」)를 지칭. 즉 사납던 것이 유순하게 변한다는 말이다. '鴈'은 '鷹'의 誤書.

95 時然行 : '時然後行'의 잘못.

96 纂戎 : 大權을 이어받음. 왕위의 계승을 이른다. 『爾雅』, 「釋詁」 "戎, 大也."

97 監撫 : 監國撫軍의 준말.

98 樂善肥家 : 善을 즐겨 하여 王家의 생활을 기름지게 함. 『禮記』, 「禮運」 "父子篤, 兄弟睦, 夫婦和, 家之肥也"

99 鷩冕(별면) : 옛날에 天子가 先公에게 제사를 지내거나 饗射를 베풀 때 입던 冕服. 여기서는 임금을 일컫는다. 『周禮』, 春官, 〈司服〉 "享先王則袞服, 享先公饗射則鷩冕." ; 同注 "鷩, 禪衣也. 畫以雉, 謂華蟲也. 其衣三章, 裳四章, 凡七也."

100 順風之請 : '順風'은 黃帝가 崆峒山에 있는 廣成子를 찾아가 至道를 물었다는 '順下風'의 故事에서 나온 말. 大朗慧和尙碑에 보이는 '繼體得崆峒之請'句를 참조할 것. 『莊子』, 「在宥」 "黃帝立爲天子十九年, 令行天下. 聞廣成子在於空同(崆峒)之上, 故往見之. 曰 : 「我聞吾子, 達於至道, 敢問至道之精. 吾欲取天下之精, 以佐五穀, 以養民人」 …… 黃帝退捐天下, 築特室, 席白茅, 閒居三月. 復往邀之. 廣成子南首而臥. 黃帝順下風, 膝行而進, 再拜稽首而問曰 : 「聞吾子達於至道, 敢問治身奈何而可以長久?」" ; 『文選』 권36, 王融, 〈永明九年策秀才文〉 "崆峒有順風之請."

朝凡暮聖[103]; 變非蔚也, 興且勃焉[104]。
試覿較其宗趣, 則修乎修沒修, 證乎證沒證。其靜也山立, 其動也谷應; 無爲之益[105], 不爭而勝。於是乎, 東人方寸地[106]虛矣; 能以靜利[107]利海外, 不言其所利, 大矣哉!
爾後觴騫河[108], 筌融道[109], 無念爾祖[110], 寔繁有徒[111]。

---

101 龍樓 : 중국 漢나라 때의 太子宮을 이름. 轉하여 太子를 일컫는 말로도 쓰인다. 『漢書』 권10, 「成帝紀」 "帝爲太子, 初居桂宮, 上嘗急召, 太子出龍樓門."; 同注 "張晏曰, 門樓上有銅龍, 故曰龍樓."

102 開霧 : 雲霧가 걷혀야 出山하는 玄豹의 '豹隱' 故事. 곧 南岳에 은거하고 있는 洪陟의 出山을 비유한 말. 『列仙傳』 권2, 〈陶答子妻〉 "妾聞南山有玄豹, 霧雨七日, 而不下食者, 何也? 欲以澤其貌, 而成文章."

103 朝凡暮聖 : 아침에 凡夫이던 사람이 저녁에 聖者가 되었다는 말. 최치원, 「新羅壽昌郡護國城八角燈樓記」 "頓悟而朝凡暮聖, 漸修而小往大來"(『최문창후전집』, 85쪽)

104 興且勃焉 : 일어남이 성함. 『春秋左氏傳』, 莊公 11년 "臧文仲曰, 宋其興乎! 禹湯罪己, 其興也勃焉, 桀紂罪人, 其亡也忽焉."

105 無爲之益 : 無爲法이 가져다주는 이익. 『老子』, 제43장 "無爲之益, 天下希及之."

106 方寸地 : 마음의 본바탕[心地].

107 靜利 : 靜은 禪宗을 가리키는 것이니, 곧 선종이 주는 이익을 말한다.

108 觴騫河(상건하) : 중국 晉나라 때의 고승 杯渡(度)和尙이 평소 神力이 탁월하여 나무잔[木杯]을 타고 물을 건넜다는 故事. 여기서는 신라의 승려들이 나뭇잎 배를 타고 중국에 유학했던 사실에 비유되었다. 『梁高僧傳』 권10, 「杯渡傳」 "杯渡者, 不知姓名, 常乘木杯渡水, 因而爲目."

109 筌融道 : 나타낸 바의 방편(筌)이 목적(妙道)에 융합했다는 말. '筌'은 물고기를 잡기 위한 도구다. 여기서는 道(佛道)를 체득하기 위한 방편(수단)에 비유되었다. 『莊子』, 「外物」 "筌者, 所以在魚."

110 無念爾祖 : '네 조상을 생각하지 않으랴'고 하는 말. 『詩經』, 大雅, 〈文王〉 "無念爾祖, 聿修厥德."

111 寔繁有徒 : 무리가 많음을 이름. 『書經』, 商書, 〈仲虺之誥〉 "簡賢附勢, 寔繁有徒."

或劍化延津[112], 或珠還合浦[113], 爲巨擘者, 可屈指焉。西化[114]則靜衆無相, 常山慧覺; 禪譜益州金, 鎭州金者是。東歸則前所叙北山義[115], 南岳陟[116], 而降太安徹[117]國師, 慧目育[118], 智力聞[119]; 雙溪照[120], 新興彦[121], 涌○軆[122], 珍○休[123], 雙峯雲[124], 孤山日[125], 兩朝

112 劍化延津 : 西晉 惠帝 때 雷煥과 張華가 두 개의 靈劍을 각기 하나씩 나누어 가지고 있었다. 張華가 伏誅된 뒤 그가 가지고 있던 劍 하나가 所在不明이 되었고, 이후 뇌환이 죽은 뒤 그의 아들이 다른 하나의 劍을 차고 延平津에 이르렀을 때 劍이 스스로 물 속으로 들어가 돌아오지 않았다고 한다. 여기서는 중국에 遊學한 스님들이 得道한 뒤 돌아오지 않은 것에 비유되었다. 『晉書』 권36, 「張華傳」 "雷煥于豊城得雙劍, 送一與華, 留一自佩, 曰 : 「靈異之物, 終當化去, 不永爲人服也」 華誅, 失劍所在. 煥卒, 子持劍行經延平津, 劍忽于腰間躍出墮水. 使人沒水取之, 不見劍. 但見兩龍各長數長."

113 珠還合浦 : 중국 後漢 때 合浦太守로 淸名을 떨쳤던 孟嘗의 故事. 어느 욕심이 많은 합포태수가 귀중한 보물을 많이 착복한 탓으로 합포 領內의 海中寶珠가 모두 이웃 고을인 交趾郡으로 옮겨가버렸다. 이후 후임태수로 孟嘗이 부임하여 청렴하게 政事를 펴자, 교지군으로 옮겨갔던 海中寶珠가 다시 합포 해중으로 되돌아왔다고 한다. 이 故事는 후일 지방관의 理政이 淸明함을 칭송하는 데 곧잘 인용되었다. 여기서는 入唐하여 得道한 뒤 신라에 귀국했다는 의미로 사용되었다. 『後漢書』 권76, 「孟嘗傳」 "嘗遷合浦太守, 郡不產穀實, 而海出寶珠. …… 先時宰守, 竝多貪穢, 詭人採求, 不知紀極. 珠遂漸徙于交趾郡界. …… 嘗到官, 革易前敝, 求民病利, 曾未踰歲, 去珠復還."

114 西化 : 중국에서 세상을 떠남[遷化].

115 北山義 : 雪嶽山 陳田寺의 道義禪師를 가리킴.

116 南岳陟 : 智異山 實相寺의 洪陟大師를 가리킴.

117 太安徹 : 谷城 太(泰)安寺의 惠哲(慧徹)國師를 이름. 桐裏山派의 開祖.

118 慧目育 : 慧目山 高達寺의 玄昱(787~868)을 이름. 鳳林山派의 開祖로서 玄育이라고도 한다(金包光, 『朝鮮佛敎史』, 民俗苑 영인, 43쪽).

119 智力聞 : 智力으로 알려짐. 종래 대부분의 寫本에서는 '智力寺의 ○聞 스님(未詳)'이라고 註解하였으나, 이는 잘못이라고 본다. 이 '智力聞'은 뒤에 오는 '菩提宗'(菩提의 宗師라는 뜻)과 對가 된다.

120 雙溪照 : 雙溪寺의 眞鑑禪師 慧昭(774~850)를 이름.

國師聖住染[126], 菩提宗[127]。德之厚爲父衆生, 道之尊爲師王者, 古所謂「逃名名我隨, 避聲聲我追」[128]者。故皆化被恒沙, 蹟傳豊石[129]。有令兄弟, 宜爾子孫; 俾定林標秀[130]於雞林, 慧水安流於鰈水[131]矣。別有不戶不牖而見大道[132], 不山不海而得上寶[133]; 恬然息

121 新興彦 : 미상. 『景德傳燈錄』 권9에서 大梅山 法常(馬祖의 門人)의 法嗣로 들고 있는 신라인 忠彦으로 추정된다. '新興'은 寺名.

122 涌○體 : 미상. 『景德傳燈錄』 권9에서 章敬懷暉(馬祖의 門人)의 法嗣 가운데 신라인으로 玄昱과 覺體를 들고 있는데, 바로 그 覺體인 듯하다. '涌○'은 寺名으로, 대부분의 註解本에서는 涌巖寺라 하였다.

123 珍○休 : 註解本에서는 珍丘寺의 覺休라 하였다.

124 雙峯雲 : 雙峯寺(和順)의 道允(798~868)을 이름. 師子山派의 開祖로 道雲 또는 道均이라고도 한다. 金包光, 『朝鮮佛敎史』, 40쪽.

125 孤山日 : 崛山寺의 梵日(810~889)을 이름. 闍崛山派의 開祖로 品日이라고도 함.

126 聖住染 : 聖住寺의 無染(800~888)을 이름. 聖住山派의 開祖.

127 菩提宗 : 菩提의 宗師.
【참고】 許興植은 '菩提宗'에 대해, 楊平에 있는 「菩提寺大鏡大師麗嚴碑」에 근거하여 菩提寺의 廣宗(麗嚴의 스승)이라는 새로운 해석을 제시한 바 있다(『韓國學基礎資料選集』 金石文篇, 한국정신문화연구원, 1987, 545쪽). 淨光 스님도 이 설을 따랐다(『지증대사비명소고』, 경서원, 1992, 378~379쪽).

128 逃名名我隨 ~ : 세상의 명예를 구하지 않음. 『後漢書』 권83, 「法眞傳」에 나오는 말이다.

129 豊石 : 大德의 浮圖와 碑를 이름.

130 標秀 : 두드러지게 빼어남.

131 鰈水 : 鰈海之水의 준말. 鰈海 또는 鰈域이란 우리나라의 별칭이다. 대개 동해에서 가자미(比目魚)가 많이 산출되므로 그렇게 이른다. 일설에는 우리나라의 지형이 가자미처럼 생겼기 때문에 이르는 말이라고도 한다. 『爾雅』, 「釋地」 "東方有比目魚焉, 不比不行, 其名謂之鰈."

132 不戶不牖而見大道 : 지게문을 나가거나 들창으로 내다보지 않고도 大道를 본다는 말. 곧 중국에 遊學하지 않고도 禪法을 깨쳤다는 뜻이다. 『老子』, 제47장 "不出戶知天下, 不窺牖見天道."

133 不山不海而得上寶 : 산을 오르거나 바다에 들어가지 않고도 으뜸가는 보

意[134], 澹乎忘味。 彼岸也不行而至, 此土也不嚴而治[135]; 七賢[136]孰取譬? 十住難定位者, 賢鷄[137]山智證大師其人也。

始大成也, 發蒙于梵體大德, 稟具[138]于瓊儀律師。終上達也, 探玄于慧隱嚴君[139], 孚[140]默[141]于楊孚令子。法胤[142], 唐四祖爲五世父, 東漸于海。遡游[143]數之, 雙峯子法朗, 孫愼行, 曾孫遵範, 玄孫慧隱, 來孫大師也。朗大師從大毉[144]之大證, 按杜中書正倫纂銘, 叙云:『遠方奇士, 異域高人, 無憚險途, 來至珍所』, 則掬寶歸止, 非師而誰? 第知者不言[145], 復藏于密;

배를 얻었다는 말. '不戶不牖而見大道'와 같은 의미로 쓰였다. 『三國志』 권11, 「邴原傳, 注」 "原別傳曰, …… 人各有志, 所規不同. 故乃有登山而採玉者, 有入海而採珠者, 豈可謂登山者不知海之深, 入海者不知山之高哉."

134 息意 : 意念을 잠재워 고요히 함.

135 不嚴而治 : 엄하게 하지 않고도 잘 다스려짐. 『孝經』, 「聖治章」 "聖人之敎, 不嚴而治."

136 七賢 : 小乘에서 이른바 見道 이전의 賢位를 말한다. 見道 이후는 聖位라 한다.

【참고】 일부 註解本에서는 伯夷 · 叔齊 · 虞仲 · 夷逸 · 朱張 · 小連 · 柳下惠를 가리킨다고 하였으나, 이는 잘못이다.

137 賢鷄 : '賢溪'의 誤書.

138 稟具 : 具足戒를 받음.

139 嚴君 : 아버지의 존칭. 師資關係를 父子에 비한 것(令子도 마찬가지). 『周易』, 家人, 〈彖辭〉 "家人有嚴君焉, 父母之謂也."

140 孚 : '授'자의 誤書인 듯함.

141 默 : 靜默之道. 곧 禪法을 말한다. 默照禪을 가리키는 것이라 보는 견해도 있다.

142 法胤 : 佛法을 이어 온 계보.

143 遡游 : 물결을 따라 내려감. 『詩經』, 秦風, 〈蒹葭〉 "遡游從之."

144 大毉 : 唐四祖 道信(580~651)의 시호.

能撢秘藏, 唯行大師。然時不利兮, 道未亨也。乃浮于海[146], 聞于天[147]; 肅宗皇帝寵貽天什[148], 曰:『龍兒渡海不憑筏, 鳳子沖虛無認月!』師以山鳥海龍二句爲對, 有深旨哉。東還三傳至大師, 畢萬之後[149]斯諗矣。

其世緣則王都人金姓子, 號道憲, 字智詵。父贊瓌, 母伊氏。長慶甲辰歲現乎世, 中和壬寅曆歸乎寂[150]; 恣坐[151]也四十三夏, 歸全[152]也五十九年。其具體則身仞[153]餘, 面尺所[154]; 儀狀魁岸[155], 語言雄亮, 眞所謂威而不猛[156]者。始孕洎滅, 奇蹤秘說, 神出鬼沒, 筆

---

145 知者不言 : 『老子』 제56장에 나오는 말. "知者不言, 言者不知."

146 浮于海 : 바다를 건넘. 渡唐을 이른다.

147 聞于天 : 天子에게 알려짐. 『爾雅』, 「釋詁」 "天, 君也."

148 天什 : 황제의 詩文을 이르는 말.

149 畢萬之後 : 춘추시대 卜偃이 "畢萬의 후대에는 반드시 크게 될 것이다"고 예언한대로 魏의 宗業이 興旺케 된 것처럼, 지증대사에 이르러 선풍이 크게 昂揚되었다는 말. 『春秋左氏傳』, 閔公元年 "卜偃曰 : 畢萬之後必大, 萬盈數也, 魏大名也. 以是始賞, 天啓之矣."

150 歸乎寂 : 眞寂한 本元으로 돌아감. 곧 승려의 죽음을 이른다. 歸元. 歸眞.

151 恣坐 : 夏安居의 마지막 날에 행하는 '自恣'를 말함이니, 곧 夏臘(夏安居를 지낸 햇수대로 나이를 세는 것)을 말한다.

152 歸全 : 몸을 온전히 하여 삶을 마침. 『禮記』, 「祭義」 "父母全而生之, 子全而歸之, 可謂孝矣."

153 仞 : 八尺. 七尺이라는 설도 있음.

154 所 : ~쯤. ~가량.

155 魁岸 : 체격이 장대하고 빼어남. 『漢書』 권45, 「江充傳」 "充爲人魁岸, 容貌甚壯." ; 同注 "師古曰, 魁, 大也. 岸者, 有廉棱如崖岸之形."

156 威而不猛 : 위엄이 있으면서도 사납지 않음. 『論語』, 「述而」 "子溫而厲, 威而不猛, 恭而安."

不可紀。今撮探其感應聳人耳者六異，操履驚人心者六是，而分表之。

初母夢一巨人告曰：『僕昔勝見佛[157]季世爲桑門[158]，以譲恚[159]故，久墮龍報[160]，報旣旣[161]矣，當爲法孫。故侘[162]妙緣，願弘慈化』因有娠幾四百日，灌佛之旦誕焉。事驗蟒亭[163]，夢符像室[164]。使佩韋[165]者益誡，擁毳

157 勝見佛 : 過去七佛의 첫째인 '毘婆尸佛'을 이름.

158 桑門 : 佛門 또는 승려를 이르는 말.『文選』권2, 張衡, 〈西京賦〉"一顧傾城, 展季桑門."；同注"治心修靜, 行乞以自給, 謂之沙門. 或曰桑門, 總謂之僧."

159 譲恚(진에) : 노여움. 분노. 불교에서 말하는 貪·瞋·癡(三毒)의 하나로 자기 의사가 어그러진 데 대하여 성을 내는 것. '譲'과 '瞋'은 통용된다.『梁高僧傳』권1,「安淸傳」"神告告曰, …… 以瞋恚故, 墮此神報, ……"

160 龍報 : 용이 되는 業報.

161 旣 : 다함.『廣雅』,「釋詁(一)」"旣, 盡也."

162 侘(탁) : 부탁하다. '託'과 통용.

163 蟒亭(망정) : 중국 후한 때의 고승인 安淸(자는 世高)의 發願으로 業報를 모두 마친 이무기가 소년으로 復生했다는 故事. 安淸이 어느 날 廬山의 䢼亭湖廟에 이르렀다. 이 사당은 옛날부터 靈驗이 있어 많은 사람이 이곳을 지날 때면 기도를 드리곤 했었다. 그런데 갑자기 廟神이 나타나 安淸에게 말하기를, "나는 옛날에 그대와 함께 出家하여 열심히 道를 배우고 布施를 좋아하였으나, 성[瞋恚]을 잘 내었으므로, 이무기의 몸을 받아 이 廟의 神이 되었습니다. 내가 죽게 되면 아마도 지옥에 떨어질 것입니다. 나에게 상당한 재물이 있으니, 그것으로 佛法을 일으키고 탑을 세워 내가 좋은 곳에 還生토록 빌어 주십시오"라고 하니, 淸이 이를 허락하고 그 이무기를 위해 念佛呪願하였다. 이에 豫章으로 가서 이미 받은 재물을 가지고 大安寺라는 절을 지었고, 안청이 떠난 뒤 신령은 바로 목숨이 다하였다. 그날 저녁 한 소년이 배 위에 나타나 여쭙기를 "業報의 형체와는 서쪽으로 갈리어 떨어지고 저는 좋은 곳에 다시 태어나게 되었습니다"고 하더니, 과연 얼마 뒤 潯陽 고을 蛇村 부근에서 길이가 몇 리나 되는 죽은 이무기가 발견되었다. 이로부터 공정묘의 신령은 없어졌으며, 䢼亭이 蟒亭이라 불려지게 되었다고 한다.『梁高僧傳』권1,「安淸傳」참조.

164 像室 : 석가모니의 어머니 摩耶夫人의 胎夢故事. '像'은 '象'의 잘못.『釋氏

者[166]精修, 降生之異一也。

生數夕不嚥乳, 穀[167]之則號欲嗄[168]。 欻有道人過門, 誨曰 : 『欲兒無聲, 忍絶焄腥[169]』母從之, 竟無恙。使乳育者加愼, 肉食者懷慙, 宿習[170]之異二也。

九歲喪父, 殆毁滅[171]; 有追福僧憐之, 諭曰: 『幻軀易滅, 壯志難成。昔佛報恩, 有大方便, 子勉之!』因感悟輟哭, 白所生[172]請歸道。母慈其幼, 復念保家無主, 確不許。耳踰城故事[173]則亡去, 就學浮石山。忽一日心驚坐屢遷[174], 俄聞倚閭[175]成疾。遽歸省而病隨愈, 時人方[176]阮孝緖。居無何[177], 染沈痾[178], 謁醫

源流』"佛母摩耶夫人, 夢見大聖乘六牙白象, 從天而下, 降神入胎."

165 佩韋 : 중국 전국시대 魏나라의 西門豹가 급한 성질을 고치기 위해 항상 부드러운 가죽을 차고 반성했다는 故事. 自警함을 이른다. 『韓非子』, 「觀行」"西門豹之性急, 故佩韋以緩己."

166 擁毳者(옹취자) : 毳衣(袈裟)를 입은 사람. 즉 승려를 말한다.

167 穀 : 젖[乳]. 『春秋左氏傳』, 莊公 30년 "鬪穀於菟." ; 『釋文』"楚人謂乳曰穀."

168 號欲嗄 : 울어서 목이 쉬려고 함. 『老子』, 제55장 "終日號而不嗄."

169 焄腥(훈성) : 葷菜와 肉類. 葷醒.

170 宿習 : 전세부터의 오래된 풍습.

171 毁滅 : 지나친 슬픔으로 인해 몸이 상하여 거의 죽게 됨. 『文選』 권58, 王儉, 〈褚淵碑文〉"喪過乎哀, 幾將毁滅."

172 所生 : 자기를 낳아 주신 어버이. 여기서는 홀어머니를 이름. 『詩經』, 小雅, 〈小宛〉"無忝爾所生."

173 踰城故事 : 淨飯王의 太子이던 悉達多(Siddhartha)가 29세(혹은 19세)에 太子의 位를 버리고 王城을 나와 修行의 길을 떠났던 故事를 말함.

174 坐屢遷 : 마음이 불안하여 자주 자리를 옮겨 다니는 것을 이름. 坐不安席. 『詩經』, 小雅, 〈賓之初筵〉"舍其坐遷, 屢舞僊僊." ; 同注 "言遷徙屢數也."

175 倚閭 : 어머니가 아들이 돌아오기를 기다림. 倚閭之望의 故事. 여기서는 '어머니'를 지칭한다.

176 方 : 견주다(比也).

無效, 枚卜[179]之, 僉曰:『宜名隸大神[180]!』母追惟[181]曩夢, 誡覆以方袍[182], 而泣誓言:『斯疾若起, 乞佛爲子』, 信宿[183]果大瘳。仰悟慈親, 終成素志。使舐犢[184]者割愛, 飮蛇[185]者釋疑, 孝感之異三也。

至十七受具[186], 始就壇, 覺袖中光熠熠[187]然, 探之得一珠; 豈有心而求[188]? 乃無脛而至[189], 眞六度經所喩

177 居無何 : 얼마 되지 않아서.

178 沈痾(침아) : 痼疾.

179 枚卜 : 여러 사람에게 점을 침. 『書經』, 虞書, 〈大禹謨〉 "枚卜功臣, 惟吉之從."

180 大神 : 부처를 달리 이르는 말. 『梁高僧傳』 권1, 「康僧會傳」 "采女云, 佛爲大神."

181 追惟 : 지난 일을 돌이켜 생각함.

182 方袍 : 네모난 옷. 곧 法服인 袈裟를 말한다.

183 信宿 : 이틀을 묵음. 二泊. 『春秋左氏傳』, 莊公 3년 "凡師一宿爲舍, 再宿爲信, 過信爲次."

184 舐犢 : 늙은 어미 소가 새끼 송아지를 핥아서 사랑한다는 뜻으로, 제 자식 사랑하는 것을 비유한 말. 『後漢書』 권54, 「楊彪傳」 "彪子脩, 爲曹操所殺. 操見彪問曰 : 「公何瘦之甚?」 對曰 : 「愧無日磾先見之明, 猶懷老牛舐犢之愛」 操爲之改容."; 同注 "前書曰, 金日磾子二人, 武帝所愛, 以爲弄兒. 其後弄兒壯大, 不謹, 自殿下與宮人戲, 日磾適見之, 遂殺弄兒."

185 飮蛇 : 晉나라 때 樂廣과 친한 사람이 술잔 속에 비친 활 그림자를 뱀으로 誤認한 나머지, 술을 마신 뒤 병이 났다는 故事. 『晉書』 권43, 「樂廣傳」 "樂廣有親客, 客曰 : 「飮酒忽見杯中有蛇, 意甚惡之, 旣飮而疾」 于時壁上有角弓, 廣意杯中蛇卽角弓也. 復置酒請飮, 杯中果有其影, 因客豁然疑解, 沈痾頓愈."

186 具 : 具足戒.

187 熠熠 : 불빛이 鮮明한 모양.

188 豈有心而求 : 黃帝의 '赤水遺珠 象罔得之'의 故事와 연관된 말. 곧 말 없는 가운데의 말은 無心으로밖에 찾을 수 없다는 말이다. 『莊子』, 「天地」 "黃帝遊乎赤水之北, 登乎崑崙之丘, 而南望還歸, 遺其玄珠, 使知索之而不得, 使離朱索之而不得, 使喫詬索之而不得也. 乃使象罔, 象罔得之. 黃帝曰 : 「異哉! 象罔乃可以得之乎」"

矣。使飢嘷者自飽, 醉偃者能醒, 勵心之異四也。

坐雨[190]竟, 將它適[191], 夜夢遍吉菩薩[192], 撫頂提耳[193], 曰:『苦行難行, 行之必成』形開[194]痒然[195], 默篆肌骨[196]。自是, 不復服繒絮[197]焉, 修綫[198]之須, 所[199]必麻楮, 不穿達屣[200], 矧羽翣[201]毛茵[202]餘用矣? 使緼黂[203]者開眼, 衣蟲[204]者厚顔[205], 律身之異五也。

自綺年[206], 飽老成之德, 加瑩戒珠, 可畏者[207]競相從

189 無脛而至 : 발이 없이도 와서 이름. 『會稽典錄』"孔融曰, 珠玉無脛而自至者, 人好之也, 善言不行而自至者, 亦類是矣."

190 坐雨 : 夏安居 또는 雨安居를 달리 이르는 말.

191 它適 : 다른 곳으로 감. '它'는 '他'의 古字.

192 遍吉菩薩 : 普賢菩薩을 이름.

193 提耳 : 귀를 잡아당겨 말함. 곧 지혜를 깨우쳐 줌을 이른다. 『詩經』, 大雅, 〈抑〉"匪面命之, 言提其耳."

194 形開 : 잠에서 깨어남을 말함. 잠을 잘 때에는 혼이 交合하고 깨었을 적에는 五官이 열린다고 한 데서 나왔다. 『莊子』, 「齊物論」"其寐也魂交, 其覺也形開."

195 痒然(심연) : 惡寒이 난 듯함.

196 默篆肌骨 : 잠자코 살과 뼈대에 새김. 곧 銘心함을 이른다.

197 繒絮(증서) : 명주옷과 솜옷.

198 綫 : 긴 실[絲].

199 所 : 탑본에는 분명 '取'자와 비슷한 '所'의 異體字로 되어 있으나, 전후 문맥으로 보아 '所'자는 文不成이다. 아마도 '取'자를 잘못 쓴 것 같다.

200 達屣(달시) : 어린양의 가죽으로 만든 신. 達은 '羍'과 같은 글자다. 『詩經』, 大雅, 〈生民〉"先生如達." ; 同注 "達, 羊子也."

201 羽翣(우삽) : 새의 깃털로 만든 부채.

202 毛茵 : 털로 만든 깔개.

203 緼黂(온분) : 굵은 삼베(옷). 『列子』, 「楊朱」"昔者宋國有田夫, 常衣緼黂, 僅以過冬."

204 衣蟲 : 솜옷. 따뜻하여 벌레가 서식하기 때문에 그렇게 이른다.

205 厚顔 : 부끄러워 함. '顔厚有忸怩'의 준말. 『書經』, 夏書, 〈五子之歌〉"鬱陶乎予心! 顔厚有忸怩. 弗愼厥德, 雖懷可追." ; 同注 "顔厚, 愧之見於色也."

求益。大師拒之曰:『人大患好爲師[208]。强欲慧不惠[209], 其如模不模[210]邪? 況浮芥海鄕[211], 自濟未暇, 無影逐爲必笑之態』後山行, 有樵叟礙前路, 曰:『先覺覺後覺[212], 何須恡空殼?』就之則無見焉。爰媿且悟, 不阻來求; 森竹葦[213]于鷄籃山水石寺。俄卜築他所, 曰:『不繫[214]爲懷, 能遷是貴』使佔畢[215]者三省, 營巢者九思, 垂訓之異六也。

贈大師景文大王, 心融鼎敎[216], 面渴輪工[217]。遙深爾

---

206 綺年 : 幼年과 같은 말.

207 可畏者 : 後生. 『論語』, 「子罕」 "後生可畏."

208 人大患好爲師 : 사람의 큰 걱정은 남의 스승이 되기를 좋아하는 것이라는 말. 『孟子』, 「離婁(上)」 "人之患, 在好爲人師."

209 慧不惠 : 지혜롭지 않은 사람을 지혜롭게 함. '惠'는 '慧'와 통용된다.
【참고】『書經』에서는 "我聞曰, 怨不在大, 亦不在小, 惠不惠, 懋不懋"(周書, 康誥)라 하고, 同注에서 "使不順者順, 不勉者勉"이라고 하여, '惠不惠'를 不順한 자를 順하게 하는 것이라 하였다. 여기서는 '慧'자로 바꾸어 사용하였다.

210 模不模 : 남의 본보기가 되지 못하는 사람들을 본보기가 되게 함. 『法言』 권1, 「學行」 "務學不如務求師, 師者人之模範也. 模不模, 範不範, 爲不少矣."

211 海鄕 : 큰 바다. 광대한 세계를 비유한 말.

212 先覺覺後覺 : 先覺이 後覺을 깨닫게 함. 『孟子』, 「萬章(下)」에 나오는 말.

213 竹葦 : 대밭의 대나무, 풀밭의 갈대와 같이 그 수가 많음을 이르는 말. 稻麻竹葦의 준말. 『維摩經』, 「法供養品」 "甘蔗竹葦, 稻麻叢林."

214 不繫 : 아무 것에도 얽매이지 않음. 航海 중의 배가 매이지 않고 自然에 맡겨두는 것을 비유한 '不繫之舟'에서 나온 말이다. 『莊子』, 「列禦寇」 "汎若不繫之舟, 虛而遨遊者也."
【참고】일부 註解本에서는 『論語』 「陽貨」에 나오는 "吾豈匏瓜也哉, 焉能繫而不食?"과 연관시켜 이해하기도 한다. 적절하지 않다.

215 佔畢 : 책의 글자만 봄. 畢은 '簡册'을 말한다. 『禮記』, 「學記」 "今之敎者, 呻其佔畢."

216 鼎敎 : 솥의 발처럼 竝立하는 三敎. 곧 儒·佛·道(老)를 이름.

思, 覬俾我卽[218], 乃寓書曰:『伊尹大通, 宋纖小見[219]。以儒辟[220]釋, 自邇陟遠[221]。甸邑[222]巖居, 頗有佳所, 木可擇[223]矣, 無惜鳳儀[224]』妙選近侍中可人[225], 鵠陵[226]昆孫[227]立言爲使。旣傳敎已, 因攝齊[228]焉。答曰:『修身化人, 捨靜奚趣[229]? 鳥能之命[230], 善爲我辭, 幸許安塗中[231], 無令在汶上[232]』上聞之, 益珍重。自

---

217 輪工 : 法輪을 굴리는 사람. 곧 지증대사를 지칭.

218 我卽 : 나에게 나오다.『詩經』, 鄭風, 〈風雨〉"豈不爾思, 子不我卽." ; 集傳 "卽, 就也."

219 小見 : 大通과 반대되는 말. 事物에 구애되어 細瑣한 것까지도 떨쳐버리지 못하고 살피는 것. 小察.『淮南子』,「泰族訓」"小義破道, 小見不達."

220 辟 : '譬'와 통용.

221 自邇陟遠 : 먼 곳에 이르는 것은 가까운 데서부터 비롯된다는 말.『書經』,「太甲(下)」"若升高必自下, 若陟遐必自邇."

222 甸邑 : 王都 주위 5백리 이내의 지역. '畿甸'이라고도 한다.

223 木可擇 : 새가 앉을 나무를 선택할 수 있는 것처럼, 경치 좋은 곳을 마음대로 고를 수 있다는 뜻. 새는 지증대사, 나무는 所居處를 비유한 것이다.『春秋左氏傳』, 哀公 11년 "孔文子之將攻大叔也, 訪於仲尼. 仲尼曰 :「胡簋之事, 則嘗學之矣, 甲兵之事, 未之聞也」退命駕而行, 曰 :「鳥則擇木, 木豈能擇鳥?」"

224 鳳儀 : 貴人의 훌륭한 來儀를 이름.『書經』, 虞書, 〈益稷〉"簫韶九成, 鳳凰來儀."

225 可人 : 착한 사람, 또는 쓸모 있는 사람을 말함.

226 鵠陵 : 원성왕을 이름. 大崇福寺碑文 참조

227 昆孫 : 玄孫의 손자. 六代孫.

228 攝齋 : 弟子禮를 말함. 攝齊라고도 쓴다. 걷거나 계단을 올라 갈 때 옷자락을 밟고 땅에 넘어져 체면을 손상하지 않도록 하기 위해 옷자락을 걷어 올리는 것이니, 轉하여 '제자가 스승 앞에서 조심스럽게 행동하는 것'을 말한다.『論語』,「鄕黨」"攝齊升堂, 鞠躬如也."

229 趣 : 나아감.

230 鳥能之命 : 앞에 나온 '鳥能擇木'을 가리킴.

231 安塗中 : 초나라 임금이 莊子를 초빙하자, 장자가 "죽어서 廟堂에 잘 모셔진 神龜보다 차라리 진흙 속에서 꼬리를 흔드는 거북의 상태를 원한다"

是譬四飛於無翼, 衆一變於不言。

咸通五年冬, 端儀長翁主[233], 未亡人[234]爲稱, 當來佛是歸。敬謂下生, 厚資上供。以邑司所領賢溪山安樂寺, 富有泉石之美, 請爲猿鶴主人[235]。[大師]乃告其徒曰:『山號賢溪, 地殊愚谷[236]; 寺名安樂, 僧盍住

고 했다는 故事. 현재의 상태에 安住함을 뜻한다.『莊子』,「秋水」"莊子釣於濮水, 楚王使大夫二人往先焉, 曰 :「願以竟內累矣」莊子持竿不顧, 曰 :「吾聞楚有神龜, 死已三千歲矣. 王巾笥而藏之廟堂之上. 此龜者, 寧其死爲留骨而貴乎, 寧其生而曳尾於塗中乎?」二大夫曰 :「寧生而曳尾塗中」莊子曰 :「往矣! 吾將曳尾於塗中」"

232 在汶上 : 공자의 제자인 閔子騫이 季氏의 부름을 사양하고, 만약 다시 부르면 汶水를 건너 齊나라 땅으로 가겠다고 했던 故事. 왕의 거듭되는 부름을 피해 다른 곳으로 가겠다는 말이다.『論語』,「雍也」"季氏使閔子騫爲費宰, 閔子騫曰 :「善爲我辭焉. 如有復我者, 則吾必在汶上矣」"; 同集註 "閔子騫, 孔子弟子, 名損. 費季氏邑, 汶水名, 在齊南, 魯北境上. 閔子騫不欲臣季氏, 令使者善爲己辭. 言若再來召我, 則當去之齊."

233 端儀長公主 : 경문왕의 누이를 말함. '長公主'는 임금의 姊妹를 지칭하는 말이다.『漢書』권7,「昭帝紀」"帝姊鄂邑公主, 益湯沐邑, 爲長公主."; 同注 "師古曰, 帝之姊妹稱長公主, 帝姑稱大長公主."

234 未亡人 : 남편을 여읜 寡婦가 스스로를 일컫는 말. 남편이 죽으면 따라 죽어야 함에도 홀로 살아 남아 있다는 뜻이다. 時俗에서 寡婦를 일러 未亡人이라고 하는 것은 잘못이다.『春秋左氏傳』, 莊公 28년 "(楚)文夫人聞之, 泣曰:「先君以是舞也, 習戎備也, 今令尹不尋諸仇讐, 而於未亡人之側, 不亦異乎?"

235 猿鶴主人 : 원숭이와 학을 기르며 얽매임 없이 한가하게 사는 사람.『宋史』권299,「石揚休傳」"揚休喜閑放, 平居養猿鶴, 玩圖書, 吟咏自適, 與家人言, 未嘗及朝廷事."

236 愚谷 : 愚公이 은거하는 곳. 나중에는 隱者가 사는 곳(또는 隱者)을 이르는 말로 전용되었다. 愚公谷.『說苑』권7,「政理」"齊桓公出獵, 逐鹿而走入山谷之中, 見一老公而問之, 曰 : 是爲何谷. 對曰 : 爲愚公之谷. 桓公曰 : 何故? 對曰 : 以臣名之. 桓公曰 :「今視公之儀狀, 非愚人也. 何爲以公名?」對曰 : 臣請陳之. 臣故畜牸牛, 生子而大, 賣之而買駒, 少年曰 :「牛不能生馬」遂持駒去, 傍隣聞之, 以臣爲愚, 故名此谷爲愚公之谷."

持?』從之徙焉, 居則化矣。使樂山者益靜, 擇地者愼思; 行藏[237]之是一焉。

他日告門人曰:『故韓粲金公嶷勳, 度[238]我爲僧, 報公以佛』乃鑄丈六玄金[239]像, 傅[240]之以銑[241]。爰用鎭仁宇[242], 導冥路。使行恩者日篤, 重義者風從[243], 知報之是二焉。

至八年丁亥, 檀越[244]翁主, 使茹金等, 持伽藍南畝[245]暨臧獲[246]本籍授之, 爲壞袍[247]傳舍[248], 俾永永不易。大師因念言[249]:『王女資法喜, 尙如是矣; 佛孫味禪

---

237 行藏 : 조정에 나아가 道를 행함과 野에 물러나 은거하는 것. 『論語』, 「述而」 "子謂顔淵曰, 用之則行, 舍之則藏, 惟我與爾有是夫."

238 度 : 속인이 僧籍에 들어감. 승려가 됨.

239 玄金 : 쇠[鐵]를 달리 이르는 말.

240 傅(부) : 바르다[塗].

241 銑 : 황금 중에서도 가장 광채가 나는 것.

242 仁宇 : '能仁을 모신 집'이라는 뜻으로, 절을 달리 이르는 말.

243 風從 : 아래 사람이 윗사람의 德化에 順從함을 비유한 말. 『文選』 권36, 任昉, 〈天監三年策秀才文〉 "上之化下, 草偃風從." ; 『論語』, 「顔淵」 "草上之風必偃."

244 檀越 : 범어 'Danapati'의 音譯. 布施를 행하는 사람으로, '施主' 또는 '化主'라 번역한다. 『飜譯名義集』, "稱檀越者, 檀卽施也. 此人行施, 越貧窮海."

245 南畝 : 양지바른 남쪽 밭. 轉하여 좋은 田地를 이른다. 『詩經』, 豳風, 〈七月〉 "同我婦子, 饁彼南畝, 田畯至喜."

246 臧獲 : 노비를 낮추어 이르는 말. 揚雄, 『方言』, 권3 "荊淮海岱雜齊之間, 罵奴曰臧, 罵婢曰獲."

247 壞袍 : 袈裟를 말함이니, 곧 승려를 뜻한다.

248 傳舍 : 客舍. 누구든지 오가다 들린다는 뜻에서 이르는 말이다. 『史記』 권97, 「酈生傳」 "沛公至高陽傳舍, 使人召酈生." ; 『漢書』 권43, 「酈食其傳」 "沛公至高陽傳舍, 使人召食其." ; 同注 "師古曰, 傳舍者, 人所止息, 前人已去, 後人復來, 轉相傳也."

249 念言 : 깊이 생각해 온 바를 말로 나타냄.

悅, 豈徒然乎? 我家匪貧, 親黨皆歿; 與落路行人之手, 寧充門弟子之腸』 遂於乾符六年, 捨莊十二區田五百結隸寺焉。飦孰譏囊[250], 粥能銘鼎[251], 民天[252]是賴, 佛土可期。雖曰我田, 且居王土[253]; 始資疑於王孫韓粲繼宗, 執事侍郎金八元·金咸熙, 及正法大統[254]釋玄亮, 聲九皐[255], 應千里[256]; 贈太傅獻康大王, 恕而允之。其年九月, 教南川郡統僧訓弼, 擇別墅[257], 劃正場。斯盖外佐君臣益地, 內資父母生天。

---

250 飦孰譏囊 : 밥(식량)처럼 중요한 것이 없음에도 누가 '밥주머니(飯囊)'라는 조롱의 말을 만들어냈느냐는 뜻. 무능하여 아무 쓸모가 없이 無爲徒食하는 사람을 '밥주머니' 또는 '술독'이라고 조롱하는 '飯囊酒甕'의 故事가 있다. 『顔氏家訓』, 「誡兵」 "今世士大夫, 但不讀書, 卽稱武夫兒, 乃飯囊酒甕也."

251 粥能銘鼎 : 죽에 대한 사실이 솥에 새겨짐. '銘鼎'은 후세에 이름이 남겨지는 것을 이르는 상징적인 말이다. 춘추시대 宋나라의 재상이었던 正考父(정고보)가 솥에 自銘하기를, "이 솥에다 饘(된죽)을 끓이고 죽을 끓여서 내 입에 풀칠을 했다"고 하는 故事가 있다. 『禮記』, 「祭統」 "夫鼎有銘, 銘者自名也." ; 『春秋左氏傳』, 昭公 7년 "正考父佐戴·武·宣, 三命玆益共. 故其鼎銘云 : 「一命而僂, 再命而傴, 三命而俯, 循墻而走, 亦莫余敢侮. 饘於是, 鬻於是, 以餬余口」 其共也如是."

252 民天 : 양식을 이름. 임금은 백성을 하늘로 여기고, 백성은 양식을 하늘로 여긴다는 데서 나온 말. 『史記』 권97, 「酈生傳」 "王者以民爲天, 而民以食爲天."

253 王土 : 모든 땅이 임금의 領土라는 관념적인 말. 『詩經』, 小雅, 〈北山〉 "溥天之下, 莫非王土, 率土之濱, 莫非王臣."

254 大統 : 신라 때의 僧官職.

255 聲九皐 : 九皐에서 소리가 울려 퍼진다는 말. 九皐는 으슥한 沼澤을 말한다. 여기서는 지증대사가 거처하고 있는 深遠한 곳에 비유되었다. 『詩經』, 小雅, 〈鶴鳴〉 "鶴鳴于九皐, 聲聞于野."

256 應千里 : 천리 밖에서 메아리 침. 멀리까지 알려졌다는 뜻이다. 『周易』, 「繫辭(上)」 "君子居其室, 出其言, 善則千里之外應之, 況其邇者乎?"

257 別墅 : 농사짓기에 편리하도록 農場 가까이에 간단하게 지은 집. 農幕. 여

使續命者[258]與仁, 賞歌者悛過[259], 檀捨[260]之是三焉。有居乾慧地者, 曰沈忠。聞大師刃餘定慧[261], 鑑透乾坤[262], 志確曇蘭, 術精安廩; 禮足[263]已, 白言:『弟子有剩地, 在曦陽山腹。鳳巖龍谷, 境駭橫目[264], 幸構

기서는 農幕보다도 農場이라는 의미로 보아야 할 것 같다.

258 續命者 : 목숨을 이은 사람. 곧 百姓을 이름. 중국 南齊 때의 사람인 劉善明이 青川 지방의 가난한 백성들이 飢荒에 허덕이자 창고를 열어 그들을 구제하였다. 뒷날 목숨을 이은 백성들이 유선명의 집을 '續命田'이라고 불렀다 한다. 『南史』 권49, 「劉善明傳」 "青川飢荒, 善明開倉, 以救鄕里, 多獲全濟, 百姓呼其家爲續命田."

259 賞歌者悛過 : 중국 戰國時代 趙나라 烈侯가 음악을 좋아하여, 자신이 좋아하는 歌人에게 田地를 각각 萬畝씩 내리도록 했다가 나중에 뉘우쳤던 故事. 『史記』 권43, 「趙世家」 "烈侯好音, 謂相國公仲連曰 : 「寡人有愛, 夫鄭歌者槍·石二人, 吾賜之田, 人萬畝」 公仲曰諾, 不與. 烈侯屢問歌者田, 公仲終不與, 乃稱疾不朝. 番吾君謂公仲曰 : 「君實好善, 而未知所持. 今公仲相趙, 於今四年, 亦有進士乎?」 公仲曰未也. 番吾君曰 : 「牛畜·荀欣·徐越皆可」 公仲乃進三人. 牛畜侍烈侯以仁義, 約以王道, 烈侯逌然. 明日荀欣侍, 以選練擧賢, 任官使能, 明日徐越侍, 以節財儉用, 察度功德. 所與無不充, 君說. 烈侯使使謂相國曰 : 「歌者之田且止」 官牛畜爲師, 荀欣爲中尉, 徐越爲內史, 賜相國衣二襲."

【참고】 일부 註解本에서는 蘇軾의 『仇池筆硯』에 나오는 唐나라 裵晋公의 故事(唐裵晋公, 召一妓, 作半日遊, 賞絹五疋)를 인용하기도 하지만 지증대사의 행적을 비유하는 데 적합한 故事가 아니다. 이는 『桂苑遺香』에서, "前註引裵晉公, 非但同時, 喩又不合也"라고 이미 지적하였다.

260 檀捨 : 檀越(施主)의 喜捨.

261 刃餘定慧 : 이치를 분별하는 칼날이 禪定과 智慧에 넉넉함. 『莊子』, 「養生主」 "庖丁解牛, 游刃有餘地."

262 鑑透乾坤 : 鑑識眼은 天文과 地理를 꿰뚫었다는 말.

263 禮足 : 불가에서 가장 지극한 경례법의 하나. 부처의 발에 자신의 이마를 대는 것으로서, 자신의 가장 귀한 것을 상대방의 가장 천한 곳에 대는 인사법이다. 頂禮·接足禮·頭面禮라고도 한다. 『法華經』, 「化城喩品」 "頭面禮足." ; 『圓覺經疏』 "以己最勝之頂, 禮佛最卑之足, 敬之至也."

264 橫目 : 사람의 눈. 가로로 놓였기 때문에 '橫目'이라고 한다. '사람'을 의미하기도 한다. 『莊子』, 「天地」 "苑風曰 : 「子將奚之?」 曰 : 「將之大壑」 曰 :

禪宮』徐答曰:『吾未能分身, 惡用是?』忠請膠固, 加山靈有甲騎爲前騶之異, 乃錫挺樵蹊[265]而歷相焉。且見山屛四迾[266], 則獄鳥[267]翃掀雲[268]; 水帶百圍, 則蚪腰偃石。旣愕且喈曰:『獲是地也, 庯非天乎? 不爲靑衲[269]之居, 其作黃巾[270]之窟』遂率先於衆, 防後爲基, 起瓦簷四注[271]以厭[272]之, 鑄鐵像二軀以衛之。至中和辛丑年, 敎遣前安輪寺僧統俊恭, 肅正史裵聿文, 標定疆域, 艻賜牓爲鳳巖焉。及大師化往[273]數年, 有山甿[274]爲野冠[275]者, 始敢拒輪[276], 終能食甚[277]; 得非深榊[278]定水, 預沃魔山之巨力歟? 使折

「奚爲焉?」曰:「夫大壑之爲物也, 注焉而不滿, 酌焉而不竭, 吾將遊焉」苑風曰:「夫子無意於橫目之民乎? 願聞聖治」"

265 樵蹊(초혜) : 나무꾼이 다니는 좁은 길.

266 四迾 : 사방으로 막힘.

267 獄鳥 : 鸑(붉은 봉황)字의 誤書. 鸑은 '鳳之小者'를 지칭.

268 掀雲 : 구름 속에 높이 솟음.

269 靑衲 : 빛이 푸른 중의 옷. 轉하여 '승려'를 지칭.

270 黃巾 : 중국 후한 말에 張角을 頭領으로 하여 일어났던 流賊. 여기서는 '盜賊' 또는 '反政府 무장세력'을 지칭한다.『後漢書』권8,「孝靈帝記」"中平元年春二月, 鉅鹿人張角自稱黃天, 其部帥有三十六万, 皆著黃巾, 同日反叛. 安平·甘陵人各執其王以應之."

271 四注 : 사방으로 물을 대듯이 빙둘러 이어짐.『文選』권8, 司馬相如, 〈上林賦〉"高廊四注, 重坐曲閣."; 同注 "注猶帀也, 謂行帀於四邊也."

272 厭 : 누르다. '壓'과 통용됨.

273 化往 : '化住'의 잘못. '化往'(스님의 죽음)이라 했을 때 앞 뒤 문맥이 잘 통하지 않는다.

274 山甿(산맹) : 산중에서 火田을 일구어 먹고 사는 백성을 가리킴.

275 野冠 : 들도적. '冠'은 '寇'의 誤書임.

276 拒輪 : 螳螂拒轍과 같이 구르는 法輪(부처의 敎法을 비유한 말)에 마구 덤벼드는 것을 이름.

臂者[279]標義, 掘尾者[280]制狂, 開發之是四焉。

太傅大王, 以花風[281]掃弊, 慧海濡枯。素欽靈育之名, 渴聽法深之論, 乃注心鷄足, 灑翰鶴頭[282]以徵之, 曰:『外護小緣, 念[283]踰三際[284]。內修大惠, 幸許一來』大師感動琅函言及"勝因通世, 同塵[285]率土[286]", 懷玉[287]出山。轡織[288]迎途, 至憩足于禪院寺, 錫安信

---

277 食葚(식심) : 솔개가 오디를 먹고 목소리가 좋아졌다는 말. 곧 有德者에게 감화된 것을 비유. 『詩經』, 魯頌, 〈泮水〉 "翩彼飛鴞, 集于泮林, 食我桑葚, 懷我好音."

278 深斞(심구) : 깊숙이 (물을) 뜨다[挹].

279 折臂者 : 중국 禪宗의 第二祖 慧可의 '斷臂求法'의 故事 참조.

280 掘尾者 : 龍尾道를 파헤치려 했던 安祿山을 지칭한 말. 여기서는 안록산과 같이 無道한 도적을 가리킨다. 方勺, 『泊宅編』 "唐含元殿前, 道途詰曲宛轉, 狀如龍尾. 安祿山逆謀日熾, 每至殿前, 欲掘龍尾. 而恐渠異時, 反入長安, 又有如渠者掘之, 故睥睨久之, 終不掘."

281 花風 : 중국풍. '華風'과 같은 말. 「大崇福寺碑文」에도 "獻康大王, 德峻妙齡, 神淸遠體, …… 矧復性襲華風"운운하는 대목이 있다.

282 鶴頭 : 鶴頭書를 말함. 조정에서 부르는 문서의 첫머리에 썼던 글씨가 학의 머리와 비슷하였던 데서 생겨난 말이다. 漢나라 때는 '尺一簡'이라고도 하였다. 약칭 鶴書. 『文選』 권43, 孔稚珪, 〈北山移文〉 "務光及其鳴騶入谷, 鶴書赴隴." ; 同注 "蕭子良古今篆隷文體曰, 鶴頭書與偃波書, 俱詔板所用, 在漢則謂之尺一簡, 彷彿鵠頭, 故有其稱."

283 念 : 一念. 불교에서 극히 짧은 시간을 이르는 말. 『仁王經』 "一念中, 有九十刹那."

284 三際 : 한 해를 熱期·雨期·寒期의 세 계절로 나누는 인도의 습속에서 나온 말로, 1년을 이른다.

285 同塵 : 佛菩薩이 중생을 제도하기 위하여 자기의 본색을 감추고 인간계에 섞여 몸을 나타내는 일. 『老子』, 제56장 "知者不言, 言者不知. 塞其兌, 閉其門, 挫其銳, 解其紛, 和其光, 同其塵, 是謂玄門."

286 率土 : 나라 안의 모든 백성. 率土之民의 준말.

287 懷玉 : 성인은 굵은 베옷을 입고 품속에 보배를 품었다는 말. 『老子』, 제70장 "聖人被褐懷玉."

288 轡織 : 말고삐가 종횡으로 얽혀서 베를 짜는 듯하다는 말. 곧 處處에서

宿[289], 引問心于月池宮。時屬纖蘿不風[290], 溫樹[291]方夜; 適覩金波[292]之影, 端臨玉沼之心。大師俯而覘, 仰而告曰:『是卽是[293], 餘無言』上洸然忻契曰:『金仙[294]花目[295], 所傳風流, 固協於此』遂拜爲忘言師。及出, 俾藎臣[296]譬旨[297], 幸宜小停。答曰:『謂牛戴牛[298], 所直[299]無幾。以鳥養鳥[300], 爲惠不貲[301]。請從

車馬가 다투어 맞이한다는 말이다.『詩經』, 邶風, 〈簡兮〉"執轡如組."

289 信宿 : 二泊.

290 纖蘿不風 : 가느다란 담쟁이 넝쿨이 흔들릴 정도의 바람도 불지 않는다는 말.『文選』권12, 木華, 〈海賦〉"輕塵不飛, 纖蘿不動."

291 溫樹 : 溫室殿의 樹木. 온실전은 前漢 武帝 때 長樂宮 안에 세운 殿閣이다. 여기서는 至密之所를 이른다.『漢書』권81,「孔光傳」"…… 兄弟妻子燕語, 終不及朝省政事. 或問光, 溫室省中樹皆何木也? 光嘿不應, 更答以它語, 其不泄如是."

292 金波 : 고요한 달빛을 비유한 말. 또는 달빛에 비쳐 일어나는 황금 물결을 일컫기도 한다.『漢書』권22,「禮樂志」"月穆穆以金波, 日華燿以宣明."; 同注 "師古曰, 言月光穆穆, 若金之波流."

293 是卽是 : 앞의 '是'는 水月을, 뒤의 '是'는 心을 가리킨다. 李智冠(편역),『校勘譯註 歷代高僧碑文-新羅篇』(325쪽)에서는 "옳긴 옳습니다만 더 이상 드릴 말씀이 없습니다"고 번역하였고, 또 주석에서는 "앞의 是자는 金波를 가리킨 것이고 뒤의 是자는 玉沼의 중심인 靈知를 뜻한다"고 하였다. 문맥불통이다.

294 金仙 : 大覺金仙의 준말로 석가모니를 이름. 당나라 武宗이 佛號를 도교식으로 고쳐 불렀던 데서 비롯되었다.

295 花目 : 靑蓮華目의 준말. 佛家에서는 부처의 目相을 푸른 연꽃에 비유한다. 부처님의 三十二相 가운데 스물아홉 번째의 相이다.『維摩經』,「佛國品」"目淨修廣如靑蓮"; 同注 "肇曰, 天竺有靑蓮華, 其葉修而廣, 靑白分明, 有大人目相, 故以爲喩也."

296 藎臣(신신) : 忠君愛國하는 마음이 두터운 신하.『詩經』, 大雅, 〈文王〉"王之藎臣, 無念爾祖."

297 譬旨 : 임금의 뜻을 깨닫게 함. '譬'는 '깨우치다[曉]'의 뜻.

298 牛戴牛 : 길고 흠이 없는 쇠뿔로서 三色을 갖추었으며, 활을 만드는 재료로 쓰인다. 소가 소 한 마리 값을 따로 머리에 이었다는 의미이니, 이는

此辭, 枉之則折』 上聞之喟然, 以韻語歎曰:『施旣不留, 空門鄧侯[302]。師是支鶴[303], 吾非趙鷗[304]』 乃命十戒弟子宣教省副使馮恕行, 援送歸山。使待兎者離株[305], 羨魚者學網[306], 出處之是五焉。

在世行, 無遠近夷險; 未嘗代勞以蹄角[307]。及還山,

곧 값어치 있는 물건이나 사람에 비유된다. 『周禮』, 考工記, 〈弓人〉 "角長二尺有五寸, 三色不失理, 謂之牛戴牛." ; 同注 "三色本白中靑末豊. 鄭司農云, 牛戴牛, 角直一牛."

299 所直(소치) : 값나가는 바. 直는 '値'와 통용됨.

300 以鳥養鳥 : 새의 특성에 맞게 새를 기름. 『莊子』, 「至樂」 "昔者, 海鳥止於魯郊, 魯侯御而觴之於廟, 奏九韶以爲樂, 具大牢以爲膳. 鳥乃眩視憂悲, 不敢食一臠, 不敢飮一杯, 三日而死. 此以己養養鳥也, 非以鳥養養鳥也. 夫以鳥養養鳥者, 宜栖之深林, 遊之壇陸, 浮之江湖, ……"

301 不貲(부자) : 셀 수 없이 많음.

302 鄧侯 : 중국 晉나라 때 청렴한 관리로 유명했던 鄧攸를 이름.

303 支鶴 : 東晉 때의 高僧인 支遁이 鶴을 놓아준 故事. 『梁高僧傳』 권4, 「支道林傳」 "…… 有餉鶴者, 遁謂鶴曰 : 爾冲天之物, 寧爲耳目之翫乎?" ; 『世說新語』 권1, 「言語」 "支公好鶴, 住剡東峁山. 有人遺其雙鶴, …… 林曰 : 「旣有凌霄之姿, 何肯爲人作耳目近玩」 養令翮成, 置使飛去."

304 趙鷗 : 탑본에는 '超鷗'(속세를 초월한 갈매기)로 되어 있는데, 前句인 '支鶴'과 對偶를 이루려면 '趙鷗'(조나라의 갈매기)가 더 적절하다. 물론 의미가 달라지는 것은 아니다. 이 故事는 본디 『列子』에서 비롯되었다. 뒷날 중국 五胡十六國時代에 後趙의 임금이었던 石虎가 '海鷗鳥'라는 별명을 얻었던 데서 '趙鷗'라는 표현도 나오게 되었다. 『列子』, 「黃帝」 "海上之人, 有好漚(鷗)鳥者, 每旦之海上, 從漚鳥游, 漚鳥之至者, 百住而下止. 其父曰 : 「吾聞漚鳥, 皆從汝游, 汝取來! 吾玩之」 明日之海上, 漚鳥舞而不下也." ; 『世說新語』 권1, 「言語」 "佛圖澄與諸石(石勒 · 石虎)遊, 林公曰, 澄以石虎爲海鷗鳥."

305 待兎者離株 : 『韓非子』 「五蠹」 편의 '守株待兎' 故事에서 나왔다.

306 羨魚者學網 : 물고기를 탐내는 사람에게 그물 맺는 법을 배우게 함. 『漢書』 권56, 「董仲舒傳」 "古人有言曰, 臨淵羨魚, 不如退而結網." ; 同注 "師古曰, 言自當求之."

307 蹄角 : 마소[馬牛]를 이름. 馬蹄牛角의 준말.

氷霓[308]梗跋涉，乃以栟櫚步輿寵行；謝使者曰:『是豈井大春○所云人車耶? 顧英君[309]所不須，矧形毁[310]者乎? 然命旣至，受之爲濟苦具』及移疾[311]于安樂練居[312]，杖不能起，始乘之。使病病者了空[313]，賢賢者離執；用捨[314]之是六焉。

至冬抄[315]旣望之二日，趺坐晤言[316]之際，泊然[317]無常。嗚呼! 星廻上天，月落大海。終風吼谷，則聲咽

---

308 氷霓(빙예) : 氷雪의 잘못인 듯.

309 英君 : 俗人 가운데 英俊한 인물을 이르는 말.

310 形毁 : 본래의 형체가 훼상됨. 즉 머리털을 깎아버린 승려의 모습을 이른다. 『梁高僧傳』 권5, 「釋道安傳」 "僕射權翼諫曰, 臣聞天子法駕, 侍中陪乘, 道安毁形, 寧可參厠?"

311 移疾 : 질병으로 인해 거처를 옮기는 일. 방위에 따라 厄이 온다는 俗信에서 비롯되었다. '避病' 또는 '避接'과 같은 말.

312 練居 : 練若(阿練若)의 誤書인 듯. 蘭若(阿蘭若)라고도 한다. '遠離處' 또는 '蘭靜處'라고 번역되며, 시끄러움이 없는 한적한 곳을 말한다. 여기서는 절을 가리킨다.

313 使病病者了空 : 병을 병으로 여기는 사람에게 空함을 깨닫도록 함. 즉, 대사의 병을 근심하는 임금에게 病이 본래 空한 것임을 깨닫게 한다는 말이다. 모든 중생은 四相(生·老·病·死)의 고통에서 초탈할 수 없는 존재임에도, 이를 자연스럽게 받아들이지 않고 병을 근심하는 것은 부질없는 일이라는 뜻이 담겨 있다.
【참고】 여기서 '病病'은 '자기의 병통(결점 또는 잘못)을 병되게 여긴다'는 뜻이 아니다. 『老子』 제71장에서 "夫唯病病, 是以不病"이라 한 것이라든지, 『桂苑筆耕集』 권15, 「上元齋詞」에서 "…… 是以早詳病病之言, 每勵賢賢之行"이라 할 때의 '病病'의 의미와는 다르다.

314 用捨 : 취할 것은 취하고 버릴 것은 버림. '取捨'와 같은 말이다. '用捨行藏' 즉 進退 또는 出處의 뜻과 다르다.

315 冬抄 : 冬杪. 겨울의 끝달. 곧 12월을 이른다.

316 晤言 : 마주 대하고 이야기하는 것. 『詩經』, 陳風, 〈東門之楊〉 "彼美淑姬, 可與晤言."

317 泊然 : 조용한 모양.

虎溪[318]; 積雪摧松, 則色侔鵠樹[319]。物感斯極, 人悲可量。信[320]而假殯于賢溪, 其日[321]而遂窆于曦[322]野。太傅王馳醫問疾, 降馹營齊[323]。不暇無偏無頗[324], 能諧有始有卒。特敎菩薩戒弟子建功鄕令金立言, 慰勉諸孤[325], 賜謚智證禪師, 塔號寂照。仍許勒石, 俾錄狀聞; 門人性蠲·敏休·楊孚·繼徽等, 咸得鳳毛[326]者, 斂陳迹以獻。

至乙巳歲, 有國民媒儒道, 嫁帝鄕, 而名掛輪中[327], 職攀柱下[328]者, 曰崔致遠。捧漢后[329]龍緘[330], 齎淮

318 虎溪 : 중국 廬山에 있는 시내 이름. 『蓮社高賢傳』, 〈陸修靜〉 "遠法師居東林, 其處流泉匝寺下入虎溪. 昔慧遠法師, 每送客過此, 輒有虎號鳴, 因名虎溪. 后送客未嘗過, 獨陶淵明與修靜, 至語道契合, 不覺過溪, 因相與大笑. 世傳爲三笑圖."

319 鵠樹 : 석가가 入滅할 때 흰색으로 변했다는 沙羅雙樹를 말함. 鶴樹 또는 鶴林, 雙林이라고도 한다.

320 信 : 信宿(二泊)의 준말.

321 其日 : 전후 對偶로 보아 '朞'라야 한다. 朞는 1년 뒤의 바로 그 날이니 곧 1周忌라는 말이다.

322 曦 : 탑본에는 '羲'로 되어 있다. 曦陽山을 가리키는 것이므로 '曦'자가 옳다. 획수를 줄여 새기고자 '羲'자를 쓴 것 같다.

323 營齊 : 齋를 지냄. 齊는 '齋'와 통용됨.

324 無偏無頗 : 공평하지 않음이 없고 바르지 않음이 없음. 『書經』, 周書, 〈洪範〉 "無偏無陂, 遵王之義." ; 同注 "偏不平, 陂不正. 陂音秘, 舊本作頗."

325 諸孤 : 父喪을 당한 여러 아들(孤子). 지증대사의 여러 제자들을 비유한 말.

326 鳳毛 : 文才가 있는 사람을 비유한 말. 『南齊書』 권36, 「謝超宗傳」 "王母殷淑儀卒, 超宗作誄奏之, 帝大嗟賞曰 : 「超宗殊有鳳毛, 恐靈運復生」"

327 輪中 : 桂輪(달)의 준말. 科擧에 급제한 사람의 名簿를 '桂籍'이라 한다.

328 柱下 : 周代의 벼슬 이름인 柱下史. 秦代 이후 侍御史로 개칭되었다. 여기서는 撰者 최치원이 侍御史에 올랐던 것을 이른다.

329 漢后 : 당나라 황제(僖宗)를 지칭.

330 龍緘 : 천자의 詔書를 이름.

王[331]鵠弊[332]; 雖慙鳳擧[333], 頗類鶴歸[334]。上命信臣淸信者陶竹陽授門人狀, 賜手敎曰: 『縷褐[335]東師, 始悲遷化[336], 繡衣西使, 深喜東還。不朽之爲, 有緣而至; 無悋外孫之作[337], 將酬大士[338]之慈!』臣也雖東箭[339]非材, 而南冠[340]多幸。方思運斧[341], 遽値號

---

331 淮王 : 神仙術을 몹시 좋아했던 淮南王 劉安을 말함(『史記』 권118, 「淮南王傳」). 여기서는 역시 仙道에 심취하였고 淮南節度使를 지냈던 高駢에 비유되었다.

332 鵠幣 : 高駢이 최치원에게 禮物로 준 衣緞을 말함. 『계원필경집』 권20, 「行次山陽, 續蒙太尉寄賜衣緞, 令充歸覲, 續壽信物, 謹以詩謝」 참조.

333 鳳擧 : 봉새의 擧止. 봉새는 東方 君子國에서 나와 四海之外를 飛翔한다고 한다. 『說文解字』 "鳳出於東方君子之國, 翶翔四海之外過昆侖, 飮砥柱濯羽溺水, 莫宿風穴, 見則天下大安寧."

【참고】 일부 註解本에서는 예부터 봉새에 대해 '天時를 아는 새'로 일컬어 온 점에 착안, "孤雲이 지증대사의 生時에 귀국하지 못했기 때문에 鳳擧에 부끄럽다고 했다", 또는 "고운이 신라의 存亡을 알지 못하고 귀국하였기 때문에 부끄럽다고 했다"라고 풀이하고 있다. 이는 전후 문맥에 비추어 적절한 해석이라고 보기 어렵다.

334 鶴歸 : 중국 漢나라 때 遼東 사람인 丁令威가 靈虛山에서 仙術을 배우고 鶴으로 化하여 다시 遼東으로 돌아왔다는 '丁令威化鶴' 또는 '鶴歸遼海'의 故事. 陶潛, 『搜神後記』, 권1 "丁令威, 本遼東人. 學道于靈虛山, 後化鶴歸遼集城門華表柱. 時有少年, 擧弓欲射之, 鶴乃飛, 徘徊空中而言曰 : 「有鳥有鳥丁令威, 去家千年今始歸, 城郭如故人民非, 何不學仙冢纍纍」 遂高上冲天."

335 縷褐 : 남루한 베옷. 僧衣. 여기서는 승려를 지칭한다.

336 遷化 : 高僧의 죽음을 이름. 곧 이 세상의 교화를 마치고 다른 세상의 衆生을 교화하러 간다는 뜻이다.

【참고】 '遷化'가 앞의 '東還'과 완벽한 對偶를 이루려면 '西化'로 되어야 할 듯하다.

337 外孫之作 : 좋은 작품을 이르는 말. 外孫은 女의 子이니 두 글자를 합치면 곧 '好'의 뜻이다. 大崇福寺碑의 '八字之褒'에 대한 풀이 참조.

338 大士 : 범어 'Maha - sattva'를 번역한 것. 開士라고도 하며, 音譯으로는 摩訶薩이라고 쓴다. 佛菩薩의 통칭 또는 大菩薩의 의미로 사용된다.

339 東箭 : 중국 동부의 會稽 지방에서 생산되는 竹箭. 본디 훌륭한 武人을 비

弓[342]。況[343]復國重佛○[344], 家藏僧史; 法碣相望, 禪碑

유하는 말. 여기서는 東人의 의미로 사용되었다. 『晉書』 권76, 「虞潭顧衆傳, 贊」 "顧實南金, 虞惟東箭."

【참고】 『桂苑遺香』에서는 "晉書中東箭南金之說, 取其物産之至美, 比諸人才之鍾出也, 非以文武論之也"라고 하여, 東箭과 南金을 文·武로 논하는 것을 잘못이라고 하였다.

340 南冠 : 중국 남방 초나라 사람이 쓰는 冠. '南冠而縶者'의 故事에서 나온 말. 晉나라 景公이 楚나라 관을 쓴 죄수를 보고 그가 衣冠을 바꾸지 않음을 가상히 여겨 풀어 주면서 家業에 대해 물었다. 이에 그는 "선조 때부터 음악가로 내려왔으며 다른 일은 결코 하지 않았습니다"고 했으며, 거문고를 주자 南國의 음악을 연주했다. 또 초나라 임금에 대해서 묻자 "소인이 알 바 아닙니다"고 하였으며, 억지로 캐묻자 태자 시절의 일만 말하였다. 이를 들은 景公은 "초나라 포로는 훌륭한 인물이로다. 선조의 유업을 물리치지 않았으니 이는 仁이요, 모국의 풍습을 잊지 않았으니 이는 信이며, 임금을 위해 현재의 일을 말하지 않고 제 몸의 이익을 돌보지 않았으니 이는 忠이라"고 칭찬하면서, 그를 후히 대접하고 초나라로 돌려보내 양국의 和平을 도모하도록 했다 한다. 『春秋左氏傳』, 成公 9년 "晉侯觀于軍府, 見鍾儀, 問之曰 : 「南冠而縶者, 誰也?」 有司對曰 : 「鄭人所獻楚囚也」 使稅之, 召而弔之. ……"

341 運斧 : '運斤成風'의 故事에서 나온 말. 마음껏 재주를 부리는 것을 이른다. 『莊子』, 「徐無鬼」 "郢人堊漫其鼻端, 若蠅翼. 使匠石斲之, 匠石運斤成風, 聽而斲之, 盡堊而鼻不傷."

342 號弓 : 黃帝의 昇天故事에서 나온 말로 임금의 승하를 이름. 옛날 黃帝가 荊山에서 용을 타고 승천할 때 群臣과 後宮 등 70여 명이 同乘했으며, 그 밖의 小臣들도 黃帝를 따르고자 용의 수염을 붙들었다가, 그만 수염이 뽑혀져 버렸고 황제의 활도 떨어졌다. 이에 여러 백성들이 황제가 하늘로 올라가는 것을 보고는 그의 활과 용의 수염을 끌어안고 대성통곡하였다 한다. 『史記』 권12, 「孝武本紀」 "黃帝采首山銅, 鑄鼎於荊山下, 鼎旣成, 有龍垂胡髥, 下迎黃帝. 黃帝上騎, 群臣後宮從上龍七十餘人, 龍乃上去. 餘小臣不得上. 乃悉持龍髥, 龍髥拔, 墮黃帝之弓. 百姓仰望, 黃帝旣上天. 乃抱其弓與龍胡髥號. 故後世因名其處曰鼎湖, 其弓曰烏號."

【참고】 大崇福寺碑에 나오는 '跨龍荊峀 遽泣龍髥'의 註 참조.

343 況 : 더욱 더

344 ○ : 탑본에는 없으나, 뒤에 오는 '家藏僧史'와 대구임을 감안할 때 한 자가 빠졌음을 알 수 있다. 대부분의 사본에서는 '國重佛書'로 되어 있어 본서에서도 이에 따랐다.

最多。遍覽色絲[345]， 試搜殘錦[346]， 則見無去無來之說, 競把斗量; 不生不滅之譚, 動論車載[347]; 曾無魯史新意[348]， 或用同公[349]舊章[350]。是知石不能言[351]， 益驗道之云遠。唯懊師化去[352]早, 臣歸來遲。霙霴字[353]

---

345 色絲 : 색실. 아름다운 문장을 비유한 말.

346 殘錦 : 낡은 비단[殘練]. 진부한 문장을 비유한 말.

347 車載 : 수레에 실을 정도로 많다는 뜻. 수가 많은 것을 비유한 말로서 '車載斗量'의 故事에서 나왔다. 『三國志』 권47, 吳書, 〈吳主權傳, 注〉 "趙咨使魏, 文帝曰 : 「吳如大夫者幾人?」 咨曰 : 「聽各特達者七八十人, 如臣輩車載斗量, 不可勝數」"

348 魯史新意 : 春秋의 史外傳心之要를 이르는 말. 『文選』 권45, 杜預, 〈春秋左氏傳序〉 "…… 有史所不書, 卽以爲義者, 此蓋春秋新意."

349 同公 : '周公'의 誤書.

350 周公舊章 : 공자가 『春秋』를 纂修할 때, 魯나라 史官이 策에 기록한 것을 토대로 하여, 그 書法의 眞僞를 고찰하고 전통적인 방법이나 典禮에 입각하여 다시 고쳐 썼으며, 또 위로는 周公의 遺制를 따르고 아래로는 앞으로 지켜야 할 법을 분명히 제시하였다는 데서 온 말. 杜預, 「春秋左氏傳序」 "仲尼因策書成文, 考其眞僞, 而志其典禮. 上以遵周公之遺制, 下以明將來之法."

351 石不能言 : 돌(비석)은 말을 하지 못한다는 뜻. 『春秋左氏傳』, 昭公 8년 "石言于晉魏楡. 晉侯問於師曠曰 : 「石何故言?」 對曰 : 「石不能言, 或馮焉. 不然, 民聽濫也. 抑臣又聞之, 曰 : 〈作事不時, 怨讟動于民, 則有非言之物而言〉, 今宮室崇侈, 民力彫盡, 怨讟竝作, 莫保其性, 石言不亦宜乎?」"

352 化去 : 스님의 죽음을 이름.

353 霙霴字 : 『法華靈驗傳』에 나오는 故事. 옛날에 어떤 沙彌가 『법화경』 「藥草喩品」에 나오는 '霙霴'라는 두 글자를 늘 잊으므로, 그 스승이 책망하였는 바, 스승의 꿈에 한 스님이 나타나 말하기를, "沙彌가 전생에 가졌던 『법화경』에 그 두 글자가 좀이 먹었기 때문에 항상 잊는 것이다"고 하였다는 故事. 『法華靈驗傳』 卷下, 「難通二字」 "釋某失其名, 住秦郡東寺. 有沙彌誦法華經, 甚通利, 惟到藥草喩品霙霴二字, 隨教隨忘, 如是至千. 師苦嘖(謫)之曰 : 「汝法華一部, 熟利如此, 豈不能作意憶此二字耶?」 師夜夢見一僧謂之曰 : 「汝不應嘖! 此沙彌前生寺側東村, 受優婆夷身, 本誦法華一部. 但其家法華當時藥草喩品, 白魚食去霙霴二字. 于時經本无此二字, 爲其今生新受習未成耳」"

誰告前因[354], 逍遙義[355]不聞眞決[356]。每憂傷手[357], 莫悟伸拳[358]。歎時則露往霜來, 遽淍愁鬢; 談道則天高地厚, 塵腐頑毫[359]。將諧汗漫之遊[360], 始述崆峒之

354 前因 : 탑본에는 '前日'로 되어 있으나, 文義上으로 '前因'이 더 적절할 듯하다. 여러 註解本에는 모두 '前因'으로 되어 있다.

355 逍遙義 : 逍遙園에서의 說法. 지증대사가 月池宮에서 임금에게 설법한 것을 비유한 말이다. 逍遙園은 중국 陝西省(섬서성)에 있는 禪院이다. 일찍이 서역의 스님 鳩摩羅什이 長安에 왔을 때 後秦의 임금 姚興이 여러 沙門들과 함께 이곳에서 什의 설법을 들었다고 한다. 『梁高僧傳』 권2, 「鳩摩羅什傳」 "後秦姚興時, 鳩摩羅什至長安. 姚興如逍遙園, 引諸沙門, 聽什說佛經."

356 眞決 : '眞訣'의 誤書.

357 傷手 : 도편수를 대신하여 목수일을 하는 사람치고 손을 다치지 않은 이가 드무니, 이는 솜씨가 서투르기 때문이라는 말. 『老子』, 제74장 "夫代大匠斲者, 希有不傷其手矣." ; 『淵鑑類函』, 柳冕, 〈謝杜相公書〉 "愧無運斤之妙, 徒有傷手之責."

358 莫悟伸拳 : 주먹을 펴고 쥐었던 구슬을 전해 주었던 것과 같은 '宿世의 인연'을 깨닫지 못했다는 말. 禪宗의 인도 二十八祖 중 제25조인 婆舍斯多尊者가 태어나면서부터 왼쪽 주먹을 꽉 쥐고 펴지 않자, 어느 날 그의 아버지가 師子尊者(印度禪宗 제24조)에게 아들을 데리고 가서 주먹을 펴게 해 달라고 청하였다. 이에 師子 존자가 婆舍斯多의 손을 잡고 "내 구슬을 돌려줄 수 있겠느냐?"고 하자, 이내 주먹을 펴고 구슬을 건네주었다. 뒷날 師子 존자는 婆舍斯多에게 傳燈하였다. 이 故事는 곧 禪宗에서의 '傳燈'과 관련하여 '宿世의 인연'을 강조한 좋은 예라 하겠다. 『景德傳燈錄』 권2, 「第二十四祖 師子比丘傳」 "第二十五祖婆舍斯多, 母夢得神珠, 因而有孕. 旣誕拳左手, 其父引其子, 問師子曰 : 「此子當生, 便拳左手. 今旣長矣, 而終未能舒, 願示其宿因」 師子卽以手接曰 : 「可還我珠?」 童子遽開手奉珠, 衆皆驚異."

【참고】『桂苑遺香』·『文昌集』 등에서는 前句인 '每憂傷手'와 연관시켜 "매양 손을 다칠까봐 걱정한 나머지 주먹 펴는 것을 깨닫지 못하였다"고 풀이하였다. 즉 '지증대사의 비문 짓는 일에 선뜻 착수하지 못했다'는 말로 이해하였다. 그러나 앞서 '唯懊師化去早, 臣歸來遲, 甕鏤字誰告前因'云云한 것이라든지, 또 헌강왕이 '不朽之爲, 有緣而至'라고 한 것 등에 비추어 보면, 婆舍斯多의 故事와 관련시켜 이해하는 것이 더 적절할 듯하다.

359 頑毫 : 끝이 닳은 몽당붓. 禿筆.

美[361]。

有門人英爽，來趣[362]受辛[363]；金口[364]是資，石心彌固。忍踰刮骨[365]，求甚刻身；影伴八冬[366]，言資三復[367]。抑六異六是之屬辭無媿，賈勇有餘[368]者；實乃大師內蕩六魔[369]，外除六蔽，行苞六度[370]，坐證六通[371]故也。事譬採花[372]，文難削藁[373]；遂同榛楛勿

---

360 汗漫之遊 : 얽매임이 전혀 없는 자유로운 놀음. 『淮南子』, 「道應訓」 "盧敖游乎北海, 見一士焉. …… 士曰 : 「吾與汗漫, 期于九垓之外」"; 同注 "汗漫, 不可知之也. 九垓, 九天之外."

361 崆峒之美 : 崆峒山의 아름다움. 지증대사의 景行을 비유한 말이다.

362 趣(촉) : 재촉함. '促'과 통용됨.

363 受辛 : '辭'의 破字.

364 金口 : 말을 삼가야 한다는 '金人三緘'의 故事. 『孔子家語』, 「觀周」 "孔子觀周. 遂入太祖后稷之廟, 右階之前, 有金人焉; 參緘其口, 而銘其背曰 : 古之愼言人也, 戒之哉! 戒之哉!"

365 刮骨 : 뼈를 긁어내는 것. 일찍이 關羽가 毒矢를 맞고 醫員에게 수술을 받을 때, 독을 제거하기 위해 뼈를 긁어내는데도 諸將들과 飮食相對하면서 조금도 고통스러운 기색을 나타내지 않았다는 고사에서 나왔다. 『三國志』 권36, 「關羽傳」 "羽嘗爲流矢所中, 貫其左臂, 後創雖愈, 骨常疼痛, 醫曰 : 「矢鏃有毒, 毒入于骨, 當破臂作創, 刮骨去毒, 然後此患乃除耳」 羽便伸臂令醫劈之. 時羽適請諸將飮食相對, 臂血流離, 盈於盤器, 而羽割炙引酒, 言笑自若."

366 八冬 : 8년을 이름. '一冬'은 1년을 일컫는 말이다. 崔致遠, 「遣宿衛學生首領等入朝狀」 "學期四術, 限以十冬."(『崔文昌侯全集』, 57쪽)

367 三復 : 南容이 하루에 세 번씩 '白圭之玷'의 시를 읊었다는 '三復白圭'의 故事. 『論語』, 「先進」 "南容三復白圭, 孔子以其兄之子妻之."

368 賈勇有餘(고용유여) : 용기가 넘쳐 남에게 팔만함. 餘勇可賈. 『春秋左氏傳』, 成公 2년 "齊高固曰, 欲勇者, 賈余餘勇."; 同注 "賈, 賣也. 言己勇有餘, 欲賣之."

369 六魔 : 六塵.

370 六度 : 六婆羅蜜.

371 六通 : 六神通.

372 事譬採花 : 事跡을 형용하는 것은, 마치 벌이 꽃에서 꿀을 캐 가되, 꽃의

翦[374], 有慙糠粃在前[375]。跡追蘭殿[376]之遊, 誰不仰月池佳對。偈效柏梁[377]之作, 庶幾騰日域[378]高譚。其詞曰:

麟聖[379]依仁仍據德[380]

色과 香을 손상시키지 않고 단지 그 단맛만을 취해 가듯이 해야 한다는 말. 『四分律比丘戒本末』「第三毘葉羅如來 戒經頌」"譬如蜂採花, 不壞色與香, 但取其味去."

373 削藁(삭고) : 초고를 없애는 것. 옛 사람들은 章奏文 또는 書簡文이 완성되면, 이를 임금에게 올리거나 상대방에게 보낸 뒤 초고를 없애버렸다. 이는 누설을 막기 위함이었다고 한다. 『漢書』 권81, 「孔光傳」"時有所言, 輒削草藁."; 同注 "服虔曰, 言已繕書, 輒削壞其草."; 『文選』 권36, 任昉, 〈宣德皇后令一首〉"文擅雕龍, 而成輒削藁."

374 榛楛勿翦(진호물전) : 가시나무를 쳐내지 않음. 『文選』 권17, 陸機, 〈文賦〉"亦蒙榮於集翠, 彼榛楛之勿翦."

375 糠粃在前 : 곡식 등을 키[箕]에다 담고 까불면, 겨와 쭉정이가 앞에 남는다는 뜻. 비문에 알맹이가 없음을 이른다. 『世說新語』 권6, 「排調」"王文度·范榮期, 俱爲簡文所要. 范年大而位小, 王年小而位大. 既移久, 王遂在范後, 王因謂曰 : 簸之揚之, 穅秕在前. 范曰 : 沙之汰之, 砂礫在後."

376 蘭殿 : 椒香이 薰薰한 궁전, 또는 산초나무 열매를 섞어 벽을 바른(椒壁) 궁전. 원래는 后妃가 거처하는 宮殿을 가리키는 말이었으나, 여기서는 궁궐의 汎稱으로 사용되었다. 『文選』 권58, 顔延之, 〈宋文皇帝元皇后哀策文〉"蘭殿長陰, 椒塗弛衛."; 同注 "向曰, 蘭殿椒塗, 后妃所居也. 言蘭殿, 取其香也. 椒塗以椒塗室也."

377 柏梁 : 漢武帝가 柏梁臺에서 七言聯句를 짓도록 했던 故事. 이 七言聯句가 이른바 '柏梁體'로, 七言詩의 起源이다. 『三輔黃圖』 권5, 「臺榭」"帝(附註 : 漢武帝)嘗置酒其上(附註 : 柏梁臺), 詔群臣和詩, 能七言詩者乃得上."

378 日域 : 해 뜨는 곳. 여기서는 신라를 지칭. 『文選』 권9, 揚雄, 〈長楊賦〉"東震日域."; 同注 "日域, 日出之處也."

379 麟聖 : 孔子를 말함. 공자가 태어나기 전에 기린이 玉書를 토하였다는 전설(麟吐玉書)에서 비롯된다. 王嘉, 『拾遺記』"夫子未生時, 有麟吐玉書于闕里人家. 文云 : 水精之子, 繼衰周而素王. …… 徵在賢明, 知爲神異, 乃以繡紱繫麟角, 信宿而麟居."

380 依仁據德 : 『논어』, 「述而」"子曰, 志於道, 據於德, 依於仁, 游於藝"에서 인

鹿仙[381]知白能守黑[382]
二教徒稱天下式
螺髻眞人[383]難确力[384]
十萬里外鏡西域
一千年後燭東國
雞林地在鰲山[385]側
仙儒自古多奇特
可憐羲仲[386]不曠職[387]
更迎佛日辨空色
教門從此分階墄
言路因之理溝洫[388]

용한 말.

381 鹿仙 : 老子를 가리킴. 노자의 아버지가 사슴을 탄 仙人이 집에 들어오는 꿈을 꾼 뒤 노자를 孕胎하였다는 故事에서 나왔다. 王嘉, 『拾遺記』 "老子父姓名韓乾, 夜夢日精敷野, 而仙人駕鹿入室, 與上洋朱氏特豬婢子, 合孕而生, 故曰鹿仙."

382 知白守黑 : 『老子』 제28장 "知其白, 守其黑, 爲天下式"에서 인용한 말.

383 螺髻眞人 : 부처를 이르는 말. 佛頭가 소라 껍질 모양인 데서 비롯되었다. '螺髻仙人'이라고도 한다.

384 難 : 근심하다(나무라다).

385 鰲山 : 큰 자라 열다섯 마리가 머리로 떠받치고 있다고 하는 바다 속의 산. 渤海의 동쪽에 있으며 神仙이 산다고 한다. 여기서는 위 전설상의 산 이름과 같은 金鰲山, 즉 경주 南山을 가리킨다. 『列子』, 「湯問」 "渤海之東, 有大壑焉. 其中有五山, 而五山之根, 無所連著, 常隨波上下往遠. 帝恐流于西極, 使巨鰲十五擧首戴之, 五山始峙."

386 羲仲 : 堯임금의 신하. 東方을 맡아 다스리는 관직에 임명되었다. 여기서는 우리나라 임금을 가리킨다. 『書經』, 虞書, 〈堯典〉 "分命羲仲, 宅嵎夷."

387 曠職 : 직책을 다하지 않음.

388 溝洫(구혁) : 田畓 가운데의 봇도랑(水路). 轉하여 널리 뻗은 것을 뜻함. 『文選』 권4, 左思, 〈蜀都賦〉 "溝洫脉散, 疆里綺錯."

身依兎窟[389]心難息
足蹋羊岐[390]眼還惑
法海安流眞叵測
心得眼訣苞眞極
得之得類罔象[391]得
默之默異寒蟬[392]默
北山義與南岳陟
垂鵠翅與展鵬翼
海外時來道難抑
遠流禪河無雍塞[393]
蓬托麻中能自直[394]

---

389 兎窟 : 토끼가 사는 굴. 隱者가 거처하는 곳을 비유한 말. 본래는 교활한 토끼가 三窟을 두어 外禍를 피한다는 故事에서 나왔다. 『戰國策』, 「齊策」 "馮諼曰, 狡免有三窟, 僅得免其死耳. 今君有一窟, 未得高枕而臥也. 請爲君復鑿二窟."

390 羊岐 : 楊子의 이웃 사람이 양을 잃어버렸는데, 갈림길 속에 또 갈림길이 있어 찾지 못했다는 故事. 敎宗의 言說이 많아 진리를 얻기 어렵다는 뜻으로 사용한 것이다. 『列子』, 「說符」 "楊子之隣人亡羊, 旣率其黨, 又請楊子之豎追之. 楊子曰 : 「噫! 亡一羊, 何追者衆?」 隣人曰 : 「多岐路」 旣反, 問 : 「獲羊乎?」 曰 : 「亡之矣」 曰 : 「奚亡之?」 曰 : 「岐路之中, 又有岐焉. 吾不知所之, 所以反也」"

391 罔象 : 형상이 없다는 말. 곧 無心의 뜻. 말 없는 가운데의 말은 無心으로 찾을 수 없다는 말이다. 『莊子』, 「天地」 "黃帝遊乎赤水之北, 登乎崑崙之丘, 而南望還歸, 遺其玄珠, 使知索之而不得, 使離朱索之而不得, 使喫詬索之而不得也. 乃使象罔, 象罔得之. 黃帝曰 : 「異哉! 象罔乃可以得之乎」"

392 寒蟬 : 울지 않는 수매미. 寂默하게 사는 것을 비유한다. 『後漢書』 권67, 「杜密傳」 "劉勝位爲大夫, 見禮上賓, 而知善不薦, 聞惡無言, 隱情惜己, 自同寒蟬, 此罪人也." ; 同注 "寒蟬, 謂寂默也."

393 雍塞 : 막혀서 통하지 않음. '雍'은 '壅'과 소字.

394 蓬托麻中能自直 : 다북쑥도 삼대 속에서는 절로 곧게 자란다는 말. 지증

珠探衣內休傍貸[395]
湛若[396]賢溪善知識
十二因緣匪虛飾
何用攀緪兼拊杙[397]
何用舐筆及含墨[398]
彼或遠學來匍匐[399]

대사가 중국에 유학하고 돌아온 여러 禪師들의 영향을 받아 스스로 禪道를 펼칠 수 있었다는 뜻이다. 『荀子』, 「勸學」 "蓬生麻中, 不扶而直."

395 休傍貸 : 옆(中國)에서 빌리는 것을 그만둠. '貸(특)'은 '貣'과 통용됨.

396 湛若 : 湛然自若함.

397 拊杙(부익) : 말뚝을 박음.

398 舐筆及含墨 : 종이에게 붓을 핥고 먹물을 머금게 함. 즉 文字를 빌어서 得道하는 것을 이른다. 『莊子』, 「田子方」 "舐筆和墨."

399 匍匐 : 힘을 다함.

【참고】 이 '匍匐' 一句는 어떻게 해석하느냐에 따라 의미하는 바가 달라진다. 이 '匍匐'이란 문구는 『詩經』과 『莊子』에 나온다. 먼저 『시경』 邶風, 〈谷風〉에서 '凡民有喪, 匍匐救之'라 하고, 鄭箋에서는 匍匐이란 '힘을 다한다'는 뜻이라고 풀이하였다. 최치원이 『시경』에서 '匍匐'의 典故를 인용하였다고 한다면, 중국에 遊學한 여러 禪師들이 故國 신라의 喪性한 衆生을 구제하기 위해 힘을 다해 돌아왔다는 비유가 될 것이다. 다음, 『莊子』 「秋水」편 '邯鄲之步'의 故事에 '匍匐'이란 말이 나온다. 이는 燕나라의 한 소년이 趙나라의 서울 邯鄲(한단)에 가서 서울 사람들의 閒雅한 걸음걸이를 배우다가 아직 익숙하기도 전에 고향에 돌아갔으므로, 서울 사람들의 걸음을 제대로 걷지 못하고, 예전의 걸음걸이도 잊어버렸다는 故事이다. 莊子는 '한단지보'의 故事를 통해 자기의 본분을 잊고 무턱대고 남의 것을 선호하는 세태를 꼬집었다. 이 『장자』에 나오는 '匍匐'을 인용했다면, 이 '匍匐' 一句는 "저 멀리 유학했던 사람들이 올 때는 (자기의 것을 잊고) 기어서 돌아오지만, 나는 국내에 靜坐해 있으면서 능히 魔賊을 물리쳤다"는 의미가 될 것이다. 이처럼 두 가지 해석이 가능하기 때문에, 어느 쪽을 따라야 할 것이냐 하는 논란이 있게 된다. 金知見은 이 대목에 대한 종래의 해석이 잘못되었다고 비판하면서, 『장자』의 이른바 邯鄲之步 故事에 근거하여 풀이해야 될 것이라고 주장하였다. 그래야 최치원의 투철한 東人意識에도 합치된다는 것이다(『四山碑銘集註를 위

我能靜坐降魔賊[400]
莫把意樹[401]誤栽植
莫把情田[402]枉稼穡
莫把恒沙論萬億
莫把孤雲定南北
德馨四遠聞詹蔔[403]
惠化[404]一方[405]安社稷
面奉天花[406]飄縷裓[407]

한 硏究』, 29~30쪽 참조). 그런데 본 碑銘의 前後 내용과 연결시켜 볼 때, 김지견의 주장과 같이 풀이하는 데는 모순이 있다. 최치원은 同 碑銘에서, "다북쑥이 삼대에 의지하여 스스로 곧을 수 있었고, 구슬을 내 몸에서 찾음에 이웃에서 빌리는 것을 그만두었다(蓬托麻中能自直, 珠探衣內休傍貸)"고 하였다. 이 구절에서 다북쑥은 지증대사에, 삼대는 도의·홍척 등 禪門形成의 선구자들에게 비유되었다. 지증대사는 이미 前輩가 이루어 놓은 여건의 성숙에 힘입어 중국에 유학을 가지 않고서도 능히 마음의 본체를 바르게 할 수 있게 되었다는 것이다. 이로써 본다면, 당시의 무분별한 유학 풍조, 事大主義 풍조를 비판하는 의미에서 '匍匐'의 故事를 사용한 것이라고 하기엔 무리가 아닐 수 없다. 더욱이 최치원의 「遣宿衛學生首領等入朝狀」에 보이는 '匍匐以投仁'이라는 구절로 보더라도 前者의 의미로 풀어야 될 것이다.

400 魔賊 : 欲界第六天의 魔軍을 가리킴. 佛道를 방해하는 일체의 惡事를 비유하여 일컫는 말이다. 부처가 成道할 때 欲界第六天의 魔王이 모든 眷屬을 거느리고 와서 그를 방해하니, 부처가 神力으로써 모조리 항복시켰다고 한다. 『法華經』, 「化城喩品」 "其佛坐道場, 破魔軍已."

401 意樹 : 意念의 나무. 사람의 意念이 과실나무와 같다는 비유다. 意念의 如何에 따라 善果나 惡果가 열린다는 말이다.

402 情田 : 인간의 情欲을 田地에 비유한 것. 『禮記』, 「禮運」 "人情以爲田."

403 詹蔔(첨복) : 薝蔔의 잘못. 빛이 희고 향내가 좋은 치자나무의 꽃.

404 惠化 : 지혜로써 교화함. '惠'는 '慧'와 통용.

405 一方 : 海東一方을 말함(『桂苑遺香』).

406 天花 : 『法華經』 「分別功德品」에 나오는 전설적인 靈迹. 부처가 佛法을 講할 때 玄妙精微한 대목에 이르러서 하늘에서 曼陀羅花의 꽃비를 내렸다

心憑水月呈禪拭[408]
家副[409]佳錦[410]誰入棘
腐儒玄杖[411]慙摘埴[412]
跡耀寶幢名可勒
才輸[413]錦頌文難織
囂腹[414]欲飫禪悅食
來向山中看篆刻

는 故事다. 이후 佛門의 靈迹을 말할 때 자주 인용되었다. 여기서는 임금께서 내린 御札(天賜華翰)에 비유되었다.

407 縷裓(누극) : 누더기(修道僧의 옷차림).

408 禪拭 : 禪門에서 이른바 마음을 씻어내는 '拭心說法'을 말함.

409 家副 : 『海雲碑銘註』 등에서는 '霍副'라 판독하고 "아마도 옛날 貧者의 이름일 것"이라고 추정하였다. 文理에 맞지 않는 판독이요 해석이다. '家副' 아니면 '家嗣'로 판독된다. '副'와 '嗣'는 字體가 서로 비슷하여 단정하기는 어렵지만, 의미는 둘 다 같다. 家副나 家嗣 둘 다 '집안의 代를 이을 사람'이라는 뜻이기 때문이다. 이는 지증대사가 獨子였기 때문에 그의 어머니가 집안을 보존할 주인이 없음을 생각하여 出家를 허락하지 않았던 사실과도 합치한다.

410 佳綿 : 좋은 비단. 轉하여 부유한 집안을 이른다.

411 玄杖 : 현묘한 지팡이. '玄仗'과 같은 말이다. 맹인이 길을 가는 데 지팡이가 길잡이를 하듯이 사람이 살아가는 데 道가 길잡이가 된다는 말로서, 道를 비유하였다(여기서는 儒教를 지칭). 『淮南子』, 「原道訓」 "履危行險, 無忘玄杖"

【참고】 종래 주해본에서는 '玄杖'을 '붓'이라 하였다. 이를 뒷받침할 만한 典故는 없다. 여기서 '腐儒玄杖慙摘埴'이란 撰者 자신이 儒者이기 때문에 儒道를 가지고 지증대사의 行狀을 밝혀 서술하기가 어렵다는 말이다. 그렇다면 玄杖은 반드시 腐儒라는 말과 관련시켜 보아야만 한다.

412 摘埴(적식) : 들추어냄. 밝힘. '擿埴'과 같다. 『法言』 권2, 「修身」 "三年不目日, 視必盲, 三年不目月, 精必矇. 熒魂曠枯, 糟莩曠沈, 擿埴索塗冥行而已矣."

413 輸 : 뒤짐[負]. 『正字通』 "輸, 俗謂負爲輸, 戰敗亦曰輸."

414 囂腹(효복) : 꼬르륵 소리가 나도록 주린 배.

芬皇寺釋慧江書幷刻字, 歲八十三。院主大德能善通俊, 都唯那等, 玄逸長解鳴善旦越[415]成碣, 西○大將軍, 著紫金魚袋蘇判阿叱彌, 加恩縣將軍熙弼, 當縣○刃浖治○○○于德明。龍德四年歲次甲申六月日竟建。

415 旦越 : '施主'라는 말. 檀越과 같음.

【번역문】

대당 신라국 고 봉암산사 교시 지증대사 적조탑 비명 및 서

하정사賀正使**로서 당**唐**에 입조**入朝**하였고,**[1] **겸하여 칙사**勅使[皇華] **등의 사신을 맞아 받들었으며, 조청대부**朝請大夫**로서 전에 수병부 시랑**守兵部侍郞[2] **서서원**瑞書院[3] **학사**學士**였고 자금어대**紫金魚袋**를 하사받은 신**臣 **최치원**崔致遠**이 왕명을 받들어 찬술함.**

서序에 말한다.

오상五常[4]을 다섯 방위로 나눔에 동방動方[5]에 짝지어진 것을

---

1 賀正使로서 ～ : 『삼국사기』 권46, 「崔致遠傳」에 의하면, 唐昭宗 景福 2년(893)에 告奏使인 金處誨가 渡唐中 익사하자, 이어 富城郡太守로 있던 최치원을 賀正使로 임명하였는데, 흉년으로 도둑이 횡행하여 가지 못했다. 그 뒤에 역시 사신으로 入唐하였으나 그 시기가 언제였는지 알지 못한다고 한다.

2 兵部侍郞 : 兵部의 次官. 본래 '大監'이라고 하던 것을 경덕왕이 '侍中'으로 고쳤다가 혜공왕이 다시 大監으로 복구하였다. 그 뒤는 대개 侍中으로 통용된 것 같다. 『삼국사기』 권38, 「職官(上)」 참조.

3 瑞書院 : 통일신라 때 文翰機構의 하나.
【참고】 李基東 교수에 의하면, 瑞書院은 「聖德大王神鐘銘」 등에 나오는 翰林臺의 후신으로, 880년 무렵에 개칭, 격상되었으며, 여기에서 崔致遠·朴仁範·崔彦撝 등 중국 유학생 출신들이 學士로서 활약했다고 한다. 「나말여초 近侍機構와 文翰機構의 확장」, 『역사학보』 제77집, 1978 참조.

4 五常 : 儒家에서 仁·義·禮·智·信을 이르는 말.

5 動方 : 東方을 말함. '東'은 만물이 처음으로 생겨나는 방위에 해당하므로 '動方'이라 한다.

'인仁'이라 하고, 삼교三教가 명호名號를 세움에 정역淨域(淨土)을 나타낸 이가 '불佛'이다. 인심仁心이 곧 부처이니, 부처를 '능인能仁'[6]이라고 일컬음은 (이를) 본받은 것이다. 동이東夷(郁夷)의 유순柔順한 성원性源을 인도하여, 가비라위迦毘羅衛의 자비로운 교해教海에 이르도록 하니, 이는 돌을 물에 던지는 것 같고,[7] 빗물이 모래를 모우는 듯하였다.[8] 하물며, 동방東方의 제후가 외방外方을 다스리는 것으로 우리처럼 위대함이 없으며, 산천이 영수靈秀하여 이미 '호생好生'으로 근본을 삼고[9] '호양互讓'으로 주를 삼았음에랴.[10] 화락和樂한 태평국太平國의 봄이요, 은은隱隱한 상고上古의 교화라. 게다가 성姓마다 석가의 종족에 참여하여,[11] 매금寐錦(임금) 같은 존귀한 분이 삭발하기도 하였으며, 언어가 범어梵語를 답습하여 혀를 굴리면 다라多羅의 글자가 많았다.[12] 이는 곧 하

---

6 能仁 : 범어의 釋迦牟尼를 漢文 번역한 말로, '능히 仁을 실천하는 사람'이란 뜻이다. '寂默' 또는 '能忍'이라고도 번역한다. 『祖庭事苑』 "梵云釋迦, 此言能仁."

7 돌을 물에 던지는 것 같고 : 거역할 수 없는 형세를 비유한 말.

8 빗물이 모래를 ~ : 힘들이지 않고 민간에 전파됨을 비유한 말.

9 好生으로 근본을 삼고 : 東方은 動方으로서 만물이 처음 생겨나는 곳이므로, 『書經』에서 말하는 好生之德을 지녔다는 말. 『書經』, 虞書, 〈大禹謨〉 "好生之德, 洽于民心, 玆以不犯于有司."

10 互讓으로 주를 ~ : 우리나라 사람들의 성품이 好讓不爭함은 중국의 古史書에 보이고 있다. 『山海經』, 「海外東經」 "君子國, …… 其人好讓不爭."

11 姓마다 석가의 종족에 참여하여 : 신분과 계층에 구애됨이 없이 많은 백성이 불교에 귀의하였다는 말.
【참고】 李智冠은 "더구나 국민들의 성향이 불교에 참여하니 ~"라 하였고(『교감역주 역대고승비문-신라편』, 295쪽), 李佑成은 "성품은 釋氏의 種族에 통하여 ~"라 하였다(『新羅四山碑銘』, 339쪽). 모두 '加姓參釋種'에서의 '姓'자를 '性'자로 바꾸어 풀이하였으나, 분명히 잘못이다.

12 언어가 범어를 답습하여 ~ : 온 백성이 불교에 젖어들어, 불가에서 말하는 용어 또는 佛經의 문자를 많이 사용하게 되었다는 말.

늘이 환하게 서국西國을 돌아보고,[13] 바다가 이끌어 동방으로 흐르게 한 것이니, 군자들이 사는 곳에 법왕法王[14]의 도가 나날이 깊어지고 날로 깊어짐이 당연하다고 하겠다.

대저 노魯 나라에서 하늘로부터 별이 떨어진 것을 기록하고,[15] 한漢 나라에서 금인金人이 목덜미에 일륜日輪을 두르고 있음을 징험함[16]으로부터, 불상佛像의 자취는 모든 시내가 달을 머금은 듯하고, 설법의 말씀은 온갖 소리가 바람에 우는 것 같았다. 혹 아름다운 일의 자취를 서적[縑緗]에 모으기도 하고, 혹 빛나는 사실들을 비석[琬琰]에 수놓기도 하였다. 그러므로, 낙양洛陽을 범람케 하고[17] 진궁秦宮을 비추었던 사적事蹟[18]이 환히 밝아, 마치 해

---

13 하늘이 환하게 서국을 돌아보고 : 불교가 중국에 전래된 것은 하늘이 돌보았기 때문이라는 말.

14 부처님을 가리킴. 부처님은 法(진리)을 가장 밝게 깨치고, 법을 걸림 없이 쓰며, 널리 가르쳐 法으로 가장 높은 어른이라는 뜻에서 '法王'이라고 높여서 말한다.

15 魯나라에서 하늘로부터 별이 ~ : 西方에서 석가가 탄생할 前兆를 『春秋』에 기록하였다는 말. 『春秋』 莊公 7년조 經文을 보면, "夏四月 辛卯日 밤에 恒星이 보이지 않았으며, 밤중에 별이 비처럼 떨어졌다"고 하였다. 이는 비록 밤이기는 하지만 밝았음을 뜻한다. 道宣의 『集古今佛道論衡』 등 불교측 史書에서는 이를 인용하여, "항성이 나타나지 않고 밤이 낮처럼 밝았으니, 이는 곧 文殊菩薩이 雪山에서 5백의 仙人으로 化身하여 큰 光明을 放射한 때이다"고 하였다. 이 뿐만 아니라 『列子』 「仲尼」편에 나오는 "西方之人有聖者焉, 不治而不亂, 不言而自信, 不化而自行, 蕩蕩乎民無能名焉"운운한 대목에서의 聖者도 석가모니를 가리키는 것이라고 하기도 한다. 이는 석가의 탄생을 신비화하고 그 권위를 부여하기 위해 附會한 것이다.

16 漢나라에서 金人이 목덜미에 ~ : 後漢 明帝 永平 3년(A.D. 60)에 황제가 꿈속에서 목덜미에 日輪을 걸고 있는 金人을 보고 난 뒤, 여러 신하들에게 꿈에 대해서 묻고, 天竺國에 사신을 보내 佛法을 구해 오도록 하였다는 故事.

17 洛陽을 범람케 하고 : 周昭王 때 洛陽의 江河와 우물이 넘쳐흘렀던 故事.

와 달[合璧]을 걸어 놓은 듯하니, 진실로 말과 글에 썩 능하거나 글재주가 있지 않으면, 어찌 그 사이에 문사文辭를 얽어 맞추어 후세에 전하게 할 수 있겠는가.

한 나라의 경우에 비추어 다른 나라의 사정을 파악하는 것을 취하고, 한 지방으로부터 다른 지방에 이른 것을 상고해 보니, 불법佛法의 바람이 유사流沙[19]와 총령葱嶺[20]을 지나서 전해 오고, 그 물결이 바다 건너 한 모퉁이海東에 비로소 미쳤다. 옛날 우리 나라가 셋으로 나뉘어 솥발처럼 서로 대치하였을 때, 백제에 '소도蘇塗'[21]의 의식이 있었는데, 이는 감천궁甘泉宮에서 금인金人에

太史 蘇由가 아뢴 바에 의하면 西方에서 大聖人(석가모니를 지칭)이 탄생하였기 때문이라고 한다.

18 秦宮을 비추었던 事跡 : 秦始皇 때 서역의 沙門 室利防 등이 와서 始皇을 교화하였으나, 시황이 따르지 않고 이들을 궁중에 가두자, 거울을 달아맨 것처럼 밝은 얼굴을 한 丈六金身이 한밤중에 나타나 그들을 달아날 수 있도록 도와주었던 故事. 곧 佛力이 두드러진 것을 의미한다.

19 流沙 : 고비사막을 중국에서 일컫는 말.

20 葱嶺 : 중앙아시아의 파미르고원을 중국에서 일컫는 말. 崑崙山脈과 天山山脈 등이 모두 이곳에서 시작하므로 '세계의 지붕'이라고 일컬어진다. 이곳에 중국으로부터 서역으로 통하는 길이 있어 前漢 때부터 역사상 유명하였다. 『水經』〈河水〉條의 註를 보면, "총령은 敦煌 서쪽 8천리에 있으며, 그 산이 높고 크다. 그 위에 파[葱]가 자라고 있으므로 '총령'이라고 한다"고 하였다.

21 蘇塗 : 고대 三韓 사회에서 天祭를 지내던 장소, 또는 儀式. 그 명칭은 祭壇 앞에 세우는 큰 나무, 즉 '솟대'[立木]의 音譯이라는 설과, 높은 터[高墟]의 音譯인 '솟터'에서 유래하였다는 설 등이 있다. 祭政一致의 馬韓을 중심으로 한 三韓 사회에서는 제사를 매우 중요시하였다. 매년 5월 수릿날과 10월 상달의 두 차례에 걸쳐 각 邑에서 祭主인 天君을 선발하고, 일정한 장소 즉 蘇塗에서 제사지내며, 질병과 재앙이 없기를 빌었다. 이 蘇塗는 神聖視되는 장소로서, 죄인이라도 이곳에 들어가면 체포하지 않았다.

게 예배를 드리던 것[22]과 같았다. 그 뒤 섬서陝西의 담시曇始[23]가 맥貊[24]땅에 들어온 것은, 섭마등攝摩騰[25]이 동쪽으로 옮겨가 후한後漢에 들어온 것과 같았으며, 고구려의 아도阿度[26]가 우리 신라

【참고】 여기에서 '백제에 蘇塗之儀가 있었다'고 한 것은, 백제가 馬韓의 후신으로 蘇塗의 遺風을 傳受하였기 때문일 것이다. 또 이를 강조한 것은 중국 문헌에서 이른바 '蘇塗之義, 有似浮屠'라 함에 유의하여, 불교가 전래하기 이전의 우리나라에도 불교와 유사한 의식이 있었음을 나타내려는 의도로 보인다.

22 甘泉宮에서 ~ : 원래 匈奴族이 咸陽의 북서쪽에 있는 甘泉山에 金人(이른바 浮屠金人, 金佛像)을 안치하고, 하늘에 제사지낼 때 祭位로 삼았다. 秦始皇이 그곳을 侵奪하므로 休屠王의 右地로 옮겼다가, 그 뒤 한무제 元狩年間(B.C. 122~117)에 霍去病이 西域에 들어가 金人 一軀를 얻어 가지고 돌아오자, 武帝가 大神으로 삼아 감천궁(진시황이 세우고 한무제가 B.C. 138년에 확장함)에 모시고 제사는 지내지 않고 다만 燒香禮拜했다고 한다.

23 曇始 : 중국 東晉 때의 高僧. 출가한 뒤 이상한 행적을 많이 남겼다. 발이 얼굴보다 희고 물에 젖지 않았으므로, '白足和尙'이라 불렸다. 고구려 광개토왕 5년(395)에 經律 수십 部를 가지고 遼東에 와서 교화하였는데, 『梁高僧傳』 권10, 「曇始傳」에 의하면 이것이 고구려에서 佛法을 받아들인 시초라고 한다. 현재 학계에서는 이보다 23년 전인 소수림왕 2년(372)에 前秦의 임금 苻堅이 보낸 順道에 의해 이미 전래된 것으로 본다.

24 貊 : 驪貊의 준말. 고구려를 낮추어 일컫는 말. 「眞鑑禪師碑」 "隋師征遼, 多沒驪貊" 참조.

25 攝摩騰 : 중국 後漢 때의 高僧. 迦葉摩騰이라고도 한다. 본래 中天竺國 출신으로서, 후한의 明帝가 天竺國에 사신을 보내 佛法을 구할 당시 竺法蘭과 함께 迎入되어 처음으로 중국에 불교를 전파하였다고 한다. 『四十二章經』을 번역했다. 『高僧傳』 권1, 「攝摩騰傳」 참조.

26 阿度 : 신라에 불교를 처음으로 전한 승려. 일명 阿道 또는 阿頭라고도 한다. 『삼국유사』 권3, '阿道基羅'條에 의하면, 그는 曹魏의 사신으로 고구려에 왔던 我崛摩와 고구려 여인 高道寧 사이에서 태어난 혼혈아로서, 5세에 출가했다. 신라 味鄒王 2년(263)에 모친의 명을 받고 신라 왕실에 불교를 전파하려 했으나 실패하고, 그 뒤 3년 동안 一善縣(善山) 毛禮의 집에 은거하던 중, 成國公主의 병을 고쳐 준 공으로 그때부터 傳敎를 허가 받았으며, 興輪寺를 창건하였다.

【참고】 신라에 불교를 처음 전한 사람에 대하여, 『삼국유사』에서는 阿道가 미추왕 때(재위 : 262~284) 때 전했다고 하였으며, 『삼국사기』에서는 墨

에 건너온 것은, 강승회康僧會[27]가 남쪽으로 오吳 나라에 간 것과 같았다.

때는 곧 [28]양梁 나라의 보살제菩薩帝(武帝)[29]가 동태사同泰寺[30]에서 돌아온 지 1년만이요, 우리 법흥왕께서 율령律令을 마련하신 지 8년만이다.[31] 역시 이미 바닷가 계림鷄林에 즐거움을 주는 근본[32]을 심었으니, 해뜨는 곳 신라에서 늘어나고 자라나는 보배[33]가 빛났으며, 하늘이 착한 소원을 들어주시고[34] 땅에서 특별히

胡子가 눌지왕 때(재위 : 417~458) 전하였다고 했다. 아도와 묵호자의 행적이 거의 같기 때문에 동일인으로 보는 것이 거의 定說로 되어 왔다. 다만 전래 시기에 현격한 차이가 있는 것이 문제된다.

27 康僧會 : 康居國 계통의 승려. 吳나라 大帝 赤烏 연간(238~251)에 중국 江南의 建康 지방에 와서 초가집에 불상과 舍利를 모시고 처음으로 불교를 전하였다.

28 梁나라의 菩薩帝가 ~ 1년만이요 : 梁武帝가 大通元年(527) 3월 同泰寺에 가서 捨身하고 돌아온 그 이듬해이니, 곧 528년이다.

29 菩薩帝 : 중국 남조의 양무제 高祖(蕭衍, 재위 : 502~549)를 말함. 만년에 불교를 惑信한 나머지 세 차례나 同泰寺에 들어가 捨身하였다.

30 同泰寺 : 江蘇省 江寧縣 南北方에 있었던 절. 梁武帝 大通年間(527~529)에 건립되었다.

31 律令을 마련하신 지 8년만이다 : 신라에서 율령을 제정, 반포한 때가 법흥왕 7년(520)이니, 이로부터 8년 뒤라면 동왕 15년(528)에 해당한다. 한편 『삼국사기』에서 "法興王十五年, 肇行佛法"이라 한 것처럼 이해에 불교가 공인되었다. 撰者가 阿道에 의해 불교가 신라에 전래되었음을 밝히면서도, 율령의 제정과 불교의 공인에 주목하고 있는 것은, 율령의 반포를 전후한 법흥왕 시대의 정치적 변혁과 불교의 세력이 점차 일어나는 것을 결부시켜 하나의 시기로 파악하고자 하는 의도인 듯하다.

32 즐거움을 주는 근본 : 불교를 비유한 말.

33 늘어나고 자라나는 보배 : 信心을 비유한 말.

34 하늘이 착한 소원을 ~ : 하늘이 佛法을 널리 펴고자 하는 소원을 들어주었다는 말. 당시 신라의 속담(俚語)에, "사람에게 착한 소원이 있으면 하늘이 반드시 이를 따른다"고 하는 말이 있었다고 한다. 崔致遠, 「新羅壽昌郡護國城八角燈樓記」 "人有善願, 天必從之."(『崔文昌侯全集』, 83~83쪽)

뛰어난 선인善因[35]이 솟았다. 이에 귀현貴顯한 근신近臣이 제 몸을 바치고,[36] 임금上仙이 삭발을 하였으며,[37] 비구승比丘僧이 서쪽으로 유학遊學을 가고 아라한阿羅漢[38]이 동국東國으로 원유遠遊하게 되었다. 이로 인하여 혼돈의 상태가 제대로 개벽하였으며, 사바세계娑婆世界가 두루 교화되었으므로, 산천의 좋은 경개景槪를 가려 토목土木의 기이한 공력功力을 다하지 않음이 없었다. 수도修道할 집을 화려하게 꾸미고 서행徐行할 길을 밝히니, 신심信心이 샘물같이 솟아나고 혜력慧力이 바람처럼 드날렸다. 과연 고구려·백제를 크게 무찔러서[漂杵] 재앙을 제거토록 하며, 무기를 거두고 복을 들어올리게 하니,[39] 옛날엔 조그마했던[蕞爾] 세 나라가 지금에는 장하게도 한집안이 되었다.[40] 안탑雁塔[41]이 구름처럼

35 특별히 뛰어난 善因 : 신라에서 불교를 公認하는 데 결정적인 계기가 되었던 異次頓의 殉敎 등을 지칭함.

36 貴顯한 近臣 ~ : 異次頓의 殉敎를 말함. 이차돈은 법흥왕 때 사람으로 姓은 朴, 字는 厭髑이며, 習寶葛文王의 아들이다. 일명 異次 또는 伊處라고도 한다. 이는 方言에 따라 다르게 불려졌기 때문이다. 성품이 竹柏처럼 강직하고 心志가 水鏡같이 淸淨하였으며 22세 때 舍人의 관직에 올랐다. 법흥왕 14년(527) 순교할 때 그가 예언했던대로 異變이 일어났으므로, 모두 놀라고 감동하여 마침내 국가에서 불교를 공인하게 되었다. 『삼국유사』 권3, 「原宗興法 厭髑滅身」 참조.

37 임금이 삭발을 하였으며 : 진흥왕이 祝髮하고 출가하여 법호를 法雲이라 했던 것을 이름. 『삼국사기』 「眞興王紀」 참조.

38 阿羅漢 : 원어 'Arhat'의 音譯. 應供이라 번역하며, 존경해야 할 사람이란 뜻을 가진다. 원래 四向 또는 四果의 最高位로, 세상 사람들의 공양을 받을 만한 사람이라는 의미였다. 후세에는 소승 불교의 수행자 가운데 가장 높은 지위를 말하며, 그 의미로 사용되어 왔다.
【참고】 여러 주해본에서는 曇始를 비롯한 西域僧이 東國에 와서 교화를 편 것을 가리킨다고 하였으나 분명하지 않다.

39 무기를 거두고 ~ : 평화를 이룩하고 이어 民福을 도모함을 이름.

40 세 나라가 ~ 한집안이 ~ : 『법화경』에 나오는 '會三歸一'(會三乘歸一乘)의

벌려져서 문득 빈땅이 없고, 고래를 새긴 북[鯨枹]이 우레같이 진동하여 제천諸天에서 멀지 않았으니, 점차 번지어 물듦에 여유가 있었고,[42] 조용히 탐구함에 게으름이 없었다.[43]

그 교敎가 일어남에, 비바사毘婆娑(小乘敎)[44]가 먼저 이르자, 우리나라[四郡]에 사제四諦[45]의 법륜法輪이 달렸고, 마하연摩訶衍(大乘敎)이 뒤에 오니 전국에 일승一乘[46]의 거울이 빛났다. 그리하여, 의룡義龍이 구름처럼 뛰고,[47] 율호律虎가 바람같이 오르며,[48] 학해

논리에 결부시킨 것으로 보인다.

41 雁塔 : 塔의 雅稱. 옛날에 어떤 比丘가 공중을 나는 두 마리의 기러기를 보고는 마음속으로 "만약 이 기러기를 잡아먹으면 배를 실컷 채우겠다"고 생각하자, 홀연히 한 기러기가 땅에 떨어져 저절로 죽었다. 이 사연을 들은 사람들이 "이는 기러기가 不殺生의 戒를 내린 것이니 마땅히 그 덕을 表彰하여야 할 것이다"고 하자, 이에 그 기러기를 묻고 그 위에 탑을 세웠다고 한다.

42 점차 번지어 물듦에 ~ : 단계적으로 점차 감화되고 교화되면서도 여유가 있었다는 말.

43 조용히 탐구함에 ~ : 부처님의 말씀을 마음에 새기고 진리를 구함에 있어 勇猛精進함을 이름.

44 毘婆娑 : 이능화는 이를 俱舍宗이라고 하였다. 『조선불교통사』 中編, 61쪽, 〈印度淵源羅麗流派－俱舍宗〉 "我海東則新羅時傳此宗, 以文昌侯崔致遠所撰智證國師碑文爲據. 其文有云, 毘婆娑先至云云."

【참고】 俱舍宗은 小乘 20部 중에서 가장 왕성했던 部派이다. 「俱舍論」은 주로 說一切有部의 교리를 밝힌 것으로서, 설일체유부의 방대한 阿毘達磨哲學을 체계 있고 간결하게 서술한 것이다. 오늘날까지 有部의 교학을 연구하는 데 중요한 문헌으로 인정받고 있다.

45 四諦 : 소승의 교리인 苦・集・滅・道의 四聖諦를 말한다.

46 一乘 : 모든 중생이 成佛할 수 있다는 最上乘의 法門. 大・小乘 또는 종파에 따라 주장하는 바가 다르지만, 여기서는 대승법을 일컫는 것으로 보아야 할 것 같다. 우리나라에 여러 敎法이 전래하였지만, 대승법이 뿌리를 내려 거의 一色을 이루다시피 했기 때문이다.

47 義龍이 구름처럼 뛰고 : 經義學에 능통함을 비유한 말.

48 律虎가 바람같이 오르며 : 戒律學에 통달함을 비유한 말.

學海[49]의 파도가 용솟음치고, 계림戒林[50]의 가지와 잎[柯葉]이 무성하였다. 도인道人은 모두 끝없는 데까지 융회融會하고, 유정인有情人(俗人)도 간혹 (眞道에) 적중的中함이 있는 데까지 통하였으니,[51] 문득 고요한 물이 잔물결을 잠재우고,[52] 높은 산이 떠오르는 아침해를 둘러 찬 듯한[53] 사람이 대개 있었을 것이다. 그러나 세상에서는 미처 알지 못하였다.

장경長慶[54] 초에 이르러, 도의道義[55]라는 스님이 서쪽으로 바다

---

49 學海 : 敎學의 세계를 끝없이 넓은 바다에 비유한 말.

50 戒林 : 律學의 세계를 깊은 숲에 비유한 말.

51 道人은~ : 이 부분은 難解한 句이다. 이에 대해서는 諸家의 註解가 거의 없는 실정이며, 따라서 해석이 각각 다르다.
朴漢永 : "案道咸云云, 佛道以上大小乘, 義律師等, 無餘融合. 無外, 卽無餘意也. 情或云云, 或知中國有格外禪道, 道義默識故, 最初西遊也. 有中指下傳心道理也"(『桂苑遺香』, 영인본 11쪽)
洪震杓 : "道는 모두 밖이 없는 곳까지 融合하고, 情은 혹시 속이 있는 데까지 통하게 되니"(『韓國의 思想大全集』 제3권, 66쪽)
崔柄憲 : "道는 밖이 없는 곳까지 모두 융합하였고 情은 가운데가 있는 데까지 거의 지나쳤으니"(『역주 고운선생문집』 하권, 250쪽)
李智冠 : "道로써 모든 것을 머금고 품으매 밖(그 끝)이 없으나, 情으로써 涉하매 世上中에 있게 되도다"(『교감역주 역대고승비문—신라편』, 301쪽)
李佑成 : "道가 모두 끝없는 데에 융합하고 情은 때로 마음속에 통하였다"(『신라사산비명』, 341쪽)
이지관은 '情或涉於有中'에 대해 그 주석에서 "情은 또 有中에 涉한다는 뜻으로, 有中은 有形의 中이라는 뜻이며, 世上(日常) 가운데에 있다"(위의 책, 301쪽)고 하였다. 무슨 뜻인지 알 수 없다.

52 고요한 물이 잔물결을 잠재우고 : 禪定으로 妄想을 잠재우는 것을 이름.

53 높은 산이 떠오르는 아침해를 ~ : 높은 산이 떠오르는 아침해를 맨 먼저 맞이한다는 말. 根基가 殊勝한 學人이 佛陀의 心印인 正法眼藏을 먼저 깨침에 비유하였다.

54 長慶 : 당나라 穆宗의 연호(821~824).

55 道義 : 『祖堂集』 권17,〈元寂禪師道義〉참조. 「寂照塔碑」 洪居士註(李能和 所引)에 의하면, "長慶五年乙巳(825), 道義行化楓岳雪岳, 至文德二年己酉(?)"라 하였다.

를 건너 중국에 가서 서당西堂 지장智藏[56] 선사의 오지奧旨를 보았다. 지혜의 광명이 지장 선사와 비등해져서 돌아왔으니, 현묘玄妙한 계합契合[57]을 처음으로 말한 사람이다. 그러나 원숭이의 마음[58]에 사로잡힌 무리들이 남쪽을 향해 북쪽으로 달리는 잘못을 감싸고, 메추라기의 날개를 자랑하는 무리들이 남해南海를 횡단하려는 대붕大鵬의 높은 소망을 꾸짖었다. (저들은) 이미 외우는 말[59]에만 마음이 쏠려 다투어 비웃으며 '마구니 소리'[魔語]라고 했다.[60] 이 때문에 빛을 지붕 아래 숨기고, 종적을 그윽한 곳[壺中]에 감추었는데, 동해東海의 동쪽[61]에 갈 생각을 그만두고 북산北山의 북쪽[62]에 은둔하였으니, [63]어찌 『주역』에서 말한 "세상을

---

56 智藏 : 馬祖 道一의 제자(735~814). 속성은 寥. 법호는 西堂, 시호는 大覺禪師. 不空三藏이라고도 한다. 마조 문하의 三大師 가운데 한 사람으로, 마조의 옛 도량인 龔公山(南康 虔州에 위치)을 지키면서 禪을 전했으며, 뒤에 洪州 開元寺의 주지를 지냈다. 그의 문하에서 신라의 禪僧 道義·洪陟·慧哲 등이 배출되었다. 『宋高僧傳』 권10, 「馬祖道一傳附」; 『祖堂集』 권15, 〈西堂智藏〉; 『傳燈錄』 권7, 「西堂傳」 참조.

57 玄妙한 契合 : '直指人心', '見性成佛'의 禪理를 이름. 곧 馬祖가 一喝함에 百丈이 大機를 얻고 黃蘗이 大用을 얻었던 것 등을 말한다.

58 원숭이의 마음 : 인간의 奔走한 妄想을 비유적으로 표현한 말. 여기서는 '敎學僧'을 비유했다. '메추라기의 날개를 자랑하는 무리들' 역시 敎學僧을 비유한 말이다.

59 외우는 말 : 經敎를 가리킴.

60 외우는 말에만 마음이 쏠려 ~ 마구니 소리라고 했다. : 선종 第二祖 慧可(487~593)의 行道 과정과 흡사한 면이다. 혜가는 東魏 天平 初(534)에 鄴都에서 講席을 열고 禪理를 說하였다. 이때 講經學徒로부터 시비와 비난이 빈번했다. 특히 道恒禪師라는 이는 혜가의 禪法을 '魔語'라고 비방하면서 해치려고 하기도 했다. 『續高僧傳』 권16, 「釋僧(慧)可傳」 "…… 後以天平之初, 北就新鄴, 盛開秘苑, 滯文之徒, 是非紛擧. 時有道恒禪師, 先有定學, 匡宗鄴下, 徒侶千計. 承可說法, 情事無寄, 謂是魔語."

61 東海의 동쪽 : 신라의 서울 金城(慶州)을 가리키는 말.

62 北山의 북쪽 : 강원도 襄陽의 설악산 陳田寺를 가리킴. 『祖堂集』 권17,

피해 살아도 근심이 없다"는 것이겠으며, 『중용』에서 말한 "세상에서 알아주지 않더라도 뉘우침이 없다"는 것이겠는가. 꽃이 겨울 산봉우리에서 빼어나[64] 선정禪定의 숲에서 향기를 풍기게 됨에[65], 덕을 사모하는[蟻慕] 자가 산에 가득하였고, (개과천선하여) 착하게 된[雁化] 사람들이 골짜기를 나섰다. 도는 폐해질 수 없으며 제 때가 된 뒤에 행해지는 법이다.

흥덕대왕興德大王[66]께서 왕위를 계승하시고 선강태자宣康太子[67]께서 감무監撫[68]를 하시게 되자, (金憲昌과 같은) 사악한 무리들을

〈元寂禪師道義〉참조.

63 어찌 『주역』에서 ~ : 자기의 뜻에 따라 은둔하면서 自適하는 것과, 세상에서 용납해 주지 않아 부득이 은거해야 하는 것에는 차이가 있다는 말.

64 꽃이 겨울 산봉우리에서 빼어나 ~ : 道義禪師가 不遇한 처지에서 우뚝 빼어났음을 비유한 말.

65 禪定의 숲에서 ~ : 외롭게 禪風을 지켜 나가는 것을 비유한 말.

66 興德大王 : 신라 제42대 임금(재위 : 826~836). 諱는 景徽, 初諱는 秀宗·秀昇. 憲德王의 同母弟.

67 宣康太子 : 성은 金. 이름은 忠恭. 흥덕왕의 同母弟요 愍哀王(金明)의 부친이다. 『삼국사기』 헌덕왕 13년(821)조에 侍中으로서 卒하였다는 기록이 있으나, 전후의 사실로 미루어 여기서의 '卒'은 '退'의 잘못으로 보아야 한다는 것이 학계의 일반적인 견해다. 仲兄인 헌덕왕이 同王 14년(822)에 三兄 秀宗(흥덕왕)을 副君으로 삼자, 上大等으로서 副君과 함께 정치 개혁을 추진하였다. 당시 執事侍郎으로 있던 祿眞으로부터 많은 도움을 받았고(『삼국사기』 권45, 「祿眞傳」), 그해 金憲昌의 亂이 일어나자 角干으로서 진압하는 데 큰 공을 세웠다. 흥덕왕이 즉위한 뒤 후사가 없어 太子가 되었으나, 왕위를 계승하지 못한 채 죽었으므로(史書에는 이 사실이 보이지 않음), 흥덕왕의 사후에 왕의 從弟인 均貞과 從姪인 悌隆 사이에 왕위쟁탈전이 벌어지는 사태가 발생하였다. 葛文王에 追封되었다가, 민애왕 즉위년(838)에 다시 宣康大王으로 추존되었다. 『삼국유사』에서는 '宣康葛文王'이라 하고 있다.

68 監撫 : 監國撫軍의 줄임말. '監國'이란 임금이 도성을 비웠을 때 태자가 임시로 國事를 감독하는 것이고, '撫軍'이란 임금이 出征하거나 外地로 나갈 때 태자가 그를 따르는 것이다. 태자의 所任을 가리키며, 태자를 일

제거하여 나라를 바르게 다스리고, 선善을 즐겨하여 왕가王家의 생활을 기름지게 하였다. 이때 홍척洪陟[69]대사라고 하는 이가 있었다. 그 역시 서당智藏에게서 심인心印을 증득證得하였다. 남악南岳(지리산)에 와서 발을 멈추니, 임금[鷲晁]께서는 하풍下風을 따라 나아가 지도至道를 가르쳐 주도록 청했던 것과 생각이 같음[70]을 밝히셨고, 태자[龍樓]께서는 안개가 걷힐 것[71]이라는 약속을 경하하였다. 드러내 보이고 은밀히 전하여 아침에 범부凡夫이던 사람이 저녁에 성인聖人이 되니,[72] 변함이 널리 행해진[蔚然] 것은 아니지만, 일어남이 성하였다.

시험삼아 그 종취宗趣를 엿보아 비교하건대, 닦은[修] 데다 닦은 듯하나 닦음이 없고[沒修] 증득證得한 데다 증득한 듯하나 증득함이 없는 것이다.[73] 고요히 있을 때는 산이 서 있는 것 같고,

---

컫는 말로도 사용된다.

69 洪陟 : 實相山門의 開祖. 일명 直. 南漢祖師라고도 한다. 헌덕왕 때 당나라에 유학하여 西堂智藏의 禪法을 이어받고 돌아와, 지리산에 實相寺를 창건하고 禪風을 앙양하였다. 이를 實相山門이라고 한다. 구산선문 가운데 가장 먼저 세워진 것이다.

70 下風을 따라 ~ : 일찍이 黃帝가 崆峒山에 나아가 廣成子에게 至道를 가르쳐 달라고 청했던 故事를 따라, 임금이 下風(洪陟)에게 歸依하겠다는 뜻이다. 『景德傳燈錄』 권11에서 洪陟의 法嗣로 興德王과 宣康太子를 들고 있다.

71 안개가 걷힐 것 : 南岳에 은거하고 있는 洪陟의 出山을 비유한 말.

72 아침에 범부이던 ~ : 선종의 '頓悟'를 이름.

73 닦음이 없고 ~ 증득함이 없는 : 祖師禪의 선구자인 馬祖道一이 주장한 禪法 가운데 하나. 마조의 "평상심이 바로 도이다(平常心是道)", "도는 수행을 필요로 하지 않는다(道不用修)" 등의 禪法이 "닦을 것도 없고 증득할 것도 없다(無修無證)"는 修證論으로 정리되었다.

【참고】 이지관(편역), 『교감역주 역대고승비문-신라편』, 304쪽에서는 "닦되 닦을 것이 없는 것을 닦으며, 證得하되 증득할 것이 없는 것을 증득하니"라 번역하였으나, 이를 취하지 않는다.

움직일 때는 골짜기에 메아리가 울리는 듯하였으니,[74] 무위법無爲法(禪宗)의 유익有益이란 다투지 않고도 이기는 것이다.[75] 이에 우리나라 사람의 마음의 바탕[方寸地]이 허령虛靈하게 되었으니, 능히 정리靜利[76]로써 해외海外(신라)를 이롭게 했으면서도, 그 이롭게 한 바를 말하지 않으니 위대하다고 하겠다.

그 뒤 구도승求道僧의 뱃길 왕래가 이어지고, 드러낸 방편이 도禪道에 융합하였으니,[77] 그 선배 고승들을 생각하지 않으랴. 진실로 그런 이들이 많았다. 어떤 이는 쌍검雙劍이 연평진延平津에 떨어지듯 중원中原에서 득도得道하고는 돌아오지 않거나, 어떤 이는 보주寶珠가 합포合浦에 다시 돌아오듯 득법得法한 뒤 돌아왔는데, 거벽巨擘이 된 사람을 손꼽아 셀만하다. 중국에서 세상을 떠난[西化] 사람으로는 정중사靜衆寺의 무상無相[78]과 상산常山의 혜

74 움직일 때는 골짜기가 ~ : 많은 사람들이 禪道에 귀의했음을 비유한 말.

75 다투지 않고도 이겼던 ~ : 기존의 敎宗과 직접 부딪치지 않고도 선종이 우위를 차지할 수 있게 되었다는 뜻.

76 靜利 : '靜'(禪定)이 주는 이익.

77 드러낸 방편이 ~ : 敎說(言詮)로써 眞理를 밝힌 것이 禪道에 융합하였다는 말.

78 無相 : 신라 출신의 당나라 高僧(680~756). 그의 자세한 행적은 『宋高僧傳』 권19, 「唐成都淨衆寺無相傳」에 보인다. 그는 聖德王의 셋째왕자로 호는 松溪이다. 일찍이 群南寺에서 중이 된 뒤, 성덕왕 27년(728) 入唐하여 玄宗의 知遇를 받고 禪定寺에서 修道했다. 뒤에 四川省의 益州, 즉 成都(『海東繹史』에서는 四川省의 資中이라 함)에서 北禪의 神秀, 南禪의 慧能과 더불어 다른 一派를 이루고 있던 智詵(609~702)의 제자 處寂(648~734)에게 禪風을 이어받아 '無相'이라는 이름을 얻고 淨(靜)衆寺의 住持가 되었으며, 坐禪과 頭陀行을 했다. 또한 成都縣令 楊翌의 귀의를 받아 정중사 이외에도 大慈寺·菩提寺·寧國寺 등을 건립하였다. '益州金'이라는 별칭으로도 불렸으며, 保唐無住·馬祖道一·西堂智藏과 함께 당시의 '四證'으로 꼽혔다(李商隱撰, 「梓州慧義精舍南禪院四證堂碑銘」). 保唐寺의 無住는 그의 高弟이며, 馬祖道一 또한 그를 師事한 적이 있었다. 이와 같은 그의 명성

각慧覺[79]이니, 곧 『선보禪譜』[80]에서 '익주김益州金', '진주김鎭州金'이라 한 사람이다. 고국에 돌아온 사람으로 앞에서 말한 북산北山의 도의道義와 남악南岳의 홍척洪陟, 그리고 (시대를) 조금 더 내려와서 태안사大安寺의 혜철국사慧徹國師,[81] 혜목산慧目山의 현욱玄昱[82]은 지력智力으로 알려졌다. 쌍계사雙溪寺의 혜조慧照(慧昭), 신

이 신라에까지 알려져 상당한 영향을 끼치게 되자, 實弟인 경덕왕이 그의 귀국을 두려워 한 나머지 암살하려고도 하였다. '益州金上人 無相'에 대한 자세한 연구는 鄭性本 스님의 「唐土의 新羅僧 無相禪師의 生涯와 思想」(『韓國思想史學』 제3집, 한국사상사학회, 1990, 5~32쪽) 및 佛敎映像會報社에서 '한국불교사인물연구(1)'로 나온 『淨衆無相禪師』(1993)에서 이루어졌다.

【참고】 無相이 입적한 뒤 많은 신라인 留學僧들이 그의 影堂에 參訪하여 발길이 끊이지 않았다고 한다. 「奉化太子寺朗空大師白月栖雲塔碑」에 "行寂, 乾符三年, 至成都俯(府?)巡謁, 到靜衆精舍, 禮無相大師影堂. 大師新羅人也. 因謁寫眞, 具聞遺美. 爲唐帝導師, 玄宗之師, 同鄕唯恨異其時, 後代所求追其跡"이라는 대목이 보인다.

79 慧覺 : 신라 스님(?~774). 荷澤寺에서 神會선사에게 배워 혜능에서 신회로 이어지는 정통 남종선의 법맥을 계승했다. 입적하기 7~8년간 邢州 漆泉寺에서 주지를 지내며 남종선법을 대중들에게 설했다. 2009년 7월, 그의 비문(大唐○○○○寺故覺禪師碑銘幷序) 일부가 발견되었다(《법보신문》 제1138호, 2012. 3. 16).

【참고】 『景德傳燈錄』 권8, 「馬祖傳」과 『祖堂集』 권15, 〈馬祖下〉에서 馬祖道一의 法嗣로 들고 있는 '鎭州金禪師'(일명 牛和尙)로 추정된다. 『海雲碑銘註』 등 註解本에서는 金雲卿의 아우이며, 馬祖道一의 제자라고 하였다. 그 근거는 알기 어렵다.

80 禪譜 : 禪家에서 편찬된 『傳燈錄』 등의 類를 달리 이르는 말.

81 慧徹國師 : 桐裏山門의 開山祖(785~868). 慶州人으로 속성은 박씨, 자는 體空, 시호는 寂忍, 탑호는 照輪淸淨. 16세에 출가하여 浮石寺에서 華嚴을 배우고 22세에 具足戒를 받았다. 헌덕왕 6년(814)에 入唐하여 西堂智藏으로부터 心印을 받고 西州에서 3년 동안 大藏經을 연구하다가 문성왕 1년(839)에 귀국하여 九山禪門의 하나인 '동리산문'의 개조가 되었다. 崔賀가 撰한 「谷城桐裏山大安寺寂忍禪師照輪淸淨塔碑文」이 있다. 『祖堂集』 권17, 〈桐裏和尙慧徹〉참조.

82 玄昱 : 鳳林山門의 開山祖(787~868). 속성은 金氏, 호는 圓鑑. 20세에 출가

흥사新興寺의 충언忠彦,[83] 용암사涌巖寺의 각체覺體,[84] 진구사珍丘寺의 ○휴○休,[85] 쌍봉사雙峯寺의 도윤道允,[86] 굴산사崛山寺의 범일梵日,[87] 양조국사兩朝國師인 성주사聖住寺의 무염無染 등은 보리菩提의 종사宗師였다. 덕이 두터워 중생의 아버지가 되고, 도가 높아 王者의 스승이 되었으니, 옛날에 이른바 "세상의 명예를 구하지 않아도 명예가 나를 따르며, 명성을 피해 달아나도 명성이 나를 좇는다"는 것이었다. 그러므로, 모두들 교화가 중생세계에 미쳤고, 행적이 부도浮屠와 비석에 전하였으며, 좋은 형제에 많은 자손이 있어, 선정禪定의 숲으로 하여금 계림鷄林에서 빼어나도록

한 뒤 헌덕왕 16년(824)에 入唐하여 章敬懷暉(馬祖의 法嗣)로부터 心印을 받았다. 희강왕 2년(837)에 귀국하여 지리산 實相寺에 있다가 나중에 驪州의 慧目山 高達寺에서 교화를 폈으며, 昌原의 鳳林寺에서 九山禪門의 하나인 鳳林山門을 개창하였다. 『祖堂集』 권17, 〈慧目山和尙玄昱〉참조.

83 新興寺의 ○彦 : 未詳. 다만 『景德傳燈錄』(권9)에 明州 大梅山 法常(馬祖의 門人)의 法嗣로 신라의 迦智와 忠彦이 보인다. 이 忠彦으로 추정된다.

84 涌巖寺의 ○體 : 未詳. 다만 『景德傳燈錄』(권9)에 章敬懷暉(馬祖의 門人)의 法嗣로 玄昱과 覺體 등의 이름이 보인다. 이 覺體인 듯하다.

85 珍丘寺의 ○休 : 未詳. 『海雲碑銘註』 등에서는 '○休'를 '覺休'라 하였다.

86 雙峯寺의 道允 : 師子山門의 開山祖(798~868). 속성은 朴氏이며, 호는 雙峯, 시호는 澈鑑禪師, 탑호는 澄昭이다. 황해도 鳳山 태생으로, 18세에 출가하여 華嚴을 탐구했다. 헌덕왕 17년(825)에 入唐하여 南泉普願에게 印可를 받고 문성왕 9년(847)에 귀국하여 南泉의 禪風을 전했다. 그의 문인 折中(澄曉大師, 826~900)이 師子山派(寧越 興寧寺)를 발전시킴으로써 九山禪門의 하나가 되었다. 『祖堂集』 권17, 〈雙峯和尙道允〉참조.

87 崛山寺의 梵日 : 闍崛山門의 開山祖(810~889). 속성은 金氏이며, 品日이라고도 한다. 15세에 출가한 뒤 흥덕왕 6년(831)에 入唐하여 馬祖道一의 法嗣인 鹽官齊安의 心印을 받고 문성왕 9년(847)에 귀국하였다. 처음 충청도 大德의 白達寺에 머물렀으나, 곧 溟洲都督 金某의 청을 받아 江陵의 굴산사에 駐錫하고 거의 40년 동안 지내면서 禪風을 진작시켰으며, 사굴산문을 개창하여 九山禪門의 하나로 발전시켰다. 시호는 通曉大師. 『祖堂集』 권17, 〈通曉大師梵日〉 참조.

하고, 지혜智慧의 물로 하여금 접해鰈海(海東)에서 순탄하게 흐르도록 하였다. 그리하여, 따로 지게문[戶]을 나가거나 들창[牖]으로 내다보지 않고도 대도大道를 보며,[88] 산에 오르거나 바다에 나가지 않고도 상보上寶를 얻어, 안정된 마음으로 의념意念을 잠재우고 담담하게 세간世間의 맛을 잊게 되었다. 피안彼岸(중국이나 서역)에 가지 않고도 도道에 이르고, 이 땅을 엄하게 하지 않아도 잘 다스려졌으니,[89] 칠현七賢[90]을 누가 비유로 취하겠는가.[91] 십주十住[92]에 그 계위階位를 정하기 어려운[93] 사람이 현계산賢溪山[94] 지증대사 그 분이다.

처음 크게 이룰 적에 범체梵體[95] 대덕大德에게서 몽매蒙昧함을

---

88 따로이 지게문을 나가거나 ~ : 중국에 가서 배우지 않고도 禪法을 깨치게 되었다는 말.

89 엄하게 하지 않아도 ~ : 불교의 慈悲로써 잘 다스려졌다는 말.

90 七賢 : 소승에서 이른바 見道 이전의 賢位로서 七加行位 또는 七方便이라고도 한다(見道 이후를 聖位라 함). 소승에서는 五停心觀 · 別相念住 · 總相念住의 三賢位와 煖 · 頂 · 忍 · 世第一法의 四善根을 합쳐 칠현이라 하고, 대승에서는 初發心人 · 有相行人 · 無相行人 · 方便行人 · 習種性人 · 性種性人 · 道種性人을 가리킨다.

91 비유로 취하겠는가 : 지증대사의 修行階位는 聖位에 해당하기 때문에 결코 賢位에 비유할 수 없다는 말.

92 十住 : 보살이 수행하는 階位인 52位 가운데 제11위에서 제20위까지를 말함. 곧 發心住 · 治地住 · 修行住 · 生貴住 · 具足方便住 · 正心住 · 不退住 · 童眞住 · 法王子住 · 灌頂住를 이른다. 十信의 位를 지나서 마음이 眞諦의 이치에 安住하는 위치에 이르렀다는 의미로 '住'라 한다.

93 階位를 정하기 어려운 : 지증대사가 階位를 거치지 않고 大道를 證得하였기 때문임.

94 현계산 : 강원도 원주시 富論面 鼎山里에 위치한 산. 居頓寺를 품고 있다. 【참고】『신증동국여지승람』 권46, 原州牧 佛宇條에는 '玄溪山'으로 되어 있다.

95 梵體 : 9세기 전반 경에 활동했던 신라 華嚴僧. 『宋高僧傳』 권4, 「唐新羅國義湘傳」에서는 "湘講樹開花談叢結果, 登堂覩奧者, 則智通 · 表訓 · 梵體

깨우쳤고, 경의瓊儀 율사에게서 구족계를 받았다. 마침내 높이 도달할 적엔 혜은慧隱[96] 엄군嚴君에게서 현리玄理를 탐구하였고, 양부楊孚[97] 영자令子에게 묵계默契를 주었다. 법法의 계보를 보면, 당唐의 사조四祖 도신道信을 오세부五世父로 하여 동쪽으로 점차 이 땅에 전하여 왔다. 흐름을 거슬러서 이를 헤아리면, 쌍봉雙峯[98]의 제자는 법랑法朗[99]이요, 손제자는 신행愼行[100]이요, 증손제

·道身等數人"이라고 하여, 義湘의 제자인 것처럼 기술하고 있으나, 사실은 의상의 문하생인 法融에게서 배운 것으로 보인다. 문인으로 潤玄이 있으며, 均如가 주석을 단 『十句章』은 그의 저술로 추정된다.

96 慧隱 : 唐四祖 道信의 弟子인 法朗의 孫弟子요, 南宗과 北宗의 禪風을 함께 傳受한 愼行(神行 ?)의 제자. 구체적인 행적은 알 수 없다.

97 楊孚 : 靜眞大師 兢讓의 스승(?~917). 沙木谷 사람으로 일명 陽孚라고도 한다. 진감선사 慧昭와 지증대사 智詵의 禪風을 아울러 傳受하였다. 오랫동안 지리산의 남쪽 西穴院(土窟)에서 默坐禪으로 수도하였으며, 康州 草八縣(草溪) 伯嚴寺의 주지를 지냈다. 『삼국유사』 권3, 興法篇, 〈伯嚴寺石塔舍利〉 참조.

【참고】 李夢遊가 撰한 「鳳巖寺靜眞大師圓悟塔碑文」에서는 楊孚와 兢讓의 法系를 眞鑑禪師 慧昭로부터 이끌어 냈다. 이는 「智證大師碑文」과 차이가 있는 것으로서 주목된다. 이에 관한 논문으로 金煐泰, 「曦陽山禪脈의 成立과 그 法系에 대하여」, 『한국불교학』 제4집, 1979 참조.

98 雙峯 : 唐四祖 道信의 별호. 湖北省 黃梅縣에 있는 산 이름이다.

99 法朗 : 우리나라 최초로 禪法을 전한 승려. 唐四祖 도신의 문인이라고 하나, 그와의 師資關係를 더욱 분명히 밝혀 주는 문헌이 없다.

【참고】 「斷俗寺神行禪師碑」에서는, "更聞法朗禪師, 在虎踞山, 傳智慧燈, 則詣其所, 頓受奧旨. 未經七日, 試問之曲直, 微言冥應, 以卽心無心. 和上歎曰 : 「善哉! 心燈之法, 盡在於汝矣」 勤求三藏, 禪伯登眞, 慟哭粉身, 戀慕那極"이라고 하였다.

100 愼行 : 神行 또는 信行이라고도 쓴다. 「寂照塔碑」 洪居士註(李能和 所引)에 의하면, "憲德王十三年, 北宗神行先導, 南宗道義繼至"라고 하였다.

【참고】 信行은 四祖 道信의 法을 받은 法朗과, 神秀의 孫弟子 志空에게 각각 법을 받아 南禪과 北禪을 겸함 것으로 알려져 있다. 그런데 여기에는 몇 가지 문제가 있다. 信行과 神行을 다른 두 사람으로 보아 信行은 法朗의 법을 받은 사람이고, 神行은 志空의 법을 받은, 전혀 다른 인물이라고

자는 준범遵範[101]이요, 현손제자는 혜은慧隱이요, 내손來孫[102] 제자가 대사이다.

법랑대사는 대의사조大醫四祖[103]의 대증大證을 좇았다. 중서령中書令 두정륜杜正倫[104]이 찬한 비명碑銘[105]에 이르기를 "원방遠方의

볼 수도 있다. 그러나 神行 역시 법랑으로부터 법을 받고 다시 중국으로 갔다고 되어 있다. 또 信行과 神行이 전혀 다른 사람이라 하더라도, 神行이 법랑의 법을 받고 다시 지공의 법을 받았다는 사실은 부정할 수 없다. 神行이 법랑에게서 법을 받았다는 것에는 또 연대상으로 의문점이 있다. 법랑이 어느 시기 인물이었는지는 자세히 알 수 없고, 그의 스승 道信의 연대를 미루어 짐작할 뿐이다. 道信이 입적한 해는 651년이다. 신라 진덕여왕 5년에 해당한다. 그렇다면 법랑은 진덕여왕 전후의 인물이 된다. 법랑이 스승 도신의 死後 50년을 더 살았다 하더라도 서기 700년쯤이 된다. 그런데 神行의 寂年은 혜공왕 15년(779)이며, 이해가 報年 76세라고 明記되어 있다. 그리고 단속사에서 입적했다는 것 등을 미루어 보면 그 연대가 확실하다. 그렇다면 神行의 생년은 704년이 된다. 704년에 태어난 神行이 700년쯤에 또는 그보다 앞서 세상을 떠난 법랑으로부터 법을 받았다는 것은 있을 수 없는 일이다. 그러므로 信行과 神行은 같은 사람이 아닌지, 또는 神行이 법랑에게서 受法했다는 것은 잘못된 것인지, 혹은 信行의 행적과 혼동이 되어 神行과 같은 사람으로 보고 법랑에게 受法한 사실을 후세인이 神行의 행적에 가져다 잘못 붙인 것인지, 또는 법랑이 架空人物이 아니라면 그의 師僧이 道信이 아닌 다른 사람이었는지, 여러 가능성을 생각해 볼 수도 있다. 현존 史料로는 그 정확한 사실을 알기 어렵다. 禹貞相·金煐泰 공저, 『한국불교사』(進修堂, 1969), 73~74쪽 참조.

101 遵範 : 미상. 「神行禪師碑文」에 보이는 三輪禪師로 추정된다.
【참고】「神行禪師碑文」에서는 神行과 三輪의 관계에 대해 "同修道業, 互作師資"라 하고, 또 "悲夫! 慈父懷玉而歸, 窮子得寶幾日"이라고 하는 등, 三輪이 傳法弟子임을 분명히 하였다.

102 來孫 : 玄孫의 아들. 곧 5대손. 『爾雅』, 「釋訓」 "玄孫之子爲來孫."

103 大醫四祖 : 唐代의 高僧인 道信(580~651)을 말함. 속성은 司馬. 14세에 僧璨을 만나 그로부터 法統을 물려받고 禪宗의 第四祖가 되었다. 廬山의 大林寺와 破頭山 등에서 많은 제자들을 가르쳤으며 弘忍에게 法을 전하였다. 太宗의 부름에도 불응하고 일생을 수도에 전념하였다. 代宗 때 大醫禪師라는 시호가 내려졌다.

기사奇士와 이역異域의 고인高人이 험난한 길을 꺼리지 않고 진소珍所에 이르렀다"고 하였으니, 보물을 움켜쥐고 돌아간 사람이 법랑대사가 아니고 누구이겠는가? 다만 아는 사람은 말하지 않으므로 다시 은밀한 곳에 감추어 두었는데, 비장秘藏한 것을 능히 찾아낸 이는 오직 신행愼行 대사 뿐이었다. 그러나 시운時運이 불리하여 도가 형통하지 못한지라 이에 바다를 건너갔다.[106] 천자에게까지 알려졌다. 숙종황제[107]께서 총애하여 시구詩句를 내리시되 "용아龍兒가 바다를 건너면서 뗏목에 힘입지 않고, 봉자

---

104 杜正倫 : 중국 당나라 초기의 문신. 洹水 사람. 수나라 말엽, 秀才(과거의 과목 이름)에 급제한 이후, 당태종 貞觀年間에 中書侍郞이 되고, 고종 顯慶初에 中書令으로 襄陽縣公에 봉해졌다. 『舊唐書』 권70 ; 『唐書』 권106 참조.

105 碑銘 : 道信大師의 비명을 말함. 이지관의 『校勘譯註 歷代高僧碑文－新羅篇』(308쪽, 註137)에서는 杜正倫이 法朗大師의 碑銘을 撰하였다고 하였으나 이는 잘못이다.
【참고】 713년 무렵에 찬술된 것으로 추정되는 杜胐(두비)의 『傳法寶紀』에서는 『續高僧傳』의 여러 자료를 이용하여 「道信傳」을 구성하는 가운데, "杜正倫이 도신의 비문을 지어 그의 덕을 기렸다"는 사실을 밝힌 바 있다. 鄭性本(동국대)은 이에 대해 "두정륜의 四祖道信碑文의 찬술은 역사적인 사실이 아니지만, 達磨로부터 五祖 弘忍에 이르는 東土의 祖師들 중에서 비문의 실재를 기록하는 자료로서는 최초의 기록이다"고 하여 두정륜의 비문 찬술을 실재 사실이 아닌 것으로 파악하였다(『禪의 歷史와 禪思想』, 서울 : 三圓社, 1994, 194쪽). 물론 두정륜이 撰했다고 하는 「四祖道信大師碑銘」의 내용은 확인할 길이 없다. 唐文을 거의 集成했다고 하는 『欽定全唐文』 권150, '杜正倫'편을 보더라도 「彈將軍張瑾等文」, 「彈將軍李子和文」, 「請愼言疏」만이 실려 있고, 『唐文拾遺』 권15에도 「釋法護葬銘」이 추가되어 있을 뿐이다. 도신비가 실재하였음은 이 「지증대사비문」에서 다시 확인된다. 그 실재를 부정할 수 없다고 본다.

106 時運이 불리하여 ～ : 신행이 法朗을 만나 본 뒤 禪法이 아직 행해지지 않음을 개탄하여 入唐求法하였다는 말.

107 숙종황제 : 당나라 제7대 황제(재위 : 756~762). 玄宗의 아들로 이름은 亨이다.

鳳子가 하늘을 날면서 달을 인정함이 없구나!"[108] 라고 하였다. 이에 신행대사가 '산과 새' '바다와 용'의 두 구句[109] 로써 대답하니 깊은 뜻이 담겼다. (이후) 우리나라에 돌아와 3대를 전하여 지증대사에게 이르렀으니, 필만畢萬의 후대[110] 가 이에 증험된 것이다.

그의 세속 인연을 상고해 보면, 왕도王都 사람으로 김씨 성을 가진 사람의 아들이다. 호는 도헌道憲이요 자는 지선智詵이다.[111]

---

108 龍兒가 바다를 ~ 인정함이 없구나 : 龍兒 내지 鳳子는 愼行을 비유한 것이요, 뗏목과 달은 方便의 비유이다. 龍兒요 鳳子가 바다를 건너고 하늘을 날면서 방편을 쓰지 않았다고 하는 것은, 신행의 氣像이 뛰어났을 뿐 아니라, 權道에 의지하지 않고 直觀眞諦했음을 이르는 말이다.

109 두 句 : 여러 註解本에 의하면, 愼行이 답한 글귀의 내용은 다음과 같다(근거는 불확실). "산은 새를 선택하지 않지만 새는 산을 고를 수 있고, 바다는 용을 선택할 수 없지만, 용은 바다를 고를 수 있다(山不擇鳥, 鳥能擇山; 海不擇龍, 龍能擇海)." 이는 『춘추좌씨전』 哀公 11년조의 "鳥則擇木, 木豈擇鳥"라고 한 것을 인용하여 부연한 말로 보인다. 즉 사람은 살 곳을 선택할 수 있지만, 땅은 사람을 선택하지 못한다는 뜻이다.

110 畢萬의 후대 ~ : 畢萬은 중국 춘추시대 晉나라 사람으로 周 文王의 아들인 畢公(高)의 자손이다. 晉의 獻公에 벼슬하여 軍功을 세우고 B.C. 661년 魏(山西省 茹城縣)에 봉해졌다. 이때 卜偃이 말하기를 "필만의 후대는 반드시 크게 될 것이다. 萬은 盈數이고 魏는 大名이니, 魏지방을 賞으로 받은 것은 하늘이 길을 열어 준 것이다"고 하였다. 뒷날 복언의 말대로 세력이 강성해졌다. B.C. 453년에 魏의 桓子는 韓·趙와 더불어 쿠데타를 일으켜 晉의 영토를 三分하였다. 그의 아들 文侯는 B.C. 403년 周의 威烈王으로부터 제후로 봉해졌다. 특히 文侯는 유학을 숭상하고, 西門豹·李悝·吳起 등을 重用하여 국정을 개혁함으로써, 이른바 戰國七雄 가운데 가장 강성한 나라로 만들었다.

111 호는 道憲이요 ~ : 號와 字만 보이고 法諱(法名)에 대한 언급이 없다.
【참고】 이에 대하여 金煐泰의 다음과 같은 지적이 참고된다.
"이 비문에서 우리는 지증대사의 호가 道憲이며 자가 智詵임을 보게 되는데, 그의 諱(법명)가 들어가야 할 자리에 호가 있고, 따라서 法諱가 보이지 않는다는 사실을 들 수가 있다. 최치원의 현존 四碑 중에서 禪師의 행적을 다루고 있는 비문이 세 가지인데, 그 중에서 眞鑑碑에는 '法諱慧

아버지는 찬괴贊瓌이며 어머니는 이씨伊氏이다. 장경長慶 갑진년(헌덕왕 16년, 824)에 세상에 태어나 중화中和 임인년(헌강왕 8년, 882)에 세상을 떠났다. 자자自恣[112]한 지 43년이요 누린 나이가 59세였다. 그가 갖춘 체상體相을 보면, 키가 여덟 자 남짓했고 얼굴이 한 자쯤이었다. 의상儀狀이 뛰어나며 말소리가 웅장하고 맑았다. 참으로 이른바 '위엄이 있으면서도 사납지 않은' 사람이었다. 잉태할 당시부터 세상을 떠날 때까지의 기이한 행적과 숨겨진 이야기는, 귀신이 나타났다 사라졌다 하는 것 같아 붓으로는 기록할 수 없겠지만, 이제 사람들의 귀를 치켜세우도록 한 여섯 가지의 이상한 감응과, 사람들의 마음을 놀라게 하였던 여섯 가지의 옳은 조행操行을 간추리고 나누어 나타낸다.

처음 어머니의 꿈에 한 거인巨人이 나타나 고하기를

> 나는 과거 비바시불毘婆尸佛[113]의 말세末世에 중[桑門]이 되었습니다. 성

昭'라 되어 있고, 大朗慧碑에는 '法號無染'(『朝鮮金石總覽』) 또는 '法諱無染'(『朝鮮佛教通史』 등)으로 되어 있으나, 法諱 쪽이 옳지 않을까 여겨진다. 眞鑑碑 쪽에서 이미 본 바와 같이 法諱임을 앞에 내세우고 있는 慧昭를 나중에는 또 왕의 賜號라고 한(同一撰者의 碑文) 사례 등으로 미루어 道憲이나 無染의 앞에 나와 있는 호는 諱로 보는 것이 옳을 것 같다고 하겠다. 智證碑를 전후해서 세워진 비문 중에서 禪師의 字를 밝힌 예를 大安寺寂忍碑(諱慧徹 字體空)와 沙林寺弘覺碑(諱利觀 字有者) 및 月光寺圓朗碑(諱大通 字太融) 등을 들 수가 있는데, 이들 碑의 경우를 예로 들지 않더라도 字의 위에 호가 아닌 諱가 들어가야 하는 것이 당연하다고 하겠다. 그러므로 이 碑에는 비록 호라고 되어 있으나, 실은 道憲이 지증대사의 법명이라고 보아야 옳을 것이라 하겠다." 金煐泰(편), 『三國新羅時代金石文考證』(서울 : 민족사, 1992), 218쪽.

112 自恣 : 夏安居의 마지막 날에 모인 스님들이 서로 자기의 죄과를 참회, 고백하여 다른 스님들로부터 훈계를 받는 일. 이 의식의 횟수가 곧 夏臘(승려의 나이)이다.

을 낸[瞋恚] 까닭으로 오랫동안 용보龍報[114]에 떨어졌으나, 업보가 이미 다 끝났으니, 마땅히 법손法孫이 되어야 할 것입니다. 그러므로 묘연妙緣에 의탁하여 자비로운 교화를 널리 펴기를 원합니다.

고 하였다. 이내 임신하여 거의 4백일을 지나 관불회灌佛會[115] 날 아침에 탄생하였다. 일이 이무기의 부생고사復生故事(蟒亭)[116]에 징험되고, 꿈이 불모佛母의 태몽고사胎夢故事(象室)[117]에 부합되었다. 스스로 경계하는 사람으로 하여금 더욱 조심하고 삼가게 하며, 가사袈裟(毳衣)를 두른 자로 하여금 정밀하게 불도를 닦도록 하였으니, 탄생의 기이한 것이 첫째이다.

태어난 지 여러 날이 되도록 젖을 빨지 않고, 짜서 먹이면 울

---

113 毘婆尸佛 : 석가모니가 출현하기 이전의 過去七佛 가운데 第一佛.
【참고】 대승불교에서는 종래의 원시불교나 部派佛敎에서 오직 석가모니불 한 분만을 부처님으로 신봉하던 것과는 달리, 무수히 많은 부처님[多佛]이 출현하고 있는 것이 특징이다. 석가모니불이 출현하기 이전인 過去世에도 毘婆尸佛·尸棄佛·毘舍浮佛·拘留孫佛·拘那含牟尼佛·迦葉佛 등 過去七佛이 출현하였다고 믿었다. 이와 함께 대승경전에서는 미래불인 彌勒佛, 西方淨土의 阿彌陀佛, 東方의 阿閦佛(아촉불), 南方의 寶生佛, 北方의 微妙音佛 등 三世十方의 무수히 많은 부처님이 등장하고 있다.

114 龍報 : 용이 되는 업보.

115 灌佛會 : 부처가 탄생한 날을 기념하기 위한 의식이 있는 모임. 음력 4월 8일 佛像에 향수 물을 끼얹어 뿌리는 의식이다. 浴佛이라고도 한다. 부처가 세상에 태어났을 때 龍이 향수의 비를 뿜어 부처의 몸을 씻었던 데서 비롯되었다.

116 이무기의 復生故事 : 중국 後漢 때의 고승인 安淸의 발원으로 業報를 마친 이무기가 소년으로 다시 태어났다는 故事. 지증대사가 前生에 용이었던 점과 결부시킨 것이다.

117 佛母의 胎夢故事 : 석가모니의 어머니인 摩耶夫人이 꿈에서 護明菩薩이 六牙白象을 타고 하늘로부터 내려와 胎內로 들어가는 것을 보고, 석가모니를 잉태하였다는 故事.

면서 목이 쉬려고 하였다. 문득 어떤 도인道人이 문 앞을 지나다가 깨우쳐 말하기를 "아이가 울지 않도록 하려면, 훈채葷菜[118]나 (누린내 나는) 육류肉類를 참고 끊으시오"라고 하였다. 어머니가 그 말을 따르자 마침내 아무런 탈이 없게 되었다. 젖으로 기르는 이에게 더욱 삼가도록 하고 고기[肉]를 먹는 자에게 부끄러운 마음을 지니게 하였으니, 오랜 풍습의 기이한 것이 둘째이다.

아홉 살에 아버지를 여의고 너무 슬퍼한 나머지 거의 훼멸毁滅의 지경에 이르렀다. 추복승追福僧[119]이 이를 가련히 여기고 깨우쳐 말하기를 "덧없는 몸은 사라지기 쉬우나 장한 뜻[120]은 이루기 어렵다. 옛날에 부처님께서 은혜를 갚으심에 큰 방편이 있었으니,[121] 그대는 이를 힘쓰라!"고 하였다. 그로 인해 느끼고 깨달아 울음을 거두고는, 어머니께 불도佛道에 돌아갈 것을 청하였다. 어머니는 그가 어린 점을 가엾게 여기고, 다시금 집안을 보전할 주인이 없음을 염려하여 굳게 허락하지 않았다. 그러나 대사는 부처님께서 출가하신 고사故事[122]를 듣고, 곧 도망해 가서 부석산浮石山에 나아가 배웠다.[123] 문득 하루는 마음이 놀라 자리

---

118 葷菜 : 佛家에서 禁食하는 五辛(五葷)菜. 곧 마늘(大蒜)·파(慈葱)·부추(茖葱)·달래(蘭葱)·흥거(興渠)를 말한다. 淫慾과 憤怒가 유발된다고 하여 禁食한다.

119 追福僧 : 죽은 사람을 위하여 복을 빌어 주는 중.

120 장한 뜻 : 출가하여 衆生을 濟度하려는 의지를 말함.

121 부처님께서 은혜를 ~ : 석가모니가 出家하여 生·老·病·死를 초월한 경지에 이르고자 한 것은, 곧 부모님께 報恩하려 한 方便이기도 하다는 말.

122 부처님께서 출가하신 故事 : 석가모니 부처님이 19세(29세라는 설도 있음) 시달타 太子 시절, 태자의 자리를 버리고 王城을 나와 수행의 길로 떠났던 일을 말함.

를 여러 번 옮겼다.[124] 조금 뒤에 어머니가 그를 기다리다가 병이 났다는 말을 듣게 되었다. 급히 고향으로 돌아가 뵙자 병도 뒤따라 나았으므로, 당시 사람들이 그를 완효서阮孝緖[125]에 견주었다. 얼마 있지 않아서 대사에게 고질병[沈痾]이 전염되어 의원醫員에게 보여도 효험이 없었다. 여러 사람에게 점을 쳤더니 모두 말하기를 "마땅히 부처[大神]에게 이름을 예속시켜야 할 것이다"고 하였다. 어머니가 그 전날의 꿈[126]을 돌이켜 생각해 보고는, 조심스럽게 네모진 가사袈裟(方袍)를 몸에 덮고 울면서 맹세하여 말하기를 "이 병에서 만약 일어나게 된다면 부처님께 아들로 삼아 달라고 빌겠습니다"고 하였다. 이틀 밤을 자고 난 뒤에 과연 말끔히 나았다. 우러러 어머니의 염려하심을 깨닫고, 마침내 평소에 품었던 뜻을 이루어, 제 자식을 사랑하는 사람[舐犢者]으로 하여금 사랑을 끊게 하고,[127] 불도를 미덥게 여기지 않는

---

123 부석산에 나아가 ~ : 지증대사 역시 불교 공부를 華嚴으로부터 시작하였다는 말이다.

124 마음이 놀라 ~ : 坐不安席을 말함.

125 阮孝緖 : 중국 梁나라 武帝 때의 孝子(?~535). 자는 士宗. 일찍이 鍾山에서 修學하고 있을 때, 모친 王氏가 병을 얻어 형제들이 그를 부르려고 하였다. 모친이 말하기를 "효서의 성질이 지극히 善하여 神明에 感通될 것이니, 반드시 저절로 오리라"고 하였다. 과연 그대로 들어맞자 이웃에서 이상하게 여겼다 한다. 또 모친의 약을 調劑함에 生人蔘이 필요했는데, 산속 깊고 험한 곳을 며칠 동안 누볐어도 발견하지 못하였다. 홀연히 사슴 한 마리가 길을 인도하여 약초를 발견하게 되었다. 이를 복용한 모친이 씻은 듯 나아 당시 사람들이 모두 감탄하였다고 한다.

126 전날의 꿈 : 어머니의 태몽에 한 巨人이 "나는 옛날 勝見佛의 말세에 沙門이었다"고 한 것을 이른다.

127 사랑을 끊게 하고 : 어머니로 하여금 자식을 부처님께 선뜻 내주도록 했다는 말이다.

사람[飮蛇者]에게 의심을 풀도록 하였으니, 효성으로 신인神人을 감동시킨 것의 이상함이 셋째이다.

열일곱 살에 이르러 구족계를 받고 비로소 강단講壇에 나갔다. 소매 속에 신광神光이 선명한 것을 깨닫고 이를 더듬어 한 구슬[衣珠]을 얻었다. 어찌 의식적으로 구한 것이겠는가. 곧 발이 없이도 이른 것이니, 참으로 『육도경六度經』[128]에서 비유한 바이다. 굶주려 부르짖는 사람[129]으로 하여금 제 스스로 배부르게 하고, 취해서 쓰러진 사람[130]으로 하여금 능히 깨어나도록 하였으니, 마음을 면려勉勵한 것의 기이함이 넷째이다.

하안거夏安居(坐雨)를 마치고 장차 다른 곳으로 (行脚을) 떠나려 하였다. 밤에 꿈속에서 보현보살普賢菩薩[131]이 이마를 어루만지고 귀를 끌어당기면서 말하기를 "고행을 실행하기는 어려우나 이를 행하면 반드시 이룰 것이다"고 하였다. 꿈에서 깬 뒤 놀란 나머지 오한惡寒이 든 것 같았다. 잠자코 살과 뼈대에 새겨[132] 이로부터 다시는 명주옷과 솜옷을 입지 않았고, 긴 실이 필요할 때는 반드시 삼[麻]이나 닥나무에서 나온 것을 사용하였으며, 어린 양가죽으로 만든 신[韃履]도 신지 않았다. 하물며 새 깃으로 만든 부채[羽翣]나 털로 만든 깔개[毛茵]를 사용하겠는가. 삼베옷[緼黂]을

128 六度經 : 六度集經. 六度(六婆羅蜜)의 차례에 따라 보살행에 관한 인연을 類聚한 경전으로, 康僧會가 번역하였다. 모두 8권이다.

129 굶주려 부르짖는 사람 : 禪悅의 供養에 굶주린 사람. 곧 禪宗人을 말한다.

130 취해서 쓰러진 사람 : 번잡한 지식에 취해서 헤어나지 못하는 사람. 곧 教宗人을 말한다.

131 普賢菩薩 : 如來가 중생을 濟度하는 일을 언제나 돕는다는 보살. 普賢은 三曼多跋捺羅를 번역한 말이다.

132 살과 뼈대에 새겨 : 銘心하였다는 말.

입는 자로 하여금 수행에 눈을 뜨게 하고 솜옷[衣蟲]을 입는 사람으로 하여금 부끄럽게 여기도록 하였으니, 자신을 단속함의 이상함이 다섯째이다.

어렸을 때부터 노성老成한 덕이 풍부하였다. 게다가 계율의 구슬[戒珠]을 밝혔는지라, 후생[可畏者]들이 다투어 상종하면서 배우기를 청하였다. 그러나 대사는 이를 거절하면서

> 사람의 큰 걱정은 남의 스승이 되기를 좋아하는 것이다. 지혜롭지 못한 사람을 억지로 지혜롭게 만들려한들, 모범이 되어야 할 사람이 모범이 되지 못하는 데야 어떻게 하겠는가.[133] 하물며 큰 바다에 뜬 티끌처럼 제 자신도 건너갈 겨를이 없음에랴. (나의) 그림자를 좇아서 필시 남에게 비웃음을 사는 꼴이 없도록 하라!

고 말하였다. 뒤에 산길을 가는데 어떤 늙은 나무꾼이 앞길을 막으면서 말하기를 "선각先覺이 후각後覺을 깨닫게 하는 데 어찌 덧없는 몸[空殼]을 아낄 필요가 있겠습니까?"라고 하였다. 그를 향해 앞으로 나아가니 문득 보이지 않았다. 이에 부끄러워하면서도 깨닫고는, 와서 배우고자 하는 사람들을 막지 않으니, 계람산鷄籃山[134] 수석사水石寺(미상)에 대나무와 갈대처럼 빽빽하게 몰

---

133 지혜롭지 못한 사람을 ~ 하겠는가 : 스승은 모든 사람의 모범이 되어야 하지만, 대사 자신은 남의 모범이 되지 못한다는 말.
【참고】 李智冠은 이 대목을 "억지로 혜택을 주려 하나 혜택이 되지 않으며, 모범인 것 같으나 모범이 되지 않으니 어찌 하겠는가"(『교감역주 역대고승비문-신라편』, 314쪽)라고 하였고, 李佑成은 "혜택을 베풀 수가 없는데도 억지로 혜택을 베풀려고 하며, 그 본보기를 줄 수 없는데도 본보기가 되려고 해서야 되겠는가"(『新羅四山碑銘』, 347쪽)라고 풀이하였다.

려들었다. 얼마 뒤에 다른 곳에 땅을 골라 집을 짓고는 말하기를 "얽매이지 않는 것이 평소의 생각이니, 잘 실천하는 것이 귀한 일이다"고 하였다. 책의 글자만 보는 이[135]로 하여금 세 가지[136]를 반성하게 하고, 보금자리를 꾸미는 자[137]로 하여금 아홉 가지를 생각[138]하도록 하였으니, 훈계를 내린 것의 이상함이 여섯째이다.

태사太師에 추증된 경문대왕께서는 마음으로 유교·불교·도교의 삼교[鼎敎]에 융회融會한 분으로, 직접 대사[輪工]를 만나 뵙고자 하였다. 멀리서 그의 생각을 깊이하고, 자기 곁에 가까이 있으면서 도와주기를 희망하였다. 이에 서한을 부쳐 말씀하시기를

> 이윤伊尹[139]은 사물에 얽매이지 않은 사람이고, 송섬宋纖[140]은 작은 것

---

134 계람산 : 鷄龍山의 다른 이름.
【참고】 당나라 張楚金이 撰한 『翰苑』 百濟條에서는 『括地志』를 인용하여 "國東有鷄籃山"이라 하고 또 "鷄龍東峙"라 하였다. 崔致遠 所撰 『法藏和尙傳』 夾注에서도 "海東華嚴之所, 有十山焉. …… 鷄龍山岬寺, 括地志所云, 鷄藍山是"라 하였다.

135 책의 글자만 보는 이 : 책을 보되 그 문자만 읽고 심오한 내용을 깨닫지 못하는 사람. 敎宗人을 비유한 말이다.

136 세 가지 : 『論語』 「學而」에 나오는 "吾一日三省吾身, 爲人謀而不忠乎, 與朋友交而不信乎, 傳不習乎"를 말한다. 모두 남과의 對人關係를 논한 것이다. 따라서 여기에 나오는 '傳不習'은 '不習을 남에게 전한다'는 의미로 보아야 한다.

137 보금자리를 꾸미는 자 : 禪客이 禪室을 운영하는 것의 비유.

138 아홉 가지를 생각 : 군자가 항상 염두에 두고 반성하며, 그 행실을 삼가야 하는 덕목. 즉 視思明·聽思聰·色思溫·貌思恭·言思忠·事思敬·疑思問·忿思難·見得思義(『論語』, 「季氏」)를 말한다. 비록 유교 경전에서 비롯된 덕목이긴 하지만, 禪僧의 수행도 이 덕목에서 크게 벗어나지 않기 때문에 원용한 것으로 보인다.

139 伊尹 : 중국 殷나라 때의 賢人. 이름은 摯. 처음에는 莘野에서 밭을 가는

까지 살핀[141] 사람입니다. 유교의 입장을 불교에 비유하면, 가까운 곳으로부터 먼 곳으로 가는 것과 같습니다. 왕도王都 주위[甸邑]의 암거巖居에도 자못 아름다운 곳이 있으니, 새가 앉을 나무를 가릴 수 있는 것처럼 할 수 있을 것입니다. 봉황의 내의來儀를 아끼지 마십시오.

라고 하였다. 근시近侍 가운데 쓸 만한 사람을 잘 골라 뽑아, 원성왕[鵠陵]의 6대손인 입언立言을 사자使者로 삼았다. 이미 교지敎旨를 전함이 끝나자, 거듭 제자로서의 예[攝齊]를 갖추었다. 대사가 대답하기를

농부였으나, 湯王에게 불리어 阿衡(總理)이 되었다. 세상에 대해 自任함이 강렬하였다. 『孟子』에 이르기를 "누구를 섬긴들 임금이 아니며, 누구를 다스린들 백성이 아니랴"하고는 다스려져도 나갔으며, 혼란해져도 나갔다고 한다. 또 말하기를 "하늘이 이 백성을 낼 적에 先知者로 하여금 後知者를 일깨워 주도록 하고, 先覺者로 하여금 後覺者를 일깨워 주게 하였다. 나는 하늘이 낸 백성 중에서 先覺者이다. 나는 이 道를 가지고 이 백성을 일깨워 주려 한다"고 하였다 한다. 『孟子』, 「萬章(下)」 "伊尹曰 : 「何事非君, 何使非民」 治亦進, 亂亦進. 曰 : 「天之生斯民也, 使先知覺後知, 使先覺覺後覺. 予天民之先覺者也. 予將以此道, 覺此民也」 思天下之民, 匹夫匹婦, 有不與被堯舜之澤者, 若己推而內之溝中, 其自任以天下之重也."

140 宋纖(송섬) : 중국 晉나라 때 사람. 자는 令艾(一作令文), 시호는 玄虛先生. 젊어서부터 遠志가 있어 세상과 어울리지 않고, 酒泉의 南山에 은거하며 修學하였다. 그를 찾아와 배운 사람이 3천 명이나 되었다. 州郡에서 누차 불렀지만 끝내 不應하므로, 이에 酒泉太守 楊宣은 누각에 그의 화상을 그려 놓고 頌을 지어 "爲枕何石, 爲漱何流. 身不可見, 名不可求"라고 했다 한다. 또 그 뒤 太守 馬岌 역시 "盛名은 들을 수 있지만 몸은 뵐 수 없고, 盛德은 우러를 수 있으나 모습은 뵐 수가 없다"면서 아쉬워했다고 한다. 『晉書』 권94, 「宋纖傳」 "不與世交, 居于酒泉南山, 不應州郡辟命. 太守馬岌歎曰 : 「名可聞而身不可見, 德可仰而形不可覩, 吾今而後, 知先生人中之龍也」"

141 작은 것까지 살핀 : 權道가 없음을 이르는 말.

> 자신을 닦고 남을 교화시킴에 고요한 곳을 버리고 어디로 나아가겠습니까. '새가 나무를 가려 앉을 수 있다'는 분부는 저를 위하여 잘 말씀하신 것입니다. 바라건대 그냥 이대로 있게 해주시어, 제가 거듭되는 부름을 피해 다른 곳으로 가지 않게 해주십시오.

라고 하였다. 임금께서 이 말을 들으시고 더욱 진중히 여겼다. 이로부터 그의 명예는 날개 없이도 사방에 전해졌으며, 대중은 말하지 않는 가운데 아주 달라졌다.

함통咸通[142] 5년(경문왕 4년, 864) 겨울, 단의장옹주端儀長翁主[143]가 '미망인未亡人'이라 자칭하고 당래불當來佛[144]에 귀의하였다. 대사를 공경하여 '하생下生'[145]이라 말하고 상공上供을 두텁게 하였다. 읍사邑司[146]의 영유領有인 현계산 안락사安樂寺가 산수山水의 아름다움을 많이 가지고 있다는 이유로, 원학猿鶴의 주인이 되어 달라고 청하였다. 대사가 이에 그의 문도門徒에게 말하기를 "산의 이름이 현계賢溪이고 땅이 우곡愚谷과 다르며, 절의 이름이 '안락'이거늘, 중으로서 어찌 주지住持하지 않으리요"라고 하고는 그 말을 따라 옮겼는데, 거居한 즉 교화되었다. 산을 좋아하는 사람으로 하여금 산과 같이 더욱 고요하게 하고, 땅을 고르는 사람으로 하여금 신중히 생각토록 하였으니, 진퇴進退(行藏)의 옳음이

---

142 함통 : 당나라 懿宗의 연호(860~873).

143 단의장옹주 : 경문왕의 누이. 지증대사 및 秀澈和尙의 충실한 檀越이었다. 「深源寺秀澈和尙碑文」에도 보인다.

144 당래불 : 來世에 부처가 될 분. 지증대사를 지칭한 말.

145 하생 : 當來佛이 이 세상에 나타났다는 말. 彌勒下生.

146 읍사 : 翁主의 封邑을 말함.

그 첫째이다.

어느 날 문인門人에게 일러 말하기를 "고故 한찬韓粲[147] 김공金公 억훈嶷勳이 나를 승적僧籍에 넣어 중이 되게 하였으니, 공에게 불상佛像을 가지고 보답하겠노라"하였다. 곧 1장丈 6척尺의 철불상鐵佛像[148]을 주조鑄造하여 선銑[149]을 발라, 이에 절을 수호하고 저승[冥路]으로 인도하는 데 썼다. 은혜를 베푸는 자로 하여금 날로 돈독하게 하고, 의리를 중히 여기는 사람으로 하여금 바람처럼 따르도록 하였으니, 보답을 아는 것의 옳음이 그 둘째이다.

함통 8년(경문왕 7년, 867) 정해년丁亥年에 이르러, 시주施主인 옹주가 여금茹金 등으로 하여금 절에다 좋은 땅[南畝]과 노비[臧獲]의 문서를 주어, 어느 승려[壞袍]라도 여관처럼 알고 찾을 수 있게 하고, 언제까지라도 (소유권을) 바꿀 수 없도록 하였다. 대사가 이 일을 계기로 깊이 생각해 온 바를 말하되

> 왕녀王女께서 법희法喜에 의뢰하심이 오히려 이와 같거늘, 불손佛孫인 제가 선열禪悅을 맛보고서도 어찌 가만히 있는단 말인가. 우리 집안은 가난하지 않은데 친척족당親戚族黨이 다 죽고 없다. 내 재산을 길 가는 사람의 손에 떨어지도록 놔두는 것보다, 차라리 문제자門弟子들의 배를 채워 주리라.

고 하였다. 드디어 건부乾符 6년(헌강왕 5년, 879)에 장莊 12구區와

147 한찬 : 大阿飡(대아찬)의 별칭.
148 1장 6척의 철불상 : 석가의 身長이 1丈 6尺이었다는 전설에서 유래되었다.
149 銑 : 황금 중에서도 가장 광채가 나는 것.

전田 5백 결結[150]을 희사하여 절에 예속시켰다. 밥을 두고 누가 '밥주머니'라고 조롱했던가.[151] 죽 먹는 일도 능히 솥에 새겨졌도다.[152] 양식[民天]에 힘입어 정토淨土를 기약할 수 있게 되었다. 그런데, 비록 내 땅이라 하더라도 임금의 영토 안에 있으므로, 비로소 왕손인 한찬韓粲 계종繼宗[153], 집사시랑執事侍郞인 김팔원金八元,[154] 김함희金咸熙[155] 및 정법사正法司[156]의 대통大統인 석釋 현량玄亮에게 질의하였다. 심원深遠한 곳[九皐]에서 소리가 나[157] 천리 밖

150 莊 12區와 田 5百結 : 왕실이나 귀족의 발원으로 세워진 寺院 소유의 대규모 토지와 그 경영에 필요한 부속건물을 田莊이라고 한다. 여기서의 莊田은 田莊과 같은 말이다. 薛聰이 撰한 「甘山寺阿彌陀像造像記」에도 "又爲妻阿好里等, 捨其甘山莊田, 建此伽藍" 운운한 대목이 보인다.
【참고】 이우성은 "莊 12區에 分屬된 田地의 合이 모두 5백결이라는 말"이라 하였다. 李佑成, 「新羅時代의 王土思想과 公田」, 『曉城趙明基博士華甲紀念佛敎史學論叢』, 1965, 223쪽 참조.

151 밥을 두고 누가 ~ : 밥(식량)처럼 중요한 것이 없음에도 하필이면 무능한 사람을 비유할 때 '밥주머니'라고 했느냐는 뜻.

152 죽 먹는 일도 ~ : 단의장옹주의 喜捨와 지증대사의 寄進이 金石에 새겨져 후세에 이름을 남기게 되었다는 말.

153 繼宗 : 문성왕의 從叔. 金立之所撰, 「國王慶膺(文聖王)造無垢淨塔願記」에 의하면 "監修造使 從叔 行武州長史 金繼宗"이라고 되어 있다.

154 金八元 : 阿干으로 執事侍郞을 지낸 인물. 慶州 「皇龍寺九層石塔刹柱本記」의 第2板 外面에 '執事侍郞阿干金八元'이라는 附記가 있다(黃壽永, 『韓國金石遺文』, 163쪽). 또 『고려사』 卷首, 「高麗世系」에 "時新羅監干八元, 善風水, 到扶蘇郡"이라는 대목이 보인다. 이기동은 여기서의 八元을 金八元으로 추정한 바 있다.

155 金咸熙 : 沙干으로 內省卿을 지낸 인물. 慶州 「皇龍寺九層石塔刹柱本記」의 第1板 外面에 '內省卿沙干金咸熙'라는 附記가 있다. 黃壽永, 『韓國金石遺文』, 164쪽.

156 正法司 : 통일신라 때 설치된 僧政機構. 『삼국사기』 권40, 「職官(下)」에 나오는 '政官(政法典)'으로 추정된다. 처음에 大舍 1인, 史 2인으로써 한 官司를 삼았는데, 원성왕 1년(785)에 이르러 처음으로 僧官을 두고, 승려 가운데 재주와 행실이 있는 자를 뽑아 충원하였다. 특별한 일이 있을 때에나 교체하였으며, 일정한 연한이 없었다.

에서 메아리치니,[158] 태부太傅에 추증된 헌강대왕께서 본보기로 여겨 그를 허락[159]하시었다. 그해 9월, 남천군南川郡[160]의 통승統僧[161]인 훈필訓弼[162]에게 별서別墅를 가리고 정장正場[163]을 구획區劃하도록 하였다. 이 모두가 밖으로는 군신君臣이 땅을 늘리게 도와주고, 안으로는 부모가 천계天界에 태어나도록 하는 데 이바지한 것이다. 목숨을 이은 사람으로 하여금 인仁과 더불게 하고, 가인歌人에게 후히 상을 주려는 사람으로 하여금 잘못을 뉘우치

---

157 深遠한 곳에서 ~ : 지증대사가 거처하고 있는 심원한 곳의 비유.

158 천리 밖에서 메아리치니 : 사방 멀리까지 지증대사의 소문이 퍼졌다는 말.

159 허락 : 지증대사가 현계산 안락사에 寄進하는 것을 허락하였다는 말.
【참고】 지증대사가 寄進한 田地가 王土이기 때문에 왕의 同意가 필요했던 것처럼 생각하기 쉽다. 여기에서의 '王土'란 실질적 의미가 없는 관념적인 것에 불과하다. 왕의 윤허를 받고자 했던 직접적인 동기도 왕토이기 때문이 아니다. 『삼국사기』 신라본기를 보면, 문무왕 4년(664)에 "禁人擅以財貨田地施寺"라 하여, 田地를 마음대로 佛寺에 寄進하지 못하도록 했다는 기록이 있다. 이에 따라 왕의 允可가 필요했던 것이다.

160 南川郡 : 지금의 경기도 利川郡의 옛 이름. 『삼국사기』 권35, 「地理(二)」 〈漢州〉 참조.

161 統僧 : 郡統을 말함. 『삼국사기』 권40, 「職官(下)」에 의하면 國統 1인, 州統 9인, 郡統 18인을 두었다고 했다. 金石文 자료를 보면, 통일신라기에는 당나라와 마찬가지로 僧統이라는 北朝 계통의 명칭과 僧正이라는 南朝 계통의 명칭이 혼용되었던 듯하다.

162 訓弼 : 「皇龍寺九層木塔舍利函記」에 나오는 '維那僧 勛筆'과 같은 인물로 추정됨. 李泳鎬, 「신라 중대 王室寺院의 官寺的 기능」, 『한국사연구』 제43집, 1983 참조.

163 正場 : 여러 農莊 가운데 主가 될 만한 농장. 농장이 각지에 분산되어 있음을 짐작케 하는 말이다.
【참고】 이지관은 '正場'을 종래 寫本에서 '生場'이라고 고쳐 본 것을 따라, '禁殺標' 즉 일정한 구역에 표지판을 세우고 살생을 못하도록 하는 것으로 풀이하였다(『교감역주 역대고승비문—신라편』, 321쪽). 이는 原文校勘에서 "生場은 正場의 잘못이다"(같은 책, 288쪽, 註101)고 한 것과 모순된다. 이우성은 『신라사산비명』, 237쪽에서, '以禁標明示寺領'이라고 주석하였다.

도록 하였으니,[164] (대사가) 시주施主로서 희사喜捨한 것의 옳음이 그 셋째이다.

간혜지乾慧地[165]에 있는 사람이 있었다. 심충沈忠이라고 하였다. 그는 대사의 이치를 분별하는 칼날이 선정禪定과 지혜智慧에 넉넉하고, 감식안鑑識眼은 천문天文과 지리地理를 환히 들여다보며, 의지意志가 담란曇蘭[166]처럼 확고하고 학술이 안름安廩[167] 같이 정

---

164 歌人에게 ~ 뉘우치도록 하였으니 : 중국 전국시대에 趙나라 烈侯가 음악을 좋아하여 鄭나라 歌手 槍과 石이라는 사람을 매우 아꼈다. 어느 날 열후가 재상인 公仲連에게 지시하여 두 가수에게 田地 萬畝를 각각 하사하도록 했다. 공중련은 이 터무니없는 지시를 실행하지 않고 여러 가지 핑계를 대며 피해 나갔다. 이때 番吾君(파오군)이라는 사람이 공중련에게 일러 임금을 善政으로 잘 誘導하도록 하면서, 牛畜·荀欣·徐越이라는 유능한 세 인재를 烈侯에게 추천하도록 권하였다. 공중련이 이 세 사람을 추천하자, 이에 우축·순흔·서월이 열후를 가까이에서 모시면서 王道政治, 仁政을 펴도록 이끌어 나갔다. 이에 조열후는 가수에게 막대한 田地를 하사하도록 한 잘못을 뉘우치고 이를 중단하도록 하였으며, 이들 세 사람에게 각각 師와 中尉·內史의 벼슬을 내렸다고 한다. 여기서는 王女인 단의장옹주가 절에다 良田과 노비를 喜捨한 것을 본 지증대사가 크게 뉘우치고는, 莊 12區와 5백여 結에 달하는 田地를 寄進했던 사실을 趙烈侯의 賞歌故事에 비유한 것이다.

165 乾慧地(간혜지) : 마른 지혜의 자리. 初發心한 信者를 일컫는다. 깨쳐서 지혜가 생겼다 하더라도 禪定의 힘이 충실하지 못한 상태를 말한다. '마른 지혜'는 生死의 이치를 알았더라도 실지 生死에는 自由自在하지 못하므로 진정한 지혜가 못된다. 成佛의 단계를 말하는 55위 가운데 첫 단계다.

166 曇蘭(담란) : 중국 東晉 때의 高僧. 道泓과 함께 慧持法師의 兩大高足이었다. 『蓮社高賢傳』, 「慧持傳」 "慧持法師, 以東間經籍付道泓, 西間法典付曇蘭. 以泓行業清敏, 蘭神悟天發, 竝能係軌師蹤焉."
【참고】 종래 註解本에서는 曇蘭을 '詳曇'과 '竺法蘭' 두 사람으로 보아 왔다. 이지관(편역), 『校勘譯註 歷代高僧碑文-新羅篇』(321쪽)에서도 역시 이 견해를 받아들이고 있다. 李佑成(校譯), 『新羅四山碑銘』(238쪽)에서 역주자가 『註解四山碑銘』(1987)에서 처음으로 제기한 설을 받아들인 이래, 대다수가 따르고 있다.

167 安廩(안름) : 중국 南朝 陳나라 때의 高僧(507~583). 속성은 秦氏. 晉나라

밀하다는 말을 듣고, 찾아가 만나뵙는 예의를 표한 뒤 아뢰기를 "제자弟子에게 남아도는 땅이 있는데, 희양산曦陽山 중턱에 있습니다. 봉암용곡鳳巖龍谷으로 지경이 괴이하여 사람의 눈을 놀라게 합니다. 바라건대 선사禪寺를 지으십시오"라고 하였다. 대사가 천천히 대답하기를 "내가 분신分身[168]할 법력法力이 없거늘 어찌 이를 사용하겠습니까"라고 하였다. 그러나 심충의 청이 워낙 굳건하였다. 게다가 산이 신령하여 갑옷 입은 기사騎士를 전추前騶[169]로 삼은 듯한 기이한 형상이 있었는지라, 곧 석장錫杖을 짚고 나무꾼이 다니는 좁은 길로 빨리 가서 두루 살피었다. 사방으로 병풍같이 둘러막고 있는 산을 보니, 붉은 봉황의 날개가 구름 속에 치켜 올라가는 듯하고, 백 겹으로 띠를 두른 듯한 물을 보니, 이무기가 허리를 돌에 대고 누운 것 같았다. 그 자리에서 놀라 감탄하며 말하기를 "이 땅을 얻음이 어찌 하늘의 돌보심이 아니겠는가. 승려[靑衲]의 거처가 되지 않는다면 도적[黃巾]의 소굴이 될 것이다"고 하였다. 마침내, 대중大衆에 솔선하여 후

中書令 靖의 7세손이다. 일찍부터 經史에 통달하였을 뿐 아니라, 老莊을 좋아하였고 孫吳의 兵家書 및 術數에도 능하였다. 이로 인해 출가한 뒤 世祖(文帝)의 총애를 받아 대궐에 자주 출입하였다. 『續高僧傳』 권7, 「釋安廩傳」 "安廩, …… 性好老莊, 早達經史, 又善太一之能, 并解孫吳之術." 【참고】 安廩 역시 종래에는 曇蘭의 예와 마찬가지로 '道安'과 '廩法師(不詳)' 두 사람으로 보아 왔다. 이지관(편역), 『교감역주 역대고승비문-신라편』(321쪽)에서도 이를 따르고 있다. 安廩의 事跡은 『續高僧傳』에 분명히 전하고 있으므로, 이론이 있을 수 없다. 이우성(校譯), 『신라사산비명』(238쪽)에서 역주자의 설을 수용한 이래 현재 대다수가 따르고 있다.

168 分身 : 佛菩薩이 중생을 교화하기 위하여 그 몸을 나누어 곳곳에 化現하는 것.

169 前騶 : 앞장서서 달림. 또는 그 사람. 先導.

환後患을 막는 것을 기본으로 삼았으니, 기와로 인 처마가 사방으로 이어지도록 일으켜 지세地勢를 진압하고, 쇠로 만든 불상 2구軀를 주조[170]하여 절을 호위토록 하였다. 중화中和 신축년(헌강왕 7년, 881)에 전 안륜사安輪寺 승통僧統인 준공俊恭과 숙정대肅正臺[171]의 사史인 배율문裵聿文을 보내 절의 경계를 표정標定케 하고, 이어 '봉암鳳巖'이라고 명명하였다. 대사가 가서 교화한 지 수년이 되었을 때, 산에 사는 백성으로 들도적[野寇]이 된 자가 있었다. 처음에는 감히 법륜法輪에 맞섰으나 마침내 교화되었다. 능히 정심定心의 물[172]을 깊이 떠서 미리 마산魔山[173]에 물을 댄 큰 힘이 아니겠는가. 팔을 끊은 사람[174]으로 하여금 의리義理를 드러내도록 하고, 용미龍尾를 파헤치려 했던 사람[175]으로 하여금 광기狂氣를 자제하도록 하였으니, 선심善心을 개발한 것의 옳음이

170 쇠로 만든 불상 2軀를 주조 : 여러 금석문을 참고하면, 신라 하대에 聖住寺·鳳巖寺·實相寺·寶林寺·長谷寺 등 禪宗 사찰에서 鐵造 毘盧遮那佛像의 조성이 유행하였던 것으로 보인다. 여기에는 風水圖讖說의 기능 가운데 하나인 裨補寺塔의 사고가 담겨 있다. 徐閏吉, 「道詵과 그 裨補思想」, 『韓國佛教學』 제1집, 1975 ; 秋萬鎬, 「心源寺秀澈和尙楞伽寶月塔碑의 金石學的 分析」, 『역사민속학』 창간호, 한국역사민속학회, 1991.

171 肅正臺 : 신라 때 百官의 監察을 직무로 하던 관청. 무열왕 6년(659)에 司正府라는 이름으로 설치되었다. 경덕왕 때 肅正臺라 개칭하였다가 혜공왕 때 다시 원래대로 고쳤다. 관원으로는 令 1명, 卿 2명, 佐 2명, 史 15명을 두었다. 『삼국사기』 권38, 「職官(上)」 참조.

172 定心의 물 : 定心의 맑고 고요함을 止水에 비유한 말.

173 魔山 : 장래 魔賊이 들끓게 될 산의 비유. 地勢로 본 曦陽山을 이른다.

174 팔을 끊은 사람 : 팔뚝을 끊어 자신의 求道 의지가 굳건함을 보여주었다는 慧可의 '雪中斷臂' 고사에서 나왔다. 여기서는 沈忠을 가리킨다.

175 龍尾를 파헤치려 했던 사람 : 당나라 때 安祿山(705~757)이 매양 含元殿 앞의 龍尾道를 지날 적에 南北으로 흘겨보면서 한참동안 있다가 가곤 하였으며, 나중에는 그 길을 파헤치려 했다는 故事. 여기서는 안록산과 같은 '無道한 들도적[野寇]'을 가리킨다.

그 넷째이다.

태부대왕太傅大王(헌강왕)은 중국의 풍속으로써 폐풍弊風을 일소一掃하고, 바다처럼 넓은 지혜[慧海]로써 마른 세상을 적시게 하였다. 평소에 영육靈育[176]의 이름을 흠앙欽仰하시고, 법심法深[177]의 강론講論을 간절히 듣고자 하였다. 이에 계족산鷄足山[178]에 마음을 기울이시어 학두서鶴頭書를 보내 부르시며 말씀하시기를 "불도佛道를 외호外護[179]하는 소연小緣을 갖게 되었으나[180] 일념一念 사이에 한 해[三際]를 넘기고 말았습니다. 안으로 대혜大慧를 닦을 수 있도록 한 번 와 주시기를 바랍니다"고 하였다. 대사는 임금의 낭함琅函[181]에서 '좋은 인연이 세상에 두루 미침은, (佛菩薩이)

---

176 靈育 : 北魏 때의 高僧인 玄高(402~444). 속성은 魏氏, 속명은 靈育. 12세에 출가하여 禪律을 배웠으며, 佛馱跋陀羅에게 불법을 묻고 曇弘 등과 사귀었다. 뒤에 北魏로 가서 世祖(拓跋燾)와 태자 晃의 推重을 받았으나, 결국 자신의 威柄을 빼앗길까 두려워 한 태자의 참소로 죽었다. 『梁高僧傳』 권11, 「玄高傳」 참조.

【참고】 종래 註解本에서는 靈育을 '靈芝照'와 '育王璉' 두 高僧으로, 또는 未詳이라고 하였다. 이지관(編譯), 『교감역주 역대고승비문—신라편』(324쪽)과 이우성(校譯), 『신라사산비명』(241쪽)에서 역주자의 설(1987)을 수용한 이래 대다수가 따르고 있다.

177 法深 : 중국 東晉 때의 學僧인 竺潛(竺道潛, 286~374)의 字. 속성은 王氏이며 瑯琊(낭야) 사람이다. 經傳의 義解에 뛰어나 簡文帝(哀帝)의 推重을 받았다. 興寧 2년(364)에는 궁중에 들어가 간문제에게 『般若經』을 강의하였다. 支遁道林과 함께 格義佛教를 대표하는 고승으로 꼽힌다. 『梁高僧傳』 권4, 「竺潛傳」 참조.

178 鷄足山 : 석가모니가 修道했던 산 이름. 當來佛인 지증대사가 駐錫하고 있는 曦陽山을 비유한 말.

179 外護 : 속인이 승려의 수행을 도와 佛法의 弘通에 힘이 되도록 援護하는 것. 이에 대해 부처님이 제정한 계법으로 身·口·意를 보호하는 것을 內護라 한다.

180 外護하는 小緣을 ~ : 헌강왕이 임금의 자리에 오른 것을 겸손하게 표현한 말.

인간계에 섞여 모든 백성과 함께 하기 때문이다'고 언급한 것에 감동하여, 옥을 품고 산에서 나왔다. 거마車馬가 베날 듯이 길에서 맞이하였다. 선원사禪院寺에서 휴식하게 되자, 편안히 이틀 동안을 묵게 하고는 인도하여 월지궁月池宮[182]에서 '심心'을 질문하였다. 그 때는 섬세한 조라蔦羅에 바람이 불지 않고[183] 온실수溫室樹에 바야흐로 밤이 될 무렵이었다. 마침 달[金波] 그림자가 맑은 못 가운데 똑바로 비친 것을 보고는, 대사가 고개를 숙여 유심히 살피다가 다시 하늘을 우러러보고 말하기를, "이것(水月)이 곧 이것(心)이니[184] 더 이상 할 말이 없습니다"고 하였다. 임금께서 상쾌한 듯 흔연히 계합契合하고 말씀하시기를 "부처[金仙]가 연꽃[華目]을 들어 뜻을 전했던 풍류風流가 진실로 이에 합치되는구려!"라고 하였으며, 드디어 제배除拜하여 망언사忘言師[185]로 삼았다. 대사가 대궐을 나서자, 임금께서 충성스런 신하로 하여금 자신의 뜻을 타이르도록 하며, 잠시 머물러 주기를 청하였다. 대사가 대답하기를

우대우牛戴牛[186]라고 이르지만, 값나가는 바는 얼마 안 됩니다. 새를

---

181 琅函 : 남의 편지를 높여서 일컫는 말.

182 月池宮 : 『삼국사기』에 의하면, 헌덕왕 14년 정월에 "왕이 母弟인 秀宗(나중에 興德王이 됨)을 副君으로 삼아 月池宮에서 살게 했다"는 기록이 있다. 현재의 안압지 경내에 있는 東宮으로 추정된다. 1974년 안압지 발굴 당시 '月池'라는 명문이 새겨진 와당이 발견되었다.

183 섬세한 蔦羅에 바람이 불지 않고 : 바람 한 줄기가 없음을 이름.

184 이것이 곧 이것이니 ~ : 心은 곧 물에 비친 달과 같다는 말.

185 忘言師 : 말을 잊은 宗師. 곧 禪法에 통달한 禪師를 높이 일컫는 말이다.

186 牛戴牛 : 길고 흠이 없는 쇠뿔. 三色을 갖추었으며, 활을 만드는 재료로 사용된다. 소가 소 한 마리 값을 머리에 이었다는 말이니, 이는 곧 값어

새의 본성에 따라 기르신다면[187] 시혜施惠됨이 헤아릴 수 없을 것입니다. 여기서 작별하기를 청하나이다. 이를 굽히게 하면 부러지고 말 것입니다.

고 하였다. 임금께서 이를 들으시고 서글퍼하시며, 운어韻語[188]로써 탄식하며 "베풀어도 이미 머물지 않으니 불문佛門의 등후鄧侯[189]로다. 대사는 '지둔支遁이 놓아준 학鶴'이나, 나는 '조趙나라 갈매기'[190]가 아니로다"고 하였다. 그리고, 곧 십계十戒[191]를 받은 불자佛者인 선교성宣教省[192] 부사副使 풍서행馮恕行에게 명하여 대사가 산으로 돌아가는데 위송衛送토록 하였다. 토끼를 기다리는

치 있는 물건이나 사람에 비유된다.

187 새를 새의 본성에 따라 ~ : 승려의 신분에 맞는 방법으로 돌보아 달라는 말. 산으로 돌아갈 수 있게 하는 것이 자신을 돕는 길이라는 뜻이다.

188 韻語 : 韻을 단 글.

189 鄧侯 : 중국 晉나라 때 尙書左僕射를 지낸 鄧攸(자는 伯道)를 지칭. 등유는 어려서 부모가 돌아가시자 居喪을 극진히 하여 孝子로 이름이 높았으며, 벼슬길에 나아가서도 청렴과 밝은 일처리로 인심을 얻었다. 吳郡의 太守가 되었을 때에는 食水를 제외한 그 어느 것도 백성으로부터 받은 일이 없었다. 그가 병을 핑계대고 태수직을 그만둘 때에는 백성들이 그가 타는 수레 밑에 누워서 떠나가지 못하도록 만류하였다. 또한 노래를 지어 부르기를 "鄧侯는 붙잡아도 머물지 않고 謝公은 떠밀어도 가지 않는구나"라고 하였다 한다. 『晉書』, 良吏列傳, 〈鄧攸〉 참조.

190 趙나라 갈매기 : 중국 五胡十六國時代 後趙의 임금 石虎의 성품이 超然獨特하므로, 佛圖澄이 『列子』의 故事를 인용하여 '海鷗鳥'라는 별명을 붙여주었던 데서 나온 말.

191 十戒 : 十惡을 범하지 말라는 菩薩의 十戒(沙彌의 十戒와 구별됨). 즉 不殺生·不偸盜·不邪淫·不妄語·不飮酒의 五戒에다 不說過罪·不自讚毁他·不慳·不瞋·不謗三寶를 더한 것.

192 宣教省 : 신라 下代에 教書의 선포와 전달을 주요 임무로 하는 국왕의 직속 官府로 추정됨. 「寶林寺普照禪師塔碑文」에도 보인다. 이기동, 「나말여초 近侍機構와 文翰機構의 확장」, 『역사학보』 제77집, 1978 참조.

사람으로 하여금 그루터기에서 떠나도록 하고,[193] 물고기를 탐내는 사람으로 하여금 그물 맺는 법을 배우게 하였으니,[194] 세상에 나가서 교화하고, 물러나 도를 닦는 것의 옳음이 그 다섯째이다.

대사는 세간에서 도를 행함에 멀고 가까움과 평탄하고 험준함을 가림이 없었다. 말이나 소에게 노고勞苦를 대신하도록 한 적도 없었다. 산으로 돌아감에 미쳐서는, 얼음이 얼고 눈이 쌓여 넘고 건너는데 지장을 주므로, 이에 임금께서 종려나무[195]로 만든 보여步輿[196]를 내리시니, 사자使者에게 사절謝絕하며 다음과 같이 말하였다.

> 이 어찌 정대춘井大春[197]의 이른바 단순한 '인거人車'이겠습니까. (정대춘과 같이) 영준英俊한 인물들을 우대하면서도 사용하지 않는 바이거

---

193 토끼를 기다리는 ~ : 舊習에 얽매여 入山修道만을 固守하는 이들에게 '下化衆生'의 理想을 실현하기 위한 교화 활동 역시 중요함을 알도록 했다는 말. 곧 대사의 出山을 이른다.

194 물고기를 탐내는 ~ : 佛法을 배우고자[羨魚] 하는 이들에게 조용히 들어앉아 修道하도록 깨우친 것을 비유한 말. 곧 대사의 入山을 이른다.

195 종려나무 : 椰子科에 속하는 常綠喬木으로, 줄기는 둥근 기둥 같고 종려껍질로 싸여 있다. 寢牀과 案席 또는 수레와 바퀴를 만드는 데 쓰인다.

196 步輿 : 노인이나 보행이 불편한 사람을 위해서 만든 가마.

197 井大春 : 後漢 光武帝(재위 : 25~57) 때의 隱士. 이름은 丹. 젊어서 太學에서 受業하여 五經에 통달하였고, 談論을 잘했으므로 당시 首都인 洛陽에서 '五經紛綸井大春'이라고 일컬었다. 성품이 맑고 고결하여 벼슬살이를 즐겨 하지 않았으며, 만년에는 隱閉하여 여생을 마쳤다. 좌우에서 進輦할 때면 웃으면서 "듣자니 일찍이 桀紂가 사람에게 수레를 끌게 하였다고 하는데, 이것이 이른바 그 人車인가?"라고 하여, 사람이 사람을 수레에 태워 나르는 것이 人道에 어긋남을 강조했다고 한다. 『後漢書』 권83, 「井丹傳」 "…… 及就(信陽侯 陰就)起, 左右進輦, 丹笑曰 : 「吾聞桀駕人車, 豈此邪」? 坐中皆失色, 就不得已而令去輦."

늘, 하물며 삭발한 중이겠습니까? 그러나 왕명이 이미 이르렀으니, 그것을 받아 괴로움을 구제하는 도구로 삼겠습니다.

병으로 말미암아 안락사安樂寺에 옮겨가고 나서 석장錫杖을 짚고도 일어날 수 없게 되었을 때, 비로소 그것을 사용하였다. (대사의) 병을 근심하는 사람에게 공空을 깨닫도록 하고,[198] 어진 이를 어질게 여기는 사람으로 하여금 집착에서 벗어나게 하였으니,[199] 취사取捨의 옳음이 그 여섯째이다.

겨울 12월 기망旣望의 이틀 뒤(18일)에 이르러, 가부좌跏趺坐를 한 채 서로 터놓고 말을 나누고는 조용히 세상을 떠났다. 아아! 별은 하늘로 돌아가고 달은 큰 바다에 떨어졌다. 종일 부는 바람이 골짜기에 진동하니 그 소리는 호계虎溪의 울부짖음과 같았다. 쌓인 눈이 소나무를 부러뜨리니 그 빛깔은 사라수沙羅樹와 같았다. 외물外物이 감응함도 이같이 극진하거늘, 사람의 슬픔이야 헤아릴 만하다. 이틀 밤을 넘겨 현계산賢溪山에 임시로 유체遺體를 모셨다가, 1년 뒤의 그 날에 희야曦野[200]로 옮겨 장사지냈다.[201]

태부왕[202]께서 의원을 보내 문병하시고, 파발마[駛]를 내려 재

198 병을 근심하는 ~ : 대사의 건강을 근심하는 임금에게 사람의 삶이 空임을 깨닫게 했다는 말.

199 어진이를 어진이로 ~ : 지증대사가 자신을 곁에 붙들어 두려는 임금에게 집착에서 벗어나도록 했음을 가리킴.

200 曦野 : 문경 희양산 봉암사를 가리킴.

201 장사지냈다 : 荼毘를 한 뒤 浮屠가 세워지기 이전까지 가매장한 것을 이른다.

齋를 지내도록 하셨다. 중정中正·공평하게 정무를 보시느라 여가가 없으면서도, 능히 시종 한결같으셨으니, 보살계를 받은 불자요 건공향建功鄕[203]의 수령守令인 김입언金立言[204]에게 특별히 명하여, 여러 고제자孤弟子들을 위로하게 하고, '지증智證[205] 선사'라는 시호와 '적조寂照'[206]라는 탑호塔號를 내리셨다. 이어 비석 세우는 것을 허락하시고, 대사의 행장을 적어 아뢰라 하시니, 문인門人인 성견性蠲·민휴敏休·양부楊孚·계휘繼徽 등은 모두 글재주가 있는 사람[鳳毛]들인지라, 묵은 행적을 거두어 바쳤다.

을사년(헌강왕 11년, 885)에 이르러, 국민 가운데 유도儒道를 중매로 하여 황제의 나라에 시집가서[207] 이름을 계륜桂輪에 높이 걸고, 관직이 주하사柱下史[208]에 오른 이가 있어 최치원이라고 하는데, 당제唐帝(僖宗 乾符帝)의 조서詔書를 두 손으로 받들고 회왕淮王(高騈)이 준 의단衣段을 가져왔다. 비록 이 영광을 봉새의 거지擧止[209]에 비하기는 부끄러우나, 학이 돌아온 것[210]엔 자못 비길 만

---

202 태부왕 : 헌강왕을 이름.

203 建功鄕 : 신라 때의 고을 이름. 신라 때의 지명에는 鄕·村·城 등의 이름이 많았다. 『삼국사기』「地理志」에는 이 고을의 이름이 보이지 않는다.

204 金立言 : 本碑의 敍에서 鵠陵(원성왕)의 6대손이라고 하였다.

205 智證 : 진실한 지혜로써 道를 證得했다는 뜻.

206 寂照 : 寂은 진리 본체를, 照는 지혜 작용을 이름. 지증대사가 體와 用을 달관했다는 데서 이 탑호를 내린 것이다.

207 황제의 나라에 시집가서 : 撰者 최치원이 중국에 유학했던 사실을 여자의 出嫁에 비유한 말.

208 柱下史 : 周代의 벼슬 이름. 鐵冠을 쓰고 藏室의 柱下에서 기록하는 관직이란 데서 온 말이다. 秦나라 이후 侍御史로 개칭되었다. 撰者가 당나라에서 侍御史를 지냈기 때문에 柱下史라 한 것이다.

209 봉새의 擧止 : 봉새는 東方 君子國에서 나와 四海之外를 飛翔한다고 한다.

210 학이 돌아온 것 : 漢나라 때 遼東 출신인 丁令威가 靈虛山에서 仙術을 배

하리라. 임금께서 신신信臣으로서 청신자淸信者[211]인 도죽양陶竹陽에게 명하여, 대사의 문인들이 작성한 행장行狀을 최치원에게 주도록 하고, 수교手敎를 내려 말씀하시기를

> 누더기를 걸친 동국東國의 선사가 서방으로 천화遷化함을 이전에 슬퍼하였으나, 수의繡衣를 입은 서국西國의 사자使者[212]가 동국으로 귀환歸還함을 매우 기뻐하노라. 불후不朽의 대사大事가 인연이 있어 그대에게 이른 것이니, 외손의 작품[外孫之作: 좋은 작품][213]을 아끼지 말아 장차 대사大士의 자비慈悲에 보답토록 하라!

고 하였다. 신臣이 비록 동인東人(東箭)으로서 재목감은 아니지만, 남관南冠을 한 것을 다행스럽게 여긴다.[214] 바야흐로 마음껏 재주를 부리려고[運斧] 생각하던 차에 갑자기 주상전하主上殿下의 승하昇遐를 당하였는데,[215] …… 더욱 더 나라에서 불서佛書를 중히 여기고 집에서는 승사僧史를 간직하며, 법갈法碣이 서로 바라보

우고 鶴으로 化하여 다시 요동으로 돌아왔다는 故事.

211 淸信者 : 불교를 신봉하는 사람.

212 繡衣를 입은 西國의 使者 : 撰者 최치원이 귀국할 때 侍御史라는 직함에다 당나라 使臣의 임무를 띠고 왔기 때문에 이같이 이르는 것이다.

213 외손의 작품 : 外孫은 女(딸)의 子(아들)이니 女와 子를 합하면 '好'자가 된다. 따라서 好作을 달리 표현한 말이다. 한편으로 撰者가 앞에서 '儒道를 중매로 하여 황제의 나라에 시집갔다'는 표현을 사용한 바 있으므로, 고국 신라에 돌아와서 새로 지은 글을 곧 外孫에 비유하는 重意法을 쓴 것이다.

214 南冠을 한 것을 ~ : 撰者 최치원이 비록 당나라에 유학을 하였으나, 母國의 衣冠을 끝내 고치지 않고 돌아왔으며, 또 先代의 유업을 계승한 것을 다행스럽게 여긴다는 말. 『춘추좌씨전』에 나오는 '南冠而縶者'의 故事 참조.

215 주상전하~ : 이하 문장이 탈락된 듯하다.

고 선비禪碑가 가장 많게 되었다. 두루 아름다운 글을 보고 시험 삼아 새롭지 못한 글도 찾아보았다. '무거무래無去無來'의 말은 다투어 말[斗]로 헤아릴 정도요, '불생불멸不生不滅'의 말은 움직이면 수레에 실을 지경이었다. 일찍이 『춘추春秋』에서와 같은 신의新意가 없었고,[216] 간혹 주공周公의 구장舊章만을 쓴 것과 같을 뿐이었다.[217] 이로써 돌이 말하지 못함을 알았고,[218] 도에 이르는 길이 멀다는 것을 더욱 체험하였다. 오직 한스러운 것은, 대사께서 돌아가신 것[化去]이 이르고 신臣의 돌아옴이 늦었다[來遲][219]는 점이다. '애체靉靆'라는 두 글자[220]를 가지고 누가 지난날을 알려줄 것인가. 소요원逍遙園에서의 강의[221]처럼 설법을 하셨으나,

---

216 春秋에서와 같은 新意가 없었고 : 공자가 魯나라의 역사에 筆削을 가하여 이룩한 『춘추』는 '微言大義'를 基底로 하는데, 法碣들에는 그런 意圖가 담겨 있지 않다는 뜻.

217 周公의 舊章만을 쓴 것 ~ : 史的 서술에는 과거의 전통을 계승하고 장래 지켜야 할 법을 밝히는 노력이 함께 병행되어야 하는데, 法碣에서는 위로 周公의 舊章을 따르려는 노력은 있으나, 장래에 대한 안목이 결여되었다는 말.

218 돌이 말하지 못함을 알았고 : 비석들이 말을 할 수 있었더라면, 아마도 그와 같은 것을 그냥 받아들이지 않았을 것이라는 뜻.

219 來遲 : 중국 한나라 때 孝武帝가 죽은 이부인을 그리워하면서 "오는 것이 더디구나"라는 來遲歌를 지어 탄식하였다고 한다. 『문심조룡』 권2, 「樂府」 "觀高祖之詠大風, 孝武之歎來遲."

220 靉靆라는 두 글자 : 옛날에 어떤 沙彌가 『法華經』을 읽는데, 항상 '靉靆'라는 두 글자를 잊으므로 그 스승이 책망하였는 바, 스승의 꿈에 한 스님이 나타나 말하기를, "沙彌가 전생에 가졌던 『법화경』에 그 두 글자가 좀이 먹었기 때문에 항상 잊는 것이다"고 하였다는 故事에서 나온 말. 곧 撰者가 대사에게 質正할 수 없게 되어 한스럽다는 뜻이다. 『法華靈驗傳』 卷下, 〈難通二字〉

221 逍遙園에서의 강의 : 鳩摩羅什이 逍遙園에서 베푼 佛經講義를 지증대사의 說法에 비유한 말. 逍遙園은 중국 陝西省(섬서성)에 있는 禪院으로, 鳩摩羅什이 長安에 왔을 때, 姚興(後秦의 임금)이 여러 沙門들과 함께 이곳에

참다운 비결을 듣지 못하였으니,[222] 매양 감당할 수 없는 처지임을 걱정만 했지, (대사와) 숙세宿世의 인연이 있었음[仲拳]을 깨닫지 못하였다. 때가 늦음을 탄식하자면 이슬처럼 지나고 서리같이 다가와, 갑자기 근심으로 희어진 귀밑머리가 시들어 쇠약한 것 같고, 도道의 심원深遠함을 말하자면 하늘같이 높고 땅처럼 두터워, 겨우 뻣뻣한 붓털을 썩힐 뿐이다. 장차 얽매임이 없는 (대사의) 놀음에 어울리고자 비로소 공동산崆峒山처럼 아름다운 행실을 서술한다.

문인門人인 영상英爽이 와서 글[受辛]을 재촉하였을 때, 금인金人이 입을 다물었던 고사故事에 따라 돌 같은 마음을 더욱 굳혔다.[223] 참는 것은 뼈를 깎아내는 것보다 고통스럽고, 요구는 몸에 새기는 것보다 심하였다. 그리하여 그림자는 8년[八冬] 동안 함께 짝하였으며,[224] 말은 세 번을 되풀이했던 것[225]에 힘입었다. 저 여섯 가지의 이상한 일六異과 여섯 가지의 옳은 일六是로 글을 지은 것에 부끄러움이 없고 용력勇力을 과시하기에 여유가 있는 것은, 실은 곧 대사가 안(心)으로 육마六魔[226]를 소탕하고 밖(身)으로 육폐六蔽[227]를 제거하여, 행하면 육바라밀六波羅蜜을 포괄

서 什의 불경 강의를 들었다고 한다.

222 참다운 비결을 ~ : 최치원이 귀국하기 3년 전에 지증대사가 入寂하였기 때문이다.

223 돌 같은 마음 ~ : 비문 짓는 일을 固辭했다는 말.

224 그림자는 8년 동안 ~ : 비문을 짓는 데 8년이 걸렸다는 말.

225 세 번을 되풀이했던 것 : '三復白圭'의 故事에서 나온 말. 곧 언어에 신중을 기함을 이른다.

226 六魔 : 마음으로 인간의 心性을 해치는 六識의 對象界. 六塵. 곧 色・聲・香・味・觸・法을 이른다.

227 六蔽 : 몸으로 六波羅蜜을 해치는 여섯 가지. 곧 첫째 布施를 해치는 慳

하고 좌선坐禪하면 육신통六神通을 증험하였기 때문이다. 대사의 사적事跡은 마치 벌이 꽃에서 꿀을 캐듯이 형용해야 되는데,[228] 글은 초고 없애는 것을 어렵게 하였다.[229] 그 결과, 가시나무를 쳐내지 않은 것과 같게 되었으니,[230] 쭉정이와 겨가 앞에 있음[231]이 부끄럽다. 자취가 '궁전[蘭殿]에서의 놀음'[232]을 좇았으니 누구인들 '월지궁月池宮에서의 아름다운 만남'[233]을 우러르지 않겠는가. 게偈[234]는 백량대柏梁臺에서의 작품七言聯句을 본받았다. 해뜨는 곳에서 고상한 말로 비양飛揚하기를 바란다.

그 사詞[235]에 말한다.

貪, 둘째 戒行을 해치는 破戒, 셋째 忍辱을 해치는 嗔恚(진에), 넷째 精進을 해치는 懈心, 다섯째 禪定을 해치는 散亂, 여섯째 智慧를 해치는 愚癡를 말한다.

228 벌이 꽃에서 ~ : 지증대사의 行蹟을 형용함에, 마치 벌이 꽃에서 꿀을 캐내되 색깔과 향을 손상시키지 않고 단지 그 단맛만을 취하는 것과 같이 해야 된다는 말. 곧 대사의 生平行狀을 요약, 서술함에 그 본령을 잘 파악하여, 핵심을 놓치거나 특정 부분만을 두드러지게 서술하는 일이 없어야 된다는 말이다.

229 글은 초고 없애는 것을 ~ : 자신이 撰한 비문을 임금에게 올리고 그 초고를 없앨 만큼 흡족하지 않다는 말.

230 가시나무를 쳐내지 않은 ~ : 글이 잘 다듬어지지 않았다는 뜻.

231 쭉정이와 겨가 앞에 있음 : 비문에 알맹이가 없음을 이름.

232 궁전에서의 놀음 : 梁武帝와 達磨가 宮殿에서 만났던 故事를 말함.

233 月池宮에서의 ~ : 헌강왕과 지증대사가 月池宮에서 만났던 것을 말한다.

234 偈 : 부처의 덕을 찬미하거나 불교의 교리를 韻文으로 읊은 것. '銘'과 비슷한 형식이다.

235 詞 : 銘과 같은 文體. 원래는 詩文의 汎稱이었으나, 뒤에는 주로 韻文만을 가리키게 되었다.

공자[麟聖]는 인仁에 의지하고 덕德에 의거하였으며
노자[鹿仙]는 백白을 알면서도 흑黑을 지킬 줄 알았네.[236]
두 교敎가 한갓 천하의 법식法式이라 일컬었지만
석가[螺髻眞人]는 힘 겨루는 것을 근심했네.[237]
십만 리 밖에 서역의 거울이 되었고
일천 년 뒤에 동국東國의 촛불이 되었네.

계림의 지경은 금오산金鰲山[238]의 곁에 있으니
예부터 선仙과 유儒에 기특奇特한 이가 많았네.
아름다울손 희중羲仲[239]이여! 직무에 태만하지 않고

---

236 白을 알면서도 ~ : 명석한 지혜를 갖고 있으면서도 도리어 어리석음의 덕을 지킨다는 뜻.

237 석가는 ~ : 원문은 '螺髻眞人難确力'이다. 이에 대해『桂苑遺香』(石顚 朴漢永 註解)에서, "공자의 '依仁據德'은 단지 석가의 能仁之用을 얻었을 뿐이고, 노자의 '知白守黑' 역시 석가의 寂然之體만을 얻은 데 불과하다. 두 성인의 가르침은 결국 불교의 一面만을 지닌 것이니, 부처와 경쟁하기 어렵다"고 하여, 儒·老 兩敎에 대한 불교의 優位를 인정하는 쪽으로 해석한 이래, 洪震杓·崔柄憲·李智冠 등이 이를 따랐다. 한편, 이우성은 "두 敎만이 천하의 法式으로 일컬어지니, 석가의 가르침은 힘 겨루기 어려웠네"(『新羅四山碑銘』, 355쪽)라고 번역하였다. '螺髻眞人'을 主語로 볼 때 前者는 문법상으로 어긋나는 해석이다. 후자 역시 뒤에 오는 '十萬里外鏡西域 一千年後燭東國'과 문맥상의 연결이 자연스럽지 못하다. 역주자는 '難'자를 '근심한다(나무란다)'라는 의미로 보아야 불교의 특색이 잘 드러난다고 본다.

238 金鰲山 : 경주의 南山. 당나라에 있을 때 절친하게 지냈던 시인 顧雲은 최치원을 송별하면서 준 詩에서 "我聞海上三金鰲, 金鰲頭戴山高高, 山之上兮, 珠宮貝闕黃金殿, 山之下兮, 千里萬里之洪濤, 傍邊一點鷄林碧, 鰲山孕秀生奇特."라고 하여, '金鰲山이 빼어난 기운을 잉태하여 奇特한 이를 낳았도다'고 하였다. 이 碑銘에서 撰者가 '鰲山'과 '自古先儒多奇特'을 연결시킨 것도 이와 무관하지 않다.

239 羲仲 : 신라의 임금을 비유한 것.

다시금 불일佛日을 맞아 공空과 색色을 분별하였구나.
교문教門이 이로부터 여러 층으로 나뉘었으며[240]
말의 길[言路]이 그를 따라 널리 뻗게 되었네.[241]

몸은 토굴兎窟[242]에 의지했지만 마음은 편안키 어려웠고
발을 양기羊岐에 내딛으니 도리어 눈이 현혹될 정도였네.
법해法海가 순탄하게 흐를지 참으로 헤아리기 어려운데
마음으로 안결眼訣[243]을 얻었으니, 진리의 극치를 포괄하였구나.
'득得' 가운데 득得은 망상罔象(無心)의 얻음과 같고[244]
'묵默' 중의 묵默은 한선寒蟬(숫매미)이 울지 않음과 다르도다.[245]

북산北山의 도의道義가 홍곡鴻鵠의 날개를 드리우고

---

240 教門이 이로부터 ~ : 儒·佛·仙이 三大教門으로 정해짐과 동시에 教勢의 優劣이 생기게 되었다는 말.

241 말의 길이 ~ : 儒·佛·仙의 宗旨가 널리 퍼지게 되었다는 말.

242 兎窟 : 깊은 산골의 은둔처를 비유한 말.

243 眼訣(안결) : 正法眼藏의 비결.

244 得 가운데 得은 ~ : 『莊子』「天地」에 의하면 "黃帝가 赤水에 놀고 돌아오다가 玄珠를 잃어 버렸다. 그래서 知·離朱·喫詬 등 신하에게 차례로 찾아보도록 했으나 찾아내지 못하였는데, 마지막으로 象罔을 시켜 찾게 했더니 그가 찾아냈다"고 하였다. 이것은 일종의 寓話로서, 여기 나오는 '赤水'란 道의 幽玄한 경지를 상징한 것이요, '玄珠'는 道, '知'는 지혜, '喫詬'는 言辯의 상징일 것이다. 道는 지혜가 있거나, 눈이 밝거나, 말을 잘하는 능력으로는 찾지 못했지만, 無相(無心)으로는 쉽게 찾아냈다는 말이다.

245 寒蟬이 울지 않음과 다르도다 : 지증대사가 禪僧임에도 진리를 具足히 설명하는 言說을 갖추었으므로, '默坐證心'을 으뜸으로 삼던 다른 선승들과는 다르다는 의미다.

남악南岳의 홍척洪陟이 대붕大鵬의 날개를 펼쳤네.
해외海外(신라)로 때맞추어 귀국함에 도道는 누르기 어려웠으니
멀리 뻗은 선禪의 물줄기가 막힘이 없구나.

다북쑥이 삼대[麻]에 의지하여 스스로 곧을 수 있었고
구슬을 내 몸에서 찾으매 이웃에게 빌리는 것을 그만두었네.[246]
담연자약湛然自若한 현계산의 선지식善知識이여!
열 두 인연이 헛된 꾸밈이 아니로다.

무엇 하러 참바[絚]를 잡고 말뚝을 박을 것이며[247]
무엇 하러 종이에게 붓을 핥도록 하고 먹물을 머금게 할 것인가.[248]
저들[249]이 간혹 멀리서 배우고 힘을 다해 돌아왔기에
내가 정좌靜坐하여 온갖 마적魔賊을 물리칠 수 있었다네.

---

246 구슬을 내 몸에서 찾으매 ~ : 지증대사의 시기에 이르면 이미 前輩들이 이루어 놓은 여건의 성숙에 힘입어 중국의 禪에 의지하지 않고도 신라 스스로 禪脈을 유지, 발전시킬 수 있었다는 말이다.

247 참바를 잡고 ~ : 굳이 고생하며 중국이나 인도에 留學하러 갈 필요가 없었다는 말. 天竺國에 들어가는 求法僧들은 대개 고비사막[流沙]의 바람에 날리는 것을 방지하기 위해 밧줄을 치고 이를 붙잡은 채 지났으며, 또 파미르고원[葱嶺]의 층암절벽 험로를 지날 때에는 말뚝을 박아 登攀하는 데 이용하였다.

248 종이에게 붓을 핥도록~ : 禪僧이 문자를 빌어서 得道할 필요가 있겠느냐는 말. 붓과 먹은 문자를 의미한다.

249 저들 : 道義와 洪陟 등을 가리킴.

의념意念의 나무를 잘못 심어 기르지 말고
정욕情欲의 밭[心]에다 농사를 그르치지 말며[250]
항하사恒河沙를 두고 만萬이다 억億이다 논하지 말고[251]
외로이 뜬구름을 두고 남과 북을 논하지 말라![252]

덕행의 향기는 사방원지四方遠地에 치자나무 꽃향기[253]처럼 알려졌고
지혜로써 해동일방海東一方을 교화하여 사직社稷을 편안케 했네.
몸소 임금의 어찰御札을 받들어 누더기[縷褐]를 펄럭였고
마음을 물에 비친 달에 비유하여 선식禪拭[254]을 바쳤네.

집안의 대를 이을 부유한 처지에서 누가 형극荊棘의 길에 들 것인가.[255]

---

250 情欲의 밭에다 ~ : 승려의 修道를 농부의 농사에 비유한 말.

251 항하사를 두고 ~ : 항하사 모래알과 같은 修行의 持經功德을 두고 부질없이 그 수를 논하지 말라는 뜻.

252 외로이 뜬구름~ : 孤雲은 지증대사를 비유한 말이고, 南北은 단순하게 定處를 말함이 아니고 南禪과 北禪을 가리킨다. 지증대사를 두고 南禪이다 北禪이다 규정하지 말라는 뜻이다. 지증대사는 南·北禪을 종합한 禪風을 전개하였다.

253 치자나무 꽃향기 : 치자나무의 꽃이 숲 속에 있으면 온 숲이 향기로 가득 찬다고 한다.

254 禪拭 : 禪門에서 이른바 마음을 씻어 내는 說法. 곧 지증대사가 月池宮에서 물에 비친 달을 보고, "이것(月)이 이것(心)이니 그 나머지는 할 말이 없습니다"고 했던 것을 지칭한다.

255 집안의 대를 이을 ~ : 富豪의 獨子인 지증대사가 佛門에 出家한 것을 가리킨 말이다.

썩은 선비의 도道로 대사의 정상情狀을 들추기가 부끄럽도다.
발자취가 보당寶幢[256]처럼 빛나니 이름을 새길 만한데
나의 재주가 금송錦頌을 감당하지 못하여 글을 짓기 어렵도다.
시끄러운 창자[257]로 선열禪悅의 공양에 배부르고 싶거든
산중으로 와서 전각篆刻(비문)을 볼지어다.

분황사芬皇寺의 중 혜강慧江[258]이 나이 83세에 글씨를 쓰고 아울러 글자를 새기다. 원주院主[259]인 대덕大德 능선能善[260]·통준通俊 및 도유나都唯那[261] 등, 그리고 현일玄逸·장해長解·명선鳴善, 또 시주施主로서 갈碣[262]을 세웠으며, 서○대장군西○大將軍[263]으로 자

---

256 寶幢 : 佛堂을 장식하는 旗.

257 시끄러운 창자 : 꼬르륵 소리가 나는 주린 배를 말함.

258 혜강 : 신라 말기의 승려. 「鳳巖寺智證大師寂照塔碑」의 글씨를 쓰고 刻字를 하였다. 또 45세 때 「沙林寺弘覺禪師碑」도 刻字한 것으로 알려져 있다. 이는 「홍각선사비」 말미에 "大唐光啓二年丙午十月九日建 車城○○崔瓊篆額 報德寺沙門臣 慧江刻字"라고 한 것에 근거한다.
【참고】 吳世昌의 『槿域書畵徵』(권1, 7面)에서는 "文聖王四年壬戌生"이라고 하여, 서기 842년생이라고 하였다. 이는 「寂照塔碑」의 陰記에 의거하여, 경명왕 8년에 그의 나이가 83세였다는 것으로 믿고 추산한 것일 뿐, 다른 자료에 의한 것 같지는 않다. 또 「적조탑비」가 세워진 경명왕 8년과, 혜강이 글씨를 쓰고 刻字한 해가 일치되는지도 의문이다.

259 院主 : 禪宗에서 사원의 사무를 도맡아 보는 사람. '寺主'라고도 한다.

260 能善 : 「興寧寺澄曉大師塔碑」에는 寺主로 나온다.

261 都唯那 : 僧官의 하나. 승려와 사원에 관한 모든 사무를 맡아 지휘하는 직책. 國統·都唯那娘·阿尼大都唯那의 순이었다. 『삼국사기』 권40, 「職官(下)」 참조.

262 碣 : 적조탑비 이전에 세워진 지증대사 관련 法碣.

263 大將軍 : 李基白의 「新羅私兵考」에 의하면, 진성여왕 때부터 전국적으로 반란군이 속출함에 따라, 郡의 太守나 縣令 등도 독립된 私兵의 소유자로 등장하여 城主나 將軍·大將軍이라고 일컫게 되었으며, 나아가 知諸軍事라는 칭호를 갖기도 하였다 한다(『역사학보』 제9집, 1957 所收). 또 許興

금어대紫金魚袋**를 착용한 소판**蘇判 **아질미**阿叱彌, **가은현**加恩縣[264] **장군 희필**熙弼, **당현**當縣[265]……(판독이 어려움). **용덕**龍德[266] 4**년 세차**歲次 **갑신**(924) 6**월 일에 건립을 마치다.**

植은 "대장군·장군 등 武將職을 띠었던 이들은 경주에서 草賊을 막기 위해 파견된 邊將으로서 토착화한 인물일 가능성이 크다"고 하였다(『韓國學基礎資料選集』 金石文篇, 554쪽).

264 加恩縣 : 지금의 문경시 加恩面 지방. 『동국여지승람』에 의하면, 신라 경덕왕이 加害縣을 嘉善縣이라 개칭하여 古寧縣(咸昌)의 領縣으로 삼았다. 고려 초에 다시 가은현이라 고쳤다 한다. 그러나 이 비문의 기록으로 보아, 이미 신라 말기에 가은현이라 개칭하였던 것 같다.

265 당현 : 봉암사가 속해 있던 縣. 신라 때에는 冠山縣, 고려 때에는 聞慶縣이라 하였음.

266 용덕 : 後梁 末帝의 연호(921~923). 龍德 3년에 後梁이 멸망하였으므로 '龍德 4년'이란 紀年은 국제정세에 어두웠던 데서 비롯된 것이라 하겠다. 이 해에 세워진 다른 禪碑로는 崔仁渷所撰 「昌原鳳林寺眞鏡大師塔碑」가 있다.

【원문】

四山碑銘跋

吾東雖海外荒僻之域，其文明之藝，實不讓中州。而至若學通華梵，聲振夷夏，而能復寥天之一[1]，採眞於西遊者，我孤雲其人也。絲染錦歸之間，其文章韻語之作，動經車載。而況此四碑，尤盡其骨髓，所謂「采色爛如，節族琅如」。去年余經餘之暇，偶得目擊，喜其一軸之中，能藏神出鬼沒之態，龍吟虎伏之勢。皓月澄江，淨無氛埃之氣象，而沖乎澹乎。不文於文，莫知涯岸，令人神驚而魂爽，駭耳目洗心脾者然矣。曷不爲道德遺文？寔中君子之嗜乎。然而露往霜來，古今時異，蜿蜿[2]仙步，已隨白雲，寥寥香林，但餘孤月。吾未知其至人精氣彷彿，化爲天星乎，飛爲白霓乎，明之爲日月乎，堅而爲金石乎？不然，其將爲異國之聖人乎？想之至此，不覺捲卷流涕也。嗚呼！吾觀世人，號爲詞工者，皆以瑣篇零句，飾之紛華，倩笑而活之，釣名於順風加聲[3]

---

1 寥天之一 : 하늘과 하나가 되는 萬物齊同의 상태. 『莊子』, 「大宗師」 “仲尼謂顔回曰, 安排而去化, 乃入於寥天一.”

2 蜿蜿 : 용이나 뱀 같은 것이 굼틀거리며 가는 모양.

3 順風加聲 : 바람 부는 쪽으로 소리지른다는 말. 기회를 잘 타고 행동함을

之肆; 而不識山林之畏佳, 必有碩大之士, 不艶情於世味, 而扣其天籟, 則不啻燕郢之轅[4], 而爝火之熄[5]矣。故莊生有言:「五音不亂, 孰爲六律, 五色不亂, 孰爲黼黻?」[6] 余惡夫嬌聲媮色亂天下矣。若後之學者, 美其文而寶其人, 勿咎我休禪貽厥勞, 則庶免嬌媮之態, 能效爛如琅如, 爲寥天一而採眞遊焉。

(『孤雲先生文集逸稿』)

山陽病衲書

비유한 말. 『荀子』, 「勸學」 "順風而呼, 聲非加疾也, 而聞者彰."

4 燕郢之轅 : 목적지인 郢 땅은 남쪽의 楚나라에 있는데, 끌채는 북쪽의 燕나라로 향한다는 '北轅適楚'(白居易의 詩)의 故事를 이름. 곧 志行이 相反됨을 이르는 말이다.

5 爝火之息 : 해와 달 앞에서 횃불이 제빛을 발휘하지 못한다는 말. 『莊子』에 의하면, 요임금이 許由에게 천하를 禪讓하려 하면서 말하기를, "해와 달이 떠 있는데도 횃불을 끄지 않는 것은 빛을 밝히려는 의도가 있다 해도 결국 어렵지 않겠는가"라고 하였다 한다. 『莊子』, 「逍遙遊」 "日月出矣, 而爝火不息, 其於光也, 不亦難乎."

6 五音不亂 ~ : 五聲과 五色이 어지러워, 六律과 黼黻로 사람의 귀와 눈을 바로잡는 것을 이르는 말. 『莊子』, 「馬蹄」 "五色不亂, 孰爲文采, 五聲不亂, 孰應六律."

【번역문】

사산비명 발

우리 동국東國은 비록 바다 밖의 거칠고 궁벽한 지역이지만, 그 문명文明의 재주는 실로 중국에 사양하지 않을 정도다. 학문이 유교·불교에 통하여 명성을 이적夷狄과 화하華夏에 떨치고, 능히 고요한 무차별의 상태[寥天一]로 복귀하여 중국 유학遊學을 통해 진리를 찾아낸 이는 우리 고운孤雲이 그 당사자다.

포의布衣로 유학하여 금의환향錦衣還鄕한 사이에 그가 지은 문장과 운어韻語[7]는 움직이려면 수레에 실어야 할 정도였다. 더구나 이 네 비문으로 말할 것 같으면 더욱 그 골수骨髓를 다하였다. 이른바 "채색이 찬란하고 리듬이 낭랑한 것"이다.

지난해, 내가 경經을 읽는 여가에 우연히 『사산비명四山碑銘』을 얻어 목격하고는, 그 하나의 두루말이 속에 능히 신출귀몰神出鬼沒하는 모양과 용음호복龍吟虎伏하는 기세를 감추고 있음을 기뻐하였다. 흰 달과 맑은 강이 깨끗하여 티끌이 전혀 없는 기상이어서 충화沖和, 담박淡泊 그 자체였다. 문장에 수식을 가하지 않아 그 끝을 알 수가 없었으니, 사람에게 정신을 놀라게 하고 영혼을 상쾌하게 하며, 이목耳目을 놀라게 하고 심비心脾를 씻은 듯한 감정이 들도록 한 것이 그렇다. 어찌 도덕道德과 관

---

7 韻語 : 詩나 賦처럼 韻字를 단 글.

계된 유문遺文이 아니겠는가. 이야말로 군자君子의 기호嗜好에 맞다고 하겠다.

그러나 세월이 흐르고 흘러 예와 지금이 때를 달리하니, 완완蜿蜿한 선인仙人의 걸음은 이미 백운白雲을 따랐다. 쓸쓸한 향나무 숲에는 외로운 달만 남았다. 내 알지 못하겠노라. 그 지인至人[8]의 정기精氣와 방불彷彿하니, 변해서 하늘의 별이 되었는가, 날아서 흰 무지개가 되었는가, 천지를 밝히려고 해와 달이 되었는가, 굳어져서 쇠와 돌이 되었는가. 그렇지 않으면 문득 이역異域의 성인聖人(부처)이라도 된 것인가. 생각이 여기에 이르니, 책을 덮고도 눈물이 흐르는 것을 깨닫지 못하겠다.

아아! 내가 세상 사람들을 보건대, 글 잘한다고 소문난 이들이 모두 자질구레한 시편詩篇이나 몇 마디 글귀를 매우 어지럽고 화려하게 꾸미고, 예쁜 웃음으로 그것을 생기 있게 하며, 바람 부는 쪽으로 소리지르는 가게에서 이름이나 낚는다. 그래서 산림山林 높고 큰[畏隹] 곳에 반드시 훌륭한 선비가 있어 세상맛을 그리워하지 않고, 그 천뢰天籟[9]를 당기면 연燕·영郢 사이에 끌채가 바르게 놓일 뿐 아니라, 횃불이 해와 달 앞에서 꺼지고 만다는 사실을 알지 못한다. 그러므로 장자莊子의 말에 다음과 같은 것이 있다. "오음五音이 어지럽지 않은데 누가 육률六律을 하며, 오색五色이 어지럽지 않은데 누가 보불黼黻(文彩)을 하겠는가"라고.

---

8 至人 : 도덕이 지극히 높은 사람. 眞人.

9 天籟 : 나무를 스쳐 지나가는 바람 소리 따위처럼 자연히 일어나는 소리. 轉하여 훌륭한 詩文을 이른다.

나는 저 아양 떠는 소리와 간교한 빛깔이 천하를 어지럽히는 것을 미워한다. 만약에 후세의 학자들이 고운의 그 문장을 아름답게 여기고 그 사람을 보배로 여기며, 내가 좌선坐禪을 멈추고 후대에게 수고 끼친 것을 허물하지 말아 준다면, 간사스럽게 아양을 떠는 모습을 면하게 될 것이요, 능히 찬란하고 낭랑함을 본받아 고요한 무차별의 경지를 이루기 위해 진리를 캐려고 노닐 것이다.

산양병납山陽病衲[10]**은 쓴다.**

---

10 山陽病衲 : '산양'은 산 남쪽이라는 뜻이다. 지리산 남쪽 화엄사를 지칭하는 듯하다. '병든 衲子'는 蒙庵 箕穎 스님으로 추정된다. 몽암은 화엄사에 주석하면서 사산비명 주해본을 펴냈다. 『海雲碑銘』이 바로 그것이다.

부록

朴邕撰送歸無染國師詩集引
崇巖山聖住寺事蹟記
六祖慧能大師頂相東來緣起
海雲碑銘註序
精校四山碑銘注解緣起

【원문】

朴邕撰送歸無染國師詩集引

自天竺而洎震旦，心印潛付，法燈相傳者，於六祖傳，幷詳之矣。我大師擁錫鰲壑，乘杯大洋。歷踐三秦，巡遊百粤，乃於麻谷，終獲玄珠也。及乎會昌沙汰之際，結侶東歸。自後，班荊蔭松[1]，韜光晦影，寒溪洗鉢，巖壁倚笻，積有歲矣。來學者何止三千，密契者豈惟十哲？追至景文王御宇之辰，頻降綸言，特遣星使。來儀帝闕，弘敞玄談，欽奉稱師，瞻攀[2]盡禮。又迄于今上登極之六載，天書催召，京輿再詹[3]。仍於宮中，置齋晤言，飯唯香積，殿乃普光，忘機圓對，似孤雲之寄太虛，了性談空，如皎月之臨止水。吳王之迎康會，晉帝之稱佛澄，不可同日語也。睿將加號，光闡禪林，朝僚競參，喧闐梵宇。大師不繫浮雲之心，長懷巖壑，難拘野鶴之性，苟厭塵寰[4]。聖旨優詔，便許歸山。此日也，暮山紫而天宇

---

1 班荊蔭松 : 무성한 소나무 아래 가시가 있는 풀을 깔았다는 뜻. 『文選』 권59, 王巾, 「頭陁寺碑文」“遂欲捨百齡於中身，殉肌膚於猛鷙，班荊陰松者久之.”

2 瞻攀 : 우러르다. ‘仰攀’과 같은 말.

3 詹 : 이르다[至].

雲愁, 松徑靑而巖扉雪掩。恩旨特令, 孔徒釋輩, 素習雕蟲者, 各贈詩餞行。邕不揣荒蕪, 乃裁狂簡[5], 題斯短序, 冠其衆篇。時從予[6]朝請大夫前守執事侍郎紫金魚袋 臣崔仁悅[7]奉詔書。

---

4 塵寰 : 塵界를 말함.

5 狂簡 : 뜻이 커서 언행이 대범함.

6 從予 : 寫本에는 모두 '從予'로 되어 있다. '從弟'의 誤記인 듯하다.

7 崔仁悅 : 대낭혜화상비의 글씨를 쓴 '崔仁渷'의 誤記인 듯하다.

【번역문】

박옹 찬 송귀무염국사시집 인

축건竺乾으로부터 진단震旦에까지 심인心印을 은밀하게 부여한 것이라든지 법등法燈을 서로 전한 것은 「육조전六祖傳」에 모두 자세히 기록되었다. 우리 대사께서는 오산鰲山의 골짜기에서 석장을 끼고 다니다가 큰 바다에서 배를 탔다. 삼진三秦[8]의 땅을 두루 밟았고 백월百粵(百越)[9] 지방까지 두루 유람하였다. 그리고는 마곡麻谷에서 마침내 현주玄珠를 얻었다.

그러다가 회창會昌의 법란法難 당시 교분을 맺은 벗들과 함께 우리나라로 돌아왔다. 이로부터 무성한 소나무 아래에 띠자리를 깔고 세상을 피해 숨어살면서 찬 시냇물에 발우鉢盂를 씻고 바위벽에 석장錫杖을 의지하고 지낸 지 여러 해가 되었다. 와서 배운 사람이 어찌 삼천 제자에 그쳤겠으며, 오의奧義에 밀계密契한 자들이 어찌 십철十哲 정도일 뿐이었겠는가. 경문왕이 세상을 다스릴 당시 자주 윤음綸音을 내리고 특별히 사신을 파견하였다. 이에 궁궐에 와서 현담玄談(禪談)으로 확 트이게 하니, 경건한 마음으로 받들고 왕사王師라 일컬었으며, 우러러 예를 다하였다.

또한 금상今上(헌강왕)께서 등극하신 지 6년에 미쳐서 임금이

---

8 三秦 : 中原을 달리 이르는 말. 항우가 關中을 雍·塞·翟 세 나라로 분할하여 항복한 진나라 장수에게 주었다고 한다.

9 百粵 : 중국 남방의 越人 또는 그들이 살던 지역을 통틀어 일컫는 말.

조서를 보내 재촉하여 부르니 서울로 다시 오게 되었다. 이에 궁중에서 재齋를 베풀고 임금과 서로 마주 대하며 이야기하였다. 공양을 드신 곳은 향적전香積殿이었고 말씀을 나눈 곳은 보광전普光殿이었다. 기심機心을 잊고 원만한 대화를 가졌다. 마치 외로운 구름이 태허太虛에 의지하듯 하였고, 성性을 깨달아 공空을 말함은 밝은 달이 잔잔한 물위를 비추듯이 하였다. 오왕吳王이 강승회康僧會를 맞이한 것이라든지 진제晋帝가 불도징佛圖澄을 만난 것과 날을 같이하여 말할 수 없다.

임금께서 '광종廣宗'이라는 법호를 더해 주심에 빛나게 선림禪林을 밝혔다. 조정의 관료들이 다투어 전송에 참여하여 범우梵宇(절)에 떠들썩하게 가득 찼다. 대사는 매이지 않는 뜬구름 같은 마음으로 항상 암학巖壑을 생각하였으며, 구속하기 어려운 야학野鶴 같은 성품으로 진정 티끌 세상을 싫어하였다. 임금께서 우악優渥한 조서를 내려 문득 귀산歸山을 허락하였다. 대사가 떠나는 날, 해 저문 산은 노을 빛에 붉은데 하늘엔 구름이 시름에 잠겼다. 소나무 샛길은 솔빛에 푸르고 암자의 사립문은 눈으로 덮였다. 은지恩旨로 특별히 유가의 선비와 불교도에게 명하여 각각 증시贈詩하여 전송하라 하는지라, 옹邕은 거친 문장임을 헤아리지 않고, 광간狂簡을 재량裁量하여 이 짤막한 서문을 지어 여러 시편詩篇의 머리에 둔다.

이때 종제從弟이며 조청대부朝請大夫로 이전에 수집사시랑守執事侍郞을 지내고 자금어대紫金魚袋를 하사받은 신 최인연崔仁渷이 왕명을 받들어 글씨를 쓰다.

【해설】

한림재자翰林才子 박옹朴邕이 왕명을 받아 지었다고 하는 송귀시집인送歸詩集引이 『사산비명』(동국대 소장)과 『문창집』·『계원유향』 등 주해본에 실려 전한다. '인引'이 전하는 경위는 자세히 알 수 없다. 대낭혜화상비문을 처음으로 주해한 사람이 시축詩軸에서 직접 뽑아 실었거나, 아니면 『대낭혜화상 연보』에 전재된 것을 다시 옮겨 실었을 수도 있다. '인'의 말미에는 최인열崔仁悅(崔仁渷의 誤記인 듯)이 왕명을 받들어 '인'의 글씨를 썼다고 되어 있다. 효공왕 때 귀국한 최인연이 시축을 중각重刻할 당시 쓴 것으로 보인다. 이 '인'을 신빙할 수 있는지의 여부는 후고後考로 미룬다. 청장관 이덕무는 이 글에 대해 "영영英英한 정채精彩는 부족하지만 그래도 당문唐文의 전형典型이 있다"[10]고 평하였다.

---

10 문장이 비록 ~ : 『青莊館全書』 권68, 「寒竹堂涉筆」, 〈朴邕序〉 "雖乏英英精彩, 猶有唐文典型."

【원문】
崇巖山聖住寺事蹟記

聖住禪院者，本隋煬帝大業十二年[1]乙亥，百濟國二十八世惠王子法王所建烏合寺；戰勝爲寃魂，願昇佛界之願刹也。時藍浦羣賊，起劫令伙[2]，俱[3]存第屋可[4]。

新羅太宗大王八代孫，大朗惠和尙無染國師，唐德宗貞元十七年[5]十二月二十八日誕生。年至十有三，宿習冥感，求出三界，父母俱許。大唐憲宗元和八年，投雪岳山法性禪師剃落，頓悟禪宗。入大唐麻谷山，謁寶徹，乃江西馬祖道一禪師之上足也。染師初謁，道契印可，直傳心印；道播天下，周流二十餘載矣。

---

1 大業十二年 : '대업 11년'(615)의 誤寫.

2 伙(화) : 강도짓을 일으켜 없어지도록 하다. 황수영, 「金立之撰新羅聖住寺碑」(『문화재』 제4호, 1968) '부록(一)'에 실린 동 사적기에는 '滅'자로 되어 있음.

3 俱 : '但'의 誤寫인 듯함.

4 可 : '也'의 誤寫인 듯함.

5 十七年 : 「대낭혜화상비문」에는 무염국사가 진성왕 2년(888)에 89세를 일기로 入寂했다고 되어 있다. 이에 따르면 무염국사의 생년은 貞元 16년(800)이다. 이 '사적기'의 내용과 1년의 차이가 있다.

遇會昌五年乙丑沙汰，勅外國禪僧各還本藩；命漂州觀使[6]，載艘食牒護送，到海州連水縣。便値本國內回，　繫纜[7]光州錦城郡。新羅第四十六世文聖大王，聞師還命。國人相慶曰：『連城璧[8]復還，天實爲之，地有達[9]也』即賜手敎，親迎掖宮，君夫人·世子，羣公子公孫環仰，拜爲國師。自是請益者，所至稻痲[10]矣。

唐宣宗大中元年，丁卯冬十一月十一日，至烏合寺。其夜雪下半腰，假住數日。僧裕寂·梵行·志崇三人先居之，固請住止。文聖大王亦遣宰相魏昕·泰昕請居，因住錫焉。惠和尙才高德重，無爲而化，不言而信。藍浦羣賊輻輳，請益和尙；猶鍾待叩[11]，似鏡現形[12]；以慧炤導其目，法喜娛其腹。由是，羣賊遷善改過，出家得道者百餘人。

文聖大王頻降神筆，曰：『熊州是海隅邊塞，人性凶

---

6 觀使 : '觀察使'의 誤寫인 듯함.

7 繫纜(계람) : 닻줄을 맴. 碇泊함.

8 連城璧 : 천하에 으뜸가는 보배, 또는 인재를 이름. 중국 전국시대에 秦나라 昭王이 趙나라 惠文王에게 열 다섯 개의 城과 바꾸자고 했던 '和氏璧'의 故事.『史記』권81,「藺相如傳」"趙惠文王時, 得楚和氏璧. 秦昭王聞之, 使人遣趙王書, 願以十五城, 請易璧."

9 達 : '幸'의 誤寫.

10 稻痲 : '稻痲竹葦'의 준말. 논의 볏대, 밭의 삼대, 대밭의 대나무, 풀밭의 갈대와 같이 그 수가 많음을 이르는 말.

11 鍾待叩 : 종이 쳐 주기를 기다림.『禮記』,「學記」"善待問者如撞鍾, 叩之以小者小鳴, 叩之以大者大鳴."

12 鏡現形 : 거울은 사물을 비추는대로 그 형상을 나타낸다는 말.

傲, 朕篤畏不服禪師。既爲佛法雄杰[13], 道德堪任, 人自行善, 朕喜充抱[14]。請禪道爲國鎭坐!』茶香信物, 四時連環。因勅下曰:『烏合寺, 禪師所居, 誠可尊儼, 宜爲寺額』勅賜聖住禪院, 山曰崇巖[15]; 斯乃曰師道也[16]。

改創選法堂五層重閣, 三千佛殿九間, 海莊殿九間, 大雄寶殿五間, 定光如來殿五間, 內僧堂九間, 極樂殿三間, 文殊殿三間, 觀音殿三間, 普賢殿五間, 遮眼堂三間, 十王殿七間, 梅檀林九間, 香積殿十間, 住室七間, 井閣三間, 鍾閣, 東行廊十五間, 西行廊十五間, 東西南北間[17]各三間, 鍾閣二層, 中行廊三百間破, 外行廊五百間破, 基階猶存, 水閣七間破, 庫舍五十間破矣。

東面都統巡官賜紫金魚袋崔致遠所撰碑一, 翰林郎阿飡金立之所撰碑一破。釋迦如來舍利塔・定光如來舍利塔・迦葉如來舍利塔・藥師如來舍利塔, 四塔點青山, 雙○[18]撑翠碧[19]。大朗惠和尙白月葆光塔, 安于西麓。毘盧遮那佛一大尊像・三千佛相, 安于

---

13 杰 : '秀' 또는 '森'으로 판독하는 이도 있음.
14 充抱 : 가슴이 꽉 참. 가슴이 뿌듯함.
15 巖 : '嚴'의 誤寫.
16 이하 문장이 탈락된 듯하다.
17 間 : '門'자의 誤寫인 듯함.
18 ○ : '碑'로 추정됨.
19 碧 : '壁'의 誤寫.

三千佛殿。此三千佛尊, 過去莊曰劫[20]一千佛, 現在賢劫一千佛, 未來宿星劫[21]一千佛; 三劫三千佛, 乃文聖大王造成願佛也。

是刹也, 乾坐巽向, 歸元水破[22]。疊嶂帶海, 長岑回抱, 千峰壁立, 萬壑朝宗[23]。大州前統, 東枕苦師津, 南距藍浦, 西臨天池, 北背保寧縣。祖元[24]白頭山聯來, 實鷄林之名山, 馬韓之跳壤[25]也。

王太祖統合三國時, 金傅大王, 沿海西來。傷嘆曰:「大朗惠和尙, 同祖聖骨也。聖住禪院, 乃先祖所建願刹也」, 率宮奴來居之。王太祖以公主處[26]之, 賜爵土田, 奉饋三道食邑。金傅大王, 終身于玆。陵基靈祠, 今在山頂矣。自文聖大王, 歷憲安王·景文王·憲康王, 至金傅大王十一代也。

---

20 莊曰劫 : '莊嚴劫'의 誤寫.

21 宿星劫 : '星宿劫(성수겁)'의 誤寫.

22 水破 : 사찰 앞으로 흐르는 물. '破'는 풍수학에서 쓰는 용어.

23 朝宗 : 제후가 천자에게 조회하는 것. 골짜기와 시내의 물이 모여 바다로 흘러드는 것을 비유하였다.

24 祖元 : 祖宗이자 근원임.

25 跳壤 : 솟아오른 땅. 빼어난 땅.

26 處 : '妻'자의 誤寫인 듯함. 문투가 『論語』「公冶長」에서 "子謂公冶長, 可妻也. 雖在縲絏之中, 非其罪也, 以其子妻之"라 한 것과 같다.

【번역문】
숭암산 성주사 사적기

성주선원聖住禪院은 본래 수양제 대업大業 12년 을해(615)에 백제국 제28대 혜왕惠王의 아들인 법왕法王[27]이 창건한 오합사烏合寺다. 전쟁에서 이긴 뒤 원혼들을 위해, (그들이) 불계佛界에 오르기를 기원하는 원찰願刹이다. 당시 남포藍浦의 도적떼들이 강도짓을 일으켜 절이 잿더미가 되도록 하였다. 단지 남은 것은 집채뿐이었다.

신라 태종대왕의 8대손인 대낭혜화상 무염국사無染國師는 당나라 덕종德宗 정원貞元 17년(801) 12월 28일에 탄생하였다. 그의 나이 13세가 되었을 때 숙습宿習[28]을 내심 느끼고 삼계三界[29]를 구출救出코자 하니, 어버이가 모두 허락하였다. 대당大唐 헌종憲宗 원화元和 8년(813)에 설악산 법성선사法性禪師에게 몸을 투탁投託하여 체두낙발剃頭落髮하고는 선종禪宗을 돈오頓悟하였다. (그 뒤) 당나라 마곡산麻谷山에 들어가 보철화상寶徹和尙을 찾아뵈었다. 보철은 곧 강서江西 마조도일馬祖道一 선사의 상족제자上足弟子(首弟子)다. 무염국사가 처음 찾아뵈었을 때 도가 계합契合하여 인가印可를 하고

---

27 法王 : 법왕(재위 : 599~600)이 615년에 오합사를 세웠다는 것은 어불성설이다. 제29대 武王(재위 : 600~641)이 세웠다고 보아야 할 것이다.

28 宿習 : 過去世로부터 薰習해 온 번뇌의 習氣.

29 三界 : 중생이 사는 세 가지 세계. 欲界·色界·無色界를 말함.

심인心印[30]을 곧장 전하였다. (이후) 도를 천하에 전파하고 주류周流한 지 20여 년이나 되었다.

회창會昌 5년(845) 을축년 사태沙汰[31]를 만났다. 황제의 명으로 외국의 선승禪僧들을 각기 자기 나라로 돌려보내도록 했는데, 그때 표주관찰사漂州觀察使에게 명하되 배에 식첩食牒[32]을 싣고 호송하여 해주海州 연수현連水縣에 이르도록 하였다. 문득 본국에 당도하여 나라 안을 돌다가 광주光州 금성군錦城郡(羅州)에 배를 댔다.

신라 제46대 문성대왕은 대사께서 황제의 명으로 돌아왔다는 소식을 들었고, 나라 안 사람들은 서로 경하하며 "연성벽連城璧같이 보배로운 분께서 다시 돌아오셨으니 하늘이 실로 만들어 주신 계기요 이 땅에 행복이 있는 것이라"고 하였다. (문성대왕이) 즉시 수교手教를 내려 몸소 액궁掖宮[33]으로 맞이하였다. 군부인君夫人과 세자世子, 그리고 여러 공자공손公子公孫들이 빙 둘러싸고 우러르니, 벼슬을 주어 국사國師로 삼았다. 이로부터 청익請益을 하는 사람들이 이르는 곳마다 볏대나 삼대[稻麻]와 같이 많았다.

당나라 선종宣宗 대중大中 원년 정묘(847) 겨울 11월 11일에 오합사에 이르렀다. 그 날 밤 눈이 하반신 허리춤까지 내려 임시로 며칠동안 머물렀다. 중 유적裕寂·범행梵行·지숭志崇 등 세 사람이 이 절에 먼저 거居하고 있었는데, (국사에게) 머물러 주실 것

30 心印 : 언어와 문자에 의하지 않는 佛陀 內心의 실증을 말함.

31 乙丑沙汰 : 이른바 '會昌의 法難'(845)을 이름.

32 食牒 : 곡식의 물량을 기록한 문서.

33 掖宮 : 궁전 안에 있는 後宮.

을 굳게 청하였다. 문성대왕 역시 재상인 위흔魏昕[34]과 태흔泰昕[35]을 보내 거하시기를 청함에 그 청을 따라 그곳에 주석住錫[36]하게 되었다. 대낭혜화상은 재주가 높고 덕성이 중후하여, 무위법無爲法으로 중생을 교화하였다. 불언不言으로도 (사람들을) 믿게 하였다. 남포의 도적 떼들이 몰려와서 화상에게 도움될 말씀을 청하니, (국사께서는) 마치 종이 두드려주기를 기다리는 듯하고, 거울이 사물을 비추는대로 그 형상을 드러내는 것처럼하였다. 혜소慧炤(지혜의 밝음)로써 저들의 안목을 이끌어주고 법열法悅로써 저들의 마음을 즐겁게 해주었다. 이로 말미암아 군적群賊 가운데 천선개과遷善改過한 끝에 출가하여 득도得道한 사람이 백여 명이나 되었다.

문성대왕은 자주 신필神筆을 내렸다. 말씀하시기를 "웅주熊州는 바닷가 구석진 변두리인지라 사람들의 성품이 흉악하고 오만합니다. 짐朕은 (저들이) 선사에게 복종하지 않을까봐 몹시 두려워하였습니다. 그런데 이왕 불법佛法으로 웅걸雄傑이 되고 도덕道德을 감임堪任(맡아서 감당함)하시어, 사람들이 스스로 선善을 행한다고 하니, 짐은 기뻐서 가슴이 뿌듯합니다. 청컨대 선도禪道를 가지고 나라의 진좌鎭坐[37]로 삼으십시오"라고 하였다. 차茶와 향, 신물信物들이 사시四時에 걸쳐 계속적으로 이어졌다. 이로 인하여 칙령을 내려 말씀하시

34 魏昕 : 金陽(808~857)의 字. 『삼국사기』 권45, 「金陽傳」 참조.

35 泰昕 : 金昕(803~849)의 字인 듯함. 『삼국사기』 권45, 「金陽傳(金昕 附)」에서는 昕의 字를 '泰'라 하였음.

36 住錫 : 승려가 어떤 지역에 머무르는 것. '錫'은 錫杖을 말함. 駐錫.

37 鎭坐 : 자리잡고 앉아 안정시킴. 坐鎭.

기를 "오합사는 선사께서 거처하시는 곳이라. 참으로 존엄할 만하니 마땅히 절의 이름으로 삼아야 될 것이다"고 하시고는, 칙명으로 '성주선원'이라는 절의 이름을 내리고 산을 이름하여 '숭엄崇嚴'이라 하였다. 이는 곧 '스승으로 섬기는 도리'[師道]라고 하는 것이다.

고치거나 새로 지은 건물들을 뽑아보면, 법당이 5층 중각重閣이고, 삼천불전三千佛殿 9칸, 해장전海莊殿 9칸, 대웅보전大雄寶殿 5칸, 정광여래[38]전定光如來殿 5칸, 내승당內僧堂 9칸, 극락전極樂殿 3칸, 문수전文殊殿 3칸, 관음전觀音殿 3칸, 보현전普賢殿 5칸, 차안당遮眼堂 3칸, 시왕전十王殿[39] 7칸, 전단림栴檀林[40] 9칸, 향적전香積殿 10칸, 주실住室 7칸, 정각井閣 3칸, 종각鐘閣, 동행랑東行廊 15칸, 서행랑西行廊 15칸, 동서남북문 각 3칸, 종각 2층, 중행랑 3백칸이다. 외행랑 5백칸은 파괴되었고, 그 터와 계단만이 아직 남아 있다. 수각水閣 7칸과 고사庫舍 50칸은 파괴되었다.

동면도통순관東面都統巡官으로 자금어대紫金魚袋를 하사받은 최치원崔致遠이 찬撰한 비碑 1기가 있고, 한림랑翰林郎이며 아찬阿飡인 김입지金立之가 찬한 비[41] 1기聖住寺碑는 파괴되었다. 석가여래사리탑, 정광여래사리탑, 가섭여래사리탑, 약사여래사리탑 등 네 개의 흰 사리탑이 푸른 산 속에 점처럼 자리잡고 있으며, 거북이 업은 빗돌

---

38 定光如來 : 석가모니에게 미래에 반드시 成佛할 것이라는 授記를 주었다는 부처님.

39 十王殿 : 冥府殿.

40 栴檀林 : 전단(향나무 이름)을 쌓아두는 곳. 인도·월남 등지에서 생산된다. 전단(Candana)은 '與藥'이라 번역된다.

41 김입지가 찬한 비 : '성주사비'를 가리킴.

은 푸른 바위벽 같이 버티고 섰다. 대낭혜화상 백월보광탑白月葆光塔은 서쪽 기슭에 안치되어 있고, 비로자나불 일대존상毘盧遮那佛一大尊像과 삼천불상三千佛相은 삼천불전에 안치되어 있다. 이 삼천불존三千佛尊은 과거장엄겁過去莊嚴劫 1천불, 현재현겁現在賢劫 1천불, 미래성수겁未來星宿劫 1천불이다. 삼겁삼천불三劫三千佛은 곧 문성대왕께서 조성한 원불願佛이다.

이 사찰은 건좌손향乾座巽向으로 자리잡고 있다. 원 위치로 돌아드는 물이 여기서 갈라진다[歸元水破]. 중첩한 산봉우리는 바다에까지 뻗어 있고, 긴 봉우리는 (이곳을) 빙 둘러 감싸고 있다. 천봉千峯은 절벽처럼 서 있고 만학萬壑의 물은 모두 바다로 흘러든다. 큰 고을의 전망을 보면, 동쪽으로 고사진苦師津을 베개 삼고, 남쪽으로는 남포와 떨어져 있으며, 서쪽으로는 천지天池[42]가 가까이 있고, 북쪽으로는 보령현을 등지고 있다. 백두대간白頭大幹으로부터 이어져 내려왔으니, 실로 계림鷄林의 명산이요 마한馬韓의 빼어난 땅이다.

왕건 태조가 삼한을 통합할 때 김부대왕金傅大王(경순왕)이 바다를 거슬러 서쪽으로 왔다. 감상感傷에 젖어 탄식하면서 "대낭혜화상은 나와 조상을 같이 하는 성골聖骨[43]이시오, 성주선원은 곧 선조께서 세우신 원찰이다"라 하시고는 궁노宮奴를 이끌고 와서 이곳에서 살았다. 왕건 태조는 공주公主[44]를 (김부대왕에게) 시집보내고, 벼슬과 영지領地를 내렸으며 삼도를 식읍食邑[45]으로 받들어

---

42 天池 : 서쪽 바다. 해가 떨어져 바다에 숨는다는 데서 나왔다.

43 聖骨 : 眞骨의 잘못. 무염국사의 집안은 원래 진골 출신이었으나, 부친 範淸의 代에 이르러 육두품으로 강등되었다.

44 公主 : 장녀 樂浪公主를 이름.

올리게 하였다. 김부대왕은 이곳에서 일생을 마쳤다. 능기陵基와 영사靈祠[46]가 지금도 옥마산玉馬山 산꼭대기에 남아 있다. 문성대왕으로부터 헌안왕·경문왕·헌강왕을 거쳐 김부대왕에 이르기까지 11대가 된다.

---

45 食邑 : 옛날에 功臣들에게 내리는 특권. 나라에 바치는 세금을 대신 받아 쓰도록 한 고을. 食封이라고도 한다.

46 靈祠 : 金傅大王祠를 가리킨다. 『신증동국여지승람』 권20, 藍浦縣, 〈祠廟〉 "金傅大王祠, 在玉馬山頂."

【해설】

이 사적기는 1968년 황수영黃壽永이 『고고미술』 통권 제98호에 소개함으로써 학계에 알려졌다. 화엄사 주지를 지냈고 『대화엄사지大華嚴寺誌』(1책, 사본)를 찬술한 만우曼宇 정병헌鄭秉憲(1891~1969)이 손수 집록輯錄한 한국 사찰 관계 사료 필사본 1책 초두에 실려 있다.

이 사적기에서는 신라 성주사의 전신이 백제 오합사임을 밝혔다. 이어 대소 가람의 명칭과 규모, 봉안 불상과 석탑 4기의 명칭, 그리고 최치원이 찬한 대낭혜화상백월보광탑비 이외의 파비破碑 1기를 한림랑翰林郎 아찬 김입지金立之가 찬한 것(聖住寺碑)이라고 밝혔다. 이 밖에도 백월보광탑이 서록西麓에 안치되었다는 점, 경순왕의 종언지소終焉之所가 이곳이라고 하는 점 등도 밝혔다. 성주사 연구와 동 사지寺址의 발굴, 무염국사의 행적을 연구하는 데 귀중한 자료다.

이 사적기의 내용은 『해운비명주』 등에서 대낭혜화상의 연보와 서로 합치됨을 볼 수 있어, 이 '사적기'와 연보의 연관성을 짐작할 수 있다. 그러나 사적기의 작성 및 전사傳寫 경로가 자세하지 않고, 사실을 과장한 듯한 감이 없지 않다. 정확한 고증이 필요하다고 본다.

【원문】

六祖慧能大師頂相東來緣起

新羅國聖德王時, 湖左朗州郡雲巖寺沙門三法, 俗姓金氏, 金官帶浦村人也。頗聰慧, 解經律, 有膽略。夙聞支那曹溪六祖慧能大師之道望, 每擬一往參問而未遂。唐開元二年, 聞六祖入寂, 深爲痛恨。自以後生, 在於褊邦, 未參當代之眞佛, 西望痛哭。

時金馬國彌勒寺僧圭晶, 自唐而還, 得見六祖所說法寶壇經鈔本一卷。焚香敬讀如承親誨, 節節感悟, 喜悲交摯。讀至大師曰: 『吾滅後五六年, 當有人取吾首。聽吾讖! 曰: 「頭上養親, 口裡須飡, 遇滿之難, 楊柳爲官」[1]』 三法師默計曰: 『六祖已有取首之讖, 與其落於他人之手, 莫如吾力圖之, 以作吾邦萬代之福田』 又曰: 『吾擧此事, 一則行盜, 二則出佛身血, 是犯五逆, 應墮地獄。然苟能有益於衆生, 地獄之痛, 吾所甘心』 乃言于靈妙寺法淨尼師(原註: 即金庾信之夫人), 曰: 『唐之六祖, 眞一佛現世爾。今入滅

1 頭上奉養 ～ :『육조단경』,「付囑品」에 나옴.

也, 其所說壇經, 有取首識, 則若封頭上, 歸鎭吾邦, 以香火供養, 大有洪祚於國家』法淨尼師, 聞甚歡喜, 卽捐家貲二萬金與之, 曰:『藉玆菲物, 幸就大事!』三法不勝歡喜, 受以歸之, 卽託商舶入唐。卽聖德王二十年壬戌(原註: 唐玄宗開元十年)五月日也。

費了三個月, 轉抵韶州寶林寺。卽詣六祖塔下, 無數頂禮, 密呪志願。七日夜精進, 第七日, 夜光住塔頂橫東天, 三法禪師, 瞻禮光祥, 獨喜遂願之神應。然周察形勢, 竊搴頂相, 固不容易, 百計都窮, 無與可議者, 不勝鬱悒。適聞本國栢栗寺僧大悲禪伯, 寓於洪州開元寺普賢院, 亦有道者, 而曾有法系界功密。三法禪師, 直往相見, 握手甚歡。遂以素懷, 密告大悲, 幡然而喜曰:『亦吾意也。然曩於繕縫龕塔時, 我亦有心參觀, 而特因讖誡, 以葉鐵漆寶疊纏緻密, 塔戶牢緘, 監守謹嚴, 如非膂力絶倫者, 莫敢着手。又用不以銕機, 遽難劈開』兩人相對浩歎而已。時有稱張淨滿者, 本以汝州雲梁縣育巖浦人, 寄留寺中。金大悲知其有勇力, 然不可輕輕開說, 而意欲募用矣。一日淨滿忽承其親喪報, 甚自懊惱擗擗[2]。金大悲與三法師密議, 以一萬金遺助, 則淨滿受以感激, 歸葬其親而還來。大悲密以六祖頂相搴封事, 囑之曰:『如此如此!』帖耳申戒之。淨滿曰:

2 擗擗 : 훌훌 뛰고 가슴을 치면서 통곡하는 것. 擗踴痛哭.

『小子雖赴湯蹈火，元無可辭，而況這箇事乎？願師勿慮!』即向韶州寶林寺去了，乃同年八月一日也。翌日淨滿到寶林寺祖塔，中夜人靜，撥塔戶密搴六祖頂相，大踏疾走，而歸開元寺，授於大悲。於是，三法與大悲，當夜擔之以走，晝隱夜行，至杭州登船，是十一月也。

自唐浦遂歸雲巖寺。然秘不發之，與大悲禪伯，同往靈妙寺，見法淨尼師。法淨歡喜拜迎，謹奉六祖頂相，暗安壇上，供養禮拜。三法禪師，夢見五雲隱映之中，有一老師，須眉如雪，眼光如星，身着金襴袈裟，儼然趺於師子座。朗咏曰:『吾首歸此土，佛國有因緣。康州智山下，葛花雪裏天! 人境同如幻，山水妙如蓮。我法本無心，幽宅卜萬年』欹伸而覺，神氣爽朗。遂向大悲法淨，說其夢事，明日與大悲，東往康州智異山，是十二月日也。

雪積千峯，谿逕不通。一雙蒼虎，忽從寒巖而出，遙見二大師之來，如有迓導之意。於斯心異之，轉往追踪，洞有石門。門內數武許，雪壑水泉，氣暄如春，葛花爛開。三法師不勝喜躍，直就其地奉頂相，將於建塔而牢藏，姑以權封。其夜又現夢曰:『勿塔而表彰，勿碑而記著! 無名無相第一義，勿向人說，勿令人知!』三法如是深省微旨，遂斫石爲函，深以窆安，結一座蘭若其下，日以專修禪定焉。金大悲禪伯，數月後，因歸栢栗寺，亦專修禪學，以終其年。其後十七年，新羅孝成王二年己卯秋七月十二日，三法師曰:『吾以雲巖發足。且先師塔像，俱在於彼，吾滅後歸葬本寺!』云云。沐浴端坐，誦壇經數葉，寂然而逝。門人仁慧義定等，奉全身，歸葬雲巖，幷其遺物法器移轉，留鎭於其門焉。花開蘭若，遂爲鬱攸所蕩也。

其後眞鑑國師刱伽藍於其地，建六祖眞殿於頂相奉葬之上焉。於戲! 佛頭骨奉藏於五臺山，祖頭骨奉藏於智異山，吾邦南北千里之地，祖孫之頂相，一自身毒十萬里而來，一自震旦二萬里而來。永鎭於鰈域。是知我國眞是佛法本元之寶所也明矣。玆據三法和尙舊稿，略綴斯文，庶乎六祖頂相之不泯於塵墨劫波云爾。

高麗國五冠山大華嚴靈通寺傳佛心印一國都大禪師，釋覺訓謹書。時大宋崇寧二年癸未二月日也。

【번역문】

육조혜능대사 정상동래연기

신라국 성덕왕 때 호남 좌도 낭주군朗州郡(지금의 靈巖) 운암사雲巖寺 사문沙門 삼법三法은 속성이 김씨다. 금관金官 대포촌帶浦村 사람이다. 자못 총명하고 지혜로웠다. 경률經律을 알고 담략이 있었다. 일찍이 중국 조계曹溪 육조혜능대사六祖慧能大師가 도가 높다는 말을 듣고 매양 한 번 가서 뵙고 물으려 하였으나 끝내 이루지 못하였다. 당나라 개원開元 2년(714) 육조가 입적하였다는 소식을 듣고는 깊이 통한으로 여겼다. 스스로 "후생으로서 좁은 나라에 태어나 당대의 진불眞佛을 뵙지 못했다"고 하면서, 서쪽을 바라보며 통곡했다.

당시 금마국金馬國[3] 미륵사彌勒寺의 중 규정圭晶이 당나라에서 돌아왔다. 그를 통해 육조가 설說한 『법보단경法寶壇經』 초본鈔本 1권을 얻어 보았다. 향을 피우고 경건히 읽었는데 직접 가르침을 받듯이 하였다. 구절마다 느껴 깨달은 나머지 기쁨과 슬픔이 서로 진지했다. 대사의 글 가운데 "내가 죽은 지 5, 6년 뒤에 어떤 사람이 와서 내 머리를 가져갈 것이다. 내 예언을 들으라! '두상頭上을 어버이 봉양하듯 하며, 입안에 밥을 구하는구나![4]

3 金馬國 : 옛 백제의 益山 지방을 지칭.
4 입안에 밥을 ~ : 자주 齋를 지냄을 의미함. 『祖堂集』 권18, 「仰山和尙」

'만滿'[5]에게 수난受難을 당할 때 양楊·류柳가 추관推官(재판관)이 되리라"[6]고 한 대목에 이르러 삼법선사는 잠잠히 생각하여 말하기를 "육조께서 이미 머리를 가져간다는 예언을 하시었다. 다른 사람의 손에 떨어지기보다는 내 힘으로 도모하여 우리나라 만대의 복전福田을 짓는 것이 낫겠다"고 하였다. 또 삼법선사가 말하기를 "내가 이 일을 거행함에는, 첫째로는 도둑질을 해야 하고, 둘째로는 부처의 몸에 피를 내야 한다. 이는 다섯 가지 악행을 범하는 것으로 응당 지옥에 떨어질 것이다. 그러나 진실로 중생에게 이익됨이 있다면, 지옥의 고통쯤은 내가 달게 받을 것이다"고 하였다.

이에 영묘사靈妙寺의 법정法淨 비구니사比丘尼師(原註: 김유신의 부인이다)에게 말하기를 "당唐의 육조는 참으로 한 부처가 이 세상에 현신現身하신 것입니다. 지금은 입적하셨거니와, 그가 설한 바 『단경』에 '머리를 가져가리라'는 참언讖言이 있는데, 곧 두상頭上을 모시고 돌아와 우리나라를 진정시키고 향화香火로써 공양한다면, 국가에 많은 복이 있을 것입니다"고 하였다. 이 말을 들은 법정 비구니사는 매우 기뻐하여, 곧 집안의 재산을 털어 2만금을 내 주면서 "비록 적지만 큰 일을 이루기를 바라겠습니다"라고 하였다. 삼법선사는 감사한 마음을 이기지 못하고 받아 돌아왔다. 바로 장삿배에 의탁하여 당나라로 들어갔다. 이때가 성

참조.

5 滿 : 육조의 頂相을 搴取(未遂)한 張淨滿을 가리킴.

6 양·류가 ~ : 육조의 頂相이 搴取 당했을 때 寶林寺를 관할하는 韶州의 縣令이 楊侃이었고, 刺史는 柳無忝이었다. 이들이 장정만을 체포하여 取調하였다 한다. 『傳燈錄』 참조.

덕왕 20년 임술(原註: 당나라 현종 開元 10년이다) 5월 일이었다.

3개월 걸려서 소주韶州 보림사寶林寺[7]에 당도하였다. 곧바로 육조의 탑 아래로 가서 무수히 정례頂禮하고 마음 속 깊이 소원을 빌며 7일 밤낮을 정진精進했다. 7일째 되는 날 밤에 광채가 탑 꼭대기에 머물더니 동녘 하늘을 가로질러 뻗쳤다. 삼법선사는 광채의 상서로움에 예를 올리고 소원을 이루어 준 신의 감응에 홀로 기뻐하였다.

그러나 두루 형세를 살펴보니, 정상頂相을 몰래 가져오기란 실로 쉬운 일이 아니었다. 백방으로 계책을 다 짜내보아도 함께 의논할 만한 사람이 없어 울적함을 견디지 못했다. 그 때 마침 본국 백률사栢栗寺의 스님 김대비金大悲 선백禪伯이 홍주洪州 개원사開元寺[8] 보현원普賢院에 우거寓居하고 있었다. 그는 도를 갖추었으며, 법계法界에 공이 많은 사람이었다.

삼법선사는 곧장 그에게로 갔다. 서로 만나 악수하며 매우 기뻐했다. 드디어 평소의 속마음을 은밀히 털어놓자, 김대비는 뛸 듯이 기뻐하면서 "내 뜻도 그와 같습니다. 그러나 지난 번 감탑龕塔을 수리할 때 제가 마음이 있어 참관하였는데, 특별히 참언讖言으로 당부한 것을 따라 엽철葉鐵(생철)과 칠보七寶로 여러 번 치밀하게 싸맸으며, 탑의 문을 굳게 봉하고는 근엄謹嚴하게 감수監守하고 있습니다. 완력이 빼어난 자 아니면 감히 손댈 수 없을 것입니다. 또한 쇠로 만든 기계가 아니면 쪼개 열기 어려울 것

---

7 寶林寺 : 중국 廣東省 曲江縣에 있었던 절. 남종선의 初祖인 육조대사 혜능이 주석하였던 곳으로 유명하다.

8 開元寺 : 중국 江西省에 있었던 名刹. 西堂 智藏禪師(735~814)가 禪旨를 폈던 곳으로 유명하다.

입니다"고 말하였다. 두 사람은 서로 마주보며 크게 탄식할 뿐이었다.

당시 장정만張淨滿이라고 하는 자가 있었다. 본래 여주汝州 운량현雲梁縣 육암포育巖浦 사람이다. 절 안에 기숙하고 있었다. 김대비는 그가 용맹과 담력을 갖춘 것을 알았지만 가볍게 말을 할 수가 없었다. 마음속으로 불러 쓰리라고 생각하였다. 하루는 정만이 홀연히 친상親喪을 당했다는 기별을 접하고는 몹시 원통해 하고 번민하면서 가슴을 치며 통곡하였다. 김대비와 삼법선사는 조용히 논의하여 1만금을 보내 도왔다. 정만은 그것을 받고 감격하였으며, 고향에 돌아가 장례를 치르고 돌아왔다. 대비는 은밀히 육조의 정상을 가져다가 모실 일을 부탁하면서 "이렇게 이렇게 하라!"하고 귀에 대고 거듭 당부하였다. 정만이 말하기를 "소생은 끓는 물에 뛰어들고 타오르는 불길을 밟는다 하더라도 원래 사절할 수 없는 처지입니다. 하물며 그러한 일이겠습니까? 스님께서는 염려하지 마옵소서"라 하고는, 바로 소주 보림사를 향해 떠났다. 같은 해 8월 1일이었다.

다음날, 정만은 보림사의 육조탑에 이르렀다. 한밤중 인적이 고요할 때 탑 문을 열고 몰래 육조의 정상을 꺼내 가지고는 큰 걸음으로 빨리 달려 개원사로 돌아와 김대비에게 인도하였다. 이에 삼법선사와 김대비는 밤이 되자 그것을 가지고 도주했다. 낮에는 숨고 밤에는 걸어, 항주杭州[9]에 이르러 배에 올랐다. 이때는 곧 11월이었다. 당포唐浦[10]로부터 드디어 운암사로 돌아왔으

---

9 杭州 : 중국 동남부 황해 연안의 浙江省에 있음.

10 唐浦 : 南陽灣 부근의 唐恩浦를 가리키는 듯.

나, 비밀에 부쳐 발설하지 않고, 김대비 선백과 함께 영묘사로 가서 법정 비구니사를 만났다. 법정은 기뻐하였다. 절해 맞이하고 육조의 정상을 삼가 받들어 단 위에 안치하고 공양하며 경배를 드렸다.

삼법선사의 꿈에 오색구름이 영롱한 가운데 한 늙은 스님이 나타났다. 수염과 눈썹은 눈같이 희고 눈빛은 별 같았다. 몸에는 금난가사金襴袈裟를 걸치고 사자좌師子座에 가부좌를 하고 점잖게 앉아서 낭랑히 읊기를 "내 머리가 이 땅으로 돌아오니, 불국佛國에 인연이 있구나. 강주康州의 지리산智異山 아래 눈 속에 핀 칡꽃이여! 인간 세상은 한 가지로 환상 같거늘, 산수山水는 오묘해 연꽃과 같도다. 내 법은 본래 무심한 것이지만, 유택幽宅은 만년을 점치리라!"고 하는 것이었다. 하품을 하고 기지개하며 잠에서 깼다. 정신과 기운이 상쾌하였다. 드디어 김대비와 법정 비구니사에게 꿈속에서의 일을 말하였다. 다음날 김대비와 동으로 강주 지리산에 갔다. 곧 12월 일이었다.

눈은 봉우리마다 쌓였고 골짜기의 작은 길은 막혀 있었다. 한 쌍의 푸른 새끼 사슴이 갑자기 싸늘한 바위로부터 나타나더니, 두 대사가 멀리서 오는 것을 보고는 맞이해 인도할 것처럼 하였다. 이에 마음으로 이상히 여기며 나아가서 뒤를 따라 동굴에 이르니 돌문이 있었다. 문 안으로 몇 걸음 쯤 들어갔더니 눈 쌓인 골짜기에서 물이 솟아났다. 기온은 따뜻하여 봄과 같았고 칡꽃이 난만히 피어 있었다. 삼법선사는 뛸 듯한 기쁨을 이기지 못하였다. 곧바로 그 곳으로 가서 정상을 받들어 장차 탑을 세워 굳게 간직하기로 하고, 우선 임시로 무덤을 썼다.

그날 밤 또 꿈에 (그 늙은 스님이) 나타나 말하기를 "탑을 세워 드러내지 말고, 비석을 세워 기록하지 말라! 명名도 없고 상相도 없음이 제일의第一義니라. 남에게 말하지 말고, 남들이 알지 못하도록 하라!"고 하였다.

삼법선사는 그대로 은밀한 뜻을 깊이 살피고는 드디어 다듬은 돌로 함을 만들어 깊숙이 안치하고는 그 아래에 난야蘭若(암자)를 세웠다. 날마다 선정禪定에 침잠하였다. 김대비는 몇 개월 뒤에 백률사로 돌아가 역시 선정에만 침잠하다가 세상을 떠났다. 그로부터 17년 뒤 신라 효성왕 3년 기묘(739) 가을 7월 12일에 삼법선사는 말하기를 "나는 운암사 때문에 이 세계에 발을 붙였다. 또 선사先師의 탑상塔像이 다 그곳에 있다. 내가 죽은 뒤 본사本寺로 돌려보내 장사하도록 하라!"하였다. 목욕을 하고 단정히 앉아 『법보단경』 몇 장을 독송하다가 조용히 눈을 감았다. 문인 인혜仁慧 · 의정義定 등이 전신全身을 받들어 운암사로 모셔가 장례를 치렀다. 아울러 그 유물과 법기法器를 옮겨 그 문하에 두고 보호했다. 드디어 화개난야花開蘭若[11]는 초목이 우거져 쑥대밭이 되었다.

그 뒤 진감국사가 그 터에 가람을 창건하였다. 육조의 정상이 봉안되어 묻힌 땅 위에 육조의 진전眞殿[12]을 세웠다. 아! 부처의 머리뼈는 오대산에 받들어 보관되고,[13] 육조의 머리뼈는 지리산에 받들어 모셔졌다. 우리나라 남북의 천리의 땅에, 조손祖孫의

---

11 花開蘭若 : 三法和尙이 智異山 花開谷에 세웠던 절을 말함. 눈 속에서도 칡꽃이 爛漫하게 피는 곳이라 하여 '花開谷'이란 이름이 붙었다 한다.

12 六祖의 眞殿 : 六祖影堂을 가리킴.

13 오대산에 ~ : 오대산 上院寺에 석가모니의 眞身舍利가 봉안된 것을 말함.

정상이 하나는 천축국天竺國 십만 리로부터 왔고, 하나는 진단震旦 이만 리로부터 왔도다. 길이 접역鰈域[14]을 보호하리니, 이에 우리나라가 진실로 곧 불법본원佛法本元의 보배로운 곳임이 명백함을 알겠다.

이에 삼법화상의 묵은 원고에 의거하여 간략히 이 글을 짓는다. 육조의 정상이 진묵겁파塵墨劫波에 없어지지 않기를 바랄 뿐이다.

고려국 오관산五冠山**의 대화엄영통사**大華嚴靈通寺**에서, 부처의 심인**心印**을 전하는 일국도대선사**一國都大禪師 **석**釋 **각훈**覺訓**은 삼가 쓴다. 때는 대송**大宋 **숭녕**崇寧 **2년**(1103)[15] **계미 2월이다.**

14 鰈域 : 예부터 우리나라의 지형이 가자미 같다고 하여, 우리나라를 일컫는 말로 쓰여 왔다.

15 숭녕 2년 : 각훈이 살았던 때보다 훨씬 이전 시기다. 연대상의 차이가 있다.

【원문】

海雲碑銘註序

鐵面老人, 萬曆間, 孤雲集十卷中, 抄出四碑, 逐最難者而註之, 使可畏[1]習誦。然一碑解字, 不過十餘節, 而歷年旣久, 傳手亦多豕亥之變[2], 芉羊之錯[3]常矣。余壬寅冬, 在湖南縣華嚴, 因數輩膠請, 講餘讎校其註, 正其舛訛, 更於前刃不遊之處, 出手引釋, 小無一字臆解於其間也。然深井短綆[4], 本圖私於囊篋, 不敢公於宇內。冀諸數子, 愼勿爲他眼所窺, 以唐突罪我也。

乾隆四十八年癸卯秋 蒙庵

1 可畏 : 後生을 말함. 『論語』, 「子罕」 "後生可畏"

2 豕亥之變 : 문자의 誤寫를 말함. '豕'와 '亥'가 字體가 비슷한 데에서 비롯된 말.

3 芉羊之錯 : 傳寫의 錯誤를 말함. '豕亥之變'과 같은 뜻의 成語.

4 深井短綆 : 줄이 짧은 두레박으로 깊은 우물물을 퍼내려 한다는 말(『莊子』, 至樂). 재주가 적어 큰일을 감당하기 어렵다는 뜻.

【번역문】

해운비명 주서

철면노인[5]이 만력萬曆[6] 연간에 『고운집孤雲集』 10권 중에서 네 비문을 초출抄出하여, 가장 어렵다고 생각되는 부분을 중심으로 주석을 달아 후생後生들에게 송습習誦토록 했다. 그러나 한 비문에서 주해註解한 것이 열 군데 정도에 지나지 않았고, 지나온 세월이 이미 오래 되다 보니 전수傳手하는 과정에서 글자가 변하고 잘못됨이 많은 게 보통이었다. 내가 임인년(1782) 겨울에 호남의 화엄사華嚴寺에 있었는데, 여러 사람들의 굳은 요청을 받아 강여講餘에 철면노인의 주註를 수교讎校하고, 그 잘못된 곳을 바로잡았다. 그리고 다시금 이전 사람의 칼날이 닿지 않은 곳에 손을 대 이끌어 풀이하고, 그 사이에 한 자라도 억해臆解가 없도록 하였다. 그러나 재주가 자라지 못한지라 본래 개인적으로 상자에 넣어 보관할 생각이었지 감히 세상에 공간公刊하려 한 것은 아니었다. 여러 군자들에게 바란다. 다른 눈으로 엿보고는 나를 당돌하다고 허물하는 일이 없도록 조심할지어다.

건륭 48년(1783) 계묘 가을에 몽암蒙庵

---

5 鐵面老人 : 조선 선조·광해군 때의 高僧인 海眼(1567~?)의 號. 休淨의 문인. 다른 호는 中觀.

6 萬曆 : 명나라 神宗(재위 : 1573~1619)의 연호.

【원문】

精校四山碑銘注解緣起

羅季孤雲崔先生, 妙年北學中州, 文章能壓倒晩唐諸家。其曰中山覆簣, 桂苑筆耕, 古今體詩賦若干篇, 是皆仕唐時述作。先生自進表于朝, 弘傳中外。我東則一二名家, 獨珍其桂苑一集, 以來千百載矣。近古有徐楓石有榘, 以活板鋟印, 湖南按署洪淵泉奭周撰弁言, 迺謂東方文獻之開祖。

至若四山碑銘, 先生錦還雞林後, 奉教所撰者。然越麗曁韓, 國敎嬗遷, 士類倦讀載道文字, 寔風氣使然耳。且雙溪眞鑑碑, 聖住無染碑, 鳳嵒智證碑, 原石于今尙完, 歷歷可印。獨其初月山崇福寺碑, 碑湮沒而跡難尋眞, 何幸今年流夏, 好古者始搜得殘字片石, 知在慶州東面耳。

按此四碑銘, 在明萬曆間, 號鐵面老人者, 於孤雲集中, 選出編寫, 遂作經餘必讀之本。然其文體綺互成儷, 旨義頗涉淵妙。動引輿典, 一語一句, 靡不係源委。殆非博雅者, 卒不能領會寄意, 故新學之徒, 蹙頞而甚病焉。前記鐵面老, 雖切婆心, 急於解惑, 略釋其數十句節而已。

南岳之蒙庵穎公，蒐訪諸家，解多瞻確。然尙稽闕疑過半，則未堪謂子雲之侯芭若也。維近純憲朝頃，漢上處士洪景謨，因事南遷于楚山，而終老焉。處士雅稱博淹群籍，深造內學。故嘗訪龍門精舍，與白坡長老，締有空門至契矣。消閒餘，繹好此四碑銘，遂下色毫，析明出處，按批段節，使讀者無艱奧之憂。而如刃迎解，灼然覩作者之眞相，是亦不謂爲人悉檀[1]者乎？第恨適[2]手傳寫，字義多舛，且世羊歧，愈甚支離。

鎬[3]也，敢不懷懼，當伊梧秋新凉，披開眼霧，證其訛，删其蔓，而手書一本，以竢同志者，登梓而流遠，詳敍其注解緣起。如有不甘我，而放敎無風起浪之誚，也不管佗呵。

佛紀二九五八年辛未七月　日　石顚鼎鎬謹識

---

1 悉檀：梵語 'Siddhanta'의 音譯. 부처가 중생을 교화하는 방법. 四悉檀이 있다.

2 適：'遞'(갈마들다)와 통용됨.

3 鎬：石顚 朴漢永(1870~1948)을 지칭. 法名은 鼎鎬.

【번역문】

정교사산비명주해 연기

나말의 고운 최치원 선생은 소년 시절에 중국에 유학하여 문장으로 능히 만당晩唐의 제가들을 압도하였다. 이른바 '중산복궤'니 '계원필경'이니 하는 것과 고체古體 및 신체의 시부 약간 편은 모두가 당나라에서 벼슬했을 당시의 작품이다. 선생 스스로 표문과 함께 조정에 올림으로써 국내외에 널리 전파되었지만, 우리 동국의 경우는 한 두 사람의 명사가, 그것도 유독 『계원필경』 일집一集만을 중시하여 애독해 온 지 천년이나 된다. 근고近古에 풍석楓石 서유구徐有榘[4]가 활판으로 간행하고 전라도관찰사 연천淵泉 홍석주洪奭周[5]가 그 서문을 지어 '동방문헌東方文獻의 개조開祖'라고 말한 바 있다.

문제의 '사산비명'은 선생께서 신라에 금의환향錦衣還鄕한 뒤 왕명을 받들어 찬술한 것이다. 그러나 고려에서 조선으로 넘어오면서 국교國敎가 달라짐에 따라 지식인들은 재도문자載道文字 읽

4 徐有榘 : 조선 순조 때의 학자(1764~1845). 자는 準平, 호는 楓石, 본관은 達城. 벼슬은 대제학을 지냈다.

5 洪奭周 : 조선 순조 때의 문인・학자(1774~1845). 자는 成伯, 호는 淵泉, 본관은 南陽. 벼슬은 좌의정을 지냈다. 漢學과 古文에 뛰어났으며, 麗韓十大家의 한 사람으로 꼽힌다. 위 글에서 '전라도 관찰사'라고 한 것은 잘못이다. '좌의정'이 옳다.

기를 게을리하게 되었으니, 실로 사회의 분위기가 그렇게 만든 것일 뿐이다. 한편, 쌍계사雙溪寺의 진감선사비眞鑑禪師碑와 성주사聖住寺의 무염국사비無染國師碑와 봉암사鳳巖寺의 지증대사비智證大師碑는 지금까지도 원석이 온전한 상태로 내려온다. 유독 저 초월산初月山 숭복사비崇福寺碑는 비가 인멸되어 자취를 제대로 찾기 어렵던 터에 무슨 행운이었든지 금년 여름에 옛것을 좋아하는 이가 비로소 잔자殘字의 비편을 찾아냄으로써 경주 동면에 있었음을 알게 되었다.

살피건대 이 '사산비명'은 명나라 만력萬曆 연간에 호를 철면노인鐵面老人이라고 하는 이가 『고운집』 중에서 가려내어 편사함으로써 마침내 경전을 보는 여가의 필독의 서로 삼았다. 그런데 문체는 아름답게 변려騈儷로 짝을 이루고 지의旨義는 자못 깊고 오묘하며, 걸핏하면 수많은 전적을 끌어옴으로써 한 마디 말이나 구절마다 전거典據와 연계되지 않음이 없었다. 독서량이 풍부한 식자가 아니고서는 좀체 깃든 뜻을 이해할 수가 없었기 때문에 신학문을 배우는 무리들이 콧잔등을 찡그리고 매우 싫어하였다.

앞에서 말한 철면노인은 비록 노파심이 간절하기는 했어도 의혹을 풀기에 급급한 나머지 그 가운데 수십 구절을 간략히 해석했을 뿐이다. 남악南岳(지리산)의 몽암蒙庵 영공穎公[6]의 경우도 제가의 풀이를 수집하여 해석이 훨씬 풍부하고 확실하게 되기

---

[6] 穎公 : 조선 후기 고승 蒙庵堂 箕穎(호는 頭流散人)을 가리킴. 『蒙庵大師文集』 2권 1책이 전한다.

는 하였다. 그러나 여전히 의문 나는 곳을 빈 채로 남겨둔 것이 태반임을 고려하면 아직 양자운揚子雲[7]의 문인門人 후파後芭[8]만 하다고는 말하기 어렵다.

그런데 가까이 순조·헌종조 무렵에 한양漢陽의 처사處士 홍경모洪景謨가 일이 있어 남으로 초산楚山[9]에 이주하여 그곳에서 여생을 마쳤다. 처사는 평소 널리 전적을 섭렵하는 것으로 소문이 있었고, 또 내학內學(불교)에 조예가 깊었다. 그러므로 일찍이 용문정사龍門精舍[10]를 찾아가 백파 장로白坡長老[11]와 불문의 도우道友 관계를 맺었다고 한다.

여가를 보낼 적에 줄곧 '사산비명'을 좋아하다가 드디어 오색 붓을 들어 출처를 석명析明하고 단절段節을 안비按批[12]함으로써 읽는 사람들로 하여금 작자의 진상眞相을 보게 하였다. 이 또한 남을 위한 보시布施라고 하지 않을 것인가. 단지 유감스러운 것은, 손에 손을 이어 전사傳寫해 오는 과정에서 자의字義가 많이 어긋난데다가 이론異論이 분분하여 더욱 심하게 갈피를 잡지 못하게 되었다는 점이다.

나 정호鼎鎬는 감히 두려움을 품지 않고, 이 칠월의 신량新凉을 맞아 침침한 눈을 씻어 가며 그 와오訛誤를 증명하고 쓸데없는 곳을 잘라 내어 일본一本을 손수 써서 동지자同志者가 이를 간행

---

7 子雲 : 중국 漢나라 때의 학자 揚雄(B.C. 53~A.D. 18)의 字. 『揚子法言』을 지음.

8 侯芭 : 揚雄의 門人. 양웅으로부터 『太玄經』과 『法言』을 傳受하였다.

9 楚山 : 전라도 井邑의 옛 이름.

10 龍門精舍 : 井邑의 龍門庵을 지칭.

11 白坡 : 조선 순조 때의 유명한 禪僧 亘璇(1767~1852)의 法號.

12 按批 : 살피고 바로잡음.

하여 멀리 유포하기를 기다리면서, 그 주해한 연유를 상세히 서술한다. 만약 나를 탐탁지 않게 여기고 '평지풍파를 일으킨다無風起浪'는 꾸짖음이 있을지라도, 또한 그 꾸짖음에 상관하지 않겠다.

불기佛紀 2958년 신미(1931) 7월 일에
석전石顚 정호鼎鎬는 삼가 적는다.

찾아보기

【ㅈ】

최영성

국립 한국전통문화대학교 교수. 성균관대학교 한국철학과를 졸업하고 동 대학원에서 철학박사 학위를 받았다. 한국전통문화대학교 문화재관리학과장과 전통문화연구소장, 문화재청 문화재전문위원, 충청남도 문화재 위원, 한국유교학회 부회장, 한국철학사연구회 회장 등을 지냈다. 한국 고대사상을 연구하고 그 원형을 발굴 정립하는 데 힘써 왔으며 특히 고운 최치원의 사상이 갖는 현대적 의의를 조명하고자 난해하기로 이름 높은 최치원의 문집과 금석문을 역주하여『역주 최치원전집』을 펴냈다. 그 밖의 저서로는『한국유학사상사』 전5권과 이를 재정리 보완한『한국유학통사』 전3권,『한국의 학술연구·동양철학편』(공저),『최치원의 철학사상』,『역주 매죽헌문집』,『한국철학사상사』(공저),『역주 한재집』 등이 있다.

교주 사산비명校註 四山碑銘

초판 1쇄 인쇄 2014년 3월 13일
초판 1쇄 발행 2014년 3월 20일

지은이 최영성

펴낸이 김환기
펴낸곳 이른아침

주소 서울시 마포구 마포동 324-3번지 경인빌딩 3층
전화 02-3143-7995
팩스 02-3143-7996
등록 제 395-2009-000037호
이메일 booksorie@naver.com

ISBN 978-89-6745-028-1 93010